写真：森日出夫

横浜都市デザイン50周年を迎えて

　1971年、横浜市役所に「都市デザイン担当」が誕生しました。街の歴史や個性を最大限に生かし、美しく、生活しやすい、魅力的な都市空間に創り上げていく。そのための専門部署を自治体に設置したことは、当時、国内はもちろん、世界においても先駆的と言える取組でした。

　それから半世紀余り、横浜市の都市デザイン行政は、その目指す目標を変えることなく、横浜ならではのまちづくりを大胆に進めてきました。これまでの50年の歩みを力強くリードしてくださった先人の皆様に、心から敬意を表します。そして、市民の皆様、企業の皆様、関係団体の皆様をはじめ、その歩みをお支えいただいた全ての皆様に、深く感謝申し上げます。

　この50年間で、横浜の街の風景は大きく変わりました。みなとみらい21地区など都心臨海部のダイナミックな景観や、港北ニュータウンの豊かな水と緑を生かした魅力ある住環境、山手西洋館をはじめとする歴史的建造物を活用した街並みなど、古きと新しきを大切にする先進的なまちづくりが、次々と展開されてきました。多彩な企業や人材が集積する都心部と、緑豊かな田園風景や暮らしやすい住宅地とが共存する街の姿は、多くの方を惹きつける横浜の魅力の一つとなっています。

　このたびの「都市デザイン 横浜」展では、これまで多くの皆様の英知と挑戦のもとに築き上げられてきた、横浜という街の魅力や、都市デザインに懸ける横浜市の強い思いを、皆様にお届けします。

　横浜市はこれからも、多くの皆様に「住みたい、住み続けたい」と思っていただける横浜、事業者の皆様から選ばれる横浜を創っていくため、力を尽くしていきます。

　むすびに、このたびの展覧会の開催にあたり、御支援を賜りました皆様に、厚く御礼申し上げます。

横浜市長　山中竹春

横浜都市デザイン50周年記念事業の開催にあたり

　横浜の街を楽しく個性的な街に育ててきた都市デザイン活動が、活動開始から50年目を迎えました。そこで、このたび、関わってこられた多くの方々とともに振り返り、明日を考える展覧会を開催し、記念の本を出版することになりました。私自身も、長い間、都市デザイン活動に関わってきたものとして感慨深いものがあります。

　横浜市は、1960年代、都市として大きな苦難の中にありましたが、これらを乗り越えるために、1965年に六大事業を構想し、「自立する都市・横浜」を目指した、新しい都市づくりに着手しました。その内容は、都心部強化事業などの面的開発や、道路、鉄道などの基盤施設の整備などでしたが、あわせて、良好な郊外住宅地の開発誘導などにも着手しています。

　そして、こういった活動と連動して、1971年に開始したのが全国に先駆けて取り組んだ都市デザイン活動です。都市デザインが目指したのは、他の都市とは異なる魅力を持った横浜らしい市街地の形成、個性的で人間的な都市空間づくりでした。開港以来の伝統のある関内地区周辺での、「歩いて楽しい街」、「賑わいのある商店街」、「歴史の感じられる街並み」などの形成からスタートし、市内各地域の川や自然、歴史資産をいかした取り組みなどに拡がり、また、港北ニュータウン、みなとみらい21といった大規模開発においても展開しました。

　横浜都市デザインの取組みは、行政内関係局の連携や、各地域の商店街、多様な市民まちづくり活動団体、様々な分野の専門家、企業の方々の主体的参加、国際的な交流などによって、新たな地域やテーマに挑戦してきたことも特徴です。

　そして、創造都市活動、地域まちづくり活動、という新分野も誕生しています。

　50周年を機に、多くの分野の方々とともに、これからの横浜の課題を予測し、魅力と活力のある次代の横浜を形成する新たな展開が始まることを願っています。

　最後に、この記念事業にご協力、ご協賛いただいた多くのサポーターの皆様に深く御礼を申し上げます。

　　　　　横浜都市デザイン50周年記念事業実行委員会会長　　国吉直行

市長あいさつ　004

実行委員会会長あいさつ　005

「都市デザインの遺伝子はいかに受け継がれるか」野原 卓　012

1 | Anatomy | 横浜・風景の解剖

1-1 | 日本大通り　034

1-2 | 象の鼻パーク　036

1-3 | 大さん橋～みなとみらい21新港地区～中央地区　038

1-4 | 北仲通地区　040

1-5 | 港北ニュータウン　042

1-6 | 金沢八景駅周辺　044

1-7 | 金沢区総合庁舎／金沢公会堂／泥亀公園　046

2 | Genesis | 「都市デザイン 横浜」の誕生

2-1 | 横浜の都市形成史　050

2-2 | 六大事業　056

2-3 | 都市デザインの萌芽
「都市デザイン前夜 ～横浜都市デザイン誕生へ導いた者たち～」鈴木伸治　060

○「アーバンデザインと自治体」(調査季報47号・1975年より)田村明　065

2-4 | アーバンデザインチームの発足と取組
「企画調整機能と都市デザイン」田口俊夫　072

○ 都市デザインを「知る」講演会①：
「横浜都市デザイン～個性あるまちなみの原点を探る～」岩崎駿介×国吉直行×卯月盛夫　076

○「アーバンデザインとは何か」(調査季報47号・1975年より)岩崎駿介　084

2-5 | 「都市デザインの7つの目標」と「都市デザインの取り組み方」　092

○コラム：協働の地域まちづくり活動　094

○コラム：インハウスデザイナーの立場から　095

2-6 | 横浜市都市美対策審議会　096

2-7 | アーバンデザインチームから都市デザイン室へ～都市デザイン基本調査～　098

3 | Practice | 都市デザイン50年の実践

3-1 | 年代別、都市デザインの50年　102

3-2 | 都市デザインマップ　108

3-3 | 都市デザイン事例集　112

◎ 年表：都市デザインの取組の展開図

1. 大規模プロジェクトへのデザイン参画　130

金沢シーサイドタウン p.132／港北ニュータウン p.136／みなとみらい21 p.140／
北仲通地区 p.148／関内駅周辺のまちづくり p.154／横浜駅周辺開発 p.156／
その他地区 p.158

○コラム：金沢シーサイドタウンでのエリアマネジメントの展開　133

○コラム：みなとみらい21　146

○コラム：MM21のデザイン調整の苦い記憶　147

2. 歩行者空間　160

高速道路の地下化計画 p.162／緑の軸線構想 p.163／ウォーターフロント軸 p.170／
道路の整備と実験的な活用 p.178／ストリートファニチャーによる道路景観向上 p.179

Contents

3. 質の高い街並みの誘導　180
公共がけん引する質の高いデザイン p.182／山下公園通り p.193／馬車道 p.195／
伊勢佐木町 p.196／元町 p.197／中華街 p.198／景観制度の活用 p.199
○コラム：景観協議の不調は、何を変えたか？　205

4. 歴史を生かしたまちづくり　206
都市デザイン活動初期における歴史資産の保全活用 p.208／
調査と「歴史を生かしたまちづくり」の体制づくり p.210／歴史的建造物の保全活用 p.214／
近代建築の保全活用 p.216／日本大通りの歴史を生かしたまちづくり p.222／
山手地区の歴史的建造物保全活用 p.226／郊外部における古民家等の保全活用 p.233／
土木産業遺構の保全活用 p.236／歴史的建造物の活用支援・歴史文化の広報普及 p.242／
新たな展開へ向けた検討／「歴史を生かしたまちづくり」の推進について p.248
○コラム：アーバンデザイン50周年に寄せて　212
○コラム：歴史的資産と都市デザイン　213
○コラム：ヨコハマ洋館探偵団とシティガイド協会　249
○図表：横浜市認定歴史的建造物一覧　250

5. 文化芸術創造都市　252
○コラム：私と都市デザイン　元町そして横濱まちづくり倶楽部　261

6. 都心周辺・郊外区の都市デザインの展開　262
第1フェーズ：都心周辺・郊外区に展開し始める都市デザインの取組 p.264／
第2フェーズ：地域まちづくり推進条例 p.278／
第3フェーズ：近年のストック活用の取組 p.284
○コラム：都心周辺・郊外への展開：区の魅力アップ　265
○コラム：「横浜都市デザインフォーラム」がつないだ川・流域の市民活動　277
○コラム：横浜市地域まちづくり推進条例とヨコハマ市民まち普請事業が生まれるまで　281
○図表：横浜市における「パートナーシップ型行政」の推移　282
○都市デザインを「知る」講演会②：
　　「身近な地域資源をいかした魅力づくり～水と緑のまちづくり～」
　　宮澤好×吉村伸一×滝澤恭平　292

7. 国内外との交流・発信　300
国際会議・シンポジウム・セミナー p.302／発信 p.306／表彰制度 p.307／
国外との交流・技術移転 p.308／交流・人材育成 p.310
○コラム：横浜の都市デザインと国際交流　305
○コラム：「未来社会の設計」横浜の環境空間計画を考える (2008年)　313
○コラム：「これからどうなるヨコハマ」生成期 北沢猛 [アーバンデザイナー、横浜市参与]
　　がなくなったあと、なんとか自分たちでやってみようと思った。(2011年)　314

3-4｜「横浜都市デザイン50年の実践戦略と活動特性の変遷を振り返る」国吉直行　317
○「実務者の立場から振り返る50年」　321

4｜Progress｜都市デザイン手法の展開

4-1｜歩行者空間の展開　326
4-2｜歴史を生かしたまちづくりの展開　328
4-3｜都市デザインを推進する連携の展開　330
○「50年目の都市デザイン室」　332

Epilogue

対談 ～横浜が魅力ある場であるために～　Session 1　338
　　　　　　　　　　　　　　　　　　　　　Session 2　343
「横浜の都市デザインがもたらしたもの」西村幸夫　348
編集後記　350

都市デザインの遺伝子はいかに受け継がれるか

野原 卓

［横浜国立大学大学院 都市イノベーション研究院 准教授］

横浜都市デザイン50周年

横浜市（当時の企画調整室内）に「アーバンデザインチーム」が設置されて以来、50周年目の記念すべき2021年現在において、世界（都市）では、相次ぐ激甚災害の頻発化や予期せぬ感染症（COVID-19）の蔓延など、それまでの社会とは異なる様相を見せている。また、人口減少・少子高齢社会の到来と成熟社会化、市民の価値観の多様化などの結果、市民で共有する明確な将来が描きにくい、いわば、「不確実性」の時代を迎えている。こんな時こそ、**様々な主体を調整しながら、それぞれの市民にとっての生活の質を高め、豊かな場を提供する手段である「都市デザイン」という手法を考えることが改めて重要になる。**

横浜の都市形成における歴史を振り返ってみると、数十年ごとに訪れた、想定外で未曽有の「危機」や、不確実な状況を何度も乗り越えながら時間を重ねてきたことがわかる。まず、激動の幕末期には、諸外国から開港を迫られる中で、小さな横濱村から突如として新しい日本の玄関口としての近代居留地形成が進められた上に、慶応2年の大火による火災被害の後にまとめられた「第三回地所規則」を通じて、日本大通りと横浜公園の整備を含めたさらなる近代都市化が実行された。市街地にあるほとんどの建物を失った関東大震災からの復興では、山下公園のような臨海公園整備や、近代建築再建による発展的な復興が進められたし、横浜大空襲の後には、関内牧場と揶揄される中での戦災復興であったが、耐火建築促進法に基づく「防火建築帯」を積極的に用いた再建が進められ、中庭型街区による新たな都市構造を創り出す再編計画まで立案されている。そして、戦後の米軍接収後には、新しい横浜の都市づくりを推進すべく、「六大事業」と呼ばれるプロジェクト型の再生推進や、人間的な都市空間の創出を標榜するアーバンデザインが導入された。このように、横浜は、何度も想定外で未曽有の危機を乗り越えて、さらに良い社会を目指す「ビルドバックベター」を重ね、常に「横浜らしさ」を見つめながら、独自の個性的なまちづくりを進めてきたといえよう。翻って現代、先のような様々な社会的課題を抱える「不確実な時代」において、これまで築いてきた**「都市デザイン手法」を振り返ることは、横浜の未来をどのように描くべきかを考えるヒントを与えてくれるのではないだろうか。**

「都市デザイン」の系譜

これまで、**「都市デザイン」（アーバンデザイン）**[※1]**とは何かについては、常に議論されながら、なかなか同定されずにいる。**例えば、筆者らが行った、全国の自治体に対する「都市デザイン」への意識調査（2016）では、約半数が「都市デザインを行っている」と回答していたが、何を都市デザインだととらえているかについては、「景観形成・景観デザイン」を筆頭に、「都市空間の魅力創出」のほか、「都市計画・まちづくりと同様」、「都市マス・立地適正化など」、「地域の個性創出」、「多主体協働まちづくり」、「総合的ビジョンづくり」、「歴史を生かしたまちづくり」など、その認識はバラバラともいえるほど様々である。

最も広義の「都市デザイン」を考えてみると、都市をデザイン（決定）するということであり、つまり、そこに「都市」がある限りは、全ての都市で何らかの都市デザインがなされているということになるだろう。特に、前近代においては、主に為政者が権威を通じて都市をデザインしており、地図上で都市を見ても幾何学的で意図が明確なことが多く、正にデザインされている様子がよ

※1:「アーバンデザイン」と「都市デザイン」の用語の使い分けについては、用語の使用者や場面によってさまざまであり、厳密な区分が困難であるが、本稿では原則、「都市デザイン」という用語を用いることとし、アーバンデザインについては、それぞれの場面において使用することとする（横浜市が人間的都市空間を進めるにあたって導入した「コントロール」・「プロジェクト」・「アーバンデザイン」のうちの一つ、あるいは、ホセ・ルイ・セルトが提言した「アーバンデザイン」など）。

く分かった。近代以降、あるいは、市民社会が到来するに連れて、権力者のデザインから、多くの主体で総合的な観点から都市を描くことが求められるようになると、都市デザインは、多主体調整の技術としてのあり方として捉えられるようになる。さらに、モダニズム的観点による都市計画手法が安定してきた1960年代以降、近代都市づくりの中で実践されてきた機能主義的・効率主義的・画一的なあり方に対して、人間性や多様性、地域性なども交えて進めてゆく都市づくりのあり方（ポストモダニズム・ポスト都市計画）が訴えられる中で、これを成し遂げる手法としての狭義の「都市デザイン」が生まれてくる。

このような流れをたどり生まれてきた「都市デザイン」という概念が広汎で多様であるということは、それこそ多様な文献（横浜市（1975）『調査季報47号』[3]／『横浜市都市デザイン基本調査報告書』[1]（1982）／西村（1993）[5]ほか）で、指摘されている。紙面の都合上、それぞれがどのような解釈であるかについての詳細は割愛するが、大まかには、①都市計画などと表裏一体でありながら、都市生活に必要な物的空間をデザインする"形態的・視覚的・空間的観点"、②多主体をうまく調整してWIN-WINな方向に導いてゆく"調整的観点"、③都市空間を豊かにするために様々な要素（政治学・経済学・社会学なども含む）を巻き込みながら統合してゆく"拡張的観点"、④都市生活を豊かにするための活動としての"運動的観点"などに整理されるだろうか。ただ、いずれの都市デザイン的視点にも共通しているのは、**都市が急激に拡大してゆく社会的状況の中で、多数の主体が同時に一つの都市空間で暮らしや営みを重ねて、「ともに生きてゆく」ことで豊かさを獲得しようとしたとき、個々の建築や敷地内での行為が有する「ミクロの最適解」と、都市という大きな集合体が有する「マクロの最適解」の乖離や衝突に対して、これらをうまく誘導・調整・調停し、両者（マクロとミクロ）のWIN-WINの関係をもってして豊かな都市創出を実現するのが、都市デザインの与えられた使命であり、そのため**の技術開発としての「相互関係のデザイン」（田村（1975））[3]の手法であったということだろう。

実際に進められた都市デザインの運動についても、簡単に整理してみると、3つのタイプとなるだろうか。第一は、建築から拡張して都市空間を統合的に考えるタイプである。都市の近代化が求められる中で建築家のル・コルビュジェが提唱したユルバニスムやCIAM（近代国際建築会議）での議論などを下敷きにする中で、1947年にCIAM議長となったスペイン人建築家ホセ・ルイ・セルトがハーバード大学デザイン大学院の院長に就任すると、建築・ランドスケープ・都市計画を越えた総合的なデザインを「アーバンデザイン」と名付け、1956年以降、理論家、実践家を中心に「アーバンデザイン会議」が開催されたが、そこで行われたのは、建築やランドスケープなどを中心としたデザインとしての議論であった。その後、単なる建築やミクロな空間を乗り越えて都市全体をデザインの対象とする考え方に触発された建築家やデザイナーを中心に、建築を都市に拡張してゆくような形で両者を調停する手法が示され、日本でもメタボリズム運動や、「東京計画1960」を始めとした都市再生提案、あるいは、「都市デザイン研究体」による都市空間のタイポロジー分析などが行われた。しかし華々しい都市の未来が多く描かれたものの、具体的にその提案を実装する手段に乏しかったこともあり、次第にプロジェクトベースの取組みに落とし込まれる、もしくは「都市からの撤退」へと向かった。

第二は、都市全体を見渡したアクションを行うことのできる行政体（自治体）が、「建築をデザインすることなく都市をデザインする」タイプ、つまり、仕組み・制度・システムを用いて都市から建築を調停する手法である。具体的には、ニューヨーク市で実施される、あるいはパリ市のAPUR（パリ市都市計画アトリエ）や、クリチバ市（ブラジル）のIPPUC（クリチバ都市計画研究所）のように、自治体外郭の研究機関での分析などを基にした都市政策を挿入することもあった。

そして、第三の姿は、都市自治の伝統を有するヨーロッパ諸都市において、都市組織を守り育てるための古き良き都市デザインを拡張してゆくタイプである。必ずしもアーバンデザインという言葉は使われていないかもしれないが、ミュンヘン・コペンハーゲンなどを始め、

1. 萌芽期（1960年代）　　「横浜の都市づくり」構想と都市デザインの萌芽

横浜の都市づくり構想
港町の誇りと人間的空間を取り戻すため、都市ビジョンの描出と具体的手法「コントロール・プロジェクト・アーバンデザイン」の駆使。飛鳥田市長と環境開発センター（浅田孝・田村明）の提案。

コントロール
■土地利用横浜方式
▽市街化調整区域の積極的指定
▽市街地環境設計制度（1973）
▽用途別容積制
■独自の「要綱」行政
▽宅地開発要綱
▽街づくり協議地区

プロジェクト
■六大事業（1965－）
▽金沢地先埋立事業
▽港北ニュータウン建設事業
▽高速鉄道〈地下鉄〉建設事業
▽高速道路網建設事業
▽横浜港ベイブリッジ建設事業
▽都心部強化事業 →みなとみらい21

アーバンデザイン
■人間的空間の回復へ
▽都市美対策審議会（1965-）
▽高速道路地下化
▽緑の軸線構想と都市デザインに向けての取り組み

2. 黎明期（1970年代）　　横浜型都市デザインの誕生と発展

都市デザインチーム創設
人間的な空間の実現手法としての都市デザインの導入、公共空間（庁内）・商店街・民間（官民）との連携・調整を行う組織（企画調整室都市デザインチーム・担当）の設置。

インハウスの公共空間整備
■公共空間整備による即効性
▽くすのき広場（1974）
▽「大通り公園」整備（1971-78）
▽開港広場
▽日本大通り（2002）
■都市装置を用いた都市再編
▽都心プロムナード

商店街連携とストリート再生
■商店街組織・地域との連携
▽馬車道（1976,78）：風格の継承
▽伊勢佐木モール（1978,82）：歩行者モール化、歴史的建築物、
▽元町商店街（1955,85,2004,20）：セットバック・一方通行化・ファニチュアのリ・デザイン）

民間誘導と公共的空間創出
■民間誘導による空間・景観創出
▽ペア広場：インセンティブによる誘導の実施
▽山下公園通り地区ガイドライン→ガイドラインと創造的協議による誘導型の景観・空間創出へ
→景観アドバイザー制度へ

3. 拡張期（1980-90年代）　　都市計画・まちづくりの領域と主体を広げるイノベーター

分野・範囲・主体の拡張
都市デザインが、従来の都市計画的範囲を超えて、歴史・水と緑・郊外・住民参加にも関与し、所管局を超えた形で実現。横断型調整役の立場から専門職的・先導役的な立場への移行。

歴史を生かしたまちづくり
■山手のまちづくり
（1960年代以降の洋館損失と1980年代からの洋館保全に向けての活動）
■市街地環境設計制度の改訂（1985）
：緩和要件に「歴史的建造物の保全」も追加
■「歴史を生かしたまちづくり要綱」（1988）
→「歴史的認定建造物」の認定と登録：認定を所有者が承認すると保全の助成金が出る

水と緑・郊外展開・参加のまちづくり
■水辺・郊外の都市デザイン
▽区の魅力づくり基本調査（1980-83）
▽水と緑と歴史のプロムナード事業（1984-）
【大岡川プロムナード・せせらぎ緑道・磯子アベニューほか】
■参加の都市デザイン
▽ワークショップ型まちづくりの導入
→地域まちづくり推進事業：（1992-93）

4. 波及期（2000年代―）　　みんなで行う都市デザイン（主体の波及）

地域まちづくりの推進
→地域まちづくり課の創設（アーバンデザインの市民化）
▽地域まちづくり推進条例
「地域まちづくり」の発展（ルール・プラン・組織）、まちづくりコーディネータ
→各区にまちづくり調整担当
▽ヨコハマ市民まち普請事業
庁内アントレプレナーシップ制度で事業採択。
→市民のハード事業参画

文化芸術創造都市（クリエイティブシティ・ヨコハマ）
■文化芸術創造都市構想（2004-）
▽3つの分野（文化振興・産業振興・まちづくり）
▽3つの戦略（ナショナルアートパーク構想／創造界隈の形成／映像文化都市）
▽創造都市事業本部（2004-09）→文化観光局（09-）
■創造界隈拠点の形成
▽BankART1929とこれによるサブリースマネジメント
▽創造界隈拠点の運営
▽官民連携による民間創造拠点形成支援
▽黄金町のまちづくり：安心安全とアートのまちづくり
▽アートイベント：ヨコハマトリエンナーレなど

インナーハーバー構想
▽ヨコハマ・アーバンリング展（1992）
内水面を囲むリングと埠頭再生
▽京浜臨海部再生研究（2004-08）
臨海部工業地帯エリアの将来検討
▽海都（うみのみやこ）横浜構想2059（2009）
三本のリングと5つのシナリオによる、都心部と海を有機的な融合
▽都心臨海部再生マスタープラン
埠頭の都市的利用の検討

広がる都市デザイン（その他のプロジェクト）
環境未来都市とSDGs未来都市（温暖化対策統括本部）／エキサイトよこはま22（横浜駅周辺大改造計画）社会実験を交えた展開：みなと大通り及び横浜文化体育館周辺道路整備と「みっけるみなぶん」・東横線跡地／横浜市旧市庁舎街区整備と「関内駅周辺地区エリアコンセプトプラン」／都市デザインビジョン

西村幸夫編（2017）『都市経営時代のアーバンデザイン』p138の図に加筆修正

これまでの都市が積み重ねてきた都市組織（urban tissue/tissu urbain）を大切にしつつ、現代生活に合わせるための交通処理や空間デザインを重ねてゆくような手法が実施されてきた。その後、必ずしも都市の歴史を長く積み重ねていない郊外住宅地やエッジシティでも、こうした古き良き都市構造を有する都市空間を生み出すことのできるようなデザインやコードを重ねるニュー・アーバニズムやアーバンビレッジのような考え方も発展してゆく。

一方で、前述の通り、都市デザインを、「一つしかない物理的都市空間の中で、マクロの最適解とミクロの最適解の双方のWIN-WINの状況を生み出す手法」と、手法論として考えると、3つの手法があるとも考えられる。一つは、市民が共有・納得できるような都市空間の将来像（ビジョン）を描き、それを実現するためのプロジェクトを挿入してゆく「大きな都市デザイン」を進める手法、二つ目は、まずは、身近な地域において、豊かな「場」（ストリートや公園、空き地、広場など）づくりのための活

歴史的な街並みと開発を調停した馬車道の風景

創造都市の拠点として多くの人の交流の場となった BankART Studio NYK

動や実験を通じて、少しずつ現場の質的変化を感じながら進める、「小さな都市デザイン」から進める手法、そして、三つ目に、都市の空間構造を読み込みながら、その奥に隠れた都市のシステムを読み解き、システムをいじることで、それぞれは小さな動きに見えても、実際には、都市全体の変化に寄与するような、いわば、神経の脈を意識したツボ押しのような、「構造的都市デザイン」を進める手法である。横浜では、人間的都市空間の創出や、それを空間に落とし込んだ緑の軸線などの大きな都市空間のビジョンを提示しつつ、くすのき広場やみっけるみなぶんのように、一つ一つの場所で小さな調整を重ねて、目に見える形で都市空間の質向上を図りながら、まちづくりを動かす小さな都市デザインも行い、さらには、市街地環境設計制度や様々な歴史を生かしたまちづくり要綱など、都市の仕組みを用いた都市環境の誘導を進めながら、システムを用いる手法も重ね合わせることで、豊かな都市空間を実現してきた。

横浜都市デザインの変遷

そんな中で、横浜で育まれた「都市デザイン」はどのような50年をたどったのか。日本においては、結局、50年間も都市デザインの看板を掲げ続け、ここまで蓄積し続けてきた都市は横浜のみではないかと言えるほど、数々の取組みが積み重なっているが、その積み重ねを簡単に整理してみると、「(1)萌芽期—(2)黎明期—(3)拡張期—(4)波及期」の4期くらいに分類することはできるだろうか。

(1)萌芽期：1965年に新たな「横浜の都市づくり」を目指して、土地利用横浜方式を通じて、また、「**コントロール**（市街化調整区域などの法的手法の積極的活用・独自要綱の設置・インセンティブ制度の創出）・**プロジェ**

クト（六大事業）・アーバンデザイン」の3つの手法を駆使したまちづくりの方向性を見出したこと、そして、これらを成し遂げるための庁内外の連携・調整を実現するための人材を集め、これを組織化すべく、企画調整室の創出と、この中に「**アーバンデザインチーム**」を創設することで、独自の港町のアイデンティティを大切にしながら人間的な都市空間を実現してゆく体制を生み出した。

(2)黎明期：1970年代には、この3つの「アーバンデザイン」を都市空間に実装すべく、①集まった人材がインハウスで専門性を発揮して、火をつける（**くすのき広場**など）、②庁内部局を巻き込んで公共空間から都市再生を引っ張る（**大通り公園**など）、③民間との協働の契機として商店街とともにストリート再生を図る（**馬車道・イセザキモール・元町**）、④民間企業開発とともに調整とルールによる誘導を図る（山下公園通りでのガイドラインや**ペア広場**の整備、**市街地環境設計制度**の導入）、⑤小さな都市装置の挿入を通して、まちの構造をつくる（**都心プロムナード**）などと、具体的な都市デザインを手法化し、実装化する取組みが行われた。

(3)拡張期：1980年代から90年代にかけて、都市デザインの対象（分野）が拡張してゆく。都市のアイデンティティを歴史に求め、「**歴史を生かしたまちづくり**」を推進してゆくための方法論を構築したり、今では当たり前にもなりつつある「**水と緑のまちづくり**」に取り組んだりと、様々な分野と連携しながら都市デザインが担う範囲を広げていった。また、都市デザインが対象とする範囲（エリア）も拡張してゆく。これまでは、主に都心臨海部を対象に進められてきたものを郊外エリアにも広げ、「**区の魅力づくり調査**」や「（各区での）魅力ある道路づくり基礎調査」「郊外地域総合整備調査」などを実施し、実際にも、**大岡川プロムナード**（南区）や**せせらぎ緑道**（神

奈川区）を始めとした各郊外での実践へと広がってゆく。さらには、担い手の拡張も行われており、今ではまちづくりの現場で一般的に用いられるワークショップ手法の導入を試み、都市デザイン室の中に**市民まちづくり担当**が設置されたり、市民協働を推進するプログラムが用意されていった。このように、都市デザイン手法が都市づくりのフロンティアを開拓するような役割を担っていたのがこの時期である。

（4）**波及期**：2000年代以降になると、「都市デザイン」が内包する考え方は、都市デザインという明確な形（名称・手法）をもたなくても、例えば、拡張期の郊外まちづくりの流れから「地域まちづくり」が進展しており、「**地域まちづくり推進条例**」（2005）による地域発意のプラン・ルールの策定や、市民発意で市民自ら公共的な施設整備を行うことに対してコンテストとコーチングを通じて支援する「**ヨコハマ市民まち普請事業**」など、都市デザインを標榜せずともそのエッセンスが各分野・各部局に広がり、地域や市民が直接都市デザイン的な活動に関わるチャンネルが多く見えてきた。その後も、2004年から進められる「**文化芸術創造都市・横浜**」など、企画調整室の下でのアーバンデザインチームに始まり、都市計画局・都市整備局の中での都市デザイン室の中で育まれてきた都市デザインの遺伝子は、部局を越えて、様々な場面で浸透することになる。また、都市デザイン室で従事する業務自体も、これまでのようなプロジェクトに加えて、**景観ビジョン・景観計画**に基づく事項や**屋外広告物**に関するものなど、具体的な実務的調整もあれば（後に別途、**景観調整課**も設置された）、各種事業を担当する部局（都心再生課等）などと並走しながら調整行為を協働するようなあり方も増えてきている。また、近年では、国内外でも盛んとなっているタクティカル・アーバニズム（戦術的まちづくり）といえるような、先に時限的活動や実験的な取組みを進めながら次の展開をうかがうような取組みを仕掛けることも増えており、鉄道跡地を用いた時限的な実験（**東横線跡地遊歩道利活用実験**）や、**みなと大通り及び横浜市文化体育館周辺道路の再整備**に先立って行われた道路空間再編の**社会実験「みっけるみなぶん」**（2020.11）

などを通じて、目に見える形での小さな空間実験を用いて次の展開を見据えるような動きも進められており、全国的なまちづくりの潮流やうねりもとらえた、新たな進化の道も探っている。

再び都市の時代を見据えた アーバニズムの展開

　このような50年の横浜の都市デザインの変化を見ながら、再び改めて国内外の状況を見てみよう。**21世紀を迎えて、「都市」をデザインの対象としてとらえ、空間を包括した都市政策が再び盛んに打ち立てられている。**イギリスでは、1998年、建築家リチャードロジャース卿を座長とする「アーバンタスクフォース」による「都市再生（Urban Regeneration）」が提言され、都市ストックの活用と公共空間再生による都市づくりをが掲げられたのを皮切りに、再び「都市全体」をデザインの対象として総合的に考え直す機会は増えてきたように思う。ニューヨーク市でも長期環境計画である「PlanNYC」（2007）が策定され、その後、道路空間等に人のための広場などを挿入する公共空間再生である「プラザプログラム」が進められた。バルセロナ市では、2000年代より、都市を生態系的なエコシステムとしてとらえ、モビリティやエネルギーなど都市づくりに関わる様々なプロジェクトを挿入してゆくための外郭的なシンクタンク「都市生態学庁（BCNecologia）」を設置して、データサイエンス技術なども統合した新しい都市デザインマネジメントを試みており、「スーパーブロック計画」と呼ばれる道路空間を中心とした都市再編プロジェクトも挿入されている。また、近年では、歩いて暮らせる、自転車で暮らせる「生活圏」も着目されている。パリ市の「15分圏都市」構想では、すべての場所から自転車で15分以内にアクセスできる生活圏を重視したまちづくりが提唱されている。さらに、新型コロナウィルス感染症を経た中での都市空間の見直しも著しい。ニューヨーク市では、沿道店舗から飛び出して、道路空間等をテラス席として利用できる「オープンレストランツ・オープンストリート」などの取組みが、コロナ禍の緊急対応として

連続的につながるウォーターフロント軸（女神橋から新港パークを臨む）

道路活用実験「みっけるみなぶん」

なされたが、直ちに恒久化に向けて動き出された。また、国内外において、大きな移動が制限される中で、「マイクロツーリズム」と呼ばれるような、地元や近隣を大切にした観光様式も生まれつつある。わが国でも、近年は公共空間の活用や、歩きやすい・歩いて楽しい、居心地がよく歩きたくなるウォーカブルな都市空間の創出が、全国各地で叫ばれている。また、大きな構想を描いても予算も厳しくなかなか実現しない中で、ニーズを丁寧に拾いつつ、社会実験や短期的活動などを経て、現実を見つめながら一歩一歩進めてゆく「タクティカル・アーバニズム」（戦術的まちづくり）という方法論も進められていることは、前述の通りである。

　日本においては、都市デザイン（アーバンデザイン）は、用語としてあまり定着しなかったようにも思う。要因は、**都市デザインという手法そのものが、総合的な取り組みでもあるため即効性が弱く、また、効果がわかりやすい形で見えにくい点などがあるだろうが、見方を変えると、都市デザイン的手法の「担い手のあり方」が変化しており、横浜と同様、都市デザインという言い方をしなくなってきている**ということもあるだろう。先の通り、60年代当初の都市の担い手は、やはり、マクロを調整できる行政の手にあった。しかし、公害問題や町並み問題なども経て、市民が自ら立ち上がり実行する「まちづくり」が広がる中で、市民が関与する形も見えてきたし、80年代以降では、民間企業が大規模跡地の再開発などを通じてまちづくりに参画することも増え、90年代には、まちづくりの「組織化」（TMO・NPOなど）の中で、市民・企業・商店街・専門家などが加わり、その後の「エリアマネジメント」や「ニュー・アーバニズム」、近年はプレイスメイキングなどの動きにもアーバンデザインの遺伝子が潜んでいるようにも思われるが、BIDやエリマネ団体、社団法人など、担い手が増えつつある。最近では、

公×民×学のフラットな連携を謳う「アーバンデザインセンター」（UDC）といった連携型の担い手も現れている。また、プロジェクトの始まり方も、廃線となった高架鉄道の撤去を伝えるタウンミーティングに参加した二人の市民から始まり、公民様々な人たちを巻き込んで、世界中から人々を惹きつける線状高架公園を生み出したハイライン（ニューヨーク市）のように、小さな活動から大きな都市デザインへと至るようなケースも現れている。さらに、近年では、特に若い世代が、フリーランス的に自由な活動を行う中で自ら地域の中で起業したり、ビジネスを興したり、コミュニティデザインやローカルデベロッパーとしてのあり方を標榜する人たちも現れ、その境界線は曖昧化している。

横浜が目指す、
変わらないものと変わるべきもの

　その中でも、**横浜は、「都市デザイン」を明確に標榜し、積極的な都市デザイン活動を経て豊かな都市空間を目に見える形で実現してきたことから、内外から高い評価を受けるような、明確な横浜の都市空間像を有し続けている**のではないかと思われる。横浜都市デザインが50年間変わらぬ特徴として有し続けているのは、常に**横浜のアイデンティティ創出を意識した都市づくりへの視座**だろうか。「横浜らしさ」と言ってしまうと月並みに聞こえてしまうが、**地域の根源（Root）としての「港町」、そして、「人間的な空間」の創出**を考え続けており、実際にも、50年間の時間を超えて「緑の軸線」・「ウォーターフロント軸線」という都市骨格の整備実践を粛々と続けてきた結果として、みなとみらいから新港地区へと続くウォーターフロントは、汽車道や運河パーク、臨港パークから女神橋、ハンマーヘッド、赤レンガ倉庫、象の鼻

＜参考文献＞
⑴ 横浜市企画調整局（委託）・（社）日本都市計画学会（受託）（1982）『横浜市都市デザイン基本調査報告書 新たなる展開に向けて』、横浜市企画調整局（編集：（株）都市環境研究所）⑵ 岩崎駿介（1980）『個性ある都市 横浜の都市デザイン』、鹿島出版会 ⑶ 横浜市（1975）『調査季報47号：特集／アーバンデザインの課題』、横浜市 ⑷ SD編集部編（1992）『都市デザイン／横浜：その発想と展開』、SD別冊 No.22、鹿島出版会 ⑸ 渡辺定夫編著（1993）『アーバンデザインの現代的展望』、鹿島出版会 ⑹ 北沢猛＋UDSY（2008）『未来社会の設計』、BankART1929 ⑺ 前田英寿・遠藤新・野原卓・阿部大輔・黒瀬武史（2018）『アーバンデザイン講座』、彰国社 ⑻ 中島直人・一般社団法人アーバニスト（2021）『アーバニスト』、筑摩書房（ちくま新書）⑼ 鈴木伸治企画監修（2014）『都市をデザインする仕事：横浜の都市づくり・都市デザイン 二十人の証言』、横浜市立大学

パーク、大さん橋、山下公園が連続するに至り、ようやく海辺が市民に開かれたし、緑の軸線についても、70年代の大通り公園からくすのき広場整備、日本大通り整備（2002）や近年検討されている「みなと大通り及び横浜文化体育館周辺道路」の再整備など、50年の時間を経て、ようやくその姿が豊かな都市生活の中に位置づく形となってきている。また、新たな都市再生が施される際にも、**常に歴史的資源への視座が意識され続けており**、その結果、近代化から貿易、特に生糸貿易や金融に関わる施設、その後の復興を象徴する施設や空間が受け継がれてきている。この積み重ねてきた時間軸の連続性を次世代にどう受け継いでゆくのか、この蓄積を消費して失ってしまうことのないように、未来に向けて考えたい。

また、横浜の都市デザインは、一見すると行政がリードして進めているようにみえるが、実際には、**常に周囲の仲間を巻き込みながら進めてきた**と言うのも特徴と言えるであろうか。確かに当初は、行政内に設置されたチームメンバー（専門職）が自ら都市デザインを実践・推進するところから始まったが、徐々にチームメンバーは増え、ジョブローテーションで職員が入れ替わり始めると、都市デザイン室から他の部局に移りながらも各部局でその精神を受け継いだ仕事を進めている。また、横浜が進めてきた都市デザインプロジェクトの背後には、多くの**建築家**、**都市計画家**、**設計事務所**、**地域に根づいたまちづくりコンサルタント**、**ランドスケープデザイナー**、**グラフィックデザイナー**など、**多くの民間専門家と協働しながら進められてきた**。さらには、地域実践を進めるにあたっては、地元商店街や地域住民とともに勉強会をしたり、歴史を学んだり、組織を立ちあげて**地域とともにまちづくりを推進したり**もしてきた。近年では、こうした構図を越えて、みなとみらい地区での「一般社団法人横浜みなとみらい21」の取組みや、横浜駅周辺での「エキサイトよこはま22」（横浜駅周辺大改造計画）など、民間企業や地域協働で進めるエリアマネジメントの事例も見られる。前述の通り、都市づくりに関わる人材のあり方もここのところで大きく変わってきており、様々な専門性を有しながら都市で仕事をする「アーバニスト」

も増えてくるなかで、この都市デザインの輪の中にどのように巻き込んでゆくか、時には同時多発的にプロジェクトが展開したり、様々なつながりが自己組織的に生まれたり、どんどんと多様な活動がつながってゆくような、自律的で新しい都市デザインネットワークのあり方が期待される。

一方で、横浜の都市デザインがまだまだ対応しきれなかった数々の課題もある。例えば、歯止めのかからない災害の激甚化を目の前にして、防災を都市デザインの中でどのように採りこんでゆくか、もしくは、地球レベルでの環境問題・エネルギー問題に対して都市デザインはどう対峙してゆくのか（SDGsと都市空間）、ビックデータやデータサイエンスなどを含めた最新情報技術を都市空間の中にどのような形で生かすべきか、福祉的な視点や健康の視点、ユニバーサルデザインの考え方も踏まえつつ多様性と包摂の時代をどのように考えてゆくか、そして、産業経済の動向も踏まえた都市の生態系（エコシステム）マネジメントについてどう考えてゆくかなど、**その時々で生まれてくる様々な課題に対して、都市づくり（アーバニズム）の射程を拡張し、多様な課題に都市としてどう対峙するのかを考えるのか**、マクロの最適解とミクロの最適解を調停しながら、**都市生活の質を高める都市デザインの役割はますます重要性を増してくる**と思われる。0.1μmほどのCOVID-19が巻き起こす世界の変化も未だ見通すことのできない、未来の見えない不確実な時代の中にあっては、アジャイルな（機動力のある）、あるいはレジリエンスを獲得した（冗長性やしなやかさを持った）都市づくりのあり方を「新たな都市デザイン」手法として見出してゆく必要があるのかもしれない。

野原 卓（のはら たく）｜横浜国立大学大学院都市イノベーション研究院准教授（博士（工学）。2000年東京大学大学院修士課程修了。設計事務所勤務、東京大学助手・助教等を経て現職。横浜市都市美対策審議会委員、横浜市創造界隈形成推進委員会委員長などを歴任し、横浜市による道路活用実験「みっけるみなぶん」にも関わる。主な著書に『アーバンデザイン講座』（共著）『都市経営時代のアーバンデザイン』（共著）など。

写真：菅原康太

写真：菅原康太

写真：森日出夫

1

Anatomy

横浜・風景の解剖

　1971年に全国に先駆け、市役所内に「都市デザイン」担当を設置し、50年もの間進められている横浜の都市デザイン。

　都市に美しさを求めるだけでなく、歩いて楽しいまちづくりや歴史的資源の保全・活用や、水・緑を生かしたまちづくりなど、都市を人のための場所として総合的にデザインする活動に、時代に先駆けて取り組んできた。

　地域の個性を発掘し、高め、新たな魅力を創り出すことで、歴史と新しさが共存し、他にはない横浜らしさを生み出し続けている。市民や来街者の皆さんにとってなじみの深い、横浜らしい「風景」の中には、実はそうした50年に及ぶ意識的な取組が多く隠されている。

　「横浜・風景の解剖」では、そうした取組を、横浜を代表する写真家、森日出夫さんが切り取った横浜の風景の中にキーワードとともに詳説し、都市デザインの意図するところの概要を掴んでいただくことを目的としている。

日本大通り

景観重要樹木

#銀杏　#歴史　#都市軸　#緑

火に強い樹として震災後に植えられ、美しい黄葉が市民にも愛されている銀杏並木。街並みの重要な要素として景観重要樹木に指定し、きちんと管理されるようにしています。歩道の石の色も銀杏の実による汚れが目立たないよう、配慮して選んでいます。

通景の確保

#都市軸　#ヴィスタ　#その先は象の鼻

照明機器などの構造物は銀杏並木の列に合わせて配置、駅の出入口の屋根をガラスにして透過性を高め、道路標識も移設するなど、様々な工夫によって通りの通景（ヴィスタ）を確保しています。

植栽防護柵

#ベンチ風　#ウォーカブル　#ディテール

多くの人が座っているこの場所、実は正式にはベンチではありません。本来は大事な銀杏を守るための柵ですが、座りやすい形にすることで、疲れたらひとやすみ出来るようなデザインにしてあるのです。

出来るだけ平らに

#セミフラット　#イベント利用

#公共空間利活用　#ウォーカブル

歩道と車道の間の段差を極力少なく、ほとんど平らにすることで、誰もが安全に歩けるようにしました。イベント時には車道と歩道を一体的に使えるよう、車止めも外せるようにしてあります。

ゆるやかな勾配

#本町通りが「横」に長い「浜」

#微地形　#埋立の歴史

歩道拡幅

#ウォーカブル

みなとみらい線整備の機会を捉えて、車道部分を狭めて銀杏並木の内側にも歩道を広げる再整備を実施。歩行者がゆったりと歩ける道路となりました。

歩道拡幅前の日本大通り

楽しいデザイン

#ディテール

#グラフィック

日本大通りでは大きな計画だけでなく、街歩きを楽しんだり、心地よく過ごしてもらうため、ちょっとした細かいところまでデザインされています。

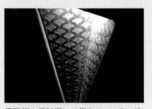

足下灯の反射板には銀杏のエッチング

おなじみの絵タイル

県庁前には横浜三塔のプレート

景観重要樹木のプレートはトランプがモチーフ

高層部のセットバック

#ルール　#歴史的建造物への配慮

地区計画により、建築物の建て替え・建て増しの際は、歴史的建造物（31ｍ）よりも高い部分を大きく壁面後退（セットバック）してもらうことで、通りからの圧迫感を軽減し、歴史的建造物の風格を阻害しないように工夫しています。

鋳鉄

#歴史の表現　#周辺との調和

#ダークグレー

照明灯や車止め、植栽防護柵などには重厚感のある鋳鉄を用い、色味もダークグレーで統一することで、周辺の歴史的建造物とも調和した共通のデザインとしています。

アスファルトにもひと工夫

#周囲との調和　#ディテール　#素材

歴史的建造物や銀杏並木に馴染むよう、車道のアスファルト舗装にも、黄・赤・灰色の骨材を混ぜ、色彩を調整しています。

オープンカフェ

#コミュニケーション

#公共空間利活用　#ウォーカブル

ゆっくりと街並みや歴史ある雰囲気を楽しんでもらえるよう、拡幅した歩道上にオープンカフェを出せるしくみをつくりました。沿道店舗と協力して、当初は実験的に開始。その後、地元組織である日本大通り活性化委員会と市で協定を結び、オープンカフェの常設化を実現しました。

オープンカフェの様子

取組の積み重ねがつくり出す、街のシンボルロード

関内の中心にあたる日本大通りは、1866年に起きた大火の後につくられた、日本最初の西洋式街路です。日本人街から外国人居留地への延焼を防止するため、幅36ｍと広幅員で計画されました。2004年のみなとみらい線開通に向けて、港と横浜公園を結ぶ開港シンボル軸として再整備され、歩きやすくて、歴史を感じられる、横浜を代表する通りとなっています。

歴史的建造物の保全

#歴史　#保全　#復元　#活用　#様々な手法

日本大通りに面した歴史的建築物の多くは震災復興時につくられており、開港以来の官庁街としての歴史が感じられます。横浜情報文化センター（旧横浜商工奨励館）は、もともとあった歴史的建造物を低層部にそのまま保存し、レストラン等として活用。一方、横浜地方裁判所は、建て替えに伴い元の歴史的建造物を一度解体したのち、新しい建物の低層部にその外観を元の通りに復元するなど、建物ごとに様々な手法を駆使して、当時の街並みを保全しています。

横浜情報文化センター

神奈川県庁本庁舎

THE BAYS（旧関東財務局）

KN日本大通ビル

日本大通り

象の鼻パーク

「開港の地」から、市民の憩いの場へ

1859年、この場所に東波止場と西波止場の2本の突堤が完成し、日本は開国。まさに象の鼻地区が「開港の地」です。世界の物や人、文化の多くがこの場所から日本にもたらされ、各地へ広がっていきました。その後、東突堤は延伸され、その湾曲した形状から「象の鼻」と呼ばれるようになりました。長く港湾関係の施設として一般の人の立ち入れない場所でしたが、横浜開港150周年を記念して、港湾緑地として整備され、誰でも入れる市民の憩いの場となりました。

湾曲した東突堤(右)と西突堤(左)
Plan of the Settlement of Yokohama
R・H・ブラントン作成(1870年)
(横浜開港資料館所蔵)

2つの都市軸が交わる象の鼻地区

緑の軸線×ウォーターフロントの軸線

#都市軸 #交点 #通景 #開通

関内・関外の中心を貫き、緑とともに歩行者の回遊軸として整備されてきた重要な都市軸「緑の軸線」と、水際線を一般市民に開かれた公共空間に変えて繋いでいく「ウォーターフロントの軸線」。横浜のまちづくりで重要なこの二つの都市軸が交差する、言わば要に当たる場所がこの象の鼻地区です。象の鼻パークの完成によって、日本大通りから港への通景も開通するなど、この二つの都市軸も概ね、完成することになりました。

象の鼻パーク

チャンスあふれるまち・横浜

#設計者 #プロポーザル
#50歳以下限定 #若手育成

象の鼻地区再整備の設計者の選定にあたり、開港当時の横浜が「チャンスあふれるまち」であったことから、開港100周年以降に生まれた「若手」設計者を対象としたプロポーザルを実施しました。プロポーザルの結果、全国から集まった51組の設計者の中から、小泉雅生氏が設計者に選ばれました。

陸のポンツーン

#ベンチ #レンガ

山下臨港線プロムナード

#元貨物線 #開港の道
#歴史 #ウォーカブル

かつて山下ふ頭まで貨物線の鉄軌道が通っていた高架の道を、歩行者のためのプロムナードとして再整備しています。この整備により、桜木町駅前から山手の丘まで約3.2km続く「開港の道」が完成しました。

象の鼻テラス

#創造界隈拠点 #休憩スペース #カフェ #景観配慮

象の鼻テラスは横浜市が推進する「創造都市」施策の拠点として、様々なアートイベントが開催されるアートスペースです。パークの休憩スペースを兼ねているため、カフェが併設され誰でも気軽に立ち寄れます。建築は屋上が開放され、開港の丘に半分埋まったような形で、周辺の景観にも配慮されています。くの字の建物形状は税関や象の鼻防波堤、赤レンガ倉庫の方向を意識して設定されています。

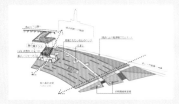

象の鼻テラスと開港の丘 模式図
(提供:小泉アトリエ)

開港の丘

#憩いの場 #創造都市 #観客席

港を見渡せるようにと緩やかな斜面となっている芝生の広場。工事中に海中から出土したかつての象の鼻防波堤の石がベンチとして置かれています。また、ベンチはゆるやかな弧を描いて配置され、広場でパフォーマンスやイベントが行われる時には観客席となるしくみです。

象の鼻防波堤の復元

#東突堤 #歴史 #復元

関東大震災により崩れてしまっていた象の鼻防波堤を、最も象の鼻のような形をしていた明治30年ごろの姿に復元しました。当時沈んだ石積み防波堤が工事中に発見されたため、発見時の状態で一部を現地に展示しています。また石材の一部は防波堤の復元や、開港の丘、象の鼻テラスの外壁などに再利用されました。

スクリーン

#照明装置 #円形配置
#夜間景観 #歴史表現

港の水面を大きく円形に囲うように配置されたパネル=スクリーンは照明装置となっていて、夜になると開港の地を象徴的に光で浮かび上がらせます。歴史を表す鋳鉄と、未来を表すFRP（繊維強化プラスチック）の組合せで横浜の歴史と未来を表現しています。スクリーンの側面には横浜の港のために力を尽くした先人たちが紹介されています。

様々な歴史の積層

#子象の鼻 #転車台 #税関基礎遺構 #歴史紹介パネル
#歴史の表現

かつての西突堤は、大桟橋の整備に合わせて埋め立てられましたが、象の鼻パークを整備する際、舗装材を変えることでその形が分かるようにしています。また、工事中に発掘された明治期の転車台（荷車の方向転換装置）や、かつての税関の基礎の遺構等を現地で保存・展示し、象の鼻地区の歴史を紹介したパネル等で説明することで、開港の歴史を知り、感じられる場所にしています。

港を囲む照明装置「スクリーン」
（提供：小泉アトリエ）

震災で沈下し、地下から発見された転車台
（提供：小泉アトリエ）

大さん橋〜みなとみらい21新港地区〜中央地区

スカイライン

#群景 #横断的調整 #形態的秩序

高層建築物が空との境に描く線=スカイライン。みなとみらいのスカイラインは横浜ランドマークタワーを頂点として右方向(海側)にゆるやかに下がっていくよう、各ビルの高さを調整し、頭頂部のデザインを工夫しています。

横浜赤レンガ倉庫

#歴史 #横浜代表 #リノベーション

#新居千秋都市建築設計 #三塔ポイント

横浜の歴史的建造物のまさに代表格である赤レンガ倉庫は、国の保税倉庫として約110年前に建設されました。1号館は関東大震災で被災し、半分ほどの長さになっています。倉庫としての役目を終えてからは廃墟同然となっていましたが、のちに横浜市が取得。現在では文化施設・商業施設として多くの観光客が訪れると同時に、新港地区の景観を特徴づける中心的存在ともなっています。

ぴあ赤レンガ

#船のモチーフ #水上交通

#飯田善彦建築工房

みなとみらい21
中央地区

みなとみらい21
新港地区

大さん橋

港の歴史を伝える生き証人

#歴史 #1号2号ドック #ハンマーヘッドクレーン

新しい街として一から計画した中央地区は、元々は造船所や旧国鉄貨物線操車場のあったエリア。横浜ランドマークタワーの足元に残されている2号ドック(造船や船の修理を行う場所)は、ドックヤードガーデンとして生まれ変わり、日本丸を浮かべる1号ドックと共に、港としての歴史を今に伝えています。新港ふ頭突堤の先に建つ荷役用のハンマーヘッドクレーンは関東大震災にも耐え、1970年代にその役目を終えた後も、稼働可能な状態で保存されており、新港ふ頭のシンボルとして大切にされています。

ドックヤードガーデン

ハンマーヘッドクレーン

みなとみらい21中央地区

`#高層ビル群` `#新しい` `#白` `#スカイライン` `#元造船所`

コスモクロック

`#夜景演出` `#YES89`

みなとみらい21新港地区

`#低層建築群` `#歴史` `#レンガ色` `#島状` `#港`

水上バス `#水上交通`

歴史と新しさが折り重なってつくられる「横浜らしさ」

開港から始まる歴史の積み重ねを大事にしながら、新しいものを受け入れる進取の気質を持つ横浜。都市デザインの文脈でも歴史的建造物を大切に、かつ新しいものは大胆に新しくつくることで横浜らしい風景を生み出してきました。個性の違う街が集まること、その多様性が横浜の魅力と考えています。

新旧の重なり

`#歴史` `#新しさ` `#コントラスト`

新しい業務地区として計画されたみなとみらい21中央地区は白系の高層ビル群。その手前に港としての歴史を今に伝える赤レンガ倉庫と、それに調和する茶系の低層建築群が並ぶ新港地区。さらにそ

歴史ある新港地区に最新のイベントを重ねる

の景色を臨む場所、大さん橋は、斬新な建築デザインとなっています。新旧の街並みを重ねることで、それぞれの特徴を際立たせ、横浜らしい風景を生み出しているのです。

女神橋

`#プロムナード` `#カーブする海岸線` `#ウォーカブル`

中央地区と新港地区、2つのウォーカブルな街をつなぐ女神橋。両地区の水際線がベイブリッジを意識してカーブしているため、女神橋もこれに合わせて曲線を描いています。

女神橋

大さん橋国際客船ターミナル

`#国際コンペ` `#くじらのせなか` `#新しい建築` `#港` `#視点場` `#三塔ポイント`

古くは鉄桟橋、メリケン波止場として知られてきた、客船の発着ターミナルである大さん橋。国際コンペで世界中から設計案を募り、660もの案から選ばれたのは、新しい時代を象徴する、丘のような建築でした。海に突き出した大さん橋からは、みなとみらいやベイブリッジ、横浜都心部の風景が一望できます。

歩行者空間

`#都市軸` `#プロムナード` `#ウォーカブル`

みなとみらい21地区には、都市デザインの大事なテーマである「歩行者を大切にする」という思想が生かされています。中央地区には、キング軸・クイーン軸・グランモール軸の3つの主要な歩行者軸が設定されており、歩いて楽しい街となっています。新港地区の主な入口である汽車道は、その名の通り汽車(貨物線)の跡地を歩行者専用のプロムナードに再利用したもの。海の上を渡っているような感覚が味わえます。

汽車道

グランモール軸

北仲通地区

関内とみなとみらい、2つの街の交わる場所

横浜ランドマークタワーから関内方向を見下ろすと一番手前に見えるのが北仲通地区です。市庁舎の建つ北仲通南地区はかつて旧・横浜村の鎮守であった洲干弁天社のあった辺り、北仲通北地区は日本の洋式灯台発祥の地という、共に横浜の歴史を語る上でも重要な場所です。開港後は生糸検査所などが建ち、生糸の輸出で日本を支えてきました。現在は歴史的建造物を活かしながら、高層ビルが立ち並んでいるエリアです。道路で分断された北・南両地区を再度つなぐ歩行者デッキが整備され、エリアとしての一体感が重要になっています。

関内とみなとみらいの間の表現

#高層部　#白い　#第二のスカイライン

#低層部　#レンガ基調　#ルール

北仲通北地区は、新しい街・みなとみらいと歴史ある街・関内の間の結節点として、高層棟をみなとみらいと同様に白色基調とし、低層部は関内や生糸のレンガ倉庫を意識した茶系の街とするよう、誘導しています。また高層建築は、横浜ランドマークタワーを頂点としたスカイラインを描いて水際線の街並みを創出するほか、万国橋通り沿いは低層部の軒の高さ（おおよそ20m）と素材感を揃え、新港地区へとつながる統一感を生んでいます。北仲通南地区は、地区内の歴史的建造物である旧第一銀行横浜支店に合わせ、低層部・高層部ともに白色を基調とした、統一感ある建築群となっています。

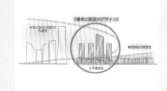

北仲通北地区高層部と低層部の概念図

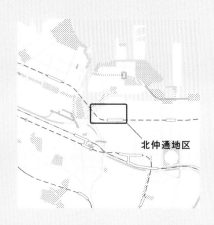

北仲通地区

アパホテル＆リゾート
横浜ベイタワーと
万国橋ビル

#歴史的建造物　#復元　#水辺

ナビオス横浜

#トンネル　#プロムナード優先

#ウォーカブル　#開港の道

YOKOHAMA
AIR CABIN

#日本初

#都市型ロープウェイ

#夜景演出

汽車道

#開港の道　#元鉄道敷

#歴史　#ウォーカブル

護岸の保全

#歴史　#埋立時期で積み方が違う

#布積み　#谷積み

通景

#ヴィスタ　#見る　#見られる

北仲通北地区の真ん中を貫く道路の先には横浜ランドマークタワーが見えます。これは偶然ではなく、計算された風景。さらには、グランモール公園から桜木町方面を見ると、その先にザ・タワー横浜北仲が見えるのも、計画された配置です。

北仲通北地区の通景

横浜第二合同庁舎と旧横浜生糸検査所

#歴史的建造物　#復元　#エンブレムは蚕

ザ・タワー横浜北仲と
旧横浜生糸検査所の倉庫群・事務所棟

#スカイライン　#頭頂部の工夫　#歴史的建造物

#復元　#現物保存　#BankART　#KAIKO

横浜アイランドタワーと
旧第一銀行横浜支店

#歴史的建造物　#曳家　#白い

#元BankART　#槙文彦

横浜市役所

#開かれた市庁舎　#広場　#白い

#かつての洲干弁天社社地　#槙文彦

#8代目市庁舎　#遺構展示

7代目市庁舎

#村野藤吾　#活用事業

大岡川夢ロードデッキ

#水辺　#神奈川県　#遺構展示

さくらみらい橋

#プロポーザル　#ウォーカブル

住吉橋

#柳宗理　#YES89

ノートルダム横浜みなとみらい

#低層　#レンガ

北仲クロスデッキ

#再びつながる北仲通地区

#砂州のイメージ

#ウォーカブル

高速道路

#地下化

#都市デザイン以前の都市デザイン

北仲通北地区

#5つの高層建築

#みなとみらいmeets関内

#歴史的建造物

#低層部はレンガ基調

北仲通南地区

#2つの高層建築

#白基調

#歴史的建造物

新市庁舎デザインコンセプトブック

#開かれた市庁舎　#市民活動　#水辺　#アトリウム

市庁舎が横浜市のある種のシンボルとなるとしたら、150mの高層ビルとしてではなく、低層部が開かれて、市民活動を支えるステージとしてであってほしい。そんな思いを関係者が共有し、建築計画に繋げるため、デザインコンセプトを作成しました。商業施設やアトリウム、市民活動支援センター、プレゼンテーションスペース、水辺の外構など、大小様々なスペースが市民の場として開かれています。

歴史的建造物

#生糸　#倉庫　#港湾施設　#銀行建築　#護岸

北仲通地区にはかつての輸出産業を支えた生糸を保管する倉庫とその事務所棟、旧横浜生糸検査所のほか、万国橋ビル、旧第一銀行横浜支店などの歴史的建造物が様々な形で残されています。所有者や建物の状況に応じた保全手法をその都度編み出して来たため、その保全手法は現物保全から復元、さらに部分保全、旧材の利用、曳家、パーツの展示などと、まさに様々です。横浜市役所敷地内にも工事中に出土した旧護岸や旧燈台寮の排水施設等の遺構の数々が展示されています。

旧横浜生糸検査所附属倉庫事務所

BRICK & WHITE
ブリック　ホワイト

#創造界隈　#歴史的建造物　#シェアオフィス

北仲通北地区では、旧横浜生糸検査所のレンガとコンクリートの2つのビルをブリック&ホワイトと呼び、暫定的にクリエイターやアーティストに提供したことで、横浜の外からも多くの人が来て居を構えました。暫定期間終了後、彼らの多くが関内や周辺にアトリエを構えたことから、横浜の創造界隈形成に大きな役割を果たしました。このうち「ブリック」の愛称で親しまれた事務所棟は現物保存され、現在はシェアオフィスとして活用されています。また、新たな建物名称に「北仲ブリック&ホワイト」が継承されています。

港北ニュータウン

将来まちの財産となるような、質の高い住宅地を計画する

高度経済成長期に郊外部が急速に乱開発される中、計画的なまちづくりを進めるため、六大事業の一つ「港北ニュータウン」は計画されました。基本理念に「乱開発の防止」「都市と農業の調和」「市民参加のまちづくり」を掲げ、後に「多機能複合的なまちづくり」が追加されています。まちづくりを進める際につくられた、地権者が希望する土地利用に合わせて場所を選べる仕組＝「申出換地」が、地権者らによるその後の魅力あるまちづくりに繋がっていきました。例えば、横浜独自の取組である農業専用地区では、都市の中での農業の確立や都市環境の保全が図られています。自然地形の最大限の保全、歩車分離など、様々な手法によりその環境は守られていますが、中でも総面積90ヘクタールにもなる緑地は圧巻です。

みんなで支える緑

#緑 #市民参加 #協定

グリーンマトリックスシステムを構成する緑の一部は市との協定に基づいて民間の集合住宅や学校、企業などが維持・管理をすることで守られています。さらには竹林の間伐イベント等に、多くの市民が参加するなど、緑地の保全をきっかけとしたコミュニティが育まれています。

デザインコントロール

#景観 #創造的協議 #ルール #市民参加

街全体で良好な環境をつくるため、地権者が自分たちの街の目標を定め、建物の建て方、利用、維持管理の方法などについての建築協定や街づくり協定を結んでいます。また、学校などの公共建築物については市役所の中の専門チームがデザインの質、街の環境向上を先導しました。その後、新規に参入する民間の主要な建築物に対してもニュータウンの目標に沿ったデザインコントロールを図る会議体が市役所内に設けられました。

タウンセンター地区

#賑わい #ウォーカブル #都市軸

港北ニュータウンの商業の核となっているタウンセンター地区は、早淵川を挟む両側の高台にセンター北駅、センター南駅が配置され、その間を歩行者専用道＝みなきたウォークがつないでいます。センター地区に商業に意欲のある地権者の集中を図るため、ここでも街づくり協定の締結を条件とした「申出換地」の手法が取られ、地権者の意思が尊重されました。

タウンセンター地区俯瞰

センター南地区

歩車分離

#人間中心 #歩車共存 #ウォーカブル

緑道だけでなく、住宅地も徹底的な歩車分離がなされており、歩行者専用道の総延長は56kmに及びます。歩行者専用道と緑道によって、安全で快適な人間優先の歩行者空間が生み出されました。さらに一部、歩車共存の「コミュニティ道路」が取り入れられているのも特徴です。

せせらぎ計画

#水辺 #自然地形 #谷戸の保全
#生物多様性 #子ども

緑道には自然湧水、自然流下によるせせらぎが流れ、水と緑が一体となった谷戸景観の保存・再現が図られています。港北ニュータウン全体で約8km、6つの水系が設けられ、動植物の貴重な生息場所や子どもたちの遊び場、貴重な学習の場となっています。

グリーンマトリックスシステム

#緑 #自然地形 #公共緑地 #民有保全緑地 #緑道

港北ニュータウンで採用された「グリーンマトリックスシステム」とは、「緑の環境を最大限に保存し、ふるさとをしのばせるまちづくり」の基本となる計画で、地区内に張り巡らされた緑道を軸として、斜面樹林や屋敷林など、民間の持っている緑を、公園などの公共の緑と束ねて連続させ、さらに歴史的遺産、水系などともあわせて再構築する考え方のことです。このシステムによって、港北ニュータウンでは約90haの樹林地が守られ、約14.5kmの緑道がその緑をつないでいます。

グリーンマトリックスシステム全体図（提供：UR都市機構）

グリーンマトリックスシステム断面図（提供：UR都市機構）

様々なアクティビティ

#活動 #緑 #スペース #相関関係

グリーンマトリックスシステムの「マトリックス」とは、様々なオープンスペース＝「空間」とそこで行われるアクティビティ、例えば石けりやなわとび、自然観察といった様々な場の「使われ方」との関係を表しています。

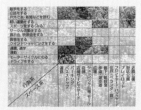

行為系とスペース系の相関図（部分）
（提供：UR都市機構）

都市農業

#緑 #景観 #市民参加

元々山林や田畑だった港北ニュータウンでは、開発後も希望者が農業を続けることが出来るよう、農業専用地区が設定されました。意欲ある農家の育成と、農地を集約することで農業構造の改善を図るとともに、都市の中に農のある景観をつくるという意味でも大きな役割を果たしています。

申出換地（もうしでかんち）

#区画整理 #将来土地利用 #選択
#まちづくり #市民参加

土地を造成して区画整理をする際、通常は元々持っていた場所に近い土地が割り当てられますが、港北ニュータウンでは、商業用地、工業用地、住宅地等の将来希望する土地利用に合わせて場所を選べるしくみ＝「申出換地（もうしでかんち）」の制度をつくり、意欲のある地権者等による、それぞれの場所での魅力ある街づくりに繋がっています。

港北ニュータウン

金沢八景駅周辺

横浜 南の玄関口として
歴史ある「金沢らしさ」をつくる

鎌倉時代から続く瀬戸神社や、旧円通寺客殿、御伊勢山・権現山などの歴史的・自然的環境に恵まれ、交通の要所でもある金沢八景駅周辺は、横浜の南の玄関口として、個性あるエリアとなっています。区画整理事業によって駅前に新たな街がつくられていく過程で、シーサイドラインの駅舎などの先行する公共事業で、金沢を象徴する「和モダン」のモチーフを取り入れ、続く民間の建物にも同様に取り組んでもらうことで、「金沢らしさ」の感じられるエリアが形成されつつあります。

デザインのコンセプトと地元の参加

#和モダン　#具体的ツール　#切妻屋根　#縦格子　#和の色味

#ガイドライン　#協働　#地元　#専門家　#GK設計

金沢らしさをつくるには、駅舎や広場等の公共施設整備だけでなく民間ビル等の整備も重要です。整備主体の方の自主性と参加が必要なため、一般の方にも分かりやすい「和モダン」をコンセプトに掲げ「切妻屋根」「縦格子」といった具体的な取組を例示しました。各施設のデザインは地元の方々による「まちづくり協議会」や、デザインの専門家も参加する「都市デザイン検討会」で深めていきました。事業終了後も、地元の方々がデザインガイドラインを運用されています。

都市デザイン検討会で使われた模型

具体的ツール（ガイドライン・部分）

金沢八景駅周辺

京急線金沢八景駅駅舎

#切妻屋根　#家型　#縦格子

#白い　#膜屋根　#八景紹介パネル

シーサイドラインの駅舎に続いて、京急線金沢八景駅にも同様に膜素材の切妻屋根を採用して頂きました。改札内に縦格子が用いられ、歌川広重による金沢八景の浮世絵の紹介パネルも設置されるなど、金沢に対する愛着を感じさせる駅となっています。

ウィングキッチン金沢八景

#ここにも　#縦格子

駅前広場舗装

#波模様　#不均等ボーダー　#瀬戸

地元の取組

#歴史的表現　#縦格子　#和の色味

「和モダン」の表現の中でも、特に縦格子や和の色味については、多くの民間ビルが採用してくれました。また、平潟湾に面した民間ビルでは、駅から海への眺望を極力取るため、また平潟湾を楽しむ場所を増やすため、公開空地の位置を調整いただきました。

地元の取組事例

海辺の公開空地

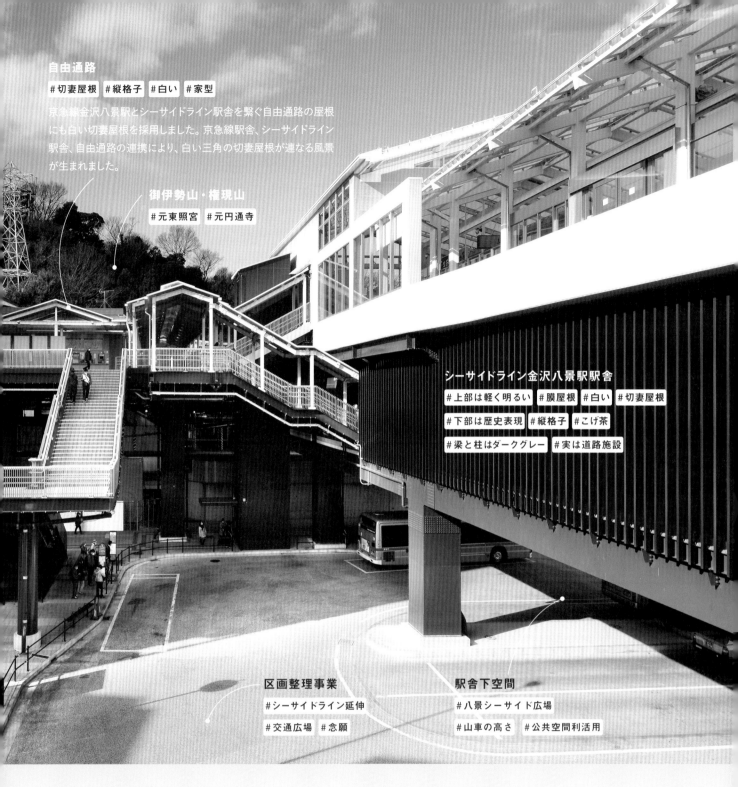

自由通路

`#切妻屋根` `#縦格子` `#白い` `#家型`

京急線金沢八景駅とシーサイドライン駅舎を繋ぐ自由通路の屋根にも白い切妻屋根を採用しました。京急線駅舎、シーサイドライン駅舎、自由通路の連携により、白い三角の切妻屋根が連なる風景が生まれました。

御伊勢山・権現山

`#元東照宮` `#元円通寺`

シーサイドライン金沢八景駅駅舎

`#上部は軽く明るい` `#膜屋根` `#白い` `#切妻屋根`
`#下部は歴史表現` `#縦格子` `#こげ茶`
`#梁と柱はダークグレー` `#実は道路施設`

区画整理事業

`#シーサイドライン延伸`
`#交通広場` `#念願`

駅舎下空間

`#八景シーサイド広場`
`#山車の高さ` `#公共空間利活用`

シーサイドライン新車両デザイン

`#先行的取組` `#海のきらめき`

2011年にシーサイドラインが新車両を導入する際、地域の方との会議やワークショップにより車両デザインが決められました。新車両のデザインは、海のきらめきや、はためく帆のイメージを7色の三角形で表しています。その際に地域参加のしくみづくりやデザイン調整を都市デザイン室が担ったご縁から、金沢八景駅新設の際の駅舎デザインもお手伝いすることになりました。

シーサイドラインの新車両

瀬戸神社と旧円通寺客殿

`#歴史的建造物` `#家型`

鎌倉と紐づいた古くからの歴史を持つ金沢。源頼朝、北条政子による瀬戸神社や琵琶島神社からもその由来を感じることが出来ます。西口駅前で整備の進む金沢八景権現山公園内には茅葺屋根の旧円通寺客殿（旧木村家住宅）が復元され、往時を偲ばせます。

旧円通寺客殿

瀬戸神社

琵琶島神社

金沢区総合庁舎／金沢公会堂／泥亀公園

大階段
`#横断的調整` `#継承`
`#一体的な利用`

イベント広場
`#市松模様` `#ランダム`
`#一体的な利用`

金沢区総合庁舎
`#縦格子` `#縦リブ` `#壁面緑化` `#市松模様`
`#和の色味` `#出入口は紅` `#家型`

泥亀公園に面する側の碁盤目状の壁面には、緑化による不規則な市松模様を配し、国道に面する側は、西日対策として和の色味の縦格子を、やはり市松模様に配しています。低層部の出入り口上部には縦格子を設け、下端を家型に切り抜くと共に、出入口を分かりやすくするため、紅色（蘇芳）としています。コンクリートの壁面にも縦リブを入れ、こちらもランダムな市松模様としています。

芝生広場
`#スケール感` `#市松模様の一部`
`#子どもに大人気`

パーゴラ
`#縦格子` `#和の色味` `#出入口は紅`
`#建築との一体感` `#横断的調整`

かつての金沢区庁舎と泥亀公園
`#横断的調整` `#一体的な利用` `#継承` `#槇文彦`

以前の槇文彦氏設計による金沢区庁舎にあった中庭と、称名寺を模していたと言われる泥亀公園は、ひとつながりの外部空間としてつくられ、連続的に使うことが出来ました。そのことから新しい区庁舎・公会堂・泥亀公園でも、建築と公園の一体性を継承しています。

以前の金沢区庁舎と泥亀公園

イベント広場／大階段／大開口
`#横断的調整` `#一体的な利用` `#継承`

公園のイベント広場と総合庁舎をつなぐ大きな建具、イベント広場と公会堂をつなぐ大階段により、庁舎、公会堂、公園は一体的な利用が可能です。

泥亀公園イベント広場

金沢八名木
`#金沢らしさ` `#歴史` `#緑` `#絵タイル`

金沢八名木とは称名寺や瀬戸神社などにあったとされる名木のこと。公園の整備に当たって記念樹として八名木を植え、解説の絵タイルを設置しています。

金沢八名木の絵タイル

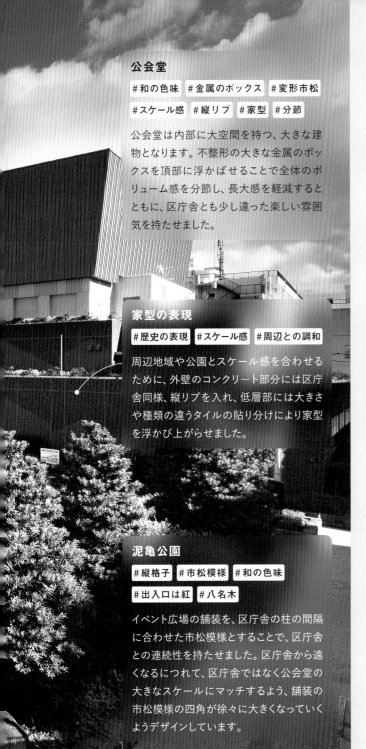

公会堂

`#和の色味` `#金属のボックス` `#変形市松`
`#スケール感` `#縦リブ` `#家型` `#分節`

公会堂は内部に大空間を持つ、大きな建物となります。不整形の大きな金属のボックスを頂部に浮かばせることで全体のボリューム感を分節し、長大感を軽減するとともに、区庁舎とも少し違った楽しい雰囲気を持たせました。

家型の表現

`#歴史の表現` `#スケール感` `#周辺との調和`

周辺地域や公園とスケール感を合わせるために、外壁のコンクリート部分には区庁舎同様、縦リブを入れ、低層部には大きさや種類の違うタイルの貼り分けにより家型を浮かび上がらせました。

泥亀公園

`#縦格子` `#市松模様` `#和の色味`
`#出入口は紅` `#八名木`

イベント広場の舗装を、区庁舎の柱の間隔に合わせた市松模様とすることで、区庁舎との連続性を持たせました。区庁舎から遠くなるにつれて、区庁舎ではなく公会堂の大きなスケールにマッチするよう、舗装の市松模様の四角が徐々に大きくなっていくようデザインしています。

金沢らしさと
三位一体のデザイン

金沢区庁舎・公会堂の建替えの際に、合わせて隣地に整備される泥亀公園とも一体的なデザインを目指しました。先行していた金沢八景駅と同じく"金沢らしいデザイン"が求められたことから、金沢八景駅で用いた和の表現を応用しつつ、市松模様などのこの場所独自の表現も追加して、金沢区庁舎、公会堂、泥亀公園が和の雰囲気でつながりを持つデザインとしました。

総合庁舎、公会堂、公園の関係

金沢八景駅との共通項

`#金沢らしさ` `#縦格子` `#和の色味` `#家型` `#横断的調整`

金沢八景駅と金沢区総合庁舎という金沢区にとって重要な2つの場所に、縦格子や家型、伝統色などの区の持つ歴史性を意識した共通の表現を用いました。2つの象徴的な場所が共通項を持ち、周囲にも影響を与えることで、新しい金沢らしさが生まれていくことを期待しています。

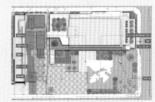

金沢らしさ、一体デザインの当初提案（提供：STGK、abanba）

2つのプロムナード

`#金沢らしさ` `#歴史` `#ウォーカブル`

金沢区庁舎周辺の魅力ある街づくり「走川プロムナード」や、称名寺の参道である旧金沢道の史跡をめぐる「金沢歴史の道」などのプロムナードは、1980年代から、金沢の歴史が感じられ、歩いて楽しい道として計画、デザインされました。

走川プロムナード

金沢歴史の道

金沢区総合庁舎／
公会堂／泥亀公園

2

Genesis

「都市デザイン 横浜」の誕生

　横浜市が都市デザイン政策を進めてきたきっかけは、1963年に誕生した革新系の飛鳥田一雄市長の影響が大きい。飛鳥田市長は住民による直接民主制の実現に努力し、横浜が市民のための自立した都市となることを目指した。そこで、横浜の戦災復興と活性化のための都市づくりの基本政策の立案を、民間のシンクタンクである環境開発センターの浅田孝氏に依頼し1965年に六大事業を発表した。

　六大事業を実現するためには、それまでの縦割りの行政組織では困難だったため、環境開発センターで浅田孝氏とともに六大事業を構想した田村明氏が横浜市に入庁し、企画調整室も組織された。市役所の内部からそして外部から、その後の横浜市を引っ張ることになる多様な人材が次々と集まった。その中に、ハーバード大学で都市デザインを学び、ボストン市役所で実践してきた岩崎駿介氏がいる。

　田村明氏の元、プロジェクト（六大事業）、コントロールと一体的に連携しながら、アーバンデザイン（都市デザイン）の手法も実践されていく。大規模プロジェクトへの参入、用途地域・市街化調整区域の指定、環境設計制度による歩行者空間の整備など、横浜の地形や植生、歴史を生かしながら、人間のための都市デザインが進められた。都心部では緑の軸線構想に沿い、大通り公園の整備、くすのき広場の整備が進められた。さらには、都心プロムナード整備、馬車道商店街整備と、歩行者空間の擁護から、地域の街づくり活動との連携、街並みの誘導と展開していくことになる。

　本章では、開港以来の都市形成史から、横浜で都市デザイン活動が始まったいきさつ、横浜における都市デザインの目標や取り組み方などを述べることとする。

ペリー提督・横浜上陸の図（横浜開港資料館所蔵）

横浜の都市形成史

新田開発

　横浜の都心部である「関内・関外地区」さらに「横浜駅周辺地区」は、もともとは海（入江）であった。今から350年ほど前、江戸初期のころから、この入江では新田開発が行われ、今日の都心部を形成する土地を生み出してきた。しかし、1859（安政6）年の開港まで、開港場が整備された関内付近には、横浜村という戸数100戸ばかりの寒村とやや離れたところを通っていた東海道に宿場などがあるだけだった。

　1858（安政5）年に結ばれた日米修好通商条約によれば、開港場は当初神奈川（現在の神奈川区）であったが、ここは江戸に近かったこともあり、幕府は東海道から離れた横浜村に開港を決定した。首都東京のいわば防衛線として横浜は出発したのである。

開港と外国人居留地

　開港した1859（安政6）年には、港と役所を中心に東側を外国人居留地、西側を日本人町としてゾーニングし街路整備が行われている。この開国に際した急造の都市づくりは、横浜という地名のとおり長くつきだした半島（砂州）の良好な地盤を中心に作られている。これは、地盤が悪い新田開発地は当時の技術では活用できなかったこともあろうが、この立地が横浜の将来を決めたともいえる。

　幕府が外国から首都を防御するために、わざと奥まった場所を、長崎の出島のような都市として開設したといわれている。このため東海道という交通の大動脈と離れており、その後の都市としての発展の妨げになった反面、東京の影響を受けずに、独自の文化を形成してきたともいえる。

　1866（慶応2）年の大火事、「慶応の大火」によって日本人町の大半が焼失し、外国人居留地まで被害が及んだことを契機に、都市改造の第1期が始まる。幕府による都市計画も、当時としては近代に向けた計画であったが、本格的には、居留地外国人側から提出された計画「第3回地所規則」（横浜居留地改造及競馬場墓地等約書）により進められたものである。これにより、日本大通りなどの近代街路の整備や防火遮断帯の整備、さらに衛生的な要求として上下水の開設、低湿地の埋め立てと道路網、運河の開削、彼我公園（現・横浜公園）の整備などが進められ、1877（明治10）年前後にはほぼ現在の関内地区の骨格が形成される。

Genesis｜「都市デザイン 横浜」の誕生

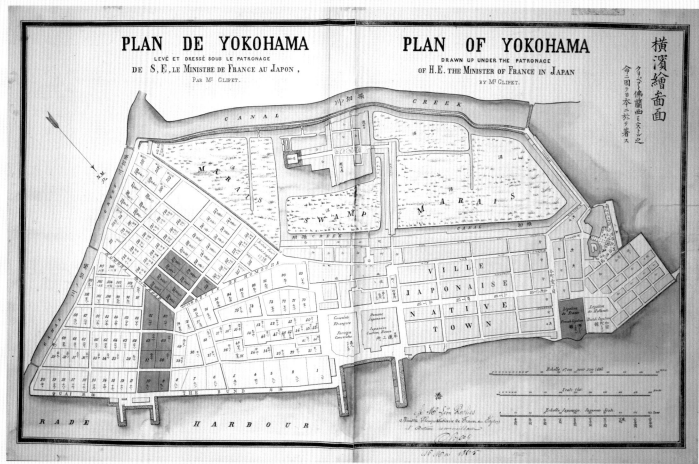

横浜絵図面［クリペ作成］1865（慶応元）年（横浜開港資料館所蔵）

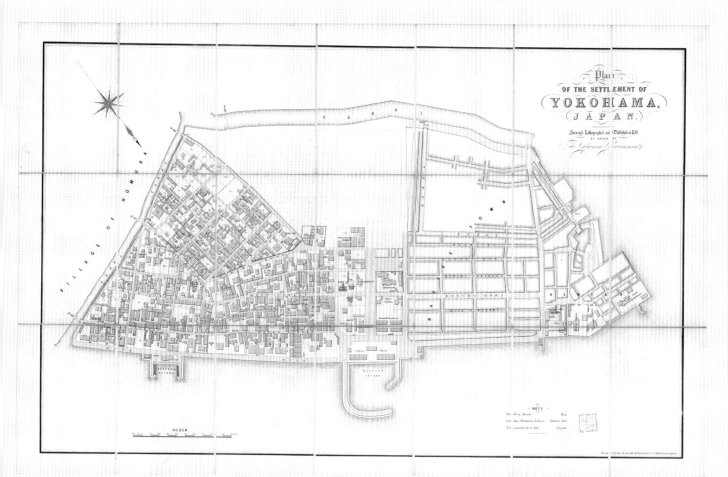

Plan of the Settlement of Yokohama　R・H・ブラントン作成（1870年）（横浜開港資料館所蔵）

2-1│横浜の都市形成史

港湾都市横浜の発展と、2つの災害

　明治後期から大正初期は横浜の全盛時代といえる。大桟橋や新港埠頭、横浜船渠（修船所）などが完成し、港湾都市として成熟していく。レンガづくりの街並みなど、他の都市にはない魅力をもった都市となっていった。1923（大正12）年の関東大震災で95%の市街地が焼失するが、赤レンガ倉庫や横浜市開港記念会館（国指定重要文化財）などに、この時代の町の印象が今なお強く残されている。

　震災復興では、耐震性能や防火・耐火性能向上が目指されると共に、大規模な区画整理事業が行われた。また、建築としても、鉄筋コンクリートの普及もあり、洗練されたモダニズムの思想が素早く取り入れられた。現在横浜に残る歴史的建造物、近代洋風建築のほとんどはこの時代の遺産である。また、震災で出た瓦礫の埋め立てにより、本格的な臨海公園である山下公園が整備され、今日でも横浜を代表する公園となっている。その後の横浜のウォーターフロント開発（例えばみなとみらい21地区やポートサイド地区）においても、水際線に市民が入れる緑地を集中的に配置するなど、その影響は大きい。しかし、こうした横浜あげての都市づくりも、約20年後の太平洋戦争の横浜大空襲によって62%が焼失してしまった。

山手居留地の洋館［彩色写真］（横浜開港資料館所蔵）

本町通り52番地付近［絵はがき］明治末〜大正初期（横浜開港資料館所蔵）

弁天通り［彩色写真・日下部金兵衛］（横浜開港資料館所蔵）

横浜伊勢佐木町通り（横浜開港資料館所蔵）

横浜中央電話局舎からみた震災被害全景（横浜開港資料館所蔵）

横浜中央電話局舎からみた震災被害全景（横浜開港資料館所蔵）

一斉に煙を吹きはじめた横浜（横浜市史資料室所蔵）

2-1｜横浜の都市形成史

自立都市・横浜へ

　終戦後においても、横浜は首都東京を連合軍の進駐から守るための前線基地として、都心部の大半を接収されることとなる。1955（昭和30）年頃まで続くこの接収は、経済復興を遅らせたばかりでなく、基盤施設の整備が十分にできない状況をもたらした。

　さらに、1960年頃から高度経済成長期に入り、東京の一局集中が始まる。再度、横浜は東京の影響を受け、横浜郊外部が、東京のベッドタウンとなっていった。1970年までの10年間に約100万人増加するなど、これは、日本の歴史のなかでもかつてない体験であった。急激な人口増加により、基盤整備も行われていない市街地に、住宅の乱開発がスプロール状に広がるなどの課題を抱えることとなった。首都東京との関係のなかで、横浜は常に困難な時代にあったが、このなかから「横浜方式」という独自の都市づくりの手法を生み出していくことになる。公害防止協定や宅地開発要綱、日照指導要綱、市民の森、独自の用途地域指定、高度地区の活用などの環境の保全の方式である。さらに、遅れた都市基盤整備を進める「六大事業」、すなわち都心部強化事業、金沢地先埋立事業、港北ニュータウン、高速鉄道、高速道路網、ベイブリッジなどによって、都市の骨格が形成されていく。また、これらのプロジェクトという基盤と、それに対応した適切な開発のコントロールとともに導入されたのがアーバンデザインである。

　このように横浜の歴史は日本の近代の歴史に強く影響されてきた。特に、東京という首都と近いがゆえに、自立的な都市経営は困難であったことが分かる。しかし、新しい都市づくりや都市文化、さらに計画や技術、デザインは、その困難を乗り越えて横浜で生まれてきたのである。

かまぼこ兵舎が立ち並ぶ関内地区（横浜市史資料室所蔵）

Genesis｜「都市デザイン 横浜」の誕生

横浜の歴史

作画：内山正

1854年　横浜村にペリー提督が来航し開港へと向かう

1923年　関東大震災によって壊滅的な被害をうける

1865年　開港場の整備が幕府によって行われる

1935年　震災復興事業がほぼ完成し蘇える

1892年　大火後の都市計画によって基本的な骨格が
　　　　形成される

1945年　横浜大空襲により大きな被害を受ける市街地

1922年　明治後半からの築港計画によって埠頭や
　　　　造船所が整備される

1988年　横浜の都心部

2-1│横浜の都市形成史

六大事業

六大事業は、1965（昭和40）年に、当時の飛鳥田一雄・横浜市長によって市民に向けて提案がなされた。六大事業が生まれた背景としては、高度経済成長に伴う人口の急増と、それまでの工業・港湾を優先した都市づくりが多くの矛盾を抱え、都市問題を生み出し、その方針を見直す必要が生じたことにある。特に深刻な5つの都市問題（ゴミ、道路交通、環境破壊、水資源、公共用地）は、5大戦争と言われている。このような行政需要の中、しかしこれに要する財源が絶対的に不足していた。そこで、都市空間の高度利用、各種施設の適正配置を行い交通機能という軸で空間的、時間的に結びつけることにより、都市の骨格の強化を図ることを狙い、基幹的・緊急性のあるもので相互に密接な関連を持ち補完しあういくつかの実現可能な事業が選定され、重点的な投資が行われた。そこで選定され発表されたのが次の6つの事業である。

①都心部強化事業
②金沢地先埋立事業
③港北ニュータウン建設事業
④高速鉄道〈地下鉄〉建設事業
⑤高速道路網建設事業
⑥横浜港ベイブリッジ建設事業

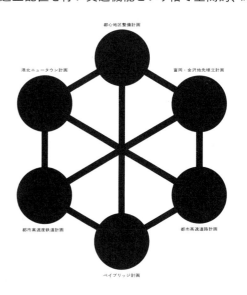

① 都心部強化事業

都心部強化事業の基本構想（再開発基本構想）1970年

既存の中心市街地でありながら戦後復興が遅れていた関内・関外地区と戦後に交通結節点として発展した横浜駅周辺地区の2つの都心地区において、都市施設の強化、再開発をはじめ都心空間の再編と都市機能の強化が進められた。

- 関内・関外地区と横浜駅周辺地区とに挟まれた造船所やふ頭機能等の移転と、その跡地の整備
- 伊勢佐木町や元町、馬車道などの旧来からの商業地区と横浜駅周辺の再開発
- 都心周辺の工場などを移転し、その跡地を再開発することによる都心機能強化（金沢埋立との連携）
- 地下鉄の建設による郊外住宅地との連絡強化と、高速道路の導入による東名高速道路との連絡

② 金沢地先埋立事業

横浜は開港以来、海岸を埋立て港や工場をつくることで発展してきた。富岡から金沢にかけての海岸は、横浜に残された最後の自然水際線であったため、横浜市民全体に役立つよう事業が計画された。都心臨海部の強化に伴い都心周辺の工場の移転先の工場用地とするとともに、職住近接を目指した住宅用地の造成を行った。

- 都心部強化の一環としての工場などの移転用地にあて、近代的な工場団地を形成する。
- 工場関連従業員の住宅、あるいは都市施設整備公共事業などによる移転代替住宅などの住宅団地造成
- 市民が利用できる水際線のあるオープンスペース（海の公園）の建設
- 東京湾環状道路の用地確保

金沢地先埋立事業

③ 港北ニュータウン建設事業

急激な虫食い状の宅地開発による市街化（スプロール）と農業への圧迫を抑制し、健全な住環境を保持した計画的な開発のモデル事業を示すため、計画人口30万人の新都市を横浜の北西部に形成した。

- 都市域内において農業を続けられるとともに、都市に緑と潤いを供給するための新しい都市農業の創成
- 新しい市民生活の場の創設
- 市民参加による計画の策定
- 高速鉄道の導入による都心部との連携

港北ニュータウン建設事業

④ 高速鉄道〈地下鉄〉建設事業

港北ニュータウンだけでなく、既存鉄道から離れている周辺区の人口急増地域（港北区、緑区、南区、戸塚区など）を横浜の都心部に直結し、市民生活利便性をはかるとともに、東京への通勤通学輸送としても重要な役割を果たすものとして建設された。

- 郊外部の住宅地と横浜都心部の連絡強化
- 東京志向型の交通網の是正
- 都市内の自動車増加による交通渋滞の結果、撤去をせまられた市電の代替
- 都心内に新設される地下鉄駅を都心再開発の発火点とする

⑤ 高速道路網建設事業

生活道路と中・長距離トリップとを分離し、都心部における交通渋滞の緩和とともに、中心市街地と周辺地域との連絡を強化する幹線自動車専用道路網の整備を行った。

- 東京及び東名高速と連絡して、横浜都心部の首都圏における位置を強化する
- 都市内の自動車交通の円滑化を図り、市民を交通災害から守る
- 自動車の登録台数の急増への対応

6大事業推進による都市の骨格形成

⑥ 横浜港ベイブリッジ建設事業

臨海部で発生する物流交通（大型トレーラー、トラック等）を都心部に通さず、本牧ふ頭や根岸湾岸臨海工業地帯と大黒ふ頭や鶴見、神奈川の工業地帯を連絡するため、道路と橋梁を整備するとともに、あわせて、横浜港の新しいシンボルの形成が目指された。

- 物流交通を都心内を通過しないようバイパスする
- ミナトヨコハマのシンボル

横浜ベイブリッジ

都市づくりの目標

　地方自治や市民政府を掲げた飛鳥田一雄市長の新たな都市政策「都市づくりの将来計画の構想」を市民に分かりやすく伝えるための冊子「横浜の都市づくり〜市民がつくる横浜の未来〜」が発行され、先に紹介した六大事業も具体的な施策としてこの冊子中で紹介されている。東京に隣接することによる横浜の急激な人口増加、都市の巨大化の最中にあって、市民の手によって新しい横浜をつくること、自立的で調和のとれた都市を目指すことが、斬新なダイアグラムや写真を使って市民の生活目線で語られている冊子となっており、今見ても画期的なものである。

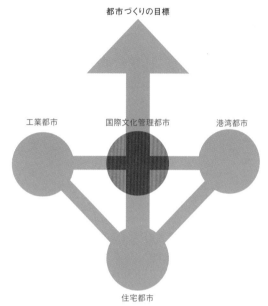

都市づくりの目標

工業都市　国際文化管理都市　港湾都市

住宅都市

　「都市づくりの目標」の章では、それまでの横浜の「港湾貿易都市」、「近代的重工業都市」、さらに戦後の東京のベッドタウンとしての「住宅都市」がそれぞれ強化されるだけでは公害問題等の矛盾が多く、調和のある都市として発展するため、工業都市と港湾都市の関係においては近代港湾として海岸線をうまく使うこと、港湾都市と住宅都市の関係においては市民生活にとけこんだ港をつくること、住宅都市と工業都市の関係においては公害や住工混在のないことというふうに、それぞれ緊張した調和関係を求めながら、ひとつの横浜の未来を目指している。

　特筆すべきは、もう一つの新たな目標として、「国際文化管理都市」を提言していることである。横浜らしい個性をそなえ、東京にはない国際色ある「文化都市」、そしてその国際的機能を持つ港、貿易、海運の中枢的な「管理都市」。港が手足で筋肉であるより頭脳として働き、工場は生産性を能率化し、住宅地は横浜らしい文化の高い消費センターを持ち、横浜の中に市民の仕事場を拡大する。東京という超巨大都市を隣に控え、魅力ある新しい横浜の心臓としての「国際文化管理都市」を目標の中心に据えることで、さきの3つの目標にも刺激を与え、横浜市全域を総合的に未来へと進める、と力強く謳われている。

三つの基本戦略 （プロジェクト・コントロール・アーバンデザイン）

　都市は、その大部分は民間の事業によって形作られている。都市の骨格を形成するための公共事業としての六大事業（プロジェクト）とともに、横浜の都市づくりの戦略として一体的に進められた手法が、民間の建設や開発のコントロールと、公共事業・民間事業双方にアプローチするアーバンデザインである。

　コントロール手法として代表的な「宅地開発要綱」1968（昭和43）年は、爆発的に増加する人口に歯止めをかけ無秩序な開発を抑制するために、一定規模以上の開発行為すべてに対して、土地利用の規制と誘導を行えるように要綱として制定したものである。自然環境との調和及び開発に伴って必要となる都市施設等は原則開発者負担とすることとし、市の行政権限と連動させて開発事業を規制し誘導することを目的としていた。

　その他、
・都市計画法の地域・地区制度の総合的活用（市域の約25%を「市街化調整区域」に指定）
・横浜市市街地環境設計制度
・山手地区景観風致保全要綱
・日照等指導要綱と高度地区
　などにより、都市における総合的な土地利用コントロールを行っていた。

　プロジェクト・コントロールの両手法に対し、都市問題への対処にとどまらず、都市づくりにおいて機能性や経済性などの価値観と、美しさ・楽しさ・潤いなどの美的価値・人間的価値とをバランスさせ、特徴と魅力ある都市空間を形成する役割を担ってきたのがアーバンデザインである。

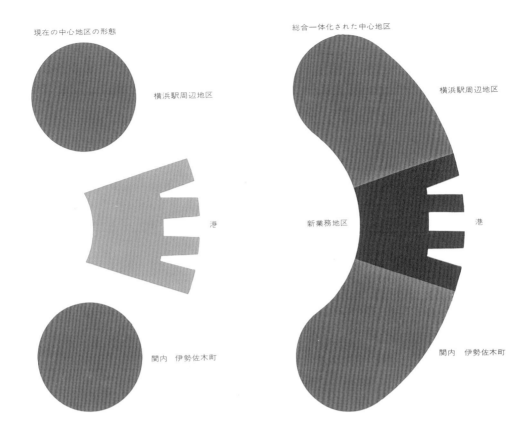

現在の中心地区の形態　　　　　　総合一体化された中心地区

横浜駅周辺地区　　　　　　　　　横浜駅周辺地区

港　　　　　　　新業務地区　　　　　港

関内　伊勢佐木町　　　　　　　関内　伊勢佐木町

中心地区整備計画概念図（横浜の都市づくりより）

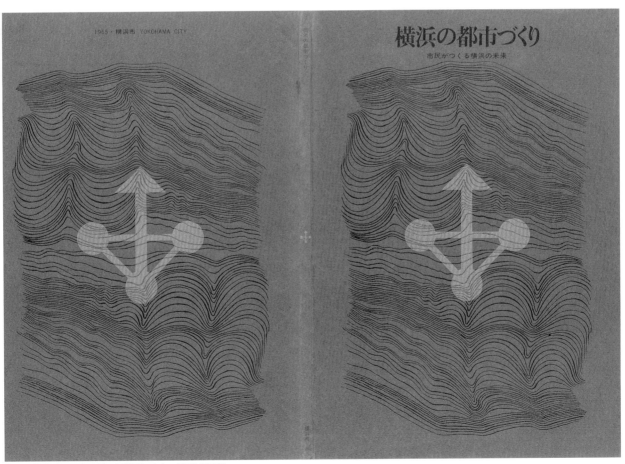

「横浜の都市づくり〜市民がつくる横浜の未来〜」表紙・裏表紙

1963年に革新派の飛鳥田一雄氏が横浜市長となり、1万人市民集会や公害対策横浜方式など、都市としての自立と住民による直接民主制に近い市政を目指した。更にその施策を遂行するため、横浜の都市像を描いた数々の専門家、プランナー、デザイナー達がいた。彼らは役所の外から、または組織に入り、調査と構想、そして実動の中で、横浜に都市デザインの取組が生まれる大きなきっかけを作った。

都市デザイン前夜
～横浜都市デザイン誕生へ導いた者たち～

鈴木伸治
[横浜市立大学教授]

1971年の都市デザイン担当設置より数えて2021年に横浜の都市デザインは50周年を迎えた。しかし、横浜市における都市デザインの歴史は1963年の飛鳥田市政の誕生時まで遡ることができる。また、当時の都市デザイン担当や現在の都市デザイン室以外の部署によって実施されたプロジェクトも数多い。ここでは少し枠組みを広げて、俯瞰的に1960年代の都市と建築を取り巻く状況や、それを担った建築家、都市プランナー達の役割に注目しながら、横浜における都市デザインの夜明け前について考えてみたい。

飛鳥田市政の始まりと「都市設計」

飛鳥田一雄（1915-1990）は明治大学卒業後、弁護士となり終戦直後はBC級戦犯の弁護をつとめた。その後、横浜市会議員、神奈川県会議員を経て1953年に社会党から立候補し、衆議院議員となり、国会議員時代は主に軍事基地反対を訴えていた経歴の持ち主である。1963年、社会党の公認を得て、横浜市長に当選するが、この頃、全国で革新市長が誕生し、飛鳥田市長はその代表ともいえる存在であった。1964年には全国革新市長会の会長に就任した。

市長として実現に努力した一万人市民集会

にみられるように、住民による直接民主制、地方自治の実現に努力した人物である。また、公害対策横浜方式のように、自治体主導の社会課題の解決にも尽力した。

日本の都市計画は、戦前は内務省の技師が各都市の都市計画を立案していたように、極めて中央集権的な性格を持っており、戦後も長く中央官庁の影響を強く受けていた分野である。飛鳥田にとって、市民の意見を反映させた自治体主導の都市計画は極めて重要な政策課題であり、その政治手腕を発揮すべき分野であったといえる。そして、それを支えたのが六大事業を提案した浅田孝、そして後に市役所に入庁して六大事業実現に奔走した田村明である。

『市政への考え方』（横浜市立中央図書館

図1:『市政への考え方』(横浜市立中央図書館所蔵)

飛鳥田一雄（横浜市史資料室所蔵）

市役所時代の田村明（提供：NPO法人田村明記念・まちづくり研究会）

開発センター設立当時の浅田孝（浅田アーカイブより）

図2：『横浜市将来計画に関する基礎調査報告書』

蔵、図1）という冊子は、飛鳥田市長就任から半年後の1963年9月の施政方針演説の原稿である。そこには「都市づくり」「都市設計」という単語が幾度となく登場する。

この演説のテーマの一つが「だれでも住みたくなる都市づくり」であり、急速な都市化や工業化にさらされている横浜市の状況に対して、「変化に応じて樹立されるべき都市計画は名ばかりで、従来の都市改造事業はごく小規模な地域に限定された区画整理だけでありました。」と、これまでの都市計画を批判する。そして、「だれでも住みたくなる都市づくり」のために「都市の全体計画をできれば都市設計という段階まで具体化して、市民の協力を求めるという方法を考えてみたいと思います。」としている。具体例としては、「接収地解除促進（当時返還交渉をしていた本牧根岸地区であろう）と埋立事業（金沢地先）」を挙げていた。

このように、飛鳥田が早い段階で「都市設計」という言葉を用いて、市民生活に重きをおいた都市づくりの構想を模索している点は注目される。そしてこの施政方針演説の準備を担当したのが、飛鳥田に請われて横浜市職員となり、一万人市民集会など、地方自治の面で飛鳥田市政を支えた鳴海正泰（1931-2021）である。鳴海は前職である東京都政調査会在籍時から、環境開発センターの浅田孝と交流があり、横浜市役所入庁を迷う鳴海の背中を押したのも、他ならぬ浅田であった。

浅田孝（1921-1990）は東京大学工学部建築学科の丹下健三のもとで大学院特別研究生となり、戦災復興院嘱託として広島などの戦災復興計画に関わった。その後も丹下研究室の主要なスタッフとして広島平和記念公園など1950年代の丹下健三の初期の作品に関わった人物である。1958年に丹下研究室の主任研究員を辞したのち、1959年には民間都市計画コンサルタントの草分けとも言える環境開発センターを設立し、以後、さまざまな地域開発構想、子どもの国のマスタープラン作成などの大規模施設計画を手がけた。

1960年の世界デザイン会議においては事務局長をつとめ、メタボリズムグループ結成にも深く関わった。丹下健三の東京計画1960や1960年の世界デザイン会議をきっかけに巻き起こるまさに、アーバンデザインブームの中心にいた人物である。

鳴海にとって、飛鳥田のブレーンとして横浜市に入って初めての仕事が、9月の議会における施政方針演説の準備であり、そこに旧来型の地方政治の象徴としての「都市計画」を批判し、市民中心の革新市政の新たな試みとして「都市づくり」「都市設計」を引き合いに出したことは、浅田の影響であるとみて間違いない。

この年の暮れ、ホテル・ニューグランドで鳴海は浅田を飛鳥田に紹介し、横浜市の将来ビジョンの作成を依頼した。そして約1年後に提出されたのが『横浜市将来計画に関する基礎調査報告書』（図2）であり、これをきっかけに六大事業構想ができあがったのである。

六大事業の謎

この報告書を浅田が代表を務める環境開発センターで担当したのが田村明（1926-2010）であった。田村は東京大学工学部建築学科の丹下研究室出身であり、浅田にとっては後輩である。建築学科卒業後、法学部法律学科、同学部政治コースを卒業し、運輸省、大蔵省など中央官庁勤務を経て、民間企業である日本生命の不動産部門で活躍した。大阪勤務であったこの時期に、田村は浅田に請われて、環境開発センターが手がけていた、香川県の地域開発構想づくりを手伝うこととなった。その後、浅田に誘われて環境開発センターに入り、プランナーへと転身した異色の経歴の持ち主である。

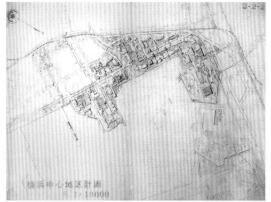

図3：横浜中心地区計画（出典『横浜市将来計画に関する基礎調査報告書』）

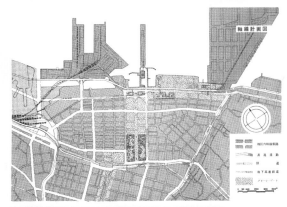

図4：軸線計画図（出典『横浜市都心部再開発基本構想報告書』東北芸術工科大学浅田文庫所蔵）
中心部に見られるグリーンゾーンが後の緑の軸線構想になり実現化した。

この報告書については、田村が中心となってまとめたものであるが、のちの6大事業となる7つの提案や、東京湾の港湾管理を一括しておこなうポートオーソリティーの横浜への設置などが提案に含まれていた。しかし、その検討プロセスについては、謎が多い。1964年の8月の段階ではA4数ページのメモランダムであったものが、12月には報告書として提出され、1965年2月には市会全員協議会にて六大事業として説明がなされているのである。しかも、田村自身が横浜市に何度も説明を行ったと述懐しており、そうしたプロセスを考えると、この短期間に調査、検討からすべてがなされたというのは驚異的に見える。

実は、当時環境開発センターでは、1963年から大阪府企業局からの依頼を受けて「堺・泉北臨海工業地帯環境整備に関する基本調査・研究」の検討を行なっている。この調査は環境開発センターが取りまとめを担当し、（財）日本国土開発研究所、槇総合計画事務所、黒川紀章都市・建築設計事務所、GKインダストリアルデザイン研究所などの複数の組織が検討を行う規模の大きな調査であった。このなかで環境開発センターはポートオーソリティの調査を担当しており、コンテナ物流化など海外の港湾物流の変化と施設の近代化などについて分析を行なっている。

時期的にも調査内容についても横浜の報告書と重なる部分が多く、先行していたこの調査の内容が横浜の報告書の雛形となったといえる。また、この堺・泉北臨海工業地帯に関する調査で注目すべきは、コンテナ物流への転換という港湾物流の変化を世界的な潮流で見通したこと、また、建築家、デザイナーを大規模なプロジェクトの中で登用している点である。

大規模プロジェクトへの建築家・デザイナーの登用という点では、1965年5月に開園したこどもの国のプロジェクトにおいても、浅田がマスタープランを描き、大高正人、菊竹清訓、黒川紀章、粟津潔らメタボリズム・グループのメンバーが施設のデザインを担当している。また、大高正人設計の坂出人工土地（1968）のきっかけとなった日本建築学会人工土地部会での建設省からの委託研究においては、浅田孝、大高正人、槇文彦、田村明が検討に加わっている。大規模プロジェクトの立案と建築家・デザイナーの登用は、この時期の浅田の仕事のスタイルといって良いだろう。

六大事業と市民中心の都市づくり

環境開発センターが作成した調査報告書をもとに六大事業は構想されたが、発表は飛鳥田市長から市民への提案という形でなされた。そのためパンフレットの作成にはメタボリズム・グループのメンバーであったグラフィックデザイナーの粟津潔が起用され、当時の行政計画とは全く異なったアプローチが取られている

冒頭の市長メッセージでは「だれでも住みたくなる都市づくりを実現していく目標と、それを達成するための主軸となる計画を提案したもの」であり、「単なる都市計画ではなく、都市設計の長期的な基本政策と、当面する行動についての提案」と、六大事業を位置づけている。そして、「私はすべての市民が、本書を素材に横浜の現状と未来についての討論に参加し、そしてよりゆたかな、よりすぐれた市民による都市づくりが、そのなかから生まれることを期待しています。」と締め括られている。まさに、『市政への考え方』で示された市民中心の都市づくりを実現するための六大事業の提案であり、そのための都市設計であったといえる。

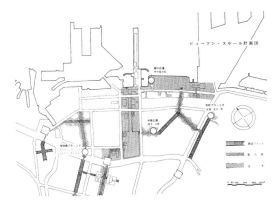

図5：ヒューマン・スケール計画図（後に行われる広場や歩行者空間のネットワーク整備につながるアイディアが提言されている。）

都市デザインのレガシーとしての都市軸

　さて1965年に発表された六大事業においては、どういった都市デザインの遺伝子が埋め込まれているのであろうか？

　前述の報告書の中には横浜中心地区計画（図3）が含まれており、後のみなとみらい21地区のプロジェクトのきっかけとなった。これは著名な建築家に依頼したものではなく、実際の報告書を担当した所員や浅田の指示で主に学生のアルバイトが描いたものであることがわかっている。メタボリズム特有のメガストラクチャーや当時検討が行われていた人工土地がイメージされる時代の空気を感じさせるドローイングである。筆者は生前の田村明にインタビューを行う機会があったが、ここで浅田が拘ったものの一つとして「都市軸」を挙げていた。浅田と都市軸で想起されるのは、かつて丹下とともに提案した広島市平和記念公園及び記念館競技設計当選案である。100メートル道路から慰霊碑と原爆ドームへと至る南北の軸線は世界的にも希有な都市デザイン事例である。

　浅田の都市軸へのこだわりは六大事業発表後の環境開発センターにおける都心部のスタディにも引き継がれ、都心軸線計画、そして緑の軸線計画へと発展していく。

　その後、みなとみらいの検討は、三菱重工との交渉もあり、水面下にて横浜市役所内で進められるが、計画の具体化の段階になって、計画を担当したのが大高正人である。大高事務所におけるみなとみらいの初期検討においても、この都市軸のイメージは継承されており、やがて現在のみなとみらい21地区にあるクイーン軸、キング軸、グランモール軸へと具体化していく。ただし、大高自身はこの軸線へのこだわりを明確に言

葉として残している訳ではない。原爆スラムの再開発であった基町高層住宅において原爆ドームからの軸を受ける形で住棟がレイアウトされていることからも、共通言語としての都市軸、丹下流の表現でいうところのMajor Structureのような60年代の都市デザインの遺伝子なのかもしれない。

プロデューサーとしての田村明

　六大事業の発表後、環境開発センターでは横浜市から『横浜市都心部再開発基本構想報告書』（1966年4月）などの調査委託を受けている。これらの検討を一連して担ったのが田村明である。これらの報告書の中には後の都市デザインの萌芽的要素も含まれている。軸線計画図（図4）では、後の緑の軸線計画へとつながるプランが示され、ヒューマン・スケール計画図（図5）では、4つの広場、馬車道・伊勢佐木町、元町などの12の歩行者専用道化が提案されている。

　無論この時点で、田村明は環境開発センターのスタッフであり、1971年に都市デザイン担当が設置される5年前の報告書に、初期の都市デザインの取り組みである歩行者優先のまちづくりなどが示されている点は興味深い。田村明はその後1968年に入庁し、都市デザイン担当を設置した。初期のプロジェクトについて担当者である、岩崎駿介や国吉直行に任せきっていたものの、構想としてはすでに頭の中に青写真が描かれていたのである。都市デザインのプロデューサーとしての田村の果たした役割が見えてくる図面である。

槇文彦と横浜の都市デザイン

　六大事業の中で活躍したもう一人の建築家が槇文彦

である。1960年代の都市デザインを俯瞰した時、槇とその周辺はアメリカの都市デザインとの接点であり、当時の日本における都市デザインの中心でもあった。1950年代にハーバード大学デザイン大学院（GSD）にて、CIAMの議長を務めたこともある建築家ホセ・ルイセルトのもとで学び、1950年代から60年代にかけてのアメリカの都市デザイン誕生の目撃者でもある。60年代初頭のメタボリズム・グループの活動としては大高正人と共に新宿副都心の再開発計画を提案するが、後に群造形（Group Form）を提案し、メガ・ストラクチャーとは異なった建築群による都市デザインの可能性を示した。アメリカにおいても1960年代は都市計画の転換期でもある。J.ジェイコブスの『アメリカ大都市の死と生』が出版され、50年代のスクラップアンドビルド型再開発が批判され出した時期である。そうした時代に槇はハーバード大学にてアーバンデザインを教えていたのである。

その後、槇は日本に戻り事務所を開くが、この前後の期間日本とアメリカを行き来しながら、建築・都市デザインのさまざまなプロジェクトを手掛けていった。

横浜市の都市デザインへの関わりは金沢区総合庁舎（1971、現存せず）や金沢シーサイドタウン（第1期）の検討など1970年代からである。1972年から75年にかけて行われたこのシーサイドタウンの基本計画では、群造形を想起させる京都の町家のスケールに倣った低層中密の住宅群、歩車共存道路、埋め立て前の水辺を残す船だまりなどを提案しており、当時としては先進的な提案であった。しかしながら、横浜市や当時の住宅公団とのやり取りの中で、歩車共存のアイディアが実現不可能となるなど、十分にその構想を実現できなかったのである。

槇事務所はその後も横浜市の都市デザインと縁が深く、旧第一銀行の一部を曳家保存した横浜アイランドタワー（2003）や新市庁舎（2020）など、横浜を代表するプロジェクトを手掛けている。また、槇総合計画事務所にてシーサイドタウンを担当していた長島孝一（AUR建築・都市・研究コンサルタント）や中野恒明（芝浦工業大学名誉教授・アプル 総合計画事務所）らが、独立

後、横浜市内の様々な都市デザインのプロジェクトを担当した。特に長島は市内プロムナード整備のモデルとなった大岡川プロムナードや、住民参加型ワークショップの先駆けとなった南太田2丁目フレンド公園などの1980年代の郊外部への展開、住民参加型まちづくりへの展開などの一翼を担っていた。

長島もまたハーバードで都市デザインを学び、アテネ居住研究センター研究員を経て槇事務所に入所し、シンガポール国立大学で教鞭を取ったのち槇事務所に復帰した国内外の都市デザインに精通した建築家・都市プランナーであった。市役所内部の担当者だけでなく、こうした外部の専門家によって横浜の都市デザインは支えられてきたのである。

前述した大高建築設計事務所も、みなとみらいの計画を担当した中尾明が中心となり、赤レンガ倉庫の保存を含めた初期の歴史を生かしたまちづくりなどの調査、構想づくりを支えた。

また、金沢シーサイドタウン、みなとみらい21のプロジェクトを含めて、こうした外部の建築家・都市プランナーが、都市デザイン室だけでなく、様々な部署からの依頼に答えて新しい都市デザインの局面を切り開いて行ったことにも注目したい。横浜の都市デザインが市役所内部の専門家によって支えられていることは知られているが、外部の専門家が部署横断的に活躍してきたことが、都市デザインの拡がりや継続性に大きな役割を果たしてきたことは周知の事実である。このように横浜の都市デザインを支えた外部の建築家・都市プランナーの仕事に注目すると、横浜の都市デザインの国内外での位置付けが見えてくる。1960年代に始まった都市デザインの物語は計画、構想のみならず、現場を支える専門家によっても引き継がれているのである。

鈴木伸治（すずきのぶはる）｜横浜市立大学教授。1968年大阪生まれ。京都大学卒業。東京大学大学院を修了後、東京大学助手、関東学院大学助教授、横浜市立大学准教授を経て、2013年より現職。専門は都市デザイン・歴史的環境保全。著作に『アートとコミュニティ　横浜黄金町の実践から』（共著、春風社、2021）『今、田村明を読む』（編著、春風社、2016）『創造性が都市を変える』（編著、学芸出版社2010）など。

1. 人間生活とデザイン

人間はホモ・ファーベル（作る人）といわれる。全くこれまで人類はさまざまな物を作ってきた。最も原始的な旧石器時代の人類でも、石をうちかいた石核石器や、剥離された剥片石器を作っていたし、現代では、ついに月を訪れる宇宙船まで作りあげてしまった。おそらく、これからも人間はさまざまの物を作り続けてゆくであろう。

ところで、物を作る人間は、物をいきなり仕上げていったのではない。中には偶然に生まれたものもあろうが、ほとんどすべての場合に、人間はまず作ろうとするものを頭の中に描き、次にそのイメージを実体化しようとするためスケッチをし図面を描き、材料をえらび、加工をし、組立て、作りあげてゆくことになる。

たとえば、椅子を考えたとする。これはひっくりかえったり倒れたりしないで腰かけられる物というイメージが生れる。それを椅子といおう。しかしそれだけでは、どういう材料か、どういう大きさか、どういう形かは分らない。椅子というイメージを物質化し、実体化することによって初めてわれわれは、これを知覚することも、利用することもできる。このように、デザインとはイメージを実体化することであり、イメージに形態性と物質性を与える行為である。

たった一つの椅子を作るなら、デザインはすなわち椅子の製作であり、また椅子の製作はすなわちデザインであったといえる。多くの民衆の手によってそのようなデザインがされた。そして、よりよく生きるために、よりよき形や色彩が与えられていった。デザインは芸術のように、とくに個性を強調し、形や色を与えることだけを目的としたのとは異なり、生活それ自身の中の必要性から必要なイメージを具体化する中に生れてきたものである。したがって一般には「ものいわぬ」無名のデザインとして続けられてきている。われわれは無名のデザインの歴史を民衆の農具や日用品の中に見ることができる。

ところで、中世では、せいぜい親方の作るものを見よう見まねで弟子がまねしたり、先代の形を受けつぎながら、少しづつの改良が加えられるていどであったが、

近世になってからは、量産が始まる。産業革命による大量生産の過程では、形を与え実体化しようとする人と、実際に与えられたとおりに工作し、製作する人々とは分れてくる。そこにデザイナーが分離し、いままで取りたてて感じられなかったデザインという仕事が独立したものとなり、製作それ自体は、もっと狭いいみの技術の問題になり、製作それ自体の問題になっていった。このような分離の中で製作が商業化する傾向を是正しようとしたのがウイリアム・モリスである。モリスのような流れは、しばしば過度の生産主義や商業主義に対する抵抗としてこころみられてきている。しかしとにかく現代の大勢では専門化がすすみデザインは、実体化させ形態化させる行為そのものではなくなってきている。

したがって、現代のデザインとは、「イメージに形態性を与えることによって、物質化させ、実体化させようとする行為」であるということができよう。しかし、さらに、何のために形態性を与えるのかといえば、これらのイメージは、すべて人間生活にとって必要なもの、日常の中に生れたものだからであり、また、たんに人間や人間生活とかかわりがあるという程度ではなく、デザインとは、人そのものに直接うったえかけ、すぐれて人間的なつながりを持とうとする行為である。

人間を意識しない、人間と離れたところにあるデザインは考えられない。たった一人孤島に住むロビンソン・クルーソーにとっても、物をつくるには、物と自分とのコミュニケーションがあり、ひとつのデザインがあろう。それは、さらに広がって人間と人間をむすぶコミュニケーション・デザインにまですすむのである。

産業革命はデザインを分離独立させていっただけではない。「計画」という仕事も独立の位置を与えられてくる。物を作るイメージは、以前は日常生活の必要上、水やお茶を飲む入れ物がほしいとか、土を耕すものがほしいとかいう形で生みだされる。それが茶碗や鍬というイメージを生みだしてきたのである。ところが、現代では日常の必要がイメージにつながり、すぐデザインされ製作されるのではない。それはバラバラにとぎれている。そのとぎれたものをつなげ、必要性をしらべあるいは必要性をつくりだし、これに要する諸手段をとと

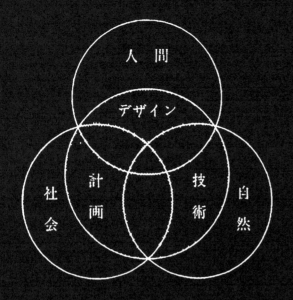

のえ、目的に従って生産し、消費に至る全過程をコントロールしようとする。これが「計画」という考え方である。さらに社会の全体システムを「計画」に乗せようというのが社会主義国であり、いっそう徹底した「計画」化を行なっている。

しかし、資本主義国であっても、もちろん「計画」化が行われている。すでに混合経済といわれる中で、社会システムの担当の部分を「計画」化に乗せている国々も多い。さらにそれ以前であっても一つ一つの企業体、事業体は、計画を行っていたし、官庁も計画を行っている。とくに「都市」という複雑な集合体の中では、その計画化は、かなり古くから考えられてきたのである。

これまでの問題を図式的に整理すれば、人間に必要な道具や機械、建築、都市などの「もの」を作るのに、これをとりまく諸々の条件があるわけであるが、まず、自然の法則や天然の性質という広い意味の「自然」と「もの」の関係の中に生れたものが「技術」であり、社会的需要や、政治的・経済的・社会的諸関係の力学を含めた広い意味の「社会」と「もの」の関係から生れたものが「計画」であり、さらに、五感をそなえ、感性や抒情を有する「人間」と「もの」の関係に生れたものが「デザイン」なのである。

原始時代には、ひとつの道具をつくることは、「計画」であり「技術」であり、「デザイン」でもあるという未分化の状態にあった。現代ではそれぞれが独立の位置を与えられてきているのである。

2.アーバンデザインの意味

現在、デザインは各方面で行われている。われわれは、家具のデザインや、ポスター、自動車などをすぐに思いうかべるであろうし、建築もまたデザインされている。さらに今日では、都市のような錯雑した集合体や、さらに広げて国土のデザインといういい方もあり、また、より広い意味で厳密な意味では物質化、形態化をもたらさない社会システムのデザイン、日本経済のデザインなどという語法さえある。

このようなデザインは、その広がりによって、およそ次の四つに分けてみることができる。

（1）個体のデザイン
（2）複合体のデザイン
（3）環境のデザイン
（4）社会のデザイン

（1）はポスター、コップ、机、タイプライターなどもっとも普通のデザインである。（2）は、個々のデザインを統合した複合体のデザインで、建築などは、個体のデザインであると同時に、多くは、その中にさまざまの他の個体デザイン、すなわち壁面や、照明や、インテリアなどをとりこみ、複合的なデザインとなる。したがって建築家は、あるいみでは個体デザイナーだが、反面には、個々のデザインの総合演出家という役割りをもつことが多い。また、一つの団地のデザインや、集合建築のデザインも、複合体のデザインといえるだろう。この場合には、個々の建築物や広場などが個体デザインになる。

（4）は、デザインという用語をやや拡大したもので、政治形態や、経済システム、社会機構などすべての面に、観念や、システムの抽象的形態化の意味で用いられる。このいみのデザインという語法は、今後とも多く用いられるであろうが、比喩的な意味であり、本来のデザインとはやや次元を異にする。

問題は（3）の環境のデザインである。人間は自然に働きかけながら、さまざまの環境をつくりあげてきた。その作りあげた中で、最たる環境は「都市」である。

人類は、道具から機械、装置を作りあげ、それらを集積し、蓄積して都市を作った。人類は、物を作り続けてきたが、都市はそれらの物を作りあげる重要な場で

的な環境デザインである。

　ここでは環境デザインの典型であり、代表としてアーバンデザインをとらえたが、それでは他のデザインとはどのような関係にあるのだろう。アーバンデザインが、（1）の個体のデザインと異なることは論をまたない。都市という錯雑した複合体の構成要素は多すぎるぐらいに多い。そして各要素は互に影響しあい、からみあいながら存在しているのである。神のような全体的総合者がいないかぎり、都市を個体化はできないし、また、もともと現代都市は枠のない広がりと動きを持っているものであり、およそ個体的に考えることには無理がある。

　しかし、個体デザインであっても都市とかかわりあいのあるデザインは多い。都市のシンボルタワーや、モニュメントはアーバンデザインの重要な要素のひとつだろうし、さらにストリート・ファニチャーや広場のデザインもそうであろう。かつて道路をつくるのは、まず「技術」の問題であり、せいぜい「計画」の問題としてしかとりあげなかった。しかし、今や道路でさえ、デザインの要素は多くとり入れつつある。

　これらの都市の個別要素のデザインは、たしかにアーバンデザインと重要なかかわりあいをもつデザインであり、またアーバンデザインの重要なエレメントでありうる。しかし、そうであっても道路、広場、公園、モニュメント、ストリート・ファニチャーのデザインがそのままアーバンデザインにはならない。それらは個体のデザインか、

あり、反面のより広い環境からみれば、アーバンデザインの側から考えることができる。したがって、これらの諸要素のデザインそれ自体がアーバンデザインではないにしても、アーバンデザインの視点から取り上げ、公共物デザインとして見なおしてみなければならないだろう。

　このいみでは、建築物も極めて重要な二面性をもっている。設計の課題に与えられるように、建物の周囲をすべて白紙に考えて、そこに個体としてのデザインを行なうことが建築には多かった。しかし、建築は、個人や私人の所有であっても、都市の重要な形態的要素であることにまちがいはない。したがって、建築デザインには必然的にアーバンデザインの素養が必要になってくる。ヨーロッパの諸都市は建築物の高さや屋根、壁の色まで統一し、少くとも相互的な関係の中に建てられている。アーバンデザインを強く主張する前に、建築そのものを慣行か法規で都市全体の中に位置づけているのである。

　これに反し、アメリカ的な比較的に自由な建築デザインをゆるしているところでは、ニューヨークや、シカゴのように摩天楼の大群が無秩序に生れだした。このような建築物にある種の自由度が多いところに、よけいアーバンデザインの必要性が生れだしたように見える。

　つぎに（2）の複合体のデザインとアーバンデザインとの関係である。一個の建築物を個体のデザインと考えれば、すでにのべたとおりである。しかし、一個の建

築物だけでなく、群、あるいは複合した建築物や、道路、広場、橋なども取りこんだ複合体のデザインが多く生れてきた。これらはもともとキャンパス計画や、広い公園計画にはこれまでもあったのだが、再開発計画や、ニュータウンのデザインが建築家たちの手で提案され一層活発化してきた。昭和30年代の後半には、より積極的に都市の全体像についてのさまざまなイメージが示された。丹下健三の東京計画―1960はその最も代表的な例であるが、他にも多くの提案がある。また海外でも数多い都市イメージが示されている。これらはたしかに都市の全体を対象にしたひとつの具体的形態の提案であるが、それはここでいうアーバンデザインそのものではない。

　なぜ都市を対象にしているのに、アーバンデザインではないのだろうか。それが実現しなかったからとか、実現するためにはデザインとしてラフすぎるからというわけではない。粗いデザインをしだいに詳細化してゆくことは、当然に行われるからである。私のいう環境デザインとしてのアーバンデザインは、環境を構成しているさまざまのからみあった多数主体の存在を前提にしたデザインであることである。環境とはけっして一元的に機械のスイッチをひねれば自動的に機械的に動いてゆくものではない。そこには、それぞれ行動し、運動している様々の主体があり、ひとつの変化が、他に微妙な変化を与え、けっして機械的には変らない。現代都市とは、このような存在であり、アーバンデザインとは、そのような多元的な主体に関するデザインなのである。したがって個体のデザインや複合体のデザインのように一つの主体によってはデザインを実体化できないのである。住宅の団地か、学校のキャンパスには多数の建築が建つだろう。そして、それらは都市の一部分ではあるだろう。しかし、住宅公団とか、何々大学という一元的主体の下に行われるものは複合体のデザインであって、ここでいう環境のデザインではない。前にのべた建築家のさまざまな都市提案も、このような多元主体の前提に立つのではなく、都市を一元的主体の下の総合デザインとして取扱っているところが、私のいうアーバンデザインとは異なっているのである。

　しかし、このような都市に関する諸提案もまたアーバンデザインと関係がないわけではない。それらはアーバンデザインを実際にやってゆく場合のエスキスでもあり、具体的提案はアーバンデザインのためのイメージづくりになる。さらにアーバンデザインのための原型をつくりだすことまでは可能であろう。

　建築家たちは、このような都市イメージをつくりだすことによって、もういっぺん建築デザインを見なおすことを行っている。そして建築そのもののデザインを都市とアナロジカルに相互変換さすことにより、よりすぐれた建築デザインを生みだそうとし、あるいは先にのべたようにアーバンデザイン的な側面からの建築設計を考えるスタディを行っている。それらは建築デザインを外から照らしだす光になる。しかしこれらのイメージをそれだけでなくさらに具体的な都市環境の中にあてはめてゆこうとすれば種々の官庁、企業、法人などにぶつかり、そこからアーバンデザインという次元のちがった局面に移ることになる。

　アーバンデザインのように、デザインが、かんじんの実体化の段階で多数の主体の手にゆだねられてしまうようなところで、いったいデザインは可能であろうか。しかし、可能か否かを問うまえに、まさに現代都市はそのような複雑な運動を行っているのであり、またそのように、他のグラフィックデザイン、インダストリアルデザイン、そして建築デザインなどとも異なる次元に立つゆえに、アーバンデザインの確立が望まれているのである。

　アーバンデザインは、道路、公園という個々のものではなく、そのような公的な施設と、通常は個々の主体にゆだねられている各区画ごとの建築的、構造物等のアンサンブルとして成立つのである。アーバンデザインで個々の建築のデザインを論じ、道路や橋の形質を論じ、緑や広場を論ずるのは、当然そのひとつひとつにあるデザインをこえて、たんに、個々の建築や、橋や、広場ではなく都市という全体のイメージがあるが故に、そのイメージの実体化を求めるのである。そこでは個々のものの実体化とのぶつかりあいがある。その緊張関係の中でアーバンデザインは実現されてゆくものなのである。

　都市は大きく分ければ、都市の骨組となりかつ不特

定多数に用いられる公的空間（道路・公園・河川・湖沼等）と、都市の構成要素になる個別空間（建築、構造物のスペース）に分れる。後者はさらに、不特定多数に供する公的な個別空間と、特定者に限られた私的な個別空間に分れよう。公的空間は通常はインフラストラクチャーとなり、個別空間はエレメントストラクチャーとなる。

　アーバンデザインは、実際には、（1）公的空間の相互関係、（2）個別空間の相互関係、（3）公的空間と個別空間の関係、の3つの問題についてデザインすることになろう。公的空間そのもののデザインは、たしかに極めて都市的なデザインである。しかし、先にものべたようにひとつの橋や、ひとつの広場、ひとつの公園だけのデザインでは、都市に関するデザインではあり、アーバンデザインの視点は必要であっても、ここでいうアーバンデザインとはいえない。

　たとえば、ここでいう（1）は、道路と公園や広場の関係がデザインであり、（2）は建築物相互関係、色彩の統一とか、高さの統一などのデザインである。（3）はアーバンデザインの最も典型的な問題となるもので、広場と周辺にたちならぶ建築物のように別個な主体だが、都市のあるべきイメージの中で、建築物に働きかけ、また広場に応える建築物として両者の全体とその関係をデザインすることがアーバンデザインである。

　アーバンデザインは、グローバルな全体的デザインであるが、全体とは別々の関係で動き働こうとするもの相互を包みこむ意味であり、したがってまたそれらの「相互関係のデザイン」だともいえよう。

　とくに都市の重要な骨格をつくる道路、水道、広場などとこれに接する建築物等と、都市の大半を構成する建築物相互の関係はアーバンデザインにとっての重大なテーマになっており、そのような公的施設を作り管理している都市自治体にとって、これまでアーバンデザイン的な視点から計画し、事業をしてきたかどうかが問われることになる。しかし、アーバンデザインの主体は、また都市と総合的にかかわりあおうとする都市自治体にしか求められないだろう。

3. 都市自治体とアーバンデザイン

　市民にとっては、現代都市を自分たちの最善の環境にしてゆかなくてはならないし、また、その主体となるべき者も、市民自らでなければならない。しかし、現実の都市は、さまざまの都市問題をひきおこしており、未だ市民が主体になってきたわけではない。

　残念ながら、我国では、きびしい試練の中で市民意識や市民そのものを生みだす機会がなかった。そのため都市は、たんに物的な集合体にすぎず、都市づくりの目的は、市民のためのものであるよりも、国家的目的である産業、軍事の強化や、海外諸国への威信の高揚といったものに向けられ、市民生活は、従たる目的しか与えられてこなかった。

　市民が中心になってまず自らの生活のために町をつくろうとするなら、そこに自覚した責任と権限を有する市民がおらなければならず、またそのような市民の信託を受けた本当の自治体が存在しこの自治体が都市づくりの中心にならねばならない。我国ではそのような市民を生みだす革命もなく、自治の伝統もなかった。したがって戦前の自治体は全く名ばかりであったし、戦後になってからも、地方自治が憲法でもうたわれ、法的な立場が確立しかけたというものの、あいかわらずに主体性に乏しい弱い自治でしかなかった。

　このような中では、たとえば都市計画法などは都市の環境を作る重要な法律ではあるべきだが、自治体に十分自主性のないところでは、法律内容も、実際の運用もバラバラで、都市を十分にひとつの目的をもって計画してゆくことにならず、けっきょく、個別な事業だけが行われてゆくことになった。その中心におかれたのは街路事業で、都市計画とは主として街路計画のことであり、都市づくりとは街路事業にすぎなかったのが実体であった。

　都市の土地利用に関する地域地区制等も極めて不十分なものであり、都市環境を形成する有効な武器には最近までなっていない。

　このように都市環境形成に関しては、その主体についても、方法手段についても極めて脆弱な状況にあっ

たのである。最近になって、ようやく、都市の「計画」化が計られてきたが、これまでの長い空白の中ではまだ有効には働いていない。

しかし、一方、現代都市が多くの問題をかかえているのは洋の東西をとわない。とくに我国では都市を乱雑なまま放置してきたためその問題は一層深刻である。そこで何とか環境を保持し、あるいは向上させ、問題を解決しようという動きが出てきたことは当然である。

このようななかで、まず自治体が本来の自治体としての自主性を確立し、市民の手によって運営されてゆくことが当然の前提で、そこに自治体行政が改めて新しい次元をむかえることになる。

そこで自治体は、従来の都市計画のようなたんなる手続きや事業の計画だけではなく、もっと広い意味で、都市を総合的存在として「計画」化を計ることが必要だし、またその中で、必要な公的空間の造成や、公的施設の設定というさまざまな「事業」を行わなくてはならない。さらに、都市で活動する多くの主体が、市民全体のものとして生きるための「規制」という手段も必要だし、一方に、よりよい方向に動かしてゆく「誘導」という手段も必要であろう。

このように、「計画」「事業」「規制」「誘導」といった諸手段はいずれも自治体行政としての有力な手段であり、それなくしてはよりよい都市環境は期待されないことは当然である。そしてこれらの前提として都市についてのフィロソフィを持ちそれをひとつのイメージとして持つこともまた必要である。これらは都市の基本構想やヴィジョンといわれるが、これらを総称して「構想」といっておこう。我々は都市環境をよりよきものにする手段として、自治体を通じて「構想」「計画」「事業」「規制」「誘導」という手段をもつことになった。

これらの諸手段は、環境としての都市をつくってゆく

きてゆき、働いてゆかねばならないから、「運営」「管理」がこれにむすびつき、さらにこれがまた「計画」にフィードバックされるのである。

ところで、このように多くの手段と、多方面にわたるコントロールをする中心にあるものは「計画」であり、これは先にものべたとおり、単なる事業の計画ではなく、これら全体の手段と対象を総合するより次元の高いいみの「計画」が生れなければならない。それは従来の都市計画ではなく「都市」の「計画」という幅広いものにならなければならない。

このような「計画」はまだ十分確立していないし、それを運営できる自治体も、今後の課題である。しかし、それらが仮にすべてうまく成立したとしても、環境としての都市をつくる手段にまだ足らない。都市は、目に見えないイメージとしての都市であり、また社会的存在としての都市であり、さらに、実体としての都市である。物的環境という実体をそなえる以上、そこに「デザイン」が必要である。

さらにいうなら、「計画」や「規制」「誘導」はそれぞれ有効な手段ではあるが、より直接に「人間」に接する手段のための内容が必要である。抽象的理念や、構想やイメージから、また機能や、需給関係を示す数量、将来予測から、「計画」「規制」「誘導」「管理」を行なうことができるかもしれない。しかし、たんに経済人や社会人といった抽象的人間ではなく、もっと「生ま身」の人間が、環境をどう受けとるかの問題を解かねばならない。それに応えようとするのが「アーバンデザイン」の課題である。

アーバンデザインは都市の質の問題であるといわれる。数量的配列か、機能上の合理性を骨子にしながら、人間の側からの「気持よさ」「好ましさ」「たのしさ」「美しさ」「すばらしさ」などから、それらを人間的に一層引きつけるものである。もちろん「計画」も質の問題を考え

機能主義というデザイン運動があった。「機能的なものは美しい」とか「形態は機能が決定する」という考えである。もちろんアーバンデザインも都市の機能をその中に内包している。しかし、機能そのものは、都市の中の抽象的イメージにすぎない。機能主義とは「機能」的なものに中心をおこうとする「主義」であり、「機能」そのものではない。狭いいみの「機能」はデザインより「計画」の問題であろう。アーバンデザインは機能を包みながら、狭い機能以上であり、機能以外であるところに人間に関して存在意義があるのである。自治体が都市づくりの主体になるさまざまの努力はすでに始まっている。法律や通達、国の補助金や指導にふりまわされた中からぬけたそうとしている。そのために「計画」が新たな意味をもつはずであり、主体的に都市環境をつくり経営しようとすれば、「規制」や「誘導」が大きな手段になってくる。

しかし、自治体は、国とちがい、より市民に近い、「人くさい」場所に位置している。その中で無機的になりがちな自治体運営や、自治体の環境づくりに、もっともっと人間的な内容を与えるものがアーバンデザインである。そしてアーバンデザインの観点に立ち、その内容をもった「規制」や「誘導」が用いられ、私的建築にもよりよき観点が加えられるし、公的施設のデザインも、この観点から白紙の上ではない都市の中の存在として他と総合的に存在していることを自覚したデザインがされなくてはならない。

たとえば道路をたんなる道路と考えれば、現代のクルマ社会では、車がいかに速く邪魔されないで走るかにだけ焦点が当てられ、それだけが都市の「機能」として強調され、「計画」や「技術」がこれに従ってきた。しかし、道路をイメージの実体化として考え、そこに直接の「人間」を道路にかかわらせてきたとき、それは車を運転し、車に乗っている人間だけではないはずである。道路をデザインとして取り上げ、これを実体化しようとするときには、「歩く」という姿が基本であり、「人間」にとって気持のよい植樹や標識やペイブメントも問題になるはずである。そして楽しい歩道や、歩行者空間デザインが逆に道路の「機能」にもはねかえり、これの反省を

求めることにもなるし、さらに周辺の建築物や広場との調和という「規制」や「誘導」に働き、また、この周辺の人々にとって自分の目の前の道路をどう都市の中で好ましく「管理」するかという問題に広がる。そしてこのようにして都市という全体像の実体化が行われるのである。狭い意味の「機能」に発し、それが機能としてとりあげられた「歩く」とか「たのしい」とか「分りいい」とか「きれいだ」とかのデザインに展開することは、機能以上であり、また考えによっては、それこそが現代都市に要求される広い意味の新しい「機能」を作ってゆくことになるのである。

自治体は、たんなる法律の執行者でもなく、市民と対立する「お上」でもなく、機械的、無機的な「役所」でもない。自治体は、より市民的で人間くさい存在であろう。アーバンデザインは、これまでの都市行政に欠けていた「人間」をふくむ環境づくりを強調するものであり、また自治体そのものを人間のために改革してゆくテコにもなるのである。

横浜市役所における「都市デザイン」は、当時の飛鳥田一雄市長直属の政策部署であり、庁内の都市づくりの総合調整を担う「企画調整室（のちに企画調整局となる）」の中で生まれた。庁内の主要事業の横断的かつ空間的な調整を担い、関内中心部の高速道路の地下化や、緑の軸線構想、市営地下鉄のデザイン調整、大通り公園の設計など、初期から都市デザインと言える活動は展開された。そして、1970年に岩崎駿介氏が、翌1971年に国吉直行氏が加わり、「アーバンデザインチーム（都市デザイン担当）」とでも呼ぶべきメンバーが、くすのき広場、山下公園周辺地区、馬車道商店街などにおいて、その思想を具現化する取組を積み重ねていく中で、横浜における都市デザインは明確な手法として確立する。その後、飛鳥田市長が去り、企画調整局の解体とともに、都市デザインチームは都市計画局の中で「都市デザイン室」というひとつの組織として、その取組を継承していくことになった。

企画調整機能と都市デザイン

田口俊夫
［NPO法人田村明記念・まちづくり研究会副理事長／工学博士］

1. 企画調整室内の都市デザイン

都市プランナー田村明（1926-2010、以下敬称略）が横浜市の骨格的事業となる「六大事業」を1964年提案した。田村は、1968年に飛鳥田一雄市長（1915-1990）に請われて、横浜市に企画調整室企画調整部長として入る。この企画調整室が市長を補佐して、都市経営に係る市政の重要事項の目標を設定し、市内外の関係機関をまとめ目標実現に向け活動した。この企画調整室の中に都市デザイン担当は誕生する。市の組織図で、企画調整室企画課に置かれた副主幹（課長級）グループに「都市デザインに係る企画及び調整」が事務分掌として記載されるようになるのは、1977年になってからである。それまでは、1974年から企画課企画第一係の事務分掌の一部に記載されていた。この状況をして、都市デザインの扱いが小さかったと見るのは早計である。

都市デザインはあくまでも全庁的企画調整（対立概念として部門に分散化された部門別企画調整がある）の中で活動すべきもので、単独で成立するものではない、と田村は当時考えた。例えば、港北ニュータウンのタウンセンター計画では、街区設計と交通動線そして開発容積やマチの表情の作り方で多くの議論があった。都市デザインは、都市計画専門家が平面で考えた計画を、立体的に捉え直し人々が集まる「空間」としてイメージするものである。当時担当していた西脇敏夫によれば、港北ニュータウンでは開発主体の住宅公団が先行して計画をしていた。しかし、満足いくものでなかったため、短期間で都市デザイン担当が「対案」を提案する。

つまり、都市デザイン担当は関係機関との「調整の現場」にいて、臨機応変に空間的に優れた対案を出すことが求められた。つまり、都市デザイン担当が関わることで「意味」があるかが問われた。都市デザイン担当には、それに応える技量があった。因みに、企画調整室は固定的事務事業を持たない。それぞれのプロジェクトの担当部署が外部の計画設計事務所を使って計画案を策定するのが常であった。調整とは、それらの計画案に横やりを向けることであった。

2. 自由闊達な企画調整室

1968年に設立された企画調整室は、役所の中では比較的小さな組織（注：設立時26名で1977年度に69名）で、役所らしからぬ「自由で活力に満ちた組織」であった。企画調整室は局と同格の部門である。室長は局長級で、

首脳部会議の出席者　出典：横浜市史資料室：田村明氏が語る飛鳥田横浜市政, 紀要第11号, 2021.3.31, pp.1/35より転載
後列：右端が飛鳥田一雄市長、左から二人目が田村明企画調整局長
前列：右から二人目が鳴海正泰専任主幹

技監兼室長として鈴木和夫が就任した。飛鳥田市長が田村を庇護するために、行政に長けた温和な鈴木を置いた絶妙な人事であった。企画調整部長に就任した田村は1971年から室長になり、1972年から企画調整局長となる。

1968年5月、総務局より「企画調整室設置にかかる事務の取扱いについて（依頼通達）」が出された。企画調整室設置の趣旨は「本市の重要事項の企画・調整及び進行管理を円滑に行なうことにある」とし、具体的には「六つの基幹事業を含む重要事業計画については、進行上のポイントごとに、できるだけ早期に企画調整室（企画調整部）と事前調整を行なうこと」とした。企画調整室は自前の事務事業を持たない。それゆえ、事務事業を担当する部署との「事前調整」は、その部署のやり方に異論を唱えることになる。その「異論」が意味あるもので、担当部署が受入れるかが問われる極めて難しい職務である。

企画調整部の組織は、調整課・副主幹グループ・企画課で構成されていた。後年、企画調整室には外部からも多様な人材を採用していくが、設立当初は他部門から異動してきた職員であった。調整課と副主幹グループは全員が事務職であるが、企画課は企画第一係の

職員1名のみが事務職で他の全員は技術職（土木職5名、建築職1名）である。当時の全国の自治体における企画部門は事務職主体で、横浜市のように技術職中心の事例は珍しい。この人員構成は田村の意向に沿っていた。これら技術職の職員たちは、専門性と経験を生かして事務事業の担当部門の考え方や計画内容を分析し対応していく。この背景として、案件を扱う担当部署だけでは、事務事業に関わる法律制度や財政的制限そして担当職員との関係から大胆な施策の発案や方針転換を行いにくいことや、課題を認識していても、行動に起こしづらい環境があった。その時に、変化を起こす触媒的役割を企画調整室が担うことが期待された。因みに、田村の組織運営は、組織でなく「人材」中心に組立てられた。配属された担当を超えて、実際には組織横断的に人材を使う、というスタイルである。田村たちは「非定形流動」でことに当たっていた。

企画調整室には三人のサムライがいた、田村の他に飛鳥田市長の政治参謀である鳴海正泰（1931-2021）、都市科学研究室長の松本得三（1915-1981）である。飛鳥田市長はこの三人を信頼していた。鳴海正泰は主幹（部長級）として、飛鳥田氏の政治活動をプロデュースしていた。その過程で、政治家や官僚そして組合活

六大事業の案内図（田口作成）

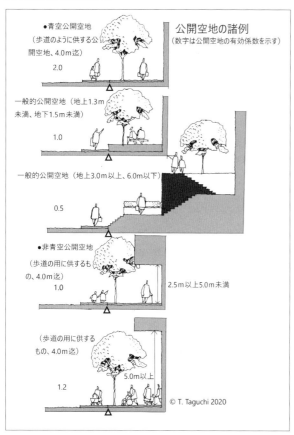

都市デザイン担当が関わった市街地環境設計制度の広場係数（田口作成）

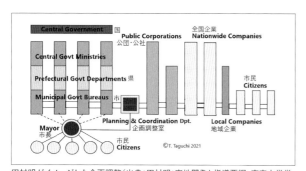

田村明がイメージした企画調整（出典：田村明：宅地開発と指導要綱，東京大学学位論文，1980，p.125　田口作成）

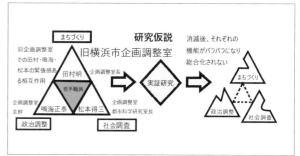

三人のサムライによる自由闊達な企画調整室とその後の崩壊（田口作成）

動等での人脈を構築していた。毎週開かれる首脳部会議には鳴海と田村も出席した。因みに、首脳部会議は毎週月曜日早朝に開かれ、市長・助役・企画調整室長・総務局長・財政局長そして市長室長が参加した。そこに、鳴海と田村も参加していることの意義は大きい。実質的に市の重要事項は、この首脳部会議で決まり、議案に関係する局区長が適宜参加することがあった。また、会議にかける議案を決定する権限は重要で、これを企画調整室の企画調整部が担った。鳴海は都政調査会（都庁組合系の研究機関）の研究員を経て、飛鳥田市長に誘われ市に入っている。革新市長会を軸に、米軍戦車通行阻止闘争やアジア卓球選手権大会等の国の枠組みを超えた革新的な政治活動を起していた。

　松本は朝日新聞の元記者で論説委員を最後に退職し、1969年12月横浜市参与となる。1970年企画調整室内に都市科学研究室を立ち上げ、研究誌である『横浜市調査季報』の編集発行を1971年調整課から受け継ぐ。鳴海が担当した時代は学者中心で調査季報を発行してきたが、1968年以降田村になってから現場の職員たちが正直に自分たちの業務の課題を語る形式となった。それが松本になって更にバージョンアップする。松本は、市民生活の実情や課題に沿った『市民生活白書』の編集発行や、毎年の『市民意識調査』を行ってきた。現場重視の社会調査を基礎に「科学的な行政」を追求した。因みに、欧米のアーバンデザイン（都市デザイン）では社会調査が基礎にある。都市計画制度だけでなく、社会課題を理解した上で、初めてアーバンデザインへの取組が活性化すると考えられていた。そして、都市科学研究室の特色は、室長以下の専任職員を囲むように市役所内の若手職員たちが手弁当で、調査研究活動を手伝ったことである。また勤務時間終了後、多くの任意研究会が開かれ、多様なテーマで若者たちが意見を

松本得三（61歳「目にうつるもの
がまことに美しいから」松本得三
氏追想・遺稿集より）

企画調整室の若者たち（山下公園で、右端から二人目が国吉直行、1970年代初期、左側から二人目が岩崎駿介、左端が内藤惇之で写真提供）

闘わせた。

　田村も元々「科学的な行政」を考えていた。調整課調整係が財政局からの権限移譲を受け、各局の「調査費の査定業務」をしていたのは、あまり知られていない。役所で事務事業を改革する際には必ず改革の方向性を検討するための「調査研究」を行う。その調査研究の内容に踏み込み、その可否を議論するのは都市経営戦略として有効な手法であった。そのために、常に各局の課題認識と動向を知る必要があり、調整係は「隠密」のような役割もあったという。また、田村が1973年12月に策定した『横浜市総合計画1985』で、医療福祉問題や地域文化振興を地域経営の観点から、例えば地域中核病院を市営でなく民間医療機関を誘致することで対応していく。総合計画づくりを担当したプロジェクト室には、市内部から多様な人材が集められ、地域経済や地域文化そして国際環境問題なども研究発信していく。それらの人材が次の市政で重要な役割を果たす。そして、田村、鳴海、松本の三人は微妙な距離感を保ち、相互作用で企画調整機能を活性化していった。

3. 企画調整と
都市デザインに集まった若者たち

　ハーバード大学大学院でアーバンデザインを学んだ岩崎駿介が横浜に来るのは、飛鳥田市長や田村が何か面白いことをやっているらしい、というのが発端である。1960年代は学生運動もそうであったが、若者たちが「新しい何か」に飢えていた。岩崎と同じように、企画調整室には多くの変わり者の若者たちが全国から集まってきた。

　1971年5月早稲田大学大学院を修了した国吉直行が企画調整室に入る。国吉は本牧接収地の再開発を

テーマにした計画コンペを日本建築学会で企画した。岩崎も国吉も当初は「嘱託」採用、つまりアルバイトであった。少し経って1976年10月に西脇敏夫（元大高正人建築設計事務所）が都市デザイン担当に入る。港北ニュータウンのタウンセンターの開発計画案を作るために設計事務所から派遣されてきたが、完成した港町くすのき広場を見て役所でも自ら設計してこんなことが出来るのだ、と感じた。当時は経済不況のため、1977年度建築職の採用はなかったが、東京大学都市工学科を出た若者が特別採用された。北沢猛は、後に東大准教授として転出するのだが、設計力のある感覚の鋭い若者であった。

　実はもう一人、田村からオファーを出されたが断った若者がいた。英国留学から帰国したばかりの田口俊夫である。英国マンチェスター大学大学院でアーバンデザインを学び「自治体の公共施策」として行うべき、という信念をもっていた。1978年田口はどうにか試験を通過して、飛鳥田が社会党委員長に転出した後の横浜市役所に入る。

田口俊夫（たぐちとしお）｜NPO法人田村明記念・まちづくり研究会副理事長/工学博士。1952年生まれ。早稲田大学建築学科から大学院を経て、英国マンチェスター大学大学院アーバンデザインコースで学び横浜市企画調整局都市デザイン担当となる。その後横浜市を退職し、民間企業に転職。横浜山手の女子校の教頭職を務める。2015年NPO設立で、田村明と横浜のまちづくりに関する研究とアーカイブズに従事。

「横浜都市デザイン
〜個性あるまちなみの原点を探る〜」

2021年10月30日［土］13:30〜16:00

登壇者 　岩崎駿介氏［横浜市都市デザインチーム初代リーダー］

　　　　 国吉直行氏［横浜市都市デザインチーム立上げから40年、一貫して都市デザイン行政に関わる］

ファシリテーター　卯月盛夫氏［早稲田大学教授］

※本稿では、講演会時の対談を中心に編集・抜粋して掲載しています。

岩崎駿介氏　　　　　　国吉直行氏　　　　　　　　卯月盛夫氏

都市デザインの草創期

卯月盛夫…50年前に、横浜の都市デザインの草創期を担ったお二人は、日本の都市デザインの先駆者、あるいは開拓者とも言うことができます。当時のことを、これからの都市デザインの話も含めてお話をしていただきたいと思います。

岩崎駿介…東京藝術大学を出て友人との設計事務所を開いてからアフリカに行き、ガーナで大学教員をしました。次にハーバード大学で都市デザインを学んだあと、ボストン市役所で働き、50年前、私は横浜市にやってきました。ハーバードで勉強したのはデザインというよりも論理的思考性です。ボストン市役所は、職員が「自分のまちは自分で作る」という気概、自治の精神に満ちていたことに驚きましたね。ボストンは、アメリカの中でも古く魅力ある都市ですが、1960年から70年にアメリカが自動

車社会になる中で危機を感じて、歩行者をどう優先するかというのが基本的課題で、ボストン中心市街地の再開発計画の提案などをしました。そんなある日、朝日ジャーナルを見ると「地方をもって国家を包囲する」という飛鳥田一雄横浜市長の記事が出ていて、地方自治がいかに大切かということを座談会で述べていたのですよ。それを読んで、外国で技術を切り売りしながら渡り歩くのではなく、ある特定の「地域」にかかわった仕事をしなければならないと思い、飛鳥田さんに面会しました。田村明氏のことも前から知っていて、彼の総合性にも魅力を感じ、横浜市で仕事を始めました。

都市デザインは、かっこよくすることではなく、人と人とのコミュニケーションを通して、都市を人間的な豊かな場にするということが基本で、単なるフィジカルデザイン（物的設計）ではなくてソーシャルデザイン（社会設計）であり、空間の形を通して孤独から

共感に至る幾重もの「コミュニケーション装置」をつくることが大事なのです。ランドスケープとも混同しやすいのですが、都市デザインとランドスケープは違うものです。

国吉直行…1971年に岩崎さんと一緒に都市デザインチームということでスタートしました。学生時代から、建築家が自分の作品をつくることと街とがあまり関係していないように感じていて、私は街そのものにアプローチしたいと思い始めたのです。建築学会でこれからの建築の在り方に関する論文募集があり、こちらにも「建築にとどまらず街を考えるべきだ」という趣旨の論文を出したら、「事業委員会に入って、一緒に活動してください」と言われたものですから、「桜木町駅前の造船所を移転したらどうなるか」というコンペを行うことにしたのです。

コンペのベースとなる資料が必要になり、建築学会の人や大学の教授と

「都市デザイン(Urban Design)」とは、
空間の形を通して、孤独から共感に至る
幾重もの「コミュニケーション装置」を作ること。

単なるPhysical Design(物的設計)ではなく、
Social Design(社会設計)である。

ハーバード大学における学科設立年
Architectural Design=建築設計(1874)
Landscape Design=景観設計(1893)
City planning=都市計画(1900)
Urban Design=都市設計(1960) 一番新しい分野

⑤個性的な商店街づくり
馬車道地区

・道路空間の再構成、演出
・街づくり協定運用
　壁面後退、色彩演出、用途
・歴史的資産の保全活用

馬車道　・地区の特徴である歴史的建造物を保全活用
　　　　・歩行者にとって楽しく歩ける街を創る
　　　　・街づくり協定により、建築物のデザイン演出を図る

横浜市役所に行ったのですが、そこで田村明さんが出てきて、「既にその事業は進めている。米軍の本牧キャンプが返還になるので、そこを対象としてやってくれないか」と。

そうしたきっかけもあり、大学院修了時に田村さんのところに行って「2～3年横浜市にいたい」と申し出たら、「アルバイト(嘱託)だったらいい」ということで岩崎さんとチームを組んだのがスタートです。日本の街の個性がなくなり、どこに行っても似たような駅前の姿がある。そういう中で、地域ごとの個性をつくりたいと思っていて、それをトライしてみたかったのです。

岩崎さんが既に関内地区の実測調査とかスタディをされていて、マップをつくっていました。田村さん、岩崎さんの下に私がいて、くすのき広場や港北ニュータウンなど、大きなプロジェクトがあるときは内藤惇之さんが一緒にチームに加わりました。その後、コンサルとして港北ニュータウンの検討をしていた西脇敏夫さん、それから北沢猛さん、田口俊夫さんが入り、途中から都市デザインチームは都市デザイン担当となりました。私が加わった都市デザインチームとしての最初の活動は、本牧の街づくりでした。また、1973年の容積率導

入の際には、都市デザインチームも商業地区と近隣商業地区を担当することになり、容積の実態がどのくらいかを見てみなければいけないという考えで、全市を歩きました。この時の経験で、市内の街の感覚が身に付いたんだと思います。

当初、まずは点から線へということで、最初に魅力的な公共空間「くすのき広場」をつくって、街へ繋げていくことをやりました。都心プロムナードや山下公園周辺地区などです。次の段階で、都市デザインの手法を入れたいと手を挙げた地域が、馬車道商店街でした。現在の六川勝仁理事長のお父さん、英一さんと議論を進めましたが、市が決めるのではなく、商店街に主体的にまちづくりを考えていただく、そういう場づくりを意識していました。

飛鳥田市長が交代して、都市デザインチームは都市デザイン室へと変わっていきました。岩崎さんは先に国連に出て行かれ、田村さんも法政大学に出ていく中で、私もどうしようかなと思ったのですが、馬車道の街づくりとか、せっかくここまで切り開いたものを置いていくのはもったいない、市長が代わっても継続できる都市デザイン活動を目指すべきと考え、私はその役を引き受けることにしました。

私自身はあまり感じていなかったのですが、庁内で都市デザインは前政権=田村の残党と冷たい目で見られていたようです。そういう中でも、馬車道の六川勝仁さんが新聞に「都市デザインを新しい市長はもっと活用すべきだ」と投書して応援してくれるなど、地域市民の強いサポートがあったので、我々も継続できたのだと思います。

アーバンデザインを
選んだ理由

卯月…お二人とも東京藝術大学と早稲田大学で、建築のデザインは自信があった。普通ならば建築家として一生生きていこうと思いますよね。建築設計でなく、その当時日本にはない都市デザインあるいは都市設計という分野に何故行こうと思ったのか、教えていただけますか。

岩崎…二つの理由があると思います。ひとつは政治的な意識。藝大では2年生の時、ちょうど60年安保闘争の時で、自治会の委員長をやっていました。3年、4年になっても毎日デモしかしてなかった。アフリカに行くことも含めて、政治的な意識が常にあった。もうひとつは、あの当時の

藝大の住宅設計の課題では敷地周りの説明があんまりなかった。住宅の質は、その敷地でどう設計しようと、80%くらい外部要因で決まるほど、都市は大きな影響力を持っていると思っていたのですね。小さな敷地で満足していては欺瞞だろうと思って、だんだんと都市へ近づいていったわけです。

国吉…1970年前後っていうのもやはり学生運動が活発だったですね。その中で社会にどう向き合うのかがみんな問われていました。当時、建築家は街のシンボルをただつくっているだけで、同じ人の作品が全国にばらまかれても、その街の個性をかえって崩していると感じていました。街の個性をつくることに貢献できる建築のあり方もあってもいいのではないかと考え始めていました。倉敷にこだわった浦辺鎮太郎などにも共感を持ったのですが、当時は、建築とはしばらく距離を置いて、地域、街とつきあいながら考えていこうくらいのことで、アーバンデザインまでは考えてなかった。でも岩崎さんと出会って、アメリカで始まっているこういう道もあるのかと気づきました。

横浜市を選んだ理由

卯月…僕も建築家が社会に対して何を提案できるのか、社会性みたいなものを学部時代に考えたのですが、同じように時代が2人を誘導

したのかなと思います。二つ目の質問は、社会的なものとか政治的なものに関心があったときに、なぜ横浜だったかということです。当時はまだ日本全国どこへ行っても、都市デザインをやっているところはなかったと思うのですが、地方自治のリーダーとして飛鳥田一雄さんが横浜市で当選したことにダイレクトにお2人は反応しています。なぜ横浜だったのか、飛鳥田さんにそれほど魅力があったのかなど、教えていただけますか。

岩崎…飛鳥田さんには、自治の精神があったからだろうね。加えて、田村さんが総合的な視点を持っていた。東大の建築と法律の両方を出た彼は、横割りというか総合性を確保するには絶対的に必要な条件だった。その下で僕はデザイン、形にする技術で仕事をすることができたのです。飛鳥田さんが市長をやめるというときに、細郷氏が次に立候補していて、僕は正直、自民党・社会党をはじめ6党相乗りの元国家公務員の下では働きたくなかった。自治体職員として市長をどう考えるかということは非常に重要なことなんだよ。継続性、独立性と同時に、政治は大きな意味を持っていると僕は考えているのです。それで、飛鳥田一雄の政治的なブレーンだった鳴海さんに、「俺を立候補させてくれ」と言ったら、「岩崎くん、君は若すぎるよ」と言われて。それで僕は国連でアジアのスラムをやるようになったのです。それはね、僕は横浜市よりももっと人間人類にとって大きな問題だと考えていたからで

あって、決して横浜から逃げたわけじゃないということを言っておきたい。また僕は同時に、「政治、つまり地方自治体にとっての『市長』がたとえどのように変わろうと、地域自治体の職員として、または技術者としての『独立性』とその『継続性』は実にその地域の人々にとって、大切である。」と言いたい。実に国吉くんは都市デザイン行政を50年にわたって守り抜いてきた。市という組織体と個人との関係や、専門性をどう考えるか。ぐるぐる人事配置で回されるというのは、総合性を確保するということかもしれないけれど、一方で継続性もないわけです。つまりね、今日こんなことをやっているのは、国吉くんがこれまで続けてきたからなんだ。

国吉…私は、飛鳥田さんはあまり意識してなかったですね。田村明さんと浅田孝さんは新建築という雑誌で、第三の建築家として紹介されたのを見ていて、ちょっと変わった人たちがいるなという認識はありましたが。学生時代に長崎の大浦地区の調査（デザインサーベイ）をやったり、生まれは港町の中国天津、育ちは鹿児島で、なんとなく港が好きなんですよね。だから、時々訪れた横浜市に建築学会として提案した。それがきっかけで田村さんとお会いし、何か面白いことにチャレンジしているなと思ったので、都市と付き合うなら横浜もいいなと考えて、ちょっと居候させてくださいということになったのです。だから飛鳥田さん、田村さんを意識したというより、ちょうど横浜が都市とし

田村さん、岩崎さん退職後の都市デザインチーム
後列左から：北沢猛、内藤惇之、田口俊夫　前列左2人目から：国吉直行、西脇敏夫

て非常に可能性があると感じたわけ
ですね。

行政における
都市デザインの継続性

卯月…1960年代から70年代は、日本あるいは世界同時に、学生運動、環境運動、女性の運動など、オルタナティブを求める、重要な時期を迎えていたと思うのです。調べたところによると63年の統一地方選67年の統一地方選で日本全国の市（町村を除く）の三分の一近くが革新系の首長になったのですよ。飛鳥田さんだけが、ダントツにいたという言い方もあるのだけど、時代として日本全国が地方自治の大きな波の中にあった。僕はその時横浜市民で、区民会議とか市民との対話にも出ました。そのようなことを進めた中で、個性あるまちづくりを進めるために、都市デザインという言葉が選ばれた。そこで三つ目の質問ですが、行政における都市デザインの継続性ということについて、市長が変わったら、

都市デザインは変わっていいのか。市長が変わっても綿々とつくり上げてきた都市デザインの大きな方針は変わってはいけないのか。

国吉…田村さんも、常々「都市は簡単にできるものじゃない、30年はかかる」と言っていました。大通り公園も整備したときが完成ではなくて、大通り公園の木が育って周りの街が育って、初めて大通り公園なのだと。都市のコンセプトが10年ぐらいで変わっていったら何も残らないですね。田村さんは、ヨーロッパの都市計画委員会のように、市長が変わってもずっと継続できるべきだと言っていました。だから、細郷市長のもとでも僕はやれるはずだと言って、それを望みにしていたのです。岩崎さんはアメリカの市長とブレーンとの関係を見ながら、市長が変わったら田村さんは絶対やれない、と言っていたのも聞いていました。私はそれも理解できました。結局2人とも違う形で辞められるわけですけれども、企画調整局は壊れていっても、都市デザイ

ン室ぐらいは引き継いでいかないと、という個人的な願望がありました。一方で、私はその時すでに地域に相当入り込んでいました。行政の中に居候して給料もらっている、横浜を考えるアーバンデザイナーだという思いで、私は個人として地域にどんどん入っていき、地元の有力者の方々にも、こういうことをすべきだ、あんたのやっているこれじゃ駄目だよ、とか言って生意気にも20代の頃からやりあっていたのですね。とにかく怒られたのですけど、そのうちに面白い奴だと地域の人に認めていただくようになって、市長が変わっても、都市デザイン室は面白いから使った方がいいよといろんな席で新市長に喋ってくれるようになったのです。地域に入り込んでコミュニケーションをとるということが、我々のやり方の一つとして重要だと感じました。

人間として接し
都市をつくる

岩崎…先ほど、市役所の職員として

横浜・海岸通り
延長800mにわたって2.3mの建物の
セットバックを「建て主」に説得して、
歩ける歩道幅を5メートルにする。

創価学会、blue-sky、県民ホール

E山下公園
世界の広場　Dポーリン橋　　C人形の家2F　　　　　Aフランス山
　　　　　　　　　　　　歩行者デッキ　Bフランス橋

9

の継続性、独立性という言葉を使いましたが、専門性以前に、僕はまず、人間として立つべきだと思っています。本牧の接収地や港北ニュータウンなど、色々なことをやりましたが、僕が一番やってよかったと思っているのが、山下公園通りに面する街区のセットバックです。山下公園通り延長800mに渡って2.3mの建物のセットバックを建主に一軒一軒説得して、既存の歩道と合わせて歩道の幅を5mにしました。建築主に対して模型を前にしてセットバックがいかに都市づくりに貢献するかを説明しましたし、そこにレストランが出てくるというときも、その店に毎日昼飯を食べに行って、役人として接するのでなくて人間として説得して下がってもらいました。役所がこう言っていましたでは聞いてくれない。同じ横浜を愛する人間として、こうですと突き詰めると必ず人間が出てくる。特に、都市計画分野で開発途上国の人と付き合っていると、それはもう徹底的に人間として対応せざるを得なくなっているのですね。昔は、野毛に行けば、鶴見の工場労働者とか戸塚の農村の人間が一杯飲んでいて、つまり多様な人と会うことができたわけだけれど、今はどこの人間もみんな同じようでしょ。やっぱり、「人間として前

に出て来い」っていうのは、僕が一貫して言いたいことだね。

国吉…山下公園通りでは、岩崎さんがルールをつくったわけですが、がっちり条例化しないで協議でお願いするシステムなので、キャッチボールするのが大事なのですね。今、横浜ではそれを「創造的協議」という言い方をしていて、条例化するときにもその考えを引き継いで、大事だと公言したのです。

都市デザインに必要な空間デザイン力

卯月…日本全国で行政職員をやっている人は、法律に基づいて仕事をしていますが、もっと日常的な付き合い、横浜を良くしたいと思う個人として、事業者や住民の方と付き合うことは両立するのでしょうか？

岩崎…法律や条例どおりに空間をとれていても、全然使われていなければ意味がない。都市デザインをやるなら、デザイン力をつけなきゃ僕はまずいと思うよ。デザイン力は、たしかに教育と非常に関係あるし、得意不得意があったりするけど、デザインをやる以上、建築にしても都市にし

ても、まずいものを見てそれから絵を書いてみるというように鍛錬をしなきゃ駄目だよ。口ではなく、すぐ絵を書いてこれでいいかという具体的な空間の形態として提案する訓練をしないといけない。

国吉…企画調整局の中で育った都市デザイン室としては、行政内のたくさんの疑問をうまく結びつけ、その隙間を埋めて新しい価値をつくってきたと思うのですよ。これは、田村さん、岩崎さんが去られた後の取組ですが、あるとき山下公園の端に高速道路ができるから山下公園と山手を直接結ぶ150mの歩道橋を架ける計画が出てきたのです。景観的に影響が大きいので、対案を出さないと駄目だとなったときに、山手から人形の家に至るフランス橋だけつくっておいて、貨物線が廃止された後に公園部局が駐車場の上に広場をつくって、そこと人形の家をポーリン橋で繋げれば、結果的に山下公園と山手が繋がっていく、というストーリーを描いたのです。7年間ぐらいかかりましたが、各局に協力してもらう関係をつくることで、できたわけです。行政の可能性はたくさんあると思います。

岩崎…色々な利害者がいる中でオー

ガナイズして、矛盾なくおさめていくことが必要なのです。そういう意味では、その人自身が絵を書くのではなく、関係性についてよく理解して、それを絵が得意な人に任せてもいいかもしれない。

くすのき広場の整備

卯月…デザインの話と言えば、岩崎さんと国吉さんが設計を手がけたといわれている、くすのき広場。地下鉄工事の復旧工事の機会をとらえてつくったと言われていますが、もう少し詳しく知りたいですね。

国吉…くすのき広場を整備する時は、都市デザインチームはまだあまり仕事がない状態だったのです。地下鉄の工事の後、復旧工事をやることになり、道路管理者側（道路局）から、「君らも何か意見があるのだったら会議に来るか」って声をかけてくれて、岩崎さんと2人で出席することになりました。手ぶらでは行けないので、市役所の前に広場がないとまずい、歩行者専用の広場にすべきだというゾーニングの絵を持って行き、1週間結論を待ってほしいと頼みました。既に基礎工事会社に道路の復旧工事は発注されていて、施工直前に再度議論しようという確認のための会議だったのですけれど、その1週間で田村さんを通じて市長まで話を上げました。翌年アジア卓球大会があるから、そこに選手たちが集まれるよう、広場があった方がいいという論も構築して。現況復旧工事をしてからもう

1回広場整備をするとなると、最初の復旧工事費の3000万円が無駄になってしまう。今、広場工事を行えば、3000万円安くできますという論理で説得しました。

岩崎…くすのき広場の整備は、あの時、道路局が我々を会議に誘ったことが最大の功績だと思う。普通だったら元通りにするのが当たり前だが、はっきりとではないけど変えてもいいかなと思っていたようで、自分の職能を超えて我々に頼んでくるという横割り的な行為をしたのですね。もう一つ、デザインするときに、道路局の街灯専用の職員がいた。職員一人一人が参加した形でものを作った方がいいと思って彼に任せたら、一生懸命に案を考え持ってきてくれた。要するに自分だけで抱え込まないで、多くの人が参加するシステムを心がけるのが重要だと思う。

国吉…原形復旧しないでいいという話をつけたあと、僕と岩崎さん、内藤さんの3人でコンペしようということになりました。日曜日は僕の長津田のアパートに行って3人で作業して。最終的に岩崎案が通りました。僕は、いわゆる「形のデザイン」をしたのですよ。カーブを描いたようなおしゃれな広場にしたのです。岩崎さんの案は、市庁舎の建物の柱が投影されていて、広場がその周辺のアーバンデザインにどう繋がるかも意識しながら提案していると私は解釈しました。先の展開まで考えていた案として岩崎案が優れていると思いまし

た。周辺の建物にも広場をとってもらったり、建物の色も揃えてもらうということを考えたのだと思います。都市デザイン室のアイディアだったものを、その後JR（当時国鉄）や周りのビルに手紙を書いて働きかけました。その後19年も経ってビルの管理会社から「外壁補修するのですが、どうしたらいいでしょうか」と、私に電話がかかってきたこともありました。制度はなくても、説得力を持てば聞いてくれるのですね。

卯月…市役所の建物と前の歩行者空間が一体となっていることは、専門家でなくても一般の人たちもみんな感じ取ったと思うのですよね。建築が独立しているのではなく屋外空間と一体となって、それで気持ちよく歩ける、駐車場が見えない。それを体験した人は周辺で何か次をつくるときに期待しますよね。だからいいものを見せなきゃいけないと岩崎さんが言っていたわけだけど、横浜の都市デザインの原点だったと思います。

都市デザインの対象

卯月…岩崎さんのスライドにあった「景観」の捉え方について、教えてもらえますか。

岩崎…例えば、「景観」という言葉を、僕はその意味を正確にとらえるため「景」と「観」に分けて考えています。「景」というのは、ある人がその町の空間に向かって、絵になる、つまり写真を撮って見える姿を「景」と言って

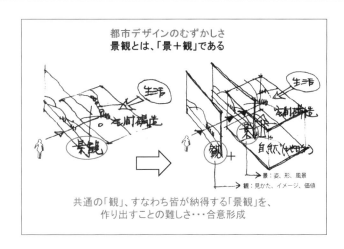

都市デザインのむずかしさ
景観とは、「景＋観」である

景：姿、形、風景
観：見かた、イメージ、価値

共通の「観」、すなわち皆が納得する「景観」を、
作り出すことの難しさ・・・合意形成

都市デザイン（都市計画）新7ヶ条
「都市デザイン」は、危機をもたらす「現代システム」に抗する一つの方法である

1：歩行者の安全を確保し、人のふれあい（コミュニケーション）を促進する
2：農地へのアクセスを確立する
3：あらゆるエネルギー確保手段を都市内に確立する
4：廃棄物の地域内循環を確立する
5：公園や緑をできるだけ多く、水を大切にする
6：遠いものを近くに感じさせる装置を作る
7：歴史的資産を大切にする

いるのですよ。しかし、その見方なり、価値だとか好きだとか嫌いだとかというのは見る人によって違う。つまり景観の「観」、どういう感想や印象、好き嫌いを持つかという人によって異なる「観」というものがある。都市デザインの難しさは、この共通の「観」をつくるところ。かっこよい「景」を作るのではなくて、人々が喜びとする「観」を形にしなければいけないという意味でね、市民合意が基本的な要件になるのですよ。景観を作っていくときに、ヨーロッパの都市は「観」というものが歴史や伝統に依拠しています。クロアチアの観光都市は、屋根は全部オレンジの瓦で壁は白いう歴史と伝統が残っている。日本では、伝統が壊れていくわけですよ。明治維新を発端として、着物が洋服になる、それから履物はくつになる、お箸はさじになるとか、大きな文化的な変質があったのです。そのため日本国民には、結局何がいいっていう確信がない。美に対する感性が鈍っているのですね。そこをつくりながら横浜の街をどうデザインするかが非常に難しいということを申し上げたいのです。景観法ができて、「景観、景観」と言い始めると、都市デザインの対象も矮小化してしまう危険性を感じます。

国吉…私も景観という言葉はあまり使いたくない。静的な感じがあって出来上がったものを大事に見る、という感じが強い。都市デザインは動いていく中で、その動きも含めた姿、その動きの中には活動も組み込まれているわけですね。この場所の姿が一番素晴らしいと言っても、やっぱり変わっていく、時代時代やその営みを反映しながら創造的に変わっていくのが都市デザインだと考えていますね。

卯月…ややもすると人間を排除して綺麗な建築や街並みの写真を撮ったりしますよね。都市デザインでは、人間が歩いていたり、そこで会話していたりする写真を撮りたくなる。そういったところに表れてくる違いかなと思います。

都市デザインの未来

岩崎…僕は、誰がやっても都市デザインは今すごく危機にあると考えています。結局、互いの信頼関係があって、豊かなコミュニケーションがあるというのが都市の基本だと思う。ところが、小学生に「変なおじさんから声をかけられたら逃げなさい」という時代においては都市が成立しないと思っ

ているわけですよ。都市そのものが不安に陥っている故に、これから都市デザインをやろうとするときに何を目標にするかは、今までの延長上にはないと僕は思っています。
また、都市とそれを支える農村、日本とそれを支える発展途上国の関係が密接にあるにも関わらず、見えなくなっていることにも大きな危機感を覚えています。食べている飯はどこでできたのかとか、繋がっているのに見えないという環境になっている。自分だけがよいというのではなく、その都市がどういう背景の上に成り立っているのか身をもって感じられる環境、都市と農村が密接に結ばれなければならないと思っています。例えば、桜木町駅前に田んぼがあって、高層ビルが緑で覆い尽くされていても良いと思います。
それから、昔の歌で「あの街があったから私は救われた」という歌があるけど、これからも都市デザインは、そういうまちをつくりたいと思いますね。

国吉…我々もとにかく巨大化をしていくということで進めてきたわけではなくて、結果的に事業をしたいという社会的なエネルギーがあってできてきたのですけども、やはりいつまでも超高層を建てていくような時代で

はない。もう少し低密度というか、そういう環境づくりはこれから大事になってきている。特に横浜は郊外区がたくさんあるので、空き家を一部は自然に戻すことを含めた再生は、チャレンジしていきたいと思います。緑地も含めて、次のローテクな生活、お年寄りも含めてゆったりと過ごせるよう、それで維持していくような世界はだんだん重要になってくるので、それに向き合った街の楽しさをどうやって作っていくかは、我々の今後のテーマとして非常に重要だと思っていますね。

卯月…横浜市の人口378万人は今後減っていくのかもしれませんけれども、その中で横浜市として変わっていいところと変わってはいけないところがあると思いますか?

国吉…震災復興のときにできた山下公園は、その先の新山下が埋め立てたばかりの時で、多くの人が避難して援助物資も運び込まれたという体験から、災害時でも市民が避難できる場所が必要だという発想で、震災の瓦礫を埋めてつくられました。都市の中の公園は、横浜の財産になった。岩崎さんと当時議論した時、横浜は誇れるお城もないという中で、緑の軸線とか色々な言い方をしながら、第二第三の山下公園（臨海公園）をつくっていき、港へ市民が行ける公園や広場が沢山できて繋がっているのが、未来の横浜の価値になるという考えがありました。こうした場所はどういう時代でも使えるわけです。

そのコンセプトは今後ともなくさないことが大事だと思います。

岩崎…横浜は港町という歴史と事実があるから、そこはこれからも市民の誇りとして大事に育てていかなければいけない。横浜は東京との関係が、決定的に大きく響きます。港町に基礎を置いた独自性を育成して住みよい住宅地を作っていくことは大切とはいえ、東京がどのような変質を遂げていくかによって、横浜の都市に何を残し、何を作りたいという視点が変化してしまう。東京はキャピタルで港湾都市とは言い切れないから、横浜はもっと国際性を前面に政策として打ち出すべきだと思う。昔で言えば姉妹都市だけど、今は都市間ネットワークとか、都市間交流とか、相当の予算をつけて積極的に進めるということが生き残る道だと思うよ。

都市デザインを進める 自治体職員へのエール

卯月…最後に自治体職員に対するメッセージをいただけたらありがたいなと思います。

岩崎…自治体職員はね、もっともっと自信を持つべきだと思うよ。であれば、もっとアイディアも出てくるし、やることは山ほどある。それぞれの県が工夫しながら何か特産物をつくって、駅ごとに違う駅弁があるなんていうのも、ある意味地方自治の一つのあらわれかもしれないね。これからは、生活単位である地域・都市が

一つの独立の主体を持てば、国際交流をしながら新しい時代がやってくると僕は考えている。自信を持って、あらゆる可能性を頑張って追求すべきだと思う。必ず良い結果を生むよ。

国吉…国などともうまく付き合いながらも自立するべきだと思います。LRTを軸とした独自の都市づくりを進めている富山市のようにトータルなコンセプトを持っていれば、国も無視できないですよ。さらに、地域の方とどう連携していくかが力になります。それと、完璧にしようと考えなくてよいと思うのです。様々な事業のデザイン調整などの際に、色々な状況で難しいときでも、必ず30点は獲得する、完敗はしない、それが積み重なっていって、街は底上げできます。それで次の機会にまた30点以上加算する。少しでも着実に積み重ねるということをやっていけば10年たてば、都市は相当変わると思います。

卯月…田村明さんは「合格点は60点だ」とおっしゃったような気もしますが、国吉さんが「30点でも」というのは、50年の重み、実績をお持ちなので、すごく迫力を感じました。現場でどう戦うかという、心には熱いものを持ちながら、顔ではやんわりとしたたかに戦う、そういう姿勢が、お二人の個性あるお話から感じられました。本日はありがとうございました。

調査季報47号（1975年9月発行）より

アーバンデザインとは何か

岩崎駿介

［企画調整局副主幹※当時］

　我々は都市に生れ都市に生活し、そして今後、死ぬまで都市の生活からのがれることはできない。我々が都市生活を送るに至った現在までのゆえんは、皆一人一人異る。多くの人達は、皆最近その街に来たのであって、これから長く続くであろうその街での生活、あるいは街を造りあげてゆく過程に参加したばかりである。しかしながら時にふれ、住む場所を変えてみても、我々は都市での生活からのがれることは、ほぼできない。市民一人一人にとって、都市での生活はたとえ始まったばかりだとはいえ、当然、仮の住いなどではなく周辺をしっかりとみすえて、住みよくすまえるように、日々の努力を重ねてゆかねばならない。

　のがれられない都市生活の中で、あるいはのがれられない都市生活であるが故に、住み良い条件を作ってゆくこと、これがまずアーバンデザインの基本的目標である。ほんものの創意と工夫によって、他の街にない、その街の特色を生みだし、ゆずり渡すことのできないその町の資産として、毎日の生活を豊かにしてくれるもの。このことをいかに作りだしてゆくかがアーバンデザインの課題なのである。

1. アーバンデザインとは何か
その定義への試み

　まず最初に、アーバンデザインの感覚的定義を試みたが、この章における私の任務分担は、アーバンデザインの定義とその内容、およびその実行にあたっての問題点を論ずることにある。

　アーバンデザインとは、もとより英語の Urban Design をさしているが、Urban の語は同じ都市でも City に比べて我々になじみがうすい。City が都市の物理的実体を意味するのにくらべ Urban とはより社会的意味を重視し、"都会"といった訳語が最も適切であろう。OXFORD DICTIONARY によれば、Urban とは、「Living in a City or Town（都市や町に住むこと）」とある。従って"田園の"、"いなかの"を意味する RURAL に対置し、時により都会の、都会風のといった意味から発展して"みやびやか"（雅やか——上品とか優美）を意味する場合もある。

　Urban Design とほぼ同じ意味で Civic Design の語が使われる場合があるが、Urban Design が最も定着的に使われているのは、アメリカにおいてである。

Urban Design が新しい学問的領域として認識され、その専門の学科を設けているアメリカの大学は10以上を数えている。その中でも早期に開始されたハーバード大学を例にとれば、1961年（昭和36年）はじめてアーバンデザイン学科の卒業生をだして以来昨年までの14年間に260名の専門家を養成してきた。ハーバード大学の入学案内によればその目的を以下のように記している。「急激な都市化によって、都市計画とデザインの問題を統合し大規模なデザイン課題にとり組める人間が要請されてきている。アーバンデザインの職能は決して新しいものではないが、環境構築に関する総合的理解の上でデザイン問題に取組める人々を養成する必要がある。従って Urban Design 学科は、都市計画、建築および景観計画（Landscape Architecture）等の一芸に秀いでるというより、むしろ、これら関連学科の内容はもとより経済学、社会学、行政学、あるいは地理や工学を専門とする人々と充分な協力関係にたって、部市の物的な環境に関するデザイン的統合がはかれる人を育成することを目的としている」

　このアーバンデザインに関する定義においてはアーバンデザインが総合的調整の上に立って、最終的形態にまとめあげてゆく技術であることは分かるが十分で

ない。

フィラデルフィアの都市計画行政で有名な、エドモンド・ベーコンは、彼の著書「都市のデザイン——Design of Cities」でポール・クレーの暗示的絵画を引用して、錯綜した現代都市においては、個々の自立的運動を認めながらも、統一したデザインの原則を保つべきだとして、「一見複雑にみえるこの絵も単純な三つの規則によってえがかれている。即ち、右から左へおよび右上から左下に曲りくねって走る他よりも若干太い2本の線を軸に、これと直角に交って連らなるたくさんの細い線、さらに2本の基本軸線とほぼ平行に走って細い線の影響の範囲を限定している外郭線の三つからなりたっている。この場合、基本軸となる2本の線は基本的な デザイン・ストラクチャーであって、公共的な部分をになっている。外側の輪郭線と放射状の細い線は、公共部分に律せられてはいるが、個々に自由にのびた、非公共的部分である。アーバンデザイン（またはCivic Design）とは、このような総体を律するデザイン・ストラクチャー（デザインの原則）を、市民との協同作業の中で見つけ出してゆくことである」と論じている。

1957年、アメリカの建築家協会（AIA）は、アーバンデザイン委員会なるものを構成し、8年近くの検討期間を経て、1965年、「アーバンデザイン——都市と町の建築」として、その必要性をうったえている。その中で『歴史上あらゆる社会は、その環境を人が住まうように形づくるという問題に直面してきた。ある地域においては、この環境構築の仕事に的確な対処をし、芸術として評価しえるほどの、すぐれた仕事をしている。また社会機構が複雑化する以前の段階では、住み良く楽しい村や町を作りだした地方はたくさんある。しかしながら、アメリカにおいては、現代の複雑な社会構造に対処するため、建築、ランドスケープアーキテクチャー、都市計画など、分化された（学問的）領域を生みだしてきた。これは、「環境を人が住まうよう形づくる」という総体的仕事に対して、ヨーロッパの諸国において、ウルバニズム（Urbanisume、フランス）、シュタトバウクンスト（Stadtbaukunst、ドイツ）、ウルバニスチィカ（Urbanistica、イタリヤ）という総体的認識を発展して

きたのにくらべると、非常に不幸なことである。したがって環境構築に対する細分化された三つのアプローチ、すなわち都市計画、ランドスケープアーキ、建築の分野にここで新たに「アーバンデザイン」の概念をつけくわえ、これを発展させるだけなく、終局においては、「環境を形づくる」という本質的、総合的概念としてアーバンデザインを理解すべきである』としている。従って、この書物の中には、アーバンデザインの対象を、①国家的、地域的スケールでのアーバンデザイン、②大部市圏域でのアーバンデザイン、③都市のスケールでのアーバンデザインの三つに区分し、その進め方について記述している。

これらのアーバンデザインに関する定義的位置づけの試みと平行して、1970年代に入ってから、アメリカの各自治体で取りくんで来たアーバンデザインの成果を世に問うている。その中で1974年ニューヨークの実践的成果をもとに、「都市行政としてのアーバンデザイン——Urban Design as Public Policy」が著わされた。この中では、企業と公共利益、近隣住区計画、都市資産の保存など、8章にわたって、ニューヨーク市が主として、行政指導の手段によって、いかにデザイン的競合もしくは調整に努力しているかを、こまかい具体例によって示している。そして最後に、「新しい職業——アーバンデザイン」という章を設け、「自治体行政の中でのアーバンデザイン」をどう位置づけるかについで腐心している。少し長いが、この章の一部を引用させていただく。

「アーバンデザイナーと都市計画家はどこが違うか、あるいはアーバンデザイナーと建楽家はどう異なるのかニューヨークにおいては、これらの質問に明確な回答をせまられた。なぜなら新しい行政部門を作るについて、市従業員組合と、市の人事担当責任者が、新しいアーバンデザインの業務も地方公務員法に適合したものであると同時に、その専任者を選ぶについての試験方法を提示するよう要求したからである。

都市計画家は主として予測される将来の需要に従い、人的資源を含めてあらゆる資源を適切に配分することに従事しているように思われる。一般予算の中での資金配分は、一連の計画決定の作業であり、これは市民

要求に対する選択、決断を意味している。例えば、ある地区に新しい学校を建設することは、他地区に学校を建ててほしいという要求に対して、十分説得力のある平等または均衡性を保っていなければならない。一方建築家は、建物を設計する。建物、例えば同じように学校を例にとれば、これが法的基準に適合して建設できうるように、契約図面まで含めて、形態的内容について責任をもつことである。

　しかしながら、これら二つの専門領域の中間にある必然的領域が存在する。都市計画の分野においても建築家の領域においても、その中間領域に対して何らかの要求を持っているが、いまだ十分に充足されていない。都市計画家は資源配分の問題として、用途地域指定を行い、新しい開発区域においては明確な機能区分の目的で敷地割等を行うが、彼等は将来そこに立地する建物の空間的特質や、その建物が必要とする環境的質の問題に対しては十分な配慮をはらっていない。従ってその結果用途地域性や建築基準法に適合はしているものの、規格化された無味乾燥な建物が出現する。

　地域指定計画も、もし誰か、要求されている機能の三次元的空間特質について深く理解しているものがあればより明確に指定しえるであろう。

　一方建築家も、もし彼が設計しようとしている建物の周辺に対して発言しえるならば、もっと良い建築を設計できるであろう。しかし、建築家は施主から要求された事柄以外、何の権限も有していない。

　したがって、同じデザインすることでも、誰か都市のデザインについて、考えてゆく人間が必要なのである」

　以上、長文の引用になってしまったが、現実の都市行政の中でアーバンデザイナーがいかに必要であるかに苦心しているさまが興味深い。この本においては、最後に、「アーバンデザインとは、いってみれば、未だ予言的仕事のようなもので、市民がまだ明確に要求してはいない事柄に、先駆的に答を出し、実行していくことである」としている。

　このニューヨークの事例よりさきに、1971年、サンフランシスコにおいて、総合計画の一部として、「アーバンデザイン・プラン――The Urban Design Plan for

The Comprehensive Plan of San Francisco、1971」なるものをその市民に問うている。この中でアーバンデザインとは市民がより良い環境に住みたいと要求している中で、視覚的あるいは感覚的問題に対して解答を与えてゆくことであり、良いアーバンデザインとは、都市全域やそれぞれの区域に明確な特徴を与え、これが市民の守るべき資産として評価されるものを作りだす。したがって、アーバンデザインは常に、保全と開発の的確なバランスを保ち、そのどちらも無視して仕事を進めることはできない、として、何がサンフランシスコの中で守るべき資産なのかを、市民集会の中で検討しつつ明らかにしようとしている。

　アーバンデザインの定義を明確にするため、外国の交献を紹介してきたが、これらの内容から要約できることは、アーバンデザインとは、「都市環境をより住み良いものにするため、都市または地区の形態的秩序を明らかにすることである」ということができるであろう。これらアーバンデザインの仕事は、日本においても、その伝統をみることができる。その中で比較的その内容をよくまとめているのは、『日本の都市空間-1968年彰国社』と『現代の都市デザイン―1969年彰国社』であるが、その中で城下町、寺院、また農村、漁村の街造りにおいて、どのようなデザイン原則がもちいられていたかを事例豊富に論じている。しかしながら、それらはすべて、日本の近代化以前の事例であり、今日の機械化された都市にそのまま適用することはできない。これらの事例は今日でも数多くの教訓を含んでいるとはいえ、現代の都市づくり、街造りに必要なデザイン原則をみつけてゆくには、基本的に市民社会での合意によって成立することを前提にしなければならない。日本の近代化以前においては、城下町でその典型をみるように、都市の構成がその社会構成を如実に表わし、幕府や大名を中心にそえ、ピラミッド型に各集団を配する方法は、現代の都市づくり原理と決定的に異なっている。それ故、近代化以後の日本において、アーバンデザイン的蓄積は、外国の例を部分的に引き移すだけで、きわめて不十分である。

　とくに戦後の急激な都市化の中では、用（機能）をもつ

て美（造型）を殺す政策がとられて来た。そのような中でも、最近に至り、各自治体で、「景観計画」「美観（地区）」等の言葉で、いわばアーバンデザイン的視点を位置づけようと活発に動きだしている。現在、都市計画第8条にもとづく「美観地区」を指定する都市は、沼津市、倉放市など1、2を数えるだけであるが、条例や要綱の形で、地域保存等に取りくんでいる地域は少なくとも10都市を数えている。横浜市において、昭和47年「山手地区景観風致保全要綱」を定め、港の見える丘公園等、公共の場所からの景観を保全するため、建物の高さ制限を行っているのもその一つに上げることができる。

2. アーバンデザインの原則とその視点

　アーバンデザインとは何であるかを、定義づける試みとして、その背景や流れを前章においても明らかにしてきた。その結果、アーバンデザインを広義に解釈すれば、アメリカ建築家協会の定義にみるように、「都市環境を形づくる」仕事として位置づけることができ、狭義に解釈すれば、アーバンデザインとは、都市計画や建築と平行して都市環境を構築する一側面として、とりわけその形態的秩序の問題について、提言してゆく部門であるということができるであろう。

　しかしながら、広義、狭義いずれに解釈しようと、アーバンデザインの遂行にあたっては、三つの事柄を不可欠の要件としている。その一つはポール・クレーの絵でも引用説明された、都市や地区に関する具体的なデザイン原則をみつけだしてゆくこと。二番目は、そのデザイン原則が市民的合意にもとづくものであること。為政者やスーパー・デザイナーの独善的意向にもとづくものでなく、くりかえすようであるが、市民の守るべき資産として、広く認識されている内容であることが必要である。三番目は、従って当然、総合的調整を不可欠の要件としていることである。道路、河川、公園等、別個に建設されている都市施設間で適切な調整をはかって、一つの統一した地域イメージを作ってゆくことはもとより、これら公的施設と個人または私企業等による個別建築物が一定のルールにおいて、豊富な形態的内容を作っ

てゆくことが必要である。

　これら三つのうち、もっとも一般に理解しにくいのが、デザイン原則の問題である。これは人間の居住空間として、安全で気持良い形態を要求された機能や、その地域に応じて判定し最終的に連続し統一した都市空間へと結びつけてゆく、形態上の原理あるいは原則をいっている。単純にいえば、我々の今までの生活の中で、古い城下町や、海ぞいの小さな町などで経験した、一つ一つの家はそれぞれの表情をもっているが、全体としてはっきりうったえかけて来るものがある。このような街は単純な段階であるとしても、一つのデザイン原則が裏にかくされているのである。

　このデザイン原則の問題は、その対象とする区域や、その種類によって、非常に広範なものになり、例えば、車道と歩道の関係をみても千差万別の方法が考えられ、その詳細については、後述する横浜市の事例や、この特集の他論文を参照されたい。

　したがって、ここではその技術的内容にふれるよりも、現在の都市行政や諸計画の中で一般に見落されているアーバンデザインの基本的視点といったものにふれておきたい。逆にいえばこれらの基本的視点をふまえることによって、おのずと先のデザイン原則をみつけ出してゆくことができるであろう。それは大略して以下の5点である。

（1）歩く。歩道の擁護　現在、人は車に圧迫されている。人が安心して、堂々と歩けること。人が自宅の戸口を出て、歩行圏内、目的地まで、車におびやかされず、また無理な歩行をしいられることなく、気持良く歩けることは、都市生活を豊かにする上で基本的要件である。

（2）公園、緑地　遊戯施設としての公園等を量的にふやすことも必要であるが、それがネット・ワークとして歩くリズムと一致して体系化されていること。住宅、工場、商店等の活動の場に対比して、直接の生産的価値を生みだすことはできないが、生活の中での休息の場（RECREATE）を確保することが必要である。そのため農地、山林、河川、公園さらに市街地内の小公園に至るまでをオープンスペースとして位置づけ、農政、建設（河川、公園）等、行政的に分断されているこれらの施

設を自治体のレベルで横つなぎにしてゆくことを模索してゆくことが必要である。

（3）水にふれる　水にふれることは我々の生活をかならず豊かにする。とりわけ都市圏域内における海への接近性は市民生活を快適なものとし、それがひいては、商業、業務あるいは文化的活動を活気づける。工場やふ頭の帯で閉鎖されている海を、最も効果的位置で分断し、内陸の活発な活動区域を海辺まで押し出し、市民が水にふれる機会をふやすことが大切である。

（4）市民の文化——広場——コミュニケイション　都市には多くの人が住む。我々が、自分の地域社会でできる限り他人とふれることは、自分と地域社会との結びつきをつめ、市民的活動の基盤になりえる。その意味でホール、集会場、公会堂等の屋内施設のみでなく、人の集まる街の節点において、無目的施設ではあるが屋外広場を設けてゆくことも、市民生活を豊かにしてゆく。

（5）都市の保存　これまで都市生活を豊かにする四つの視点を列挙した。しかしながら終局的に都市の生活を真に豊かにするものは、生活の積み重ねであり、都市の歴史である。その意味で、開発や改変の激しい状況の中で、歴史的建造物や史跡を保存することに腐心することも大切である。

3. 横浜市での具体的取組み事例

　以上のような視点にたって、一定のデザイン原則をみつけだし、相互調整をはかって、横浜市内で現在までに取り組まれたもの、あるいはこれから取組まれようとしているもののうちで、主だったものを列挙したのが次表である。この表では、まず都市空間を大きく2分し、地方自治体を含めて公共団体がその建設の任にあたる公共公益空間と、その基盤の上に民間の諸活動が建設する私的空間に分けて整理してある。公共公益空間においては、くすのき広場にみられるように車道より歩道を、または大通り公園計画にみられるように高速道路より、都市の基本軸となる緑の公園軸という具合に、さきに記したアーバンデザインの基本的価値視点にたって押しすすめられてきたものを含んでいる。また馬車道

の歩道拡幅計画、あるいは駅前広場のように、たんにバス、タクシーの機能的スペースを意味するのでなく、人の集まり休息しえる、人の広場としての建設など、同じような視点にたって、これから取りくまれようとしているものも含まれている。これと同時に、いかに量的整備が急務とはいえ、小中学校の設計の問題にみるように各地区の要となる、市民の利用点の高い公益施設等は、その地域地形を生かしてデザインレベルの向上に努めてゆくべきであろう。

　私的空間に対する取組みでは、道路、下水等の都市施設が比較的整った区城において、より安定した街区構成を図るため、人優先の道と車（サービス）優先の道の区分、駐車場の位置、アクセス、建物高さ、さらに広場の確保や壁面線の後退などその街区に関する望ましい利用の形態を、あらかじめ考察し、建設されてゆく建物一棟一棟に細かい行政指導を行ってゆくことを主眼としている。行政指導の内容のうち、市民の側で一定のルールとして受け入れられる素地のできたものについては、建築協定や、壁面線指定等の手法によって法にうらうちされた強固なものとしてゆく必要がある。

　これらの公共公益空間と私的空間の区分によって考えられるアーバンデザインの取組とは別に、宅地造成や区画整理区域、また再開発地区や埋立区城など、まったく新しく開発される区城においては、公共公益施設や私的建築物も新たに建設されるため、計画の段階で総合的な調整をはかり、質の高い居住空間が成育できるようにしなければならない。横浜市において現在、宅地造成に関する規則および指導は、「宅地開発指導要綱」にのっとって行なわれ、道路の幅員、最小限敷地、擁壁の技術基準から学校および公園用地の設置義務、工事中の土砂搬出入の問題に至るまで多面的に行なっている。しかしながらこれらの内容をさらに進めて、街区のパターン、用途地域との結びつきの問題、歩行者専用道の積極的な採用、公園の位置と形態などの具体的な形態指導に至るまで、その地区、地区に応じて、きめ細かい行政基準を作りあげ、指導してゆくことも、今後取り組まねばならない問題である。

　これらの取り組みの他に、公共空間の質的レベルを

横浜市での具体的取組み事例

〈公共公益空間〉
├─ 道──くすのき広場
│　　　　馬車道商店街
│　　　　郊外部における歩行者 NETWORK
├─ 駅前広場
├─ 公園──大規模公園──大通り公園
├─ 児童公園
└─ 公共、公益施設──学校の設計

〈私的空間〉
├─ 街区行政指導──山下公園周辺
│　　　　　　　　横浜駅西口周辺街区
│　　　　　　　　大通り公園周辺
└─ 法指定・建築協定
　　　・壁面線指定

〈地域空間〉
├─ 公的事業──都心・臨海部
│　　　　　　金沢住宅地区（金沢地先埋立）
│　　　　　　新本牧地区
│　　　　　　港北ニュータウン・センター地区
└─ 民間事業指導──宅地開発＝住区計画

〈特殊事業〉
都心部プロムナード計画
ストリート・ファニチアー
バスストップ

〈法的成果〉
横浜市市街地環境設計制度
壁面線仮指定地域

〈地域及び建物保存〉
大仏記念館、他

〈身体障害者に対する配慮〉
施設設計基準の作定

向上させるために、このたび第一期工事が完了した都心プロムナード計画をはじめ、路上のごみ箱、灰皿、ベンチ、街燈のデザイン、および広告物の規制や、電柱の撤去など、街をなお一層気持ち良く歩けるように工夫してゆかねばならない。

　これらの形態に関する取り組みと平行して、市街地形成にかかわる形態的原則については、社会的ルールとして、要綱、条例、もしくは法の形で定着させてゆくことが大切である。このようなルールの一例として、昭和48年に横浜市において制定された、「市街地環境設計制度」は、さきに区分した公共公益間と私的空間の接点をうめるものとして、重要な役割を果している。これは都市計画法、建築基準法によって規せられている、容積率、高さ制限、斜線制限等を打ち破って建設するエネルギーを有する建築物は、その代償として、敷地内に広場や通り抜け歩道を作って公共空間の増進に貢献するよう義務づけた、一種の公共空間と私的空間の価値交換を可能にする制度である。この制度を適用することによって、建築の内部的事情からのみ建物の形態をきめるのではなく、歩道、広場の確保、建物の方角、高さの調整など、その地区の形態的特質に応じて、最も望ましい形態を制度的裏打ちをもちながら検討することができる。

　この他、歴史的建築物の保存や、身体障害者に対する設計配慮としての技術基準の作成など、今後取組まねばならない内容は数限りなくあるといっても過言ではなく、横浜市においては、ようやくその起点にたったばかりである。

4. アーバンデザインの
　遂行にあたっての問題点

　アーバンデザインの遂行にあたって問題になる事は、ほぼ次の三点に要約できる。それは、第2章で論じた、アーバンデザインの遂行にあたっての三つの要件、すなわち①デザイン原則の考察②その市民的合意、および③総合的調整の問題とちょうどうらはらの関係になっている。

　まず第一に、アーバンデザインを遂行するにはその対象となる区域のスケール、要求されている機能、および、区域の性格を正確に把握し、もっとも適切と思われる形態を提示しなければならない。これには形態や造形に関する基礎的訓練が必要である。現在の美術教育は、小、中、高と、絵画、彫刻等の鑑賞と、自己表現や自己の心象表現として表現あるいは創作の訓練がなされているが都市スケールをあつかうにはとうぜん不十分である。都市または建築の形態的訓練をうけるには、現在、我が国においては大学の建築学科がもっとも適している。しかしながら、今日までの行政組織にデザイン的視点の伝統がないため、形態的秩序に興味をもつ

建築学科の卒業生も民間に流れて行政内部に、その視点を根づかせることができない。アーバンデザインの区域に応じた原則をみつけだしてゆくには、したがって建築事務所等の外部に委託して、その考察を深めることも可能であるが、問題は、その考察結果を教条主義的に他に押しつけるのではなく、ある意味で臨機応変に問題に対処し、ある原則性を守りながらも、個々の事情をみとめてゆく、柔軟性が要求されることである。さらにその検討を依頼された建築事務所等においても、その最終的形態については書きしるすが、それへの建設過程で予測される各種の社会的力学についての認識が不足しているため十分な内容を提示できない。

以上のように、アーバンデザイン遂行にあたっての第一の問題は行政の現場における人の欠如である。しかしながらこの問題についてはさして悲観するにあたらない。なぜならもっとも重要なことは、第3章で記した、基本的なアーバンデザインの視点をふまえて問題に対処することによって、自ずとある程度のデザイン原理の解答を引出すことができる。さらに形態的考察を専門としている建築事務所等との協同作業において、行政側においてはその地域に加わる社会的力学を詳細に提示し、建築事務所等の側においても、たんなる形態的よしあしにとらわれることなく、その建設過程の問題に十分留意すれば、これらの協同作業を通して、最も適切な形態的原則を確定しえるからである。

第二の問題は市民的合意の問題である。ここで市民的合意といっても、アーバンデザインの原則についての詳細、あるいはその専門的知識の問題について、市民的合意がすべて必要であるといっているのではなく、それは管理の問題にたんてきに表われて来る。アーバンデザインの内容を押し進めることは、公共施設間の調整や公共施設と私的所有施設との間の調整を行い、形態的、空間的に連続したものとして扱い、一般に、これら施設間に設けられている柵等の障害物を取除こうとする。その結果、管理区分が不鮮明になって、これらの施設を管理する当事者に惑いをおこさせる。たとえば、道路と公園の関係、歩道と敷地内広場の関係、河川敷と道路との関係など、一般市民の利用が、これら施設をのびのびと利用、もしくはその良さを享受できるように、その間に設けられる障害物を取り除き、連続した空間として構成することは、アーバンデザインの上で重要な事柄である。その結果公共公益施設を管理する地方自治体の施設ごとの各管理当局者や、その敷地を利用している建主達に、今まで以上の管理負担をおわせる恐れが十分にでてくる。さらにこれと同種の問題として、よく「公園の池の周りに柵がなくて危険だ」「河川敷も芝等で保護するより、人が近づけないよう柵を設けるべきだ」等の要求がだされ都市生活の中で水にたわむれて遊ぶ楽しさを失なわせる。

これらの問題は、あらゆる都市の施設をより市民に開放し都市生活を豊かにしてゆくについて、市民がこれら施設をどのようなルールで利用するかにかかっている。池に柵がないため子どもが落ち不幸にして人身事故等に至った場合、その池の管理責任者は告訴され、行政貴任を問われる。したがって、アーバンデザインの視点にたち、都市の諸施設をより市民に開放してゆくとき、基本的に市民がその方向に賛意を示しその利用についてのルールに合意してゆかない限り、その発展には一定の限界がある。

アーバンデザインの遂行にあたっての第3の問題は、総合的調整の問題である。都市のあらゆる区域をとりあげてみても、そこには都市のあらゆる施設が複雑にからみあっている。道路、河、鉄道、電柱、建物、公園等、都市を利用する市民はこれらの各種の施設の形態、色、音、臭いなどを同時に知覚してゆく。これらの施設は、その財源、建設の時期、管理主体等、すべて異なる機関が行っている。都市空間を総合的にとらえなおし一つの形態的、空間的秩序にもちこむには当然、その建設にかかわる各機関の総合的調整をはかってゆかなければならない。この問題は、行政組織の縦割の問題とほぼ同一であり、各地域についてどのように利用してゆくかを明確に規定し、その具体的形態の内容まで明確にすることと同時に、横割的組織を強化し、問題ごとに総合的調整をはかってゆく以外、解決することはできない。

5.今後の問題

　以上、アーバンデザインの定義づけ、その原理と基本的視点、さらに横浜市の具体的取組み事例とその問題点にふれてきたが、アーバンデザインの内容を真に実現するには、実に長くかかる。

　西ドイツ西部にあるケルン市に、行名なケルン大聖堂がある。これはゴシック建築の代表例とされ、1248年に起工し、1580年にその工事をいったん中止し、1826年に再び工事を再開して1880年に完成した。　その起工から完成に至るまで実に600 年以上をかけている。今年1975年は横浜が開港し街としての歩みを始めてから117年目にあたる。江戸・東京は約370年。京都は平安京から数えて約1180年。アメリカはその独立生誕から今年でちょうど200年。

　都市の年齢を思い、そのいのちの長さを信じて日々の努力をつみ重さねてゆくことであろう。

都市デザインの7つの目標

都市デザインの7つの目標は、当時横浜市の企画調整室（のちに企画調整局）に都市デザインの専門家として従事していた岩崎駿介氏の考えがもとになっている。

岩崎氏は1980（昭和55）年に発刊された「個性ある都市　横浜の都市デザイン」（岩崎駿介 著・鹿島出版会）において、「都市デザイナーは都市の美を追求するとしても、単なる空間的技法を問題にするのではなく、人間の生活する上での基本的要求や、人間の感性に伴う空間的要求をよく理解しうる思想的裏打ちがなければならない。」とし、擁護するべき価値として7つをあげている。この7つは、順番や言葉遣いが少しずつ変化しているが、その当時からほぼ変わっていない。

現在共有されている「都市デザインの7つの目標」は以下の通りである。

この7つの目標が、50年近く変わらずにいたのは、近代都市計画が自動車交通を移動の中心手段として捉え、その機械的前提により経済的・機能的価値を重視してしまったことを反省し、経済的・機能的必然性を維持しつつも、最終的に都市は人間の精神的・心理的豊かさを発揚する場と捉えているからである。このことはインターネットを中心とした情報社会になっても、都市本来の機能として忘れてはならないものだと言える。

1 歩行者活動を擁護し、安全で快適な歩行者空間を確保する

歩行者活動の擁護は、近代都市計画が進めてきた自動車優先への考え方の反省である。老人も子供も、歩行圏内の目的地まで、車に圧迫されることがなく気持ちよく歩くことができることが重要であり、都市生活の基本的要件であるからである。

2 地域の地形や植生などの自然的特徴を大切にする

現代の大規模都市開発では地形まで変えてしまうことは可能だが、それは豊かな地域を壊しているものであり、地形をはじめ、川や坂、樹木などの自然的特徴こそが、その後の地域の特徴を作り上げていくうえで大切なことである。

3 地域の歴史的、文化的資産を大切にする

地域の歴史的・文化的資産こそが都市の生活を豊かにしてきた根源であり、一度壊してしまうと取り返しがつかないものである。歴史的建造物や文化を極力保存し、未来につないでいくことが物語のある都市づくりにつながるであろう。

4 オープンスペースや緑を豊かにする

密度の高い都市開発が進む中においても、何もない静かなオープンスペースの必要性を唱えている。そして、公園や広場、緑道などが連続することも大事である。都心部の緑の軸線構想、みなとみらいの水辺沿いのオープンスペース軸などは横浜での実践例といえる。

5 海、川などの水辺空間を大切にする

水にふれることが人間の生活を豊かにすることの経験則でもある。海や河川などの自然以外にも、人工的な池や噴水なども都市での生活を快適なものにしてくれる。特に横浜の場合、海辺や河川に市民が接する場所をいかに作り出すかが重要である。

6 人々がふれあえる場、コミュニケーションの場を増やす

都市生活では他人とふれあうことが、地域とのつながりを強め、市民的な活動が増えることにつながる。ホールや集会場などの屋内施設だけでなく、都市デザインでは屋外の広場を設けていくことが重要である。

7 形態的、視覚的美しさを求める

一般的には「景観」としての都市の美しさと解釈されがちだが、ここでの都市の美しさとは、単なる「かっこう」つまり動かない造形的美しさだけでなく、都市が個人と他者との交流を演出する舞台としてであり、プライバシーから社会的共有に至る人と人とのコミュニケーションの「リズム」を持った、人間の活動と空間とが一体となった美しさである。

都市デザインの取り組み方

　都市デザインの7つの目標が、ほとんど変わらずに引き継がれているのに対し、都市デザインの取り組み方は、時代に応じて変化している。この取り組み方は、都市づくりの方向性、横浜市役所の組織体制や、アーバンデザインチームの位置づけ、世の中の社会状況や経済状況、企業や市民の都市づくりに対しての考え方などの変化によって変わってきた。

　時代によっては、都市デザイン室自ら、基本設計、実施設計、現場管理を行うことや、地域にあった建築家やデザイナーを登用し、地域や行政との調整を行いながら、より質の高い空間整備をすることもあった。地球温暖化や、度重なる自然災害、新型コロナウィルス等の感染症などへの対策が求められ、また、人口減少、低成長時代、そして成熟した社会を迎え、都市づくりも大きく変わろうとしている。新たな都市デザイン政策を進めるためには、その政策にあった取り組み方の開発も必要になってくる。現在の7つの都市デザインの取り組み方を基本としつつ、時代に応じた取り組み手法も模索していかなければならない。

1 都市構想のデザイン

その地域の統一的目標となる将来像を示しつつ、まちづくりの様々な主体と話し合い、実現していくプロセスを提示する。

2 企画的都市デザイン

都市デザインとして取り組むべき新たな都市づくり事業の企画・立案を行い、都市づくりに新たな魅力要素を加えていく。最近では、実証実験を繰り返しながら事業運営者を育てるなどして、それに適した空間整備をすることもある。

3 調整的都市デザイン

その場に関係するすべての建造物の施主や設計者、道路・公園などの公共施設の事業主に働きかけ、相互調整を行いつつ、形態的なバランスと地域の特徴を生かした魅力ある都市空間を作り出す。

4 誘導的都市デザイン

その地区の特性や、歴史的景観的特性を考慮し、より魅力的なまちづくりを目指した誘導ルールを定め、空間的コントロールを行っていく。

5 地域のマネジメント主体の育成・支援

地域の方と議論しながら、マネジメント手法やルールを地域主体で作ることを通して、地域マネジメントを推進する組織を育成・支援する。

6 デザイン開発

都市デザインの視点から公共施設などのデザインを開発する。

7 都市デザインに関する研究とＰＲ

都市デザインをさらに充実させ、市民理解を深め、共感を広げる。

協働の地域まちづくり活動

菅 孝能［株式会社 山手総合計画研究所 会長］

コミュニケーションとは、分かりあうためのものではなく、分かりあえなさを互いに受け止め、それでもなお共に在る事を受け入れるための技法である。

『未来をつくる言葉』ドミニク・チェン

私が「山手地区基本構想1982」の策定以来四十年にわたって関わってきた山手のまちづくりは、ほぼ十年単位で新しい課題や問題が発生し、その度に危機感を持って行政と住民の間で緊密な対話を繰り返し、双方が新しいフェーズに応じた対応策を講じて課題の解決を図ってきた。そして山手のまちづくりは「山手地区景観風致保全要綱」（1972年）からほぼ50年で「山手地区景観計画・山手地区都市景観協議地区」（2019年）に移行し、官民の都市デザイン活動は一巡して、奇しくもコロナ後の地域社会に向けて新しい出発点に立っている。

横浜の都市デザイン活動の一つの特色として、市職員・市民（事業者を含む）・まちづくりの実務者や研究者から成る自主的で開かれた活動や協働を挙げたい。

私が関わりを持ったものでも、インフォーマルに市職員有志が市民や専門家・研究者とフラットに活動した「横浜川の会」「赤煉瓦ネットワーク」、実務専門家を中心に市民や市職員も参加している「横浜プランナーズネットワーク」、横浜都心で生活する市民が中心に専門家や市職員等も参加する「横濱まちづくり倶楽部」など、多彩な協働が試みられてきた。また、「ヨコハマ市民まち普請事業」もフラットで自由闊達なまちづくり活動の長年の協働の経験があったからこそ実現できたプロジェクトであろう。

こうした協働は、行政職員には現場で実践していく施策について地域へ目配りすべき視点を養い具体的な内容を深める機会、市民には地域・市民ニーズから解決策を自ら構想し行動に移す機会、専門家や研究者には自身の実務や研究の思想や技能を磨く機会となった。

コロナ禍は、以前から指摘されてきた現代のグローバルな文明や社会システムの様々な問題点をより一層露わにしたが、人々の日常生活にフォーカスさせれば、自分の身近な地域が何より大切な自分の世界の中心である事、そして人々と出会い、触れ合い、語り合うことがいかに大切か、を再発見する機会ともなった。

コロナ後の地域まちづくりは、以前に増して身近な街や地域の日常の営みに意識を払い、居住者や来訪者など人々が空間を使うことで生まれる場をどのように居心地良いものにするか、地域住民・行政・専門家研究者が協働して追求していきたい。地域のモノ・コト・ヒトの多様な繋がりを作り出す、暮らしを支え豊かにするハードとソフトを連携する、未来をつくる人材と仕組みを育てる、これらを地域の個性として養う、早く急激な変化を求めず長期的視点で取り組むなどの考え方が不可欠だと思う。

私が設計事務所を構えた時、次のようなマニフェストを掲げた。

・私達は、私達のチームが計画に関わる環境の中で暮らす人々、私達のチームが関わる建築を使う人々の心を大切にしながら、地域と場所の文化と個性を尊重すると共に、自然と風土に調和し、時間の評価に耐えうる生活環境を創っていきたいと考えています。

・私達のチームは「未来にとって素晴らしい過去となる現在を創る」事を計画と設計の基本目標とします。

・私達のチームはクライアント・ユーザーもチームの一員として共に考え、共通の理解を深めつつ、各メンバーがそれぞれの持ち味を生かして、一つの創造のエネルギーに結集させる事を創造活動の基本原則とします。

コロナ後の地域まちづくりを考える時、改めて想いを新たにする。

インハウスデザイナーの立場から

桂 有生［都市デザイナー／都市デザイン室］

　横浜 都市デザインの特徴の一つにインハウスのデザイナーの存在が挙げられる。では、その行政の中にいるデザイナーとは、一体どんな役割を担っているのだろう。その答え（の一つ）になるだろうか、生前の田村明さんがお酒の席で組織づくりのお話をして下さったことがあった。『組織というのは出来るだけ個々人の個性が違っている方が良い。そうすればカバーできる範囲が広くなる。デザイナーを市役所に入れたのはそういうことだったんですよ』という趣旨だった。そもそも、そのデザイナーが加わったことが組織としての横浜 都市デザインの始まり。つまり、都市デザイナー、都市デザインチームの役割として強い個性＝「役所らしからぬ発想と行動」を期待されていた、ということだ。岩崎さんが横浜の都市デザインを定義づける「7つの目標」という基礎をつくり、国吉さんが40年間に渡る実践によって横浜の都市デザインに「一貫性」を持たせ、西脇さん、北沢さん、田口さんといった初期デザイナーそれぞれの「個性」が都市デザインの新しい領域を開拓していったことから、結果的にも異論はないだろう。

　庁内にデザイナーがいることがもたらすメリットは他にもある。外部のデザイナーでは難しい役所の内情に沿った提案が出来ること、役所の苦手な「空間」やその「質」について内部において直接扱えること、一般解でなく個別解を導き出すこと、外部の設計者やデザイナーとの間に入って役所の言語とデザイン言語の通訳を果たすことも重要な役割だ。ただ、それだけでもない。都市デザインの「デザイン」が指すのは、都市のあり方、大きなビジョンや計画、コンセプトを検討し、練り上げ、人と共有することから、その各フェーズにおいて自ら絵を描き、空間を提案することでそれを実際のものや、空間に落とし込むまでの一連の「技術」のことだと考えている。一般的にイメージされる色を決めたり、模様を考えることはデザインの本質ではない、というのもよく言われることなのだが、都市のデザインにおいてはこれも少し違う。たとえ最後に何かの色を決めるだけ、パターンを考えるだけであっても、最後の化粧の部分で違いを出すことができるのがデザインという技術の良いところ。特に都市の中では、最後の化粧によってその意味をかなり編集することが出来るし、完成形のない都市に継続的に関わることで、面的に意味の編集を行うことも出来るという経験をこれまでして来た。その機会が与えられているのはインハウスのデザイナーにほぼ限られている。行政の中にインハウスのデザイナーがいる価値は、この「デザイン」としか言いようのない技術を、継続的に行政の意思決定プロセスに組み込むことが出来る、ということに他ならない。

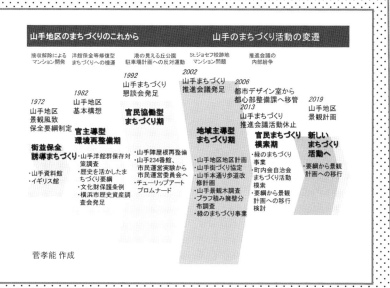

菅孝能 作成

田村さん直筆の組織図
「個性が違う方がカバーできる範囲が広くなる」

都市の美観の向上や魅力ある都市景観づくりを図ることを目的に、都市デザインに関する長期的課題や方向性に関する提言、都市デザイン施策に関する事項や、建物や街並みの美観・デザイン、「横浜市景観計画」や「横浜市魅力ある都市景観の創造に関する条例」に基づく都市景観協議案件などの審議、景観に関する表彰選考などを行っている。市が様々な専門分野の有識者と意見を交わし、よりよい方向性を探る場であり、都市デザインの基本的な姿勢である「創造的協議」を支える場ともなっている。

横浜市都市美対策審議会（略称：都市美審）の歴史は古く、横浜における都市デザイン活動以前に始まっている。国際港都にふさわしい都市の美観を高めるため、市長の諮問機関として横浜市都市美対策審議会条例に基づき1965（昭和40）年に設置された。当初は学識経験者や関係行政機関の職員等7名により構成されたが、2021年現在は学識経験者・有識者・公募市民13名の委員からなる。

都市デザインに関する提言

1 都市美対策に関する提言（1975年2月）　会長：大岡實

都市美のあり方について、「都市美は都市という存在の本質に立脚したものでなければならない。」などの基本理念等を示し、都市美と行政について、「都市美対策の基本方向」「都市美対策における行政の役割」「個別施策」を体系的に示した上で、都心部の美観について「大岡川デルタの旧来からの都心地域」「横浜駅周辺の新しい都心地域」「今後、これらを結びつける三菱ドック、国鉄高島ヤード等の地域」の3地域について具体的な施策を提言している。

2 都市の色彩計画についての提言（1985年5月）　会長：日笠端

3 ミナトの景観計画に関する提言（1986年12月）　会長：日笠端

4 新しい時代に向けた［横浜］都市デザインに関する提言（1989年10月）

会長：渡辺定夫

（1）都市デザインの取り組みを充実する（2）都市デザインの輪を広げる（3）デザイン都市「横浜」を創造する。を柱として、その後の都市デザイン活動の柱となった「歴史を生かしたまちづくり要綱」の効率的な運用や、魅力ある川の整備、市民協働について提言している。

5 横浜らしい都市景観形成制度のあり方について（答申）（2005年8月）

会長：岩村和夫

景観に関する市民意識の高まりや都心部の商業・業務地域を中心としたマンション立地による街並み景観の混乱などを契機として、横浜市長からの諮問を受けたもの。今後の横浜らしい魅力ある都市景観の形成を行っていくための仕組みについて、指針として「景観ビジョン」を策定する必要があること、景観形成の新しい仕組みとして、景観法の活用に横浜独自の協議制度を加えた規制誘導の仕組みを構築し、運用する必要があること、協議制度の条例化を検討すべきであることについて提言している。

6 横浜：都市デザインの先駆者としての今後の取組（提言）（2014年5月）

会長：西村幸夫

横浜の都市デザインの今後の取組みの方向性について、横浜市都市美対策審議会において2012年1月から2014年3月まで10回の議論を重ね、提言としてまとめた。

□ 提言の概要

1 都市デザイン活動は今後も継続して推進するべきである

1-1 都市デザイン活動の意義と役割を振り返る

1-2 都市デザイン活動の目標を今改めて描く

2 都市デザイン活動は社会状況の大きな変化に対応していかなければならない

2-1 市民参画・市民協働：市民社会が成熟していく中でより一層の市民参画・市民 協働のまちづくりが求められる

2-2 人口減少時代の住環境マネジメント：少子高齢化による人口構造・家族構成の変化に応じた地 域の住環境マネジメントが求められる

2-3 産業構造の変化に応じた都市再編：就業者の減少、グローバル化等、産業構造・就業構造の変化に応じて都市構造再編が求められる

2-4 公共施設のマネジメント：都市基盤や公共建築の老朽化に伴う長寿化、更新に対応した公共施設の整備・維持管理が求められる

2-5 災害への対応力：都市基盤・都市活動の災害からの回復力や防災・減災性能の確保が求められる

2-6 地球の自然システムとの調和：地球環境への危機感の高まりに応える都市づくりが求められる

2-7 港町横浜の独自性強化：国際観光都市としても評価される横浜の魅力を一層強化することが求められる

3 横浜の発展に寄与する都市デザインの視点

・横浜の多様な魅力を掘り起こし増進する都市デザイン

・横浜の都市活力と賑わいを生む都市デザイン

・持続力のある横浜をつくる都市デザイン

4 都市デザインの今後の展開

4-1 国際的にも評価される活力と魅力ある新たな都心臨海部を創る

4-2 地域固有の資源を活かし、多様な魅力を持つ景観を創出する

4-3 「歴史を生かしたまちづくり」の領域を拡げる

4-4 都市の創造力を高めるまちづくりを推進する

4-5 コミュニティや人々の活動を支える居住地の空間や環境を整える

4-6 環境に配慮し自然と共生する都市空間を再生する

4-7 多様な交通手段のネットワーク化による安全快適な移動・乗換空間を創る

4-8 都市デザイン活動の間口と奥行きを拡げ、市民と協働する開かれた活動を進める

□ **現在の都市美対策審議会の概要**

1. 設置目的

国際港都横浜にふさわしい都市の美観を高め、及び魅力ある都市景観の創造を図るため、市長の諮問機関として設置。

2. 設置年月日

1965（昭和40）年7月31日

3. 審議会の構成

● 横浜市都市美対策審議会

● 部会

・政策検討部会：都市デザイン施策に関する事項、大規模な開発事業等の主要プロジェクトにおける都市デザイン調整に関する事項について扱う。

・景観審査部会：横浜市魅力ある都市景観の創造に関する条例（景観条例）に基づく景観計画等の策定・変更や特定都市景観形成行為※の協議に関する市長への意見の提出、地区計画の形態意匠認定に関する市長への意見の提出、その他景観への影響の大きな事項について扱う。

※建築物の新築等で、景観上の影響が特に大きい規模のもの（都市景観協議地区ごとに定める）

・表彰広報部会：景観条例に基づく表彰や魅力ある都市景観を創造するための広報等に関する事項について扱う

・北仲通北部会：北仲通北地区の景観形成基準、北仲通北地区デザインガイドライン等、北仲通北地区の景観形成に関する事項について扱う。（2007（平成19）年～2015（平成27）年（景観審査部会と統合））

都市デザイン基本調査実施の意味

　横浜市のアーバンデザイン活動が意識的に始まったのは、アメリカはハーバード大学大学院でアーバンデザインを専攻し卒業した岩崎駿介氏が、1970年末に企画調整室に就任したことによる。

　就任後、岩崎氏が取り組んできたアーバンデザイン活動は、徐々に庁内で認識されるようになり活動の輪が拡がっていったが、飛鳥田市長が辞任し細郷市長に代わった（1978（昭和53）年）その2年後に、岩崎氏も国連アジア太平洋経済社会委員会（ESCAP）に転任。そして1981（昭和56）年、企画調整局も財政局、都市計画局に分割され、それぞれの局で活動が引き継がれることになるが、アーバンデザイン活動は、都市計画局企画部都市デザイン室という新たな組織が生まれ引き継がれることになった。

　アーバンデザイン活動を組織的に実施させるために、それまで手掛けてきたアーバンデザイン活動を全市レベルで捉えなおし、横浜という都市の「個性」や「歴史や自然」などを見直すとともに、アーバンデザイン活動の体系化を試みる活動として、1980（昭和55）年頃から「都市デザイン基本調査」を行うことになった。

　この調査の目的は、これまでのアーバンデザイン活動の体系化や活動エリアの全市展開への足がかりを作ろうとするものだった。結果としてそれまで取り組んできた、都心区を中心とした建築活動、街区整備活動、商店街などのきめ細かなデザイン活動、さらには区の魅力づくり活動などを体系化し、事業化に向けた指針へと発展していった。（内藤惇之）

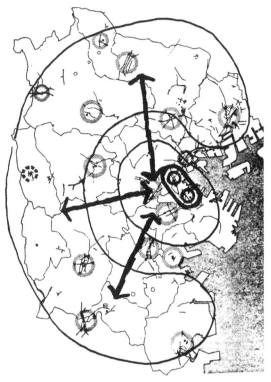

都心と郊外をつなぐ都市デザイン

都市デザイン基本調査の概要

　「横浜市都市デザイン基本調査報告書　新たなる展開に向けて」は、1982（昭和57）年3月に発行されている。企画調整局が解体し都市計画局に都市デザイン室が組織されたのが、1982（昭和57）年7月である。組織が企画調整局から都市計画局に再編される直前に検討された調査である。本調査は、日本都市計画学会に委託され、東京大学名誉教授の日笠端氏を委員長とした学識経験者、建設省、地元代表に加え、関係局の部長クラスが参加した委員会形式によって検討されている。

　本調査に先立ち、1980（昭和55）年に都市デザイン基本問題調査1が、1981（昭和56）年に、都市デザイン基本調査2（関内地区）＋（金沢・平潟湾周辺地区）が、検討されている。これは都市デザイン基本調査の予備調査とも言える。例えば、この基本問題調査2（関内地区）には、地区別整備計画として、海沿いゾーン、日本大通りゾーン、旧関内北部ゾーンの整備の考え方が記されており、現在の都心部都市デザインの基本的な流れを作っているといえる。

　都市デザイン基本調査では、都市デザインの7つの視点が整理されており、ほぼそのまま現在の7つの目標となっている。また、「今後の取り組み」では、「魅力ある街並みの誘導」や「公共事業と都市デザイン」、「大規模プロジェクトにおける都市デザイン」、「景観の保全と形成」など、今に通ずる横浜の都市デザインの基本的な政策を示している。

報告書の目次を抜粋する。

横浜市都市デザイン基本調査報告書　1982(昭和57)年3月
目次

第I部　都市デザインの概念
1. 都市デザインとは
2. 自治体にとっての都市デザイン
3. 都市デザインの目標
4. 都市デザインの対象
5. 都市デザインの手法
6. 都市デザインの進め方
7. 都市デザインの職能と組織

第II部　横浜市における都市デザイン
1. 都市デザインの歩み
横浜市における都市デザインの展開過程／歩行者空間への取り組み事例／広場等、市民の憩いの場、交流の場づくり／オープンスペースや緑・水辺空間などへの取組み／街なみ形成へ向けての取組み／歴史的・文化的遺産の擁護・再生・創出／市民生活の核になる施設のデザイン／街の形成・視覚的美しさの追求／大規模プロジェクトの取組み／

市域拠点／公社、公団、民間等による都市デザインへの参画／その他
2. 都市デザインの果たした役割
都市デザイン(行政)の評価軸／評価及び問題点
3. 都市デザインの課題と今後の取り組み
都市づくりの新たな状況のなかで／横浜都市デザインの主題／横浜・都市デザインの対象と方法
4. 都市デザインの進め方
都市デザインマスタープラン／都市デザインに関する主体のあり方／都市デザインに係る諸制度の拡充／都市デザインを進める組織
5. 都市デザイン活動の前進に向けて

横浜市都市デザイン基本調査委員会
委員長：日笠端(東京大学名誉教授)
横浜市都市デザイン基本調査作業部会
部会長：渡辺定夫(東京大学助教授)

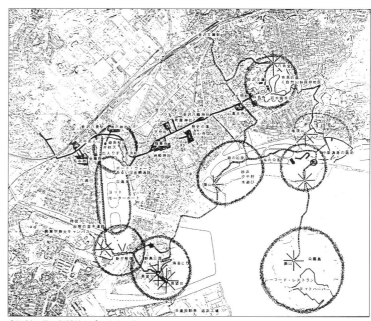

金沢新八景の候補地とプロムナード

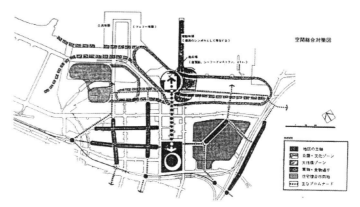

都心部の空間総合対策図

Practice

3

都市デザイン 50年の実践

　田村明氏のもと横浜市の企画調整室では、プロジェクト、コントロールと連携しながらアーバンデザインも実践されてきたが、1977年に、飛鳥田一雄氏が横浜市を退職して日本社会党委員長に就任し、1978年に細郷道一市長に代わったことで横浜市の組織体制が大きく変わることになる。

　岩崎駿介氏、田村明氏も相次いで横浜市を去り、横浜市は、田村明氏を中心とした企画調整室の体制から、各局が役割分担する体制に代わり、都市デザインも都市計画局の中の1組織として編成される。（都市計画局都市デザイン室・1982年7月設置）

　主に、大規模プロジェクト、そして都心部の歩行者空間整備から始まった都市デザイン活動は、「歴史を生かしたまちづくり」や「水と緑のまちづくり」など活動分野も広がり、都心部から郊外部へと活動範囲も広がっていく。都市デザイン室自体には少数の職員しかいないが、個性あるメンバーがそれぞれの思いを実践することで、徐々に庁内外に理解を広げ、深め、外部の都市デザイナーや専門家、市民・企業の協力も得ながら、都市デザインの活動は多岐に広がっていったのである。

　そしてその思想は、横浜市役所の中でも、様々な部署に広がりをみせている。「地域まちづくり」や、「創造都市政策」、「景観計画」や横浜市独自の条例にもとづく「創造的協議」による開発誘導など、各部署で都市デザイン的な動きが展開されてきている。

　この章では、田村明氏が中心となって進めた「高速道路の地下化計画」から、アーバンデザインチーム、都市デザイン室、そして各部署が行ってきた50年に渡る都市デザインの取組の数々を紹介する。

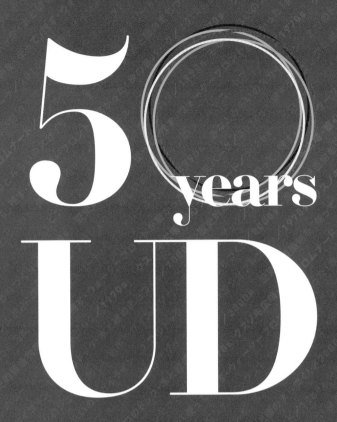

50 years

UD

横浜 都市デザイン
Urban Design Yokohama

年代別、都市デザインの50年

都市デザイン50周年記念事業の皮切りとして、
市庁舎2階プレゼンテーションスペースにて開催した、
50年の取組を10年ごとに振り返るプレ展示を
カタログ用に再構成して、掲載したものです。

くすのき広場

関内駅前、市庁舎（当時）の脇につくられた広場。くすのきが木陰をつくり、いろいろな居場所や過ごし方を提供してきた"人のための"空間。朝夕のラッシュ時にはたくさんの方が通る"歩行者道"としても使われてきました。

トリビア1 実は元々、車道でした

くすのき広場は、整備の前は車道でした。それを居心地の良い広場に変えることで、人が主役、歩行者にやさしい街をつくるということを、最初に形で示した事例です。

トリビア2 地下鉄の工事が改良のチャンスに

地下鉄工事の埋め戻しの際に、元の車道に戻さず、広場に変更することで実現しました。のちに関内駅南口前の車道も歩道に変え、市役所周辺はぐっと歩きやすくなりました。

トリビア3 周りの建築と一緒にコーディネート

市庁舎のレンガタイルに合わせたレンガ舗装、柱のリズムに合わせた模様など、隣接する建物と広場をトータルデザイン。関内駅や周辺建物も、横浜らしいレンガ色を基調に整えています。

人が主役のまちをつくる！

1970's

1971年全国にさきがけてアーバンデザインチームをつくった横浜市。実は、世界的に見ても先駆的な取組です。それまでの画一的なまちづくりとは一線を画し、横浜の持つ歴史や個性を伸ばし、より質の高い魅力的な街にしていこうと始めた都市デザインは、のちに日本やアジア各都市にも大きな影響を及ぼしていくことになります。世界や日本にとって、時代の変わり目となる1970年代は、横浜にとっても新しいチャレンジの黎明期となりました。

よこはまを、歩いて楽しいまちに

関内エリアを中心に、歩道に埋め込まれた通称「絵タイル」。横浜らしいモチーフのイラストが、歩きたくなるプロムナードを形成しています。「歩行者にやさしい」の中に、"楽しさ"の要素を入れ込むことも、都市デザインの工夫です。

トリビア1 楽しい絵が山下公園まで連れて行ってくれる

当時の横浜の海岸は港の倉庫などでいっぱいでした。その中で唯一海辺を楽しむことの出来た山下公園まで、絵タイルがエスコートしてくれる仕組みです。

トリビア2 コースは3種類

コースはJR（当時は国鉄）石川町駅／関内駅／桜木町駅からスタートの3コース。ちなみにみなとみらい線ができるのはまだまだ先のことです。

トリビア3 使われている絵は39種類！

最初は著名なデザイナー粟津潔さんのイラスト7種類でしたが、その後の市民募集によって「歩く」「横浜」などをテーマにした絵は39種類になりました。

都心プロムナード（絵タイル）

元町ショッピング ストリート

山手の外国人御用達の商店街から、女性ファッションの流行の発信地として発展した元町。建替えの際に1階を後退させてアーケードにしたり、車道を減らして歩道に変えたりと、常に来街者の目線に立って、新しいアイデアでまちづくりを進めることで、元町は質の高いショッピングストリートであり続けています。

トリビア1 車道を蛇行させて車の速度を抑える

車のスピードを抑えるために車道を蛇行させたり、愛犬との散歩を楽しめるよう、犬のためのドリンクバー（水飲み場）を用意したり。元町はホスピタリティ溢れるストリート。

トリビア2 フェニックスは元町のシンボル

伝統を受け継ぎながら、関東大震災や戦災といった苦難を乗り越えて新しく生まれ変わる元町の歴史を、街のゲートに飾られたフェニックスが象徴しています。

トリビア3 今もまだまだ進化中

2020年には第4期のまちづくりとして、新たに路上にパークレット（歩行者が憩える空間）を設置。ショッピングストリート元町、まだまだ進化しています！

地域が持っている
"個性"が大事

1980's

80年代に入り、「人間中心」「歩きやすい」といった都市デザインの基となる考え方は徐々に広がりを見せ、「歩きやすい商店街」への再整備により、街の賑わいを取り戻す活動などにも繋がります。また、歴史的建造物などに代表される地域の歴史や自然などの"個性"を伸ばして、新しい"魅力"を引き出す取組へと広がっていきました。

歴史ある
建物に
"光を当てる"

開港の歴史を今に伝える歴史的建造物。開発圧力が高まる中、解体の危機に瀕するこれらの建物に文字通り「光を当てる」ため、日本初の大規模ライトアップイベントを開催。関内にある12もの建物が一斉に照らされる様は反響を呼び、その後常設化に繋がりました。

トリビア1 何と10万人を超える人出が！

3日間に渡る「ライトアップ・ヨコハマ」を目当てに10万人を超える人たちが横浜を訪れました。これにより歴史的建造物の価値は再認識されていきます。

トリビア2 ライトアップと歴史的建造物は相性が良い。

歴史的建造物は装飾が多く、彫りも深いため、下から光を当てると陰影の濃い複雑な表情になり、昼とはまた異なる魅力が感じられます。

トリビア3 その後、ライトアップは横浜の得意技に！

以降、歴史的建造物だけでなく、例えばベイブリッジや、みなとみらい地区の高層ビル群の頭頂部など、横浜らしさのシンボルとなる施設に、ライトアップを展開していきました。

ライトアップ・ヨコハマ

みなとみらいのスカイライン
／2つのドック

赤レンガ倉庫を中心とした赤茶色の低い街並みの新港地区とは対称的に、白い高層ビルが新しい街を印象づけるみなとみらい21中央地区。大さん橋側から眺めると、新旧の横浜が折り重なって見えるよう、実は巧妙にデザインされています。高層ビル群の足元には2つのドック（船渠）が保全され、日本の近代化の歴史を今に伝えています。

トリビア1″　スカイライン、2つの効果。

高層建築が山側から海側に向けて低くなるというスカイライン。建物を群としてデザインすることで、街として美しく、さらにどのビルからも海を臨むことができる効果があります。

トリビア2″　ドックの機能を2つの姿で伝える。

日本丸メモリアルパークの「1号ドック」は水を入れた状態で保存。ランドマークタワーの足元にある「2号ドック」は水を抜いてドックヤードガーデンとして活用されています。

トリビア3″　大きな街でも「歩きやすいまちづくり」

「キング軸」「クイーン軸」「グランモール軸」という3つの主要な歩行者軸を用意。カフェやお店が顔を出し、大きな街でも楽しく歩けるように計画されています。

> デザインで
> 質の高い空間を
> 生み出す

1990's

60年代に計画された大規模プロジェクトが次々と形を現してきた90年代。そのひとつ、みなとみらい地区は、元は造船所があったエリア。港の機能を転換したウォーターフロント開発は当時の世界の潮流でもあり、同じ港町であるバルセロナや、上海、ペナンといった世界各都市と交流・連携しながらも、横浜らしい開発の在り方が模索されました。また一方、都心部での都市デザインの取組みを郊外区にも展開し、ワークショップなど、市民がまちづくりに直接的に参加する仕組みづくりにも積極的に取り組んでいきました。

> 市民の力こそが
> 横浜の魅力

緑が急激に減り、都市河川の水質汚染が問題化していた1990年代。身近な水や緑の空間を"地域の資源"と捉え、積極的にまちづくりに取り入れていきました。行政だけがプロムナードや親水空間を整備するのではなく、市民も整備や管理に参加し、市民活動の大きなうねりを生み出していきました。

トリビア1″　何と言っても市民が熱い！

治水に始まり、清掃などの水辺の愛護活動、水源林の保全、トンボなどの生物環境の保全、レクリエーション活動まで、市民主体で様々な活動が継続的に展開されています。

トリビア2″　水辺、今も熱いんです！

水と緑のまちづくりから約30年。今、全国では「ミズベリング」という水辺の活性化がまちづくりのホットトピック！横浜も負けてはいられません。

トリビア3″　市の職員も熱かった。

部局を横断した「水緑」の取組み。市の職員も自分事として活動する「よこはまかわを考える会」を立ち上げました。今でも市民団体として毎月ニュースを発行するなど、活動はなお活発です。

水と緑のまちづくり

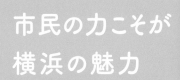

開港をきっかけに商業の中心地となった関内地区には、銀行建築等の立派な歴史的建造物が多く残されています。こうした建物を市が取得し、クリエイターやアーティストの拠点、大学などに活用することで、ただ歴史を伝えるだけではない、新たな価値の創出に繋げています。

トリビア**1** 都市デザインの兄弟分、「創造都市」

クリエイターやアーティストの創造性によって街を活性化する手法＝クリエイティブシティ（創造都市）。都市デザインで残して、創造都市が使う、新たな連携技が生まれました。

トリビア**2** 歴史的建造物だからこそ、のこの店子

クリエイターや、アーティストの方々は、銀行建築のような他にはない雰囲気をまとった歴史ある建物との相性抜群。東京藝術大学の横浜進出にも、歴史的建造物が一役買っています。

トリビア**3** 建物を守るためには「攻め」の姿勢も大切

歴史ある建築を残すことには、「守る」イメージがあるかと思いますが、「古い建物も大切」「新しい使い方で建物がイキイキしてくる」といった新しい価値観をみんなで共有することが重要。「攻め」の姿勢も実は大切です。

歴史的建造物を「使って」残す。

分野や組織を横断して創造的に考える

2000's

開発の勢いも落ち着いてきた2000年代には、つくるだけでなく、既にあるものをどう使うかに、まちづくりの視点が移っていきます。赤レンガ倉庫や銀行建築等の歴史的建造物はその好事例。歴史ある建物を残し、クリエイティブな使い方をしていくことで港町・横浜にしかないユニークな場所が生まれていきました。また、日本大通り、大さん橋、象の鼻パークなどの整備により、ゆったりと楽しめる都市空間が点から線、線から面へと、連続的に形成されました。

つくるのも大事、使うのも大事

工場や倉庫が建ち並び、一般の人が海に近づける場所は山下公園だけだった横浜の水辺。開発が進むごとに広場を次々と整備し、開港150周年記念に象の鼻パークを整備したことで、歩いて楽しめる水辺がひと続きに繋がりました。

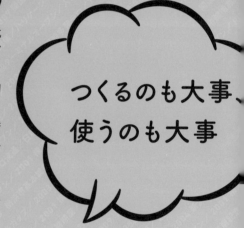

トリビア**1** ドミノ状の照明がデザインのミソ

パークに円形に並ぶパネル。実はこれ、象の鼻パークを高層ビルから見下ろした時に、「横浜の最初の港はここだよ」と教えてくれる、光る装置なんです。

トリビア**2** 転車台が伝える、大切な記憶。

パーク整備中に出土した転車台（船から引き揚げた荷物を運搬する貨車の方向転換のためのターンテーブル）。地下に埋まっていたのは、関東大震災で地盤沈下が起こったため。その威力や影響を、今の私たちに教えてくれているようです。

トリビア**3** パークを貫く高架、臨港線プロムナード

かつての貨物線跡地を歩行者道として再利用したのが臨港線プロムナード。これにより、桜木町駅〜港の見える丘公園まで、ほとんど信号に出会わず歩けるようになりました。

ウォーターフロントが繋がった！象の鼻パーク

写真: 平野 愛智

都市デザイン流共創!
横浜駅仮囲いプロジェクト

横浜駅ビル工事で長期間設置される白い仮囲い。「地域情報を発信するメディア」として活用して新たな魅力を創出できないか。民間発意の提案に、市もしくみづくりで応援。デザインの質を担保することで全面広告を可能にしました。

トリビア1 雑誌のような仮囲い。

テーマに沿った記事や写真を仮囲いに掲載。3か月ごとにテーマやデザイナーもかえて、まるで雑誌のような仮囲いに。いつも駅を使う人も飽きのこないよう工夫されました。

トリビア2 専門家や景観部署等との連携で高いクオリティを実現。

デザインの専門家や、地元をまじえてデザインや掲載内容を議論する会議体に横浜市も参加。ルールだけでは実現できない高いクオリティを目指しました。

トリビア3 官民連携は、ほかにもいろいろ。

実はバス停上屋や案内サインは、民間企業に広告収入で維持管理をしてもらっています。官民がお互いの得意分野を持ち寄り、街の魅力づくりに繋げている事例が増えています。

街を楽しくする工夫の数々!

2010's

みなとみらいの開発も概ね完成し、60年代に構想された横浜の将来像がほぼ実現されてきた2010年代。行政主導の整備だけでなく、民間との連携によるバス停上屋の整備や、来街者に向けた魅力づくりなど、官民連携の手法が模索されました。官民の創造的協議を促す「景観条例」の運用により、民間開発をきっかけとした景観形成や魅力ある都市空間形成も進みました。多様化する価値観や、人口減少などの社会的課題も踏まえて、横浜の次の50年を考えるべき時期を迎えています。

50年に渡る横浜の都市デザイン、次のフェーズへ

様々な分野や大勢の主体が関わる事業では、「街の中でどんな役割を果たす場所になってほしいか」「そのためにどんな建物がふさわしいか」を共有することが重要。コンセプトブックでは大きな考えだけを示して工夫の余地を残すことで、対話とアイデアによるより質の高い空間づくりを目指しています。

トリビア1 始まりは新市庁舎デザインコンセプトブック

コンセプトブックを最初につくったプロジェクトは新市庁舎でした。市民や、公募で決める設計者と「横浜らしい」市庁舎を一緒にイメージするため、考えに考えて編み出した技です。

トリビア2 開かれた低層部×水辺×歴史=新市庁舎

広場として市民に開かれた低層部、商業と一体にみんなが集まれる水辺、土地の履歴を伝える遺構の展示を掛け合せることで、「横浜にしかつくれない」市庁舎が生まれました。

トリビア3 様々な新たなプロジェクトに応用!

コンセプトブックはその後、旧市庁舎街区の活用や新港地区の新しい開発など、いくつものプロジェクトに応用。都市デザインのツールとして重宝されています。

新しい都市デザインのツール=コンセプトブック

都市デザインマップ

郊外区の魅力づくり

❶ 寺家ふるさと村
❷ OPEN MEETING（東山田）
❸ 港北ニュータウン
❹ せせらぎ公園古民家（旧内野家住宅主屋）
❺ 中山恒三郎家店蔵及び書院
❻ 田邊家住宅（日吉の森庭園美術館）
❼ 慶應義塾大学（日吉）寄宿舎（南寮及び浴場棟）
❽ 中澤高枝邸
❾ 新綱島駅周辺
❿ 倉部谷戸遊歩道／新田緑道／太尾緑道
⓫ 横浜市大倉山記念館
⓬ 大倉山プロムナード
⓭ 新横浜周辺地区
　　駅前広場／日産スタジアム／歩行者案内サイン／
　　ストリートファニチャー／鶴見川遊水池／新横浜公園
⓮ 十日市場駅前広場
⓯ 旧奥津家長屋門並びに土蔵
⓰ 中山駅ペデストリアンデッキ
⓱ 緑の尾根道プロムナード
⓲ 鈴木家長屋門
⓳ 新川家住宅主屋
⓴ 帷子川親水広場
㉑ 鎌倉道プロムナード
㉒ 長屋門公園
　　旧大岡家長屋門／旧安西家住宅主屋
㉓ 中丸家長屋門
㉔ 和泉川親水公園
㉕ 天王森泉公園・旧清水製糸場本館
㉖ 東戸塚西口広場
㉗ 伊東医院
㉘ 戸塚周辺地区
　　交通広場／共同ビル／旧東海道みちづくり／
　　水緑グランドデザイン／旧ウィトリッヒ邸／トツカーナ
㉙ 柏尾川プロムナード
㉚ 旧金子家住宅主屋（舞岡公園）
㉛ 小雀浄水場配水池
㉜ 俣野別邸

㉝ 栄区区心部文化ゾーン（本郷台駅前広場）
㉞ いたち川プロムナード
㉟ 昇龍橋
㊱ 金沢シーサイドタウン
㊲ 長浜ホール（横浜検疫場長浜措置場旧細菌検査室及び事務棟）
㊳ シーサイドライン車両デザイン
㊴ 金沢区庁舎周辺地区
　　称名寺参道／金沢歴史の道／金沢区総合庁舎／金沢公会堂／
　　泥亀公園／夕照橋／走川プロムナード／金沢八景駅周辺
㊵ 旧伊藤博文金沢別邸

※2022.1.1時点

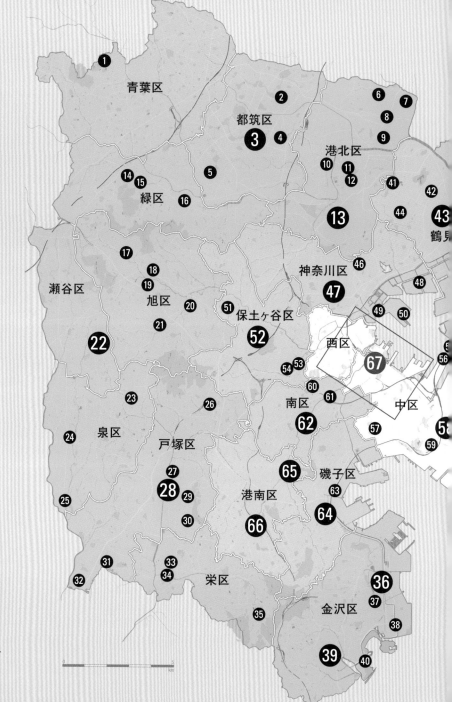

③ 港北ニュータウン

㊶ 旧横溝家住宅
㊷ 響橋
㊸ 鶴見区の魅力づくり
　　歴史と緑の散歩道／鶴見駅東口広場／情報の道／かに山公園／
　　馬場赤門公園（旧澤野家長屋門）
㊹ 馬場花木園（旧藤本家住宅主屋及び東屋）
㊺ 鶴見つばさ橋
㊻ 旧市原重治郎邸
㊼ 神奈川区の魅力づくり
　　三ツ沢せせらぎ緑道／神奈川宿歴史の道／東神奈川公園
㊽ 日産自動車株式会社横浜工場1号館
㊾ 東高島
㊿ ハマウィング
51 西谷浄水場
52 保土ケ谷区の魅力づくり
　　西谷浄水場プロムナード／水道道プロムナード／
　　川辺公園親水広場と帷子川プロムナード／保土ケ谷歴史の道
53 東ずい道
54 横浜ビジネスパーク
55 横浜ベイブリッジ
56 旧横浜外防波堤北灯台及び南灯台
57 根岸森林公園（旧根岸競馬場一等馬見所）
58 新本牧地区
　　パークシティ本牧クラブハウス（旧スタンダード石油会社社宅：旧山手250番館）
59 旧バーナード邸
60 大原ずい道
61 吉野橋
62 南区の魅力づくり
　　大岡川プロムナード／弘明寺街庭／虹のプロムナード／
　　南太田二丁目フレンド公園／蒔田公園／
　　井土ケ谷上町第一町内会館（旧井土ケ谷見番）／浦舟水道橋
63 旧東伏見邦英伯爵別邸
64 磯子区の魅力づくり
　　海づり施設／磯子アベニュー／根岸駅前広場／
　　洋光台駅前広場／坪呑金沢道
65 上大岡周辺地区
　　上大岡／ゆめおおおかアートプロジェクト
66 港南区の魅力づくり
　　桜道プロムナード／大岡川環境整備／下永谷駅階段
67 都心部の都市デザイン　☞ P.110-111

☞ P.110-111

⑱ 鈴木家長屋門

⑲ 新川家住宅主屋

㊱ 金沢シーサイドタウン

62 大岡川プロムナード

63 旧東伏見邦英伯爵別邸

URBAN DESIGN MAP

都市デザインマップ

都心部

① ポートサイド地区
② 横浜駅西口駅前広場
③ 横浜駅東口駅前広場
④ はまみらいウォーク
⑤ 日産自動車株式会社グローバル本社
⑥ みなとみらい歩道橋
⑦ 第二代横浜駅遺構
⑧ キング軸(キングモール橋等)
⑨ パシフィコ横浜ノース
⑩ 臨港パーク
⑪ みなとみらい線駅舎(各駅)
⑫ グランモール軸(グランモール公園等)
⑬ MARK IS みなとみらい
⑭ パシフィコ横浜
⑮ クイーン軸(クイーンズスクエア横浜等)
⑯ ドックヤードガーデン(旧横浜船渠株式会社第2号ドック)
⑰ 日本丸メモリアルパーク
⑱ 女神橋
⑲ 横浜みなとみらい万葉倶楽部
⑳ ハンマーヘッドクレーン
㉑ 新港サークルウォーク
㉒ 横浜税関事務所遺構／旧横浜港駅プラットホーム
㉓ 赤レンガ倉庫・赤レンガパーク
㉔ コスモクロック21(夜景)
㉕ 横浜ワールドポーターズ
㉖ ナビオス横浜
㉗ 汽車道／港一号～港三号橋梁
㉘ YOKOHAMA AIR CABIN
㉙ 旧灯台寮護岸
㉚ ザ・タワー横浜北仲(旧横浜生糸検査所附属生糸絹物専用B号倉庫及びC号倉庫)
㉛ 旧横浜生糸検査所附属倉庫事務所棟
㉜ 横浜第2合同庁舎(旧生糸検査所)
㉝ 北仲クロスデッキ
㉞ 旧横浜銀行本店別館(元第一銀行横浜支店)
㉟ 新市庁舎(横浜市役所8代目庁舎)
㊱ さくらみらい橋
㊲ 桜木町駅前広場
㊳ 東急東横線廃線跡地遊歩道
㊴ 横浜指路教会
㊵ 東京藝術大学大学院映像研究科(旧富士銀行横浜支店)
㊶ 旧東京三菱銀行横浜中央支店
㊷ 馬車道大津ビル
㊸ 旧川崎銀行横浜支店(旧日本火災横浜ビル)
㊹ 馬車道
㊺ 横浜税関本関庁舎【クイーン】
㊻ 旧神奈川県産業組合館
㊼ 綜通横浜ビル(旧本町旭ビル)
㊽ 横浜市開港記念会館【ジャック】
㊾ くすのき広場
㊿ 関内駅南口モール
(51) 象の鼻パーク／横浜税関遺構鉄軌道及び転車台／象の鼻テラス
(52) 大さん橋国際客船ターミナル
(53) 横浜臨港線プロムナード
(54) 横浜開港資料館(旧横浜英国総領事館)
(55) 開港広場
(56) 横浜海岸教会
(57) 神奈川県庁【キング】
(58) 横浜地方・簡易裁判所(旧横浜地方裁判所)
(59) 横浜情報文化センター(旧横浜商工奨励館)
(60) 都市発展記念館(旧横浜市外電話局)
(61) 日本大通り
(62) THE BAYS(元日本綿花横浜支店事務所棟)／中区役所別館(同倉庫)
(63) 横浜公園
(64) ストロングビル
(65) 旧露亜銀行横浜支店
(66) ペア広場
(67) インド水塔
(68) 山下公園
(69) インペリアルビル
(70) KAAT神奈川芸術劇場
(71) 戸田平和記念館(旧英国7番館)
(72) 山下公園通り
(73) ホテルニューグランド
(74) マリンタワー

※2022.1.1時点

写真：菅原康太

みなとみらい21新港地区

横浜港

大さん橋

52

みなとみらい線

山下埠頭

みなとみらい21中央地区

スカイラインの形成

みなとみらい駅

〈開港の道〉

赤レンガ倉庫

〈都心プロムナード〉

馬車道駅

日本大通り駅

関内地区

桜木町駅

みなとみらい線

元町・中華街駅

〈都心プロムナード〉

地下鉄桜木町駅

地下鉄関内駅

関内駅

中華街

山手地区

石川町駅

JR根岸線

日ノ出町駅

伊勢佐木長者町駅

黄金町駅

山手駅

⑦ 世界の広場
⑦ ポーリン橋
⑦ 横浜人形の家
⑦ フランス橋
⑦ 谷戸橋
⑧ アメリカ山公園
⑧ 中華街
⑧ 元町
⑧ 元町仲通り
⑧ 西之橋
⑧ ジェラール水屋敷地下貯水槽
⑧ 霞橋
⑧ 港の見える丘公園
　　横浜市イギリス館／山手111番館

⑧ 横浜地方気象台
⑧ 山手資料館
⑨ 横浜山手聖公会
⑨ 山手234番館
⑨ 元町公園
　　エリスマン邸／ブラフ80メモリアルテラス
⑨ ベーリック・ホール
⑨ カトリック山手教会聖堂
⑨ 山手ずい道
⑨ 山手公園管理事務所（旧山手68番館）
⑨ 桜道橋
⑨ 山手イタリア山庭園／外交官の家／
　　ブラフ18番館
⑨ 山手214番館

⑩ 横浜共立学園本校舎
⑩ 打越橋
⑩ 高速道路地下化
⑩ 吉田橋
⑩ 旧横浜松坂屋西館
⑩ イセザキモール
⑩ 大通り公園
⑩ 野毛都橋商店街ビル
⑩ 大岡川
⑩ 黄金スタジオ・日の出スタジオ
⑩ 井伊直弼台座及び水泉
⑪ 旧平沼専蔵別邸亀甲積擁壁及び煉瓦塀
⑪ 野毛山公園

URBAN DESIGN MAP

3-2｜都市デザインマップ　都心部

都市デザイン事例集

1. 大規模プロジェクトへのデザイン参画
2. 歩行者空間
3. 質の高い街並みの誘導
4. 歴史を生かしたまちづくり
5. 文化芸術創造都市
6. 都心周辺・郊外区の都市デザインの展開
7. 国内外との交流・発信

3-3

インナーハーバー整備構想
鶴見駅東口再開発事業

再開発事業交通広場、商業施設、デザイン委員会
アーバンデザイン部会

関内駅周辺
関内駅北口駅舎、北口広場

新市庁舎
関内駅周辺地区エリアコンセプトブック

横浜駅西口・きた西口広場

エキサイトよこはま22

計画　**北仲通地区**　　旧横浜生糸検査所附属生糸絹物専用B号倉庫及びC号倉庫

have a Yokohama

北仲A4街区

シーサイドライン新車両

マリンタワー再整備
はまみらいウォーク
ウィング外装デザイン
みなとみらい歩道橋

みなとみらい線ホームドア
神奈川県東庁舎

水陸両用バス

YOKOHAMA AIR CABIN（ロープウェイ）

BAYSIDE BLUE（連節バス）

景観ビジョン

横浜市景観ビジョン改定

都市景観の創造に関する条例［景観条例］

横浜地方合同庁舎（仮称）

観制度活用　　神奈川芸術劇場・NHK横浜放送局
関内地区景観計画・都市景観協議地区
画　屋外広告物条例　みなとみらい21新港地区景観計画・都市景観協議地区
みなとみらい21中央地区景観計画・都市景観協議地区

山手地区景観計画・都市景観協議地区

夜間景観ガイドライン検討

関内・関外地区活性化推進計画

り協定
馬車道地区地区計画

元町商店街第4期整備

中央公園　　アメリカ山公園

広告付き案内サイン・公衆無線LAN

ープンカフェ　　　日本大通りイチョウ並木景観重要樹木

みなと大通り及び横浜文化体育館周辺道路再整備

大通り公園活用実験

公共空間活用

日本丸メモリアルパーク再整備

女神橋
東急東横線廃線跡地遊歩道

象の鼻パーク

鉄軌道及び転車台

震災復興橋梁 吉野橋

浜生糸検査所附属倉庫事務所棟　　戦後建造物の評価検討開始
ストロングビル　インペリアルビル
浜支店　　　　　霞橋　　旧日本綿花横浜支店
ヨコハマ創造都市センター／YCCヨコハマ創造都市センター）
大学大学院）
E　北仲スクール　　クリエイティブシティ・ヨコハマの新たな展開へ向けて

「歴史を生かしたまちづくり」の推進について
ふるさと納税制度/リノベーション助成制度

旧横浜外防波堤北灯台及び南灯台

山手133番館

ティブシティ形成に向けた提言

THE BAYS

創造空間「9001」

NYK　　初黄・日ノ出町地区　　スマートイルミネーション横浜
ツコミッション・ヨコハマ　　　　　ヨコハマ・パラトリエンナーレ
オ　　　　関内外OPEN!
象の鼻テラス

R16スタジオ
BankART Station
創造的イルミネーション

BankART KAIKO

ョナルアートパーク構想

新港ふ頭展示施設［新港ピア／新・港村／ハンマーヘッドスタジオ新・港区］〜2018

港北区3大OPEN

OPEN MEETING!都市デザイン（東山田）

ちづくり推進条例

事業

旧東海道の魅力づくり

橋整備・末吉橋架替

田邊家住宅（日吉の森庭園美術館）

旧市原重治郎邸

井土ケ谷上町第一町内会（旧井土ケ谷見番）

鈴木家長屋門

中山恒三郎家店蔵及び書院
俣野別邸　　馬場花木園（旧藤本家住宅）
旧円通寺客殿

金沢八景デザインガイドライン改良

金沢区庁舎・公会堂・泥亀公園再整備
金沢八景駅　　本郷台駅前リビング

横浜クリエイティブシティ国際会議2009

世界銀行連携

バンデザインスタディ横浜（UDSY）　　大学連携　　セベランプライ技術支援

横浜都市デザインビジョン

委員会デザイン賞特別賞
賞金賞　　　　　横浜サイン賞

大学まちづくりコンソーシアム横浜
ナー養成基礎講座　　UD研究会　　サインフォーラム　　景観まちづくり学習
専門職採用制度

● 林市政誕生
　◎ 東日本大震災
　◎ 消費税8%

◎ 消費税10%

● 山中市政誕生
◎ 新型コロナパンデミック
◎ 東京オリンピック開催

開業

都市デザインの取組の展開図［年表］

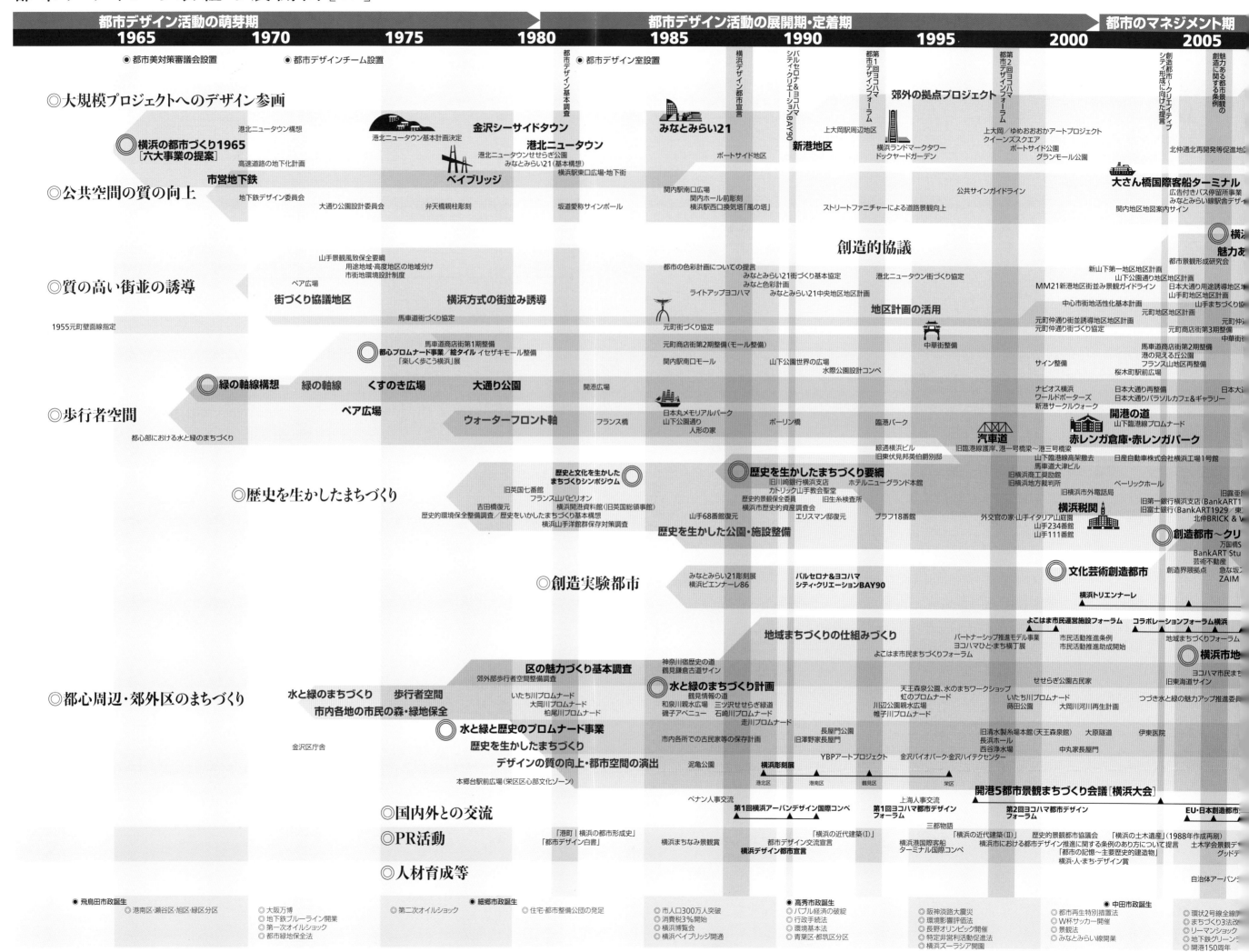

写真：菅原庸太

スマートイルミネーション横浜

写真：森日出夫

写真：森日出夫

横浜指路教会 ●建築年：1926（大正5） ●設計施工：竹中工務店 ●市認定歴史的建造物（1989（平成元））

旧東伏見邦英伯爵別邸（磯子貴賓館）

中丸家長屋門

BankART Life 3「新・港村〜小さな未来都市」(2011／新港ピア)

大規模プロジェクトへの
デザイン参画

六大事業への取組

　横浜では、1971年に企画調整室にアーバンデザインチームが発足する前から、都市デザイン的な動きはされていた。高速道路の地下化は、高速道路・地下鉄・大通り公園の3つの事業を長期的な都市づくりの視点から総合的に検討した結果、横浜の都心部である関内駅周辺で行われたものである。これによって、関内・関外の歩行者空間の連絡が非常にスムーズになった。また、地下鉄では、検討委員会が設置され、駅舎のデザイン、サイン、ファニチャーなどがトータルにデザインされていった。　企画調整室にアーバンデザインチームが発足した後は、企画調整室全体で、六大事業と連携した都市デザインの取組が進んでいった。港北ニュータウンのグリーンマトリックス、金沢シーサイドタウンの住宅地マスタープラン、みなとみらい21の臨海部の連続した歩行者空間の形成などがあげられる。これらの事業は、計画から街の形が整うまで長い時間がかかり、時代に応じて計画の変更はあったが、その都市デザイン的な思想は変わらずに進んでいった。

みなとみらい21での都市デザインの継続的展開

　みなとみらい21は、特に長期にわたる事業であった。水際沿いに緑地を集中的に配置し、クイーン、キング、グランモールという3本の主要な歩行者軸と建物敷地内でのペデストリアンネットワークの連続、コモンスペースやアクティビティフロアなど歩行者空間に沿った低層部の作り方、スカイラインや色彩などの都市デザイン調整の他にも、旧横浜船渠株式会社第1号・2号ドックなどの歴史的資産の保全活用、新港地区への展開、グランモールの再整備、エリアマネジメント組織による社会実験や継続的な街の魅力を高める活動など、時代に応じて事業展開が行われていった。

新たな大規模プロジェクトと計画構想

　六大事業後に事業展開していく大規模プロジェクトは、基本的に都市デザインの配慮が行われている。地域の地形や緑を極力残し、歴史的要素の保全、歩行者空間の整備が優先されている。ポートサイド地区はアート＆デザインが街のコンセプトになり、上大岡駅周辺の再開発でもパブリックアートがおかれている。北仲通地区や戸塚の再開発・区画整理では、地域の歴史性なども大切にしているなど、地区ごとに特徴をもったプロジェクト展開となっている。
　横浜市の50年後の理想の姿について、横浜市立大学を中心に5大学が「大学まちづくりコンソーシアム横浜」を組織してまとめた「海都構想横浜2059」を踏まえ、「横浜市インナーハーバー構想検討委員会」から市長あてに「都心臨海部・インナーハーバー構想」提言が提出された。また、民間開発が複数連続する地域である関内駅周辺地区や、山下ふ頭地区などでは、民間事業者がプロジェクト提案する際の参考とすることを意図し、横浜市の都市デザインの考え方を示した、コンセプトブック、デザインノートが発表されている。行政側の長期的な都市づくりの方向性を示しつつ、民間事業者の豊かなアイデアを入れ込める新しい都市デザイン手法として試みられている。

金沢シーサイドタウン

　金沢シーサイドタウンの住宅地は、六大事業の一つである「金沢地先埋立事業」により開発されたうちの住宅地部分である。

　埋め立てにより、市内南部に残された最後の海岸線を持った海を失うことになるが、旧海岸線沿いに帯状の公園を作り自然地形を生かすとともに、新しくできた水際線沿いに緑地を配置し、地区内の河川沿いには緑道を設けるなど、緑のネットワークを形成した。

　さらに、工業団地と住宅地の間には南北に国道357号線と新交通システムが縦断し、その陸側に幅員50メートルの緑地帯を設け、これと旧海岸線沿いの緑地に囲まれた地域に住宅地を配置している。

　計画にあたっては、将来ストックとして十分耐えうる質の高い環境形成を目指した。そのため、事前に総合基本計画を定め、それに基づく住宅地建設を条件とし、具体的な設計段階まで協議を行なっている。住宅地の計画は、通過交通を排除しつつ、歩行者のための施設を豊富に配置し、歩行者に優しい空間を形成している。この骨格を中心に低層住宅、教育施設、商業施設などをリンクし、魅力的な集合住宅を形成する工夫をしつつ、社会情勢の変化にも従い、徐々に設計方法と内容の修正も行ってきた。

　建造から40年が経過し、団地の老朽化や住民の高齢化が進行している状況を打開し、持続可能な街として存続していくために、「一般社団法人 金沢シーサイドあしたタウン」が設立され、地域活性化のために交流拠点の運営や各種イベント・セミナーの開催など、金沢シーサイドタウン地区のエリアマネジメントが行われている。

全体計画図

001

一号住宅地・二号住宅地

●全体面積：82ha
[一号地住宅地]●基本計画・設計：槇総合計画事務所●住宅建設事業体：日本住宅公団（現 UR 都市機構）、神奈川県労働者住宅協会、横浜市住宅供給公社（センター地区）、市営住宅
[二号地住宅地北ブロック（並木二丁目）]●基本計画：港湾局、日本住宅公団、神谷・荘司計画設計事務所、企画調整局●住宅建設事業者：日本住宅公団（現都市再生機構）●共同設計：神谷・荘司計画設計事務所、鼎設計事務所、内井昭蔵建築設計事務所、現代計画研究所、宮脇檀建築研究所、田中造園土木設計室（外構設計）
[二号地南ブロック（並木三丁目）]●住宅開発事業者：神奈川県労働者住宅協会、横浜市住宅供給公社、神奈川県住宅供給公社、住宅・都市整備公団関東支社、横浜市建築局

　一号地住宅地では、富岡川より北側に位置し、住宅地の中で最初に事業化が図られた。周囲にめぐらされたループ状の道路、大通り、通り、小路…という統一されたシステムにより構成されている。横浜市の基本計画、そして低層住宅の設計は、槇総合計画事務所が行った。二号地住宅地は、北ブロックと南ブロックに分かれている。北ブロックでは、中心の歩行者専用道路にそって公共施設や診療所、店舗などが配置されている。歩行者専用道路に隣接する中央ゾーンの住宅群を4人の設計者が4つのグループに分かれて設計した。南ブロックでは、5つの事業者が5ブロックに分け住宅開発を行ったため、5社からなる連絡調整協議会が設けられた。南ブロックの基本計画に携わった和設計事務所と都市デザイン室も加わり、街並み形成にかかる主要な事項として「街づくりのデザインコード」がまとめられている。

一号地住宅地

Practice｜都市デザイン50年の実践

センター地区

[センター地区] ●基本計画:大高建築設計事務所 ●事業主体:横浜市住宅供給公社 ●設計:大高建築設計事務所(センター施設)、市浦都市建築設計事務所(住宅棟)

　金沢シーサイドタウン住宅地の住民のための商業機能を中心としたサービスを提供するための場所として、センター地区1か所と、サブセンター地区2か所が計画された。センター地区は一号地の南側にある旧富岡港の船溜りの池に面しており、富岡八幡公園にも隣接した自然環境に恵まれた場所に置かれている。船溜りの池は、金沢シーサイドタウン内の貴重な水面であり水際線は住民が水辺に親しめるよう階段状に護岸を整備してある。

センター地区は、住民の買い物の場であるとともに、憩いの場としても大きな役割を果たしており、池に面した広場で、お祭りや野外上映会等のイベントが開催されたり、船溜りの池を周回する歩道は、住民のウォーキングコースとしても親しまれている。また、これら公共のオープンスペースに面して商業施設や業務施設、公益施設などを配置し、センター地区内の住宅とは出来るかぎり分離させ、住環境を損なわないよう配慮している。

並木1丁目、旧富岡港の船溜りの池

金沢シーサイドタウンでのエリアマネジメントの展開

中西正彦 [横浜市立大学 教授] + 三輪律江 [横浜市立大学 教授]

　計画的に開発された良質で機能的な空間を持つ市街地であっても活力を保ち続けることは難しい。エリアマネジメント体制構築は都市開発のフォローとしても必要な取組である。

　金沢シーサイドタウンでは、横浜市立大学によってUDC(アーバンデザインセンター)の理念を踏まえた地域交流拠点「UDCN並木ラボ」が2013年度に開設されたことを契機として、活性化の取組が行われてきた。産業団地地区が隣接している地の利を活かし、地域住民・団体はもちろん非営利団体や民間企業をも巻き込み、現在では一般社団法人による「あしたタウンプロジェクト」を展開している。並木ラボの運営も民間企業の協力を得て継続している。

　既存の住宅地では目標や活動の共有が難しく、エ

リアマネジメント導入は困難であるが、当地区の取組は民・学・産・官の体制構築の経緯や特徴、多様な活動の展開において、ひとつのモデルとなると考えられる。

あしたタウンプロジェクト

写真：菅原康太

港北ニュータウン

　高度経済成長期に郊外部が急速に乱開発される中、未然にこの乱開発を防ぎ、計画的なまちづくりを進めるため、横浜市の六大事業の一つ「港北ニュータウン建設事業」は1969年に開始された。当初の基本理念として「乱開発の防止」「都市と農業の調和」「市民参加のまちづくり」を掲げ、その後、社会情勢の変化もあり「多機能複合的なまちづくり」が基本理念に追加された。区域の大半である約1,317ha は土地区画整理事業によって計画的な市街化が図られているが、その際に地権者の土地活用意向に沿って申出換地を行ったことも市民参加の大きな成果となっている。その特別用地に横浜市独自の農業専用地区を設定することで都市農業の確立と、生産緑地としての景観保全を同時に図る、新しいまちづくりが進められた。

　港北ニュータウンのオープンスペース計画で採用された「グリーンマトリックスシステム」とは、地区内に張り巡らされた緑道を主骨格とし、集合住宅、学校、企業用地等の斜面樹林や屋敷林など民有の緑を公園緑地等の公共の緑と束ねて連続させ、さらに歴史的遺産、水系などとも結合させて再構築し、地区全体の空間構成の要とするシステムのことである。グリーンマトリックスシステムにより、約90haの樹林地が担保され、約14.5km におよぶ緑道がその緑をつないでいる。緑道には自然湧水、自然流下によるせせらぎが流れ、水と緑が一体となった谷戸景観の保存・再現が図られると共に、動植物の貴重な生息場所となっている。

　また、総計56kmに及ぶ歩行者専用道路も特徴の一つとなっている。幹線道路とは立体的に歩車分離が図られ、グリーンマトリックスシステムの緑道と合わせて、小中学校やタウンセンターなどの日常生活の基盤となる施設がネットワーク化されており、安全で快適な人間優位の歩行空間が生み出され、人間性回復の街にふさわしい空間構成となっている。

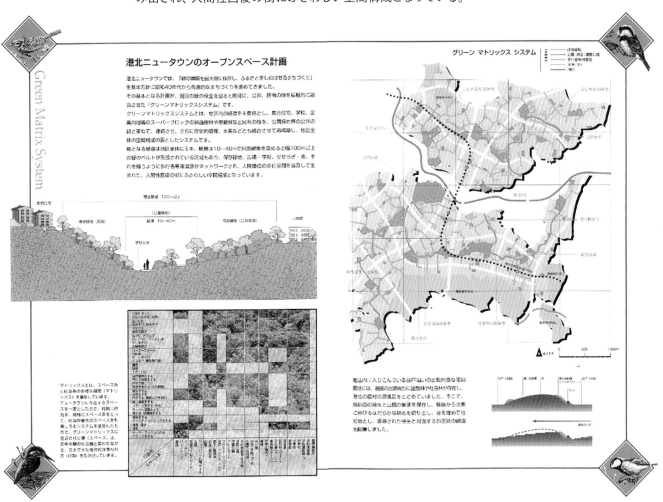

住宅・都市整備公団 港北開発局(現UR都市機構)作成

003

センター地区

●1969 第一、第二地区土地区画整理事業区域都市計画決定

　港北ニュータウンの核をなすタウンセンターは、早淵川沿いの市街化調整区域を挟んで南北にまたがっており、両側の高台にそれぞれセンター北、センター南駅が配置されている。このセンター地区については横浜市と日本住宅公団（当時）により多くの検討案が作成されたが、1976（昭和51）年、基本設計をまとめる際に公団の最終案と横浜市提案の統合作業を企画調整局都市デザイン担当が行った。

　基本設計ではまず、南北それぞれの地区に明確な特徴をつくり出すことで相互に補完し合う一対のセンター機能を目指した。地形特性からそれぞれの駅には大きく2つのレベルを設定し、各駅前にはそれぞれ特徴的な広場を配することで「おおらか空間」を形成し、それらを歩行者専用道（みなきたウォーク）でつなぐこととした。また、もう一つのレベルには駅側から順次小規模な専門店などを配して「賑わい空間」を形成する案となっている。

　このタウンセンター地区を形成する際にも、意欲ある地権者の集中を図り、合理的な土地利用とする観点から、センターを特別用地とし、街づくり協定の締結を条件とした申出換地の手法が取られている。

004

デザインコントロール

●1982 設計調整会議立ち上げ

　センター地区や一般住宅地など、複数の事業主体によって建設がなされる地区は、個々の敷地や建物を効果的に活用すると同時に、街全体を健全に発展させる必要がある。土地区画整理事業という事業の性質上、その後のまちづくりにおいて良好な市街地環境を形成するためには、建築物などの上物整備の際の誘導方法を別途、講じる必要があった。

　そこで地権者が自分たちの街の目指す方向や目標を定め、建物の建て方、利用、維持管理の方法などについてルールを定め、その運用を図る、建築協定や街づくり協定を結ぶなどの方法がとられた。また、公共建築物や公的団体による集合住宅は市街地環境に与える影響も大きく、地域の環境を先導する役割を担っている。学校については、設計期間を通常より早め、設計を有能な建築家に依頼することができるよう工夫すると共に、教育委員会、建築局、港北ニュータウン建設部、都市デザイン担当によるプロジェクトチームを編成し、質の高い建築物となるよう協力した。

　また、集合住宅地については当初は住宅事業者による設計が先行したため、まちづくりの考え方が必ずしも十分反映しきれないこともあった。そのため、日本住宅公団（現 UR 都市機構）と横浜市都市デザイン担当があらかじめスタディを行い、地区の目標を設計条件として提示することで良好な建築への誘導を図った。こうした経験を踏まえ、1982（昭和57）年に横浜市関係局からなる「設計調整会議」を立ち上げ、民間の主要な建築物に対してもニュータウンの目標に沿ったデザインコントロールを図る体制とした。

緑道とせせらぎ

センター地区（センター南駅すきっぷ広場）

みなとみらい21

「みなとみらい21事業」は、横浜のウォーターフロントにおける新しい都心づくりである。1965年に打ち出した「六大事業」の中の都心部強化事業として提案された。開港以来の都心である関内・伊勢佐木町地区と、高度経済成長期から急速に都市化した横浜駅周辺地区との一体化・強化を進めるため、二つの地区に挟まれたふ頭や造船所の機能を移設し、跡地に業務をはじめとした都市機能を集積しようとしたものである。

みなとみらい21事業は、1）横浜の自立性の強化、2）港湾機能の転換、3）首都圏の業務機能の分担を目的として、1983年に着工し、2021年時点の開発進捗率は9割を超えている。

近年は、大企業の立地だけでなく、R&D施設や音楽ホールの立地も進んでおり、歴史ある関内のオフィス街と連携した、新たなイノベーション・エリアに育つことが期待されている。

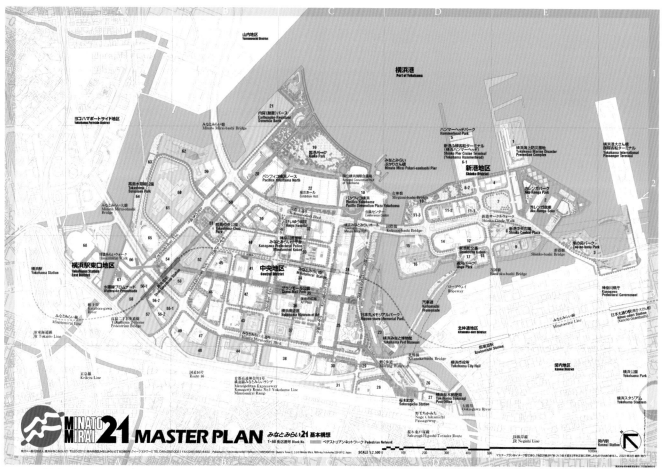

みなとみらい21マスタープラン

資料提供：（社）横浜みなとみらい21

005

街づくり基本協定、地区計画

●1988みなとみらい21街づくり基本協定締結

みなとみらい21地区では、1988年に中央地区の地権者の間で、街づくりについての自主的なルールとして「みなとみらい21街づくり基本協定」が締結され、ペデストリアンネットワーク、スカイライン、コモンスペース・アクティビティフロアなどの街づくりについての基本的な考え方が示された。1989年には街づくりのルールを法制度的にも確かなものとするため「みなとみらい21中央地区地区計画」も決定されている。（新港地区では1997年に地区計画が決定されている。）

さらに、「景観法の景観計画」及び「横浜市魅力ある都市景観の創造に関する条例の都市景観協議地区」に基づくルールも定められ、地権者と行政、エリアマネジメント組織である一般社団法人横浜みなとみらい21などが一体となって、より良い都市景観の創造に向けた街づくりが戦略的に進められている。

みなとみらい21街づくり
基本協定

006

緑のネットワーク、ペデストリアンネットワーク

　みなとみらい21地区では、ウォーターフロントという恵まれた立地条件を生かすため、水際線に特色ある緑地を集中して配置し、それぞれの緑地をプロムナードで結んでいる。

　そして、地区内の歩行者空間のネットワークとしては、街区を貫く形で、ペデストリアンウエイを形成している。まず大きな3本の主要な歩行者軸として、横浜ランドマークタワー側からパシフィコ横浜へインナーモールとして連なる「クイーン軸」、横浜駅側から臨港パークを結ぶ「キング軸」、二つを結ぶ形で交差する「グランモール軸」で、歩行者ネットワークの骨格を形成している。さらに、各街区の建物のペデストリアンウエイ沿いにコモンスペースをとり、それらを連続することにより、全体として多様で魅力ある歩行者のための空間とネットワークづくりを行っている。

公園・緑地等（計画含む）

緑のネットワーク

007

コモンスペースと、アクティビティフロア

　みなとみらい21地区では、賑わいにあふれた豊かな都市空間を生み出すため、各街区にコモンスペースを設置している。コモンスペースとは、公共空間と建物とを結びつける中間領域であり、人々が自由に出入りできる空間である。その空間は、それぞれの施設で創意工夫されており、通り抜け通路、中庭、建物内の吹抜け空間など、様々な演出がなされている。

　さらに、街の賑わいを演出するため、全ての建物の低層部にアクティビティフロアを設置している。アクティビティフロアには、店舗、ショールーム、サービス施設等、人々が自由に利用できる用途を導入し、賑わいの連続性を保ちながら、ヒューマンスケールな街並みを形成している。

　このように低層部の歩行者空間沿いに日産ギャラリー、資生堂S/PARK、京急ミュージアムなど独自性ある展示施設を構成するとともに、多くの建物には文化的施設も整備されており、みなとみらい21地区全体の魅力向上につながっている。

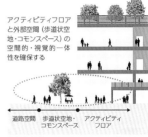

アクティビティフロアと外部空間（歩道状空地・コモンスペース）の空間的・視覚的一体性を確保する

道路空間　歩道状空地・コモンスペース　アクティビティフロア

みなとみらい21コモンスペースとアクティビティフロア

008

スカイラインの形成

[横浜ランドマークタワー] ●開業：1993年 ●高さ：約296m ●設計：三菱地所 ●施工：横浜ランドマークタワー新築工事建築工事JV（大成建設・清水建設・大林組・竹中工務店・鹿島建設ほか）／[クイーンズスクエア横浜] ●開業：1997年 ●タワーA棟（高さ：約172m）、タワーB棟（高さ：約138m）、タワーC棟（高さ：約109m）、横浜ベイホテル東急（高さ：約105m）●設計：日建設計・三菱地所、施工：三菱地所工区建築工事JV（大成建設、大林組ほか）、開業T・R・Y90工区（大成建設・鹿島建設・東急建設ほか）／[ヨコハマグランドインターコンチネンタルホテル] ●開業：1991年 ●高さ：約140m ●設計：日建設計 ●施工：パシフィコ横浜会議センター棟・ホテル棟建設工事共同企業体（戸田建設ほか）

　みなとみらい21中央地区では、魅力ある街のスカイラインを演出している。都市的骨格に沿って、超高層の建物を計画的に配置し街のランドマークを形成するとともに、全体的な基調として内陸から海へ向かって徐々に街並みの高さが低くなるようにしている。また、各建物の建て方の工夫や公共空間による海への通景の確保により、街の奥深くまで海や港を感じられるようにしている。

　特に大桟橋から見たみなとみらい21地区は、前景となる新港地区の緑と歴史的建造物である赤レンガ倉庫などの中低層の茶系の街並みの奥に、中央地区の白系の超高層の街並みが海に向かいなだらかに建物高さが低くなる独特の景観を作っており、晴れた日には海と空の青い色と合わさり、横浜を代表する美しい風景を見ることができる。

みなとみらい21地区のスカイライン

新港地区の街並み形成

みなとみらい21新港地区は、中央地区と開港以来の街・関内山下地区との結節点に位置し、わが国初の近代的港湾施設として、明治後期から大正初期にかけて建設された。赤レンガ倉庫やハンマーヘッドクレーンなどの歴史的資産が数多く残されており、"島"という地形的な特徴など個性豊かな街である。そのため、土地の高度利用を進めている中央地区とは趣を異にし、建物高さを抑え、港と歴史を感じることができる、港の解放感を演出し

た街並みの形成を進めている。

また、周辺地区との連続性を保ちながらも、地区の玄関口として意識できるよう橋やその周辺の演出、水際のプロムナード整備、赤レンガ倉庫への見通し景観の確保、対岸や海上から見た景観の演出、周辺の超高層ビル群からの見下ろし景観への配慮など、横浜の顔となる都市景観づくりを行っている。

新港地区

エリアマネジメント(一般社団法人 横浜みなとみらい21)

みなとみらい21地区では、当地区の魅力を高め、質の高い都市環境の維持・向上を図り、活力あふれる国際文化都市・横浜の発展に寄与するエリアマネジメントを実践する主体として、一般社団法人横浜みなとみらい21(1984年に設立された株式会社横浜みなとみらい21から2009年に事業継承)を設立している。

この法人は、みなとみらい21地区内の土地・建物所有者、施設管理運営者等により構成され、街づくりや環境対策、文化・プロモーション活動などを通じて、地域全体のマネジメントの先導役を担っている。

最近では、みなとみらい21地区におけるエリアマネジメントとして、公園や道路、港湾緑地といった様々な公共空間やコモンスペースを活かし賑わいを創出するイルミネーションイベントの「ヨコハマミライト」や、地区内の回遊性を高める「MMループバス」の運行実験、音楽施設の集積を活かし、連携により更なる集客

や都市文化の醸成を図る「ミュージックシティ」の実現に向けた取組など、様々な社会実験や取組の実施・支援を行っている。

ヨコハマミライト

みなとみらい21地区の歴史資産の保全活用

　横浜の港湾整備は、日本の近代港湾の先駆けとして全国に影響を与えた。現在のみなとみらい21地区は、元はその横浜港の中心として整備され横浜の発展を支えた歴史がある。

　1859（安政6）年の開港以来、港の拡充工事が逐次行われたが、本格的な築港工事は英国人技師H.S.パーマーの設計により始まった。当時は、沖合の船まで小舟（艀）で荷物を積み込む方式だったが、大型船の着岸機能などが求められ始め、1889（明治22）年より第1期築港工事が行われた。この時大さん橋が建設され、現在の象の鼻パークにあたる大桟橋の基部には税関や倉庫が作られた。また、横浜船渠株式会社が設立され、船舶修理設備として旧横浜船渠株式会社第1号・第2号ドックが築造された。

　続く1899（明治32）年からの第2期築港工事では、より多くの船を接岸可能とするため大規模な埋立が行われ、東洋初の近代ふ頭「新港埠頭」が形成された。ふ頭には「赤レンガ倉庫」等の

上屋やクレーンが設置されると共に鉄道が引き込まれ、荷物の陸上輸送が可能になった。1921（大正10）年には更なる埋立工事が起工されたが、関東大震災で中断され、1932（昭和7）年に竣工し近代港湾が完成した。なお、この震災時の瓦礫を埋め立てて造られたのが山下公園である。

　このような歩みを持つみなとみらい21地区には、開港の歴史を偲ばせる遺産が数多く残されている。新港地区には赤レンガ倉庫、大型港湾荷役機械（通称：ハンマーヘッドクレーン）等のほか、象の鼻パークの防波堤や転車台、汽車道のトラス橋、護岸などが保全されている。中央地区には旧横浜船渠株式会社第1号・第2号ドックが残され、市民に親しまれる場となっている。中でも第1号・第2号ドックや赤レンガ倉庫は、都市デザイン活動初期より保全活用する意思があり、現在では横浜を代表するシンボルとなっている。

012

旧横浜船渠株式会社第1号ドック（日本丸メモリアルパーク）/ 第2号ドック（ドックヤードガーデン）

［旧横浜船渠株式会社第1号ドック／日本丸メモリアルパーク］●2000 国指定重要文化財 ●改修設計：三菱地所 ●改修施工：大成・大林・フジタ・山岸・馬淵建設JV
［旧横浜船渠株式会社第2号ドック／ドックヤードガーデン］●1989 市認定歴史的建造物 ●1997 国指定重要文化財 ●改修設計：三菱地所 ●改修施工：横浜ランドマークタワー新築工事建築工事JV（大成建設・清水建設・大林組・竹中工務店・鹿島建設ほか）

　みなとみらい21中央地区の旧横浜船渠株式会社第1号・第2号ドックは、三菱重工横浜造船所の船舶修繕施設として築造された石造ドックである。横浜港設計に従事したパーマーより『築港と併せ船渠や倉庫等の施設も総合的に整備する必要がある』と進言を受け、財界人により「横浜船渠会社」が設立され、1号が1898（明治31）年、2号が1896（明治29）年に築造された。現存する石造ドックでは最古のものである。

　第1号ドックは、1985（昭和60）年に「日本丸メモリアルパーク」として周辺に公園や広場、博物館を配した施設として整備された。ドック内部には、帆船日本丸（1930（昭和5）年建造・国指定重要文化財）が係留され、水を張った状態で保存されている。

　第2号ドックは、1983（昭和58）年の三菱重工横浜造船所移転より保存手法が議論となった。1988（昭和63）年に市・三菱地所株式会社による共同調査と、専門家で構成された調査委員会による検討により、ドック内部に入り「体験できる石造大空間」として解体復元を行う方針となった。1989（昭和64/平成元）年には歴史的景観保全委員により敷地形状の関係で長さを約10m縮小する方針が出され、市認定歴史的建造物となった。同年12月より解体調査が行われ、横浜ランドマークタワー敷地内への復元工事を経て、1993（平成5）年にイベントスペース等を備える「ドックヤードガーデン」として開業した。1997（平成9）年、国指定重要文化財に指定。

第1号ドック（日本丸メモリアルパーク）

第2号ドック（ドックヤードガーデン）

013

横浜赤レンガ倉庫 / 赤レンガパーク

[赤レンガ倉庫] ●2002横浜赤レンガ倉庫オープン／市認定歴史的建造物 ●建築年：1号倉庫＝1913（大正2）年、2号倉庫＝1911（明治44）年 ●当初設計：大蔵省臨時建築部（部長：妻木頼黄）●当初施工：1号倉庫＝原木仙之助、2号倉庫＝直営 ●改修発注：1号倉庫＝横浜市、2号倉庫＝横浜赤レンガ ●改修設計：新居千秋都市建築設計 ●改修施工：1号倉庫＝竹中・小松建設JV ほか、2号倉庫＝竹中工務店 ほか

赤レンガ倉庫は係船岸壁型ふ頭における大蔵省の税関倉庫として、1906（明治39）年からの埠頭二期工事期間に着工し、1号倉庫が1913（大正2）年、2号倉庫が1911（明治44）年に竣工した。妻木頼黄氏率いる大蔵省臨時建築部による代表作である。戦前は税関収容庫として貿易・物流の発展に寄与したが、周辺ふ頭の整備に伴い利用量が低下し、1999（平成元）年には役目を終えた。

建物保存の気運は昭和40年代半ばから始まり、1977〜78（昭和52〜53）年に市港湾局により調査実施、昭和60年代から市による本格的な保存活用検討が開始した。1991（平成3）年に「赤レンガ倉庫保存改修検討委員会」が設置され、1992（平成4）年に国から市へ財産移管された。1994〜99（平成6〜11）年に改修・構造補強工事、続いて内部改修工事を実施し、2002（平成14）年より1号倉庫を文化施設、2号倉庫を商業施設として活用開始した。

倉庫周辺は、昭和60年代から一体を「赤レンガパーク」とする構想で検討開始され、1993（平成5）年の市総合計画「ゆめはま2010プラン」にて水際ゾーンの拠点 / 市民・芸術家の交流拠点と位置づけられ、整備が進められた。パーク内には税関事務所遺構や旧横浜港駅プラットホームが保全され、景観上の配慮から一号倉庫南側に供給関係を集約した設備棟が建築された。

旧横浜港駅プラットホーム

赤レンガパーク内に保全された税関事務所遺構

写真：中川達彦

写真：中川達彦

みなとみらい21

中尾 明［都市設計研究所］

　私が仕事を始めた1970年代当初から現在に至るまで、そのフィールドの中心は横浜市であった。中でも係わった時間の長さ、関係した人々の多さ、プロジェクトとしてのインパクトの大きさからすれば、「みなとみらい21」事業が群を抜いている。

　まだ黎明期にあった都心臨海部の再整備の計画のために、当時の企画調整室の若手のメンバーが集まって勉強会を開くのでその検討の場に加わらないかというお誘いを受け、議論の内容を「絵」としてまとめる作業を担うことになったのは1974年であった。
　メンバーがそれぞれの担当分野についてのスタディを行い、月に1、2回集まって、計画としての考え方を整理し、プランとして練り上げていった。
　その後、「みなとみらい21」は、国を巻き込んだ大きな委員会での検討を重ね、1981年には市の基本計画として発表され、実施されて今日に至っているが、その基本骨格は当時我々がまとめ上げた計画をベースにしている。
　その間、様々な位相で、官民含めた多くの当事者が最大限の努力をこの事業に注いだが、「みなとみらい21」が、我が国でも稀有な「成功した」都心部再開発のプロジェクトとして花開いた背景には、優れた立地性ゆえの「地の利」、時代の潮流をうまく捉えた「時の利」、そして情熱を持った多彩な人材が結集した「人の利」、という「三つの利」があったように思われる。

　企画調整室の内部に「都市デザイン担当」が置かれたのは1971年であるから、組織の成長はこのプロジェクトと軌を一にしており、それは私の青春から老成までの時間に重なる。揺籃の時から成熟に至るまで、直接・間接的にこのプロジェクトに関わり、見守ってきた身としては、横浜の都市づくりの貴重な一面に参加出来たことは大きな喜びである。
　黎明期、このプロジェクトに集った企画調整室の多士済々、その侍たちはその後多彩な分野で中核的な役割を担い横浜市の行政を牽引した。そしてその後「都市デザイン室」に参集した多くの志士たちも、自らの青春をプロジェクトの育成に重ね合わせて、しなやかな発想で、困難な仕事を成し遂げている。
　プロジェクトを成功に導くためには、理想の姿を描く「美学」と、現実の可能性を見据えた「力学」の両輪が不可欠であるが、その狭間にあって、「都市デザイン室」は、脈々と流れるその創造的な精神と柔軟な戦略に支えられて、わが国でも例を見ないユニークな行政組織としての異彩を放っている。

MM21のデザイン調整の苦い記憶

篠原 修 ［東京大学名誉教授、みなとみらい21公共施設デザイン調整会議委員］

　今でも鮮明に覚えている事を書いておきたい。初めの仕事は桜木町駅前からランドマークタワーへ導く歩行者用橋梁のデザインだった。長大というコンサルタントの三浦健也さんと、「みなとみらい21」へ人を導く橋のデザインを議論した。幸いにもエスカレーターがつく事になり、橋面に上がっても動く歩道がつくと言う。屋根もついている。さすがは、景観行政の東の雄、横浜だと感心した。

　地図や図面で来街者が見るであろう風景を確認する。動く歩道に乗って進んで行くと、右斜め前方に次第に日本丸が現れて来て、その奥には海面が広がる。「これが、横浜の未来の都市か」と「期待させる導入になるぞ、これは」。だが、議論が進むと動く歩道は左側通行で、右手にはタワーから駅に戻る動く歩道が来るのだと言う。動く歩道には、当たり前だが、人が立っているので、混んでいる時には日本丸も、海面も見えない。「逆にしないと、導入の演出は台無しですよね」と発言したが、規則は変えられないのです、と返って来るだけ。それから、何年になるか。今だに、MM21に行く人は日本丸に迎えられることはないのである。

　いつ頃だったろうか、全体の街路網の計画がほぼ決まって、海から街への何本もの幹線、横浜駅の方から新港埠頭の方向への横の幹線が示された。それに加えて美術館前の歩行者道も。こういう明快な町になるのか。中村良夫先生と我々に課せられたのは、各街路の並木の樹種をどうするかの議論だった。日本丸に近い海からの街路には桜、横のメインストリートには大きくなる楠か、という具合に。その途中で待てよ、と考えた。ここは国際港湾都市、横浜の新市街地になるのだ。横浜の姉妹都市への挨拶も兼ねて、街路にそれらの名前を付けるといいのでは。上海から来た中国人は「へー、ここは上海通りか。中国人は歓迎されているんだ」、アメリカから来れば「サンフランシスコ通り」が迎え、でフランス人には「マルセイユ通り」。

　こう命名すれば、みなと横浜が、世界の一流港湾都市と繋がっている事は外国人にも一目瞭然、日本の地方都市から来た人にも一目瞭然。横浜を身近に、我が街のように思う事確実だと考えた提案だった。その結果ですか。MM21に行って案内を確かめて下さい。未だに、勿体ない事だったと思っている。

北仲通地区

　北仲通地区は、ウォーターフロント沿いに再整備が進む新しいエリアだが、歴史的建造物が多く残る新旧の魅力が混在するエリアとなっている。

　北仲通地区は、古くは横浜村のあった砂州の先端には弁天さまが祭られており、開港後の外国人居留地時代には洋式灯台が存在した。1896（明治29）年には生糸検査所（その後、横浜第二合同庁舎）が創立されており、地区内には、港町横浜を支えた銀行、事務所、倉庫や石積護岸等の歴史的資産が多数残されている。

　みなとみらい21事業が進むと、みなとみらい大通りの整備に合わせ、みなとみらい21地区と関内地区との結節点として、栄本町線が新たに整備、大通りを挟んだ北側と南側に分かれ、各々で再整備が進められてきた。

　北地区では区画整理事業が進み、北仲通北再開発等促進地区地区計画も定められ、ウォーターフロントを生かした都市公園や水際線プロムナードが整備されるなど、魅力的な水辺空間が形成されつつある。また歴史的建造物も極力保全されており、特に低層部の街並みは古くから横浜の中心であった関内地区からの連続性が図られている。国際競争力強化の実現に向け、オフィスやホテルの他、文化・商業機能や高規格な居住機能も導入されている。

　一方、南地区では、市街地再開発事業が進み、第1工区では旧横浜銀行本店別館のバルコニー部分を曳家工事で復元し、高層オフィスも竣工している。また、隣接する横浜市の新市庁舎（8代目市庁舎）では、工期の短縮のため、設計・施工一括発注方式（デザインビルド方式）が採用され、事前に新市庁舎のデザインやまちづくりに果たすべき役割についての方向性を共有するために、横浜市は「横浜新市庁舎デザインコンセプトブック」を作成した。2020年に竣工し、低層部には屋内広場としてのアトリウムや、レストランやショップなどの商業施設が入り、大岡川沿いの水際線プロムナードや水辺広場と合わせて市民の憩いの場となっている。こうした豊かな公共空間を活用し、北仲南エリアのエリアブランディングに繋げていくことを目指し、UR都市機構の発意により、「Open Kitanaka-Minami Project」が進行中。キッチンカー出店や、既に北仲通北地区のイベントとして定着していた横浜北仲マルシェとコラボレーションした「横浜北仲フェス」を開催している。

014

横浜市役所8代目市庁舎／プレゼンテーションスペース

●2020開庁 ●設計・監理：竹中工務店・槇総合計画事務所・NTTファシリティーズ ●施工：竹中工務店・西松建設共同事業体

JR関内駅前の7代目市庁舎は床面積が不足し、庁舎機能の分散配置による賃料や市民サービス低下が理由で移転・建替が決まった。その際、工期短縮のため設計・施工一括発注方式（デザインビルド方式）となったが、結果的に隣接するアイランドタワーと同じ、槇事務所＋竹中工務店のJVが落札者となり、北仲南地区の一体的なデザインが期待された。高層部は生糸を表現したという白いファサードで、北仲やみなとみらいの高層建築と協調している。また、特徴的な市会棟のデザインは船を模したという。都市デザイン室は

コンセプトブックの実現や全体のデザイン調整に加え、建設前の調査で出土した震災遺構やかつての護岸などを建物内や外構にその一部を保存／展示調整に力を入れた。また、低層部にシティギャラリーの設置を提案、最終的に市の重要な施策の展示を行なうプレゼンテーションスペースが実現した。開庁後もプレゼンテーションスペースでの展示デザインチェックや、商業サインの追加デザイン監修、外構の季節の演出照明計画など、継続的な関わりを続けている。

8代目横浜市庁舎

上：新市庁舎の水辺プラザ／下：プレゼンテーションスペース

015

横浜新市庁舎デザインコンセプトブック

●2015 発行 ●作成：都市デザイン室、abanba、スタジオゲンクマガイ

　8代目となる新市庁舎の建築では、設計・施工一括発注方式（デザインビルド方式）が採用された。そのため、新市庁舎において、横浜市の考える広い意味でのデザインや、まちづくりで果たすべき役割について、事業者選定に先行してその方向性を広く共有することで、事業者からの提案に反映されることと、市民からの理解を得ることの両方を目指して作成された。開かれた低層部、敷地周辺の歴史の継承・活用、水辺の活性化、屋根付き広場の位置付け、その実現のための建築のあり方などで構成されている。公募型の事業が増え、事業者選定時には概ねのあり方が決定してしまうプロジェクトにおいても、事前に市の考えを伝えることで、より良い提案を誘導し、その後の調整をスムーズにする手法として「コンセプトブック」が定着していく、そのきっかけとなるものだった。

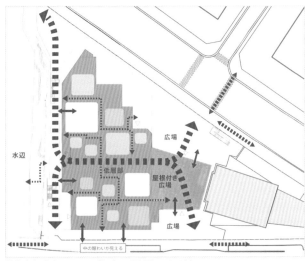

新市庁舎デザインコンセプトブック（低層部のあり方）

016

新市庁舎シンポジウム / ワークショップ

●2015

　コンセプトブックでの市庁舎担当と協働の実績から、新市庁舎シンポジウム / ワークショップの組立を都市デザイン室が主導的に行うこととなった。デザインビルドの落札者が決まる年の2015（平成27）年度には市民の関心向上と、設計への反映を目的に『新市庁舎の活用を考えるシンポジウム（全2回）』『わたしたちが使いたくなる「パブリックスペース」をつくろう（ワークショップ）』を実行委員会形式で行った。2016（平成28）年度は落札者

の提案もあり、引き続き機運醸成、設計への反映を目的として『新市庁舎の「ひろば」を考えるシンポジウム（3方面での開催）』『新市庁舎にみんなで「ひろば」を考える会議（ワークショップ。全6回）』を開催した。特に『新市庁舎にみんなで「ひろば」を考える会議』の後半3回では、低層部のあるべき姿、運営体制、位置付けなどを検討し、『みんなの「ひろば」宣言』として取りまとめを行なった。

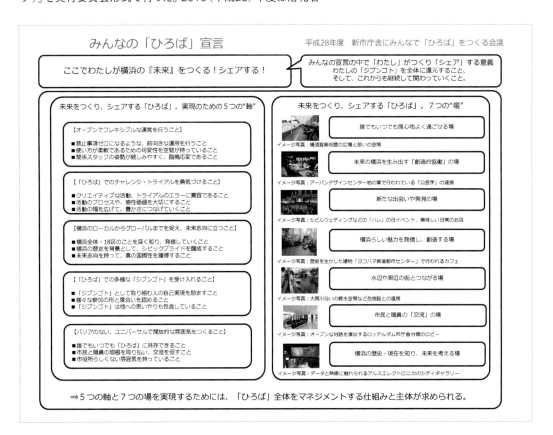

みんなの「ひろば」宣言とりまとめ

017

ザ・タワー横浜北仲（北仲ブリック＆ホワイト）・A-4地区

●2020 竣工、開業 ●設計・施工：鹿島建設

北仲通北地区 A-4地区は当初、フットボール型の平面を持つシンボリックな形状を持つ高層棟として検討が進んでいたが、リーマンショックによって事業が一時滞った。その後、別の事業者が加わり検討が再開、高層棟はシンプルな矩形平面に変更され、スカイラインを直接表現した頭頂部と、長手立面に十字の分節ラインが入った現在の案となった。東日本大震災なども経て、当初曳家で検討されていた歴史的建造物＝旧横浜生糸検査所附属生糸絹物専用倉庫群のB号倉庫の保全は復元へと変更されたが、高層棟足元にファサード復元されたC号倉庫との間に歴史広場が整備されることとなった。歴史広場には当初高層棟の柱が落ちることになっていたが、設計/施工者の技術的工夫により、落とさずに計画可能となり、当時の倉庫群としての歴史的景観が、大規模開発の低層部に新しい形でよみがえることになった。B号倉庫、C号倉庫のファサード復元には当初のレンガがかなりの割合で再利用されている。文化財として保存された事務所棟もシェアオフィスなどして活用され、隣接する生糸検査所（横浜合同第2庁舎）とともに関内地区からの歴史的景観の連続性が図られている。

北仲通北地区 A-4地区タワーと旧横浜生糸検査所附属生糸絹物専用倉庫群の保存・復元

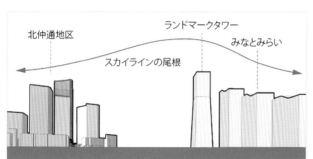

スカイラインの形成

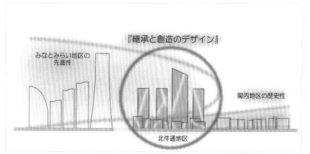

新旧2つの地区の間に位置する北仲通地区のデザイン概念図

018

北仲通地区の歴史資産：横浜第2合同庁舎（旧生糸検査所）、KITANAKA BRICK&WHITE（旧横浜生糸検査所附属生糸絹物専用B号倉庫及びC号倉庫、旧横浜生糸検査所附属倉庫事務所）、旧灯台寮護岸、旧第一銀行横浜支店

[横浜合同第2庁舎（生糸検査所）] ●建築年：1933（平成5）年（旧建物：1926（大正15）年）●市認定歴史的建造物：1990（平成2）年 ●設計：建設省関東地方建設局（旧建物：遠藤於菟）●施工：大林・前田・三井JV（旧建物：大林組）

北仲通地区は横浜開港以降の港や産業を支えた歴史を持つエリアである。元は大岡川河口から伸びる砂州の先端部にあり諸外国の領事館が存在したが、明治期に埋立工事が行われ、R.H.ブラントンらを招いて灯明台役所が設置された。震災復興期には、生糸検査所再建を契機に生糸産業の中心地となり、銀行や事務所ビルも集積した。

平成以降、大規模な区画整理・再開発事業が実施されるが、その中でも歴史資源の継承及び利活用が地区の特徴・賑わい形成に寄与していると言えるだろう。1993（平成5）年には、旧生糸検査所が解体復元され、横浜第二合同庁舎に接続し官公庁として使われている。1995（平成7）年には、旧第一銀行横浜支店のバルコニー部が曳家され現アイランドタワーと接続する形で復原整備され、創造界隈拠点として活用されることとなった。また、2020（令和2）年には、現物保存された旧横浜生糸検査所附属

倉庫事務所と復元された旧横浜生糸検査所附属生糸絹物専用B号倉庫及びC号倉庫の利活用事業が開始している。旧灯台寮護岸や横浜市役所周辺で発掘された遺構など、歴史を物語る土木遺産が複数保全されていることも特徴である。

北仲ブリック＆ホワイトの歴史広場での「横浜北仲フェス」

関内駅周辺のまちづくり

　関内駅周辺地区は開港以来の横浜の発展をけん引してきた関内・関外地区の中心であり、また長年にわたり市民に親しまれてきたエリアである。市庁舎の移転を契機に「国際的な産学連携」「観光・集客」をテーマとして、新たなまちづくりを進めている。

　地区の活性化の核づくりとして、旧市庁舎、教育文化センター、横浜文化体育館といった市所有施設の再整備や跡地活用を推進するとともに、周辺での基盤整備や隣接する民間街区での再開発事業を一体的に進めている。また、スタートアップ支援やイノベーション促進の拠点となるYOXOBOXの設置、公園や道路等の公共空間の利活用などにより、まちづくりのテーマに沿った機能集積や賑わい創出にも取り組んでいる。

　拠点開発の誘導においては、まちづくりのテーマとともに、事業に期待する取り組みをイメージとして例示した上で公募を実施するなど、民間事業者との積極的な対話を通じて、多様なアイデアを引き出し、まちづくりにつなげていくことを試みている。

旧市庁舎街区活用事業イメージパース

［旧市庁舎跡地］●旧市庁舎街区活用事業 ●開業予定：2025年 ●事業者：三井不動産・鹿島建設・京急電鉄・第一生命保険・竹中工務店・ディー・エヌ・エー・東急／［教育文化センター跡地］●関東学院大学 関内キャンパス ●開校予定：2023年／［横浜文化体育館再整備事業］●メインアリーナ＝開業予定：2024年 ●横浜武道館・サブアリーナ＝開業：2020年 ●事業者：フジタ、電通、大成建設ほか

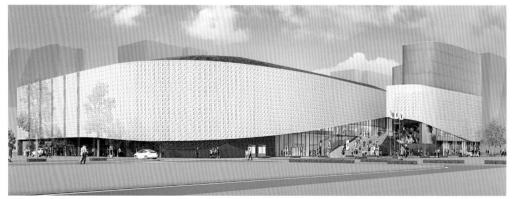

メインアリーナ外観パース

関東学院大学関内キャンパス完成パース　　　　　　　　　　　　　　　　　　　　　　提供：学校法人関東学院

019

関内駅周辺地区エリアコンセプトブック

●2019発行

　本資料は、横浜市による「現市庁舎街区活用事業」における公募（2019年1月公募開始。2019年9月事業予定者決定）の要項関連資料である。

　本事業に都市デザイン室は初期の頃から調整協力として参画。どうすれば単体の公共施設の再生事業をより周辺地域にとって価値ある事業にできるか、どうすれば民間企業の活力をより地域のために活かしてもらえるか等を思案した結果、公募開始時に本資料を示すことで行政の"エリアコンセプト"を提示するという手法を考案した。

　中身は、周辺地域に関する今後の方向性や考え方の部と、公募対象敷地内に関する対象施設に求める役割や景観などの考え方の部の大きく2部で構成され、審査基準とも密接に連動させることで、公募参加予定事業者に対象敷地内外を大きな視野で見てもらえるよう工夫している。

　最終的に採用された予定事業者の案は、本資料をよく読み込まれたことが伝わる案であり、地域の価値を高める事業が実現することが大いに期待されている。

関内駅周辺地区エリアコンセプトブック

020

関内駅北口

●2017JR駅舎竣工

　市役所機能の移転に伴う関内駅周辺強化として計画され、計画時から都市デザイン室への参加が求められた。土地の権利整理、駅舎のバリアフリー化、ホームの拡幅工事や周辺道路の整備など、駅の改札機能を生かしながらの段階的な整備には長い時間を要した。駅舎のバリアフリー化（エレベーター設置）と合わせて改札口を従来の南向きから北向きへと変更し、駅前広場を新設することで伊勢佐木、馬車道方向へのアクセス強化を目指している。デザイン分科会を交えた設計ワークショップの結果、コンセプトを歴史ある関内のまちに新しい要素を組み込む「New in Old」とし、ガラスとコンクリートの街並みのような建築とした。広場については、改札内部の天井から連続し、外部に向かってせりあがる円弧状の屋根を設置することで、北口の新たなシンボルとなるよう工夫した。屋根の下の広場空間は、駅舎の外壁デザインとも連続する壁柱と呼ばれる壁状の柱が設置され、それぞれ待ち合わせ場所の他、情報発信に利用されることも期待されている。

関内駅北口広場（完成予想図）

横浜駅周辺開発

　横浜駅周辺の開発は、1950年代空地だった西口開発から始まる。横浜にターミナルを持つ相模鉄道（相鉄）が、横浜駅名品街をはじめとして商業施設を次々に開業していった。鉄道利用（国鉄・東急・相鉄）の乗客の増加にあわせ駅舎・ホーム・改札口の整備も段階的に進み、1980年には東西自由通路が完成した。周辺でも、駅ビルや地下街、デパートの開業など大きく発展していく。1995年からは、みなとみらい線・東急東横線の地下化工事が始まり、横浜ステーションビルの建て替えや鶴屋町地区の再開発も始まり、「ずっと工事をしている」横浜駅周辺とまで言われるように、常に改修・建て替えなどの工事が行われ、大きく姿を変えつつある。

　一方、横浜駅東口は、駅前に高架の高速道路が走る地区だが、1980年に横浜駅東西連絡通路（横浜駅中央通路）の完成と横浜駅東口地下街（横浜ポルタ）の開業、1985年に横浜そごうをキーテナントとした横浜新都市ビルの完成と、バスターミナル・交通広場の整備等が行われたことにより、街が発展した。また、1996年に横浜スカイビル（2代目）が完成、はまみらいウォーク（帷子川にかかる人道橋）が2009年に開通することにより、みなとみらい21地区へアクセスすることが容易になり、横浜駅東口の後背地が格段と広がり、現在の発展を見ている。将来は郵便局跡地を中心とした横浜駅東口地区開発（ステーションオアシス）も計画されている。

　2000年に地元関係者・鉄道事業者などにより、概ね20年後の西口と東口を合わせた横浜駅周辺のあるべき将来像の実現に向けて策定された「エキサイトよこはま22」に基づき、現在も官民が共同して駅及び周辺の再整備とエリアマネジメントを進めている。

横浜駅きた西口鶴屋地区第一種市街地再開発事業のイメージパース

021

エキサイトよこはま22ガイドライン検討会
アーバンデザイン部会

●2009 エキサイトよこはま22 策定

　「エキサイトよこはま22」が2009（平成21）年12月に策定され、横浜駅周辺では、地域・有識者・行政で組織される基盤や景観のあり方検討会等を立上げ、まちづくりの検討を行ってきた。横浜駅周辺地区の景観誘導を進めるには、当地区の施設の立地状況や検討経緯を踏まえ官民連携の下で進める必要があることから、都市美対策審議会に代わる「アーバンデザイン部会」を設置し、エキサイトよこはま22のエリア内はその中で協議を行う体制とした。JR横浜タワーや西口駅前広場など、敷地面積が大規模かつ建築物の形態制限の緩和が必要な計画や都市計画提案を伴う計画等に対して、令和2年までに36回開催している。

エキサイトよこはま22エリア図

横浜駅西口駅ビル・広場（再整備中）

022

横浜駅西口・きた西口駅前広場整備

◉2020 JR横浜タワー開業
[JR横浜タワー] ◉2020 開業 ◉設計：東日本旅客鉄道 ◉施工：竹中工務店／[横浜駅西口駅前広場屋根] ◉2020 一部完成 ◉設計：松田平田設計 ◉
施工：大林組 ◉基本計画＋監修：乾久美子建築設計事務所、御手洗龍建築設計事務所、山下真平建築設計事務所、横浜国立大学大学院Y-GSA

　横浜駅周辺では、「エキサイトよこはま22」の計画実現に向け、まちづくりを推進している。これは、国際都市横浜の玄関口に相応しい、横浜駅西口の顔として魅力ある空間や、スムーズで快適な乗換えと待合いができる空間づくりを目的としているもので、これまでに中央西口のいわゆる「馬の背（歩行者導線が登って降りる無駄な状態）」が解消され、JR横浜タワーの開業、さらに中央西口及びきた西口駅前広場の整備を行ってきた。こうした一連の整備は、エキサイトよこはまアーバンデザイン部会での議論の結果を取り入れたものである。

　駅前広場の整備概要は、公共交通機関への乗換動線やバリアフリー動線に対する利用者の利便性向上のための屋根の整備や舗装の更新等であり、こうした機能を満たしつつ、横浜駅西口の象徴となる大屋根の整備を目指した。屋根のデザインは、JR横浜タワーのアトリウムが木材を用いた船底をイメージしたデザインとなっていることから、駅前広場全体の調和を考慮し、海の水面をモチーフとしている。

023

上大岡 / ゆめおおおかアートプロジェクト

●1997 ゆめおおおか竣工 ●事業者：京急電鉄・横浜市 ●設計：石本建築事務所・東急設計コンサルタント ●施工：鹿島建設・清水建設ほか JV

駅前再開発にいち早くアートが用いられた例。1997年、横浜市港南区の上大岡駅に直結するかたちで、商業施設・文化施設・オフィスなどの複合施設である「ゆめおおおか」が完成した。横浜市は南條史生氏にアートコンサルティングを依頼し、アートを利用して、地域に潤いと特色を与えるためのパブリックアート・プロジェクトを計画した。南條氏は実施にあたって「日本とアジアの若手作家を中心とする」「作品はすべてプロポーザルに基づくコミッションワークとする」「サイトスペシフィックな作品」「土地の歴史や生活に配慮する」などのコンセプトを設け、その結果、18作家による19カ所の作品が選定・設置された。選出された作家は村上隆、奈良美智などその後の活躍は著しく、また横浜市もその後トリエンナーレを開催するなどアート活動を広く展開している。

ゆめおおおかアート・プロジェクト 《Bloom》吉水浩（中央棟換気塔）

024

ポートサイド地区

●1987 住宅市街地総合整備事業 ●地区面積：約25.1ha、計画戸数：約1800戸

横浜駅東口に隣接する位置にありながら、首都高速道路や国道、帷子川などで周囲と分断され、商住工混在の地区だったが、みなとみらい21地区へ至るみなとみらい大通り（都市計画道路・栄本町線）が整備されるのを契機に住宅市街地総合整備事業等により、新しい街として生まれ変わった。

「アート＆デザインの街」を基本コンセプトとし、業務、商業、都市型住宅の供給を軸に、文化・芸術関連施設の集積を図り、隅々までデザインを行き届かせた地区としての統一性を保ちな

がらも個性豊かな質の高い街づくりが進められ、ギャラリーロードやポートサイド公園等も整備されている。

現在では、地域の立地企業等による「ヨコハマポートサイド街づくり協議会」が中心となり、官民共同で設けられた「公益信託ヨコハマポートサイドまちづくりトラスト」を活用し、イベントや調査研究の実施、地区のパブリックアート等の維持・管理を行うなど、特色ある街づくりを進めている。

ポートサイド地区のパブリックアート

写真：菅原康太

025

戸塚再開発事業におけるトータルデザイン

●2010 戸塚西口共同ビル（トツカーナ）竣工

　戸塚駅では同時期に西口の再開発と東口の区画整理が行われていたが、双方の調整に関わることとなった都市デザイン室は、まず西口再開発の「とつかトータルデザイン」として、建物デザイン、壁面緑化などの環境配慮、サインなどの統一感あるデザインを進めた。デザイン面では「戸塚オリジナルモダン」いう共通コンセプトを掲げ、色彩には江戸時代に使用された"四十八茶百鼠"を活用し、東海道の宿場町である戸塚に現代の新しい和を感じさせる工夫を随所に取り入れている。また「大踏切デッキ」にはテント幕の屋根を用いつつも、反りのある屋根形状でエリアの歴史性を表現すると同時に、西口再開発と東口区画整理をつなぐこのデッキに西口再開発と同じデザインモチーフを使うことで区画整理でも同一エリアとしての統一感を高めるよう工夫した。東口区画整理側ではその他にも辻広場を設けていたり、地下化した道路上部の公園に現れる土留めの修景なども行なっている。

トツカーナ（戸塚駅西口再開発）

026

インナーハーバー整備構想

●2009 検討委員会設置

　開港150周年を契機に、次の50年（2059年）の都心臨海部の理想の姿を整理した長期構想。山下ふ頭、瑞穂ふ頭、大黒ふ頭の港湾機能の転換をにらみ、ベイブリッジより内側の水域を囲うリング状の臨海部を対象にして、5つの将来戦略（環境、交通、交流、産業、生活）が検討された。リング状の都市構造を活かした交通ネットワーク、エネルギーネットワークなどが大きな特徴となっている。

　構想は、大学まちづくりコンソーシアムで検討された「海都横浜構想2059」の成果を参考としながら、有識者等で構成された「横浜市インナーハーバー検討委員会」から提言書という形で横浜市は受け取ることとなった（2010年）が、当時、構想検討を推進していた中田市長が、提言書を受け取る前に任期途中で辞任したこともあり、残念ながら横浜市から構想を政策として発表するには至らなかった。しかしながら、提言書に記されたMICE施策のほか、新たな産業、研究開発、人材育成などの拠点形成など、構想のビジョンはその後の都心臨海部のまちづくりに受け継がれている。

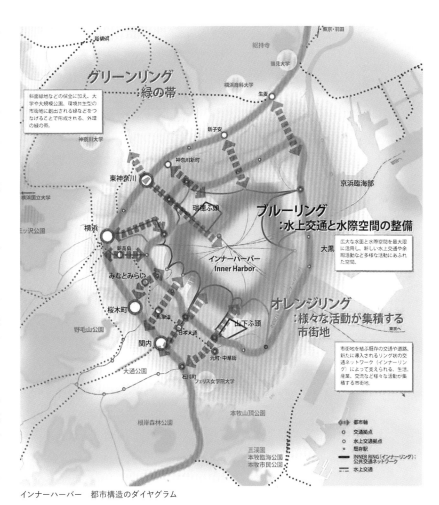

インナーハーバー　都市構造のダイヤグラム

歩行者空間

2

写真：森日出夫

くすのき広場から商店街へ

　1968年から70年にかけ調整された横浜都心部の高速道路地下化は、関内・関外の地域分断を避けるのみならず、緑の軸線構想の上に、都心部における樹木等の緑の連続性と、「人が優先される」都市空間の連続性をもたらした。それはまず、市役所に隣接する車道を歩行者のための空間としてつくり変えた「くすのき広場」で体現された。モータリゼーションの只中において、歩行者を擁護するという思想を目に見える形で示したのだった。その価値は、馬車道商店街をはじめ、イセザキモール、元町ショッピングストリート等、商店街を中心とする街の人たちに認められ、経済振興策としても、歩行者、つまり来街者のための街路空間づくりが注目を浴びることとなった。商店街ごとに特徴ある街路整備は、街づくり協定（紳士協定）による沿道の街並みコントロールや、個性ある街路空間を活用したイベント実施など、商店街組織による自律的な都市空間マネジメントやエリアブランディングに発展し、今なお維持・再整備が進められている。

緑の軸線

　公共側の整備としても、くすのき広場以降、「歩いて楽しい都市空間」という価値観を最小限の投資で分かりやすく整備する手法として、「都心プロムナード事業（1974～76年）」を展開。歩道路面上に埋め込む「絵タイル」の図案に市民公募の要素を取り入れるなど、市民へのPRが重視された。その後、緑の軸線上にあり山下公園に繋がる「開港広場（1982年）」、開港シンボル軸として横浜公園から開港の地象の鼻を繋ぐ「日本大通り（2002年）」など、整備の機会を捉えては、都市の中に人のための空間をインストールしていった。

ウォーターフロント軸

　当初の緑の軸線構想が陸と海を結ぶ縦軸ならば、その後構想された海に並行する緑の横軸がウォーターフロント軸である。当初、都心部では山下公園だけが市民と海との接点であったが開発の機会が巡ってくるごとに、「水辺を市民に開いていく」という作業を30年にも渡り繰り返してきた。みなとみらい地区の大型開発により先導的に整備

された「臨港パーク（1989年）」や、「赤レンガパーク（1999年）」「象の鼻パーク（2009年）」といったまとまった港湾緑地から、歩道（道路）・公園など公共施設、民間開発によるプロムナードまで、海を臨むあらゆる公共（的）空間を開き、またそれらを連続させることで、海を感じながらそぞろ歩きのできる、横浜ならではのゴールデンコースが形成されている。またみなとみらい地区では、民地を提供して形成しているキング軸やクイーン軸、公園からなるグランモール軸など、様々な所有形態で地区を貫く大きな歩行者軸を形成している。

歩行者のための様々な工夫

　歩きやすい、歩きたくなる、訪れたくなる都市のために行う工夫は、このような歩道の整備・拡幅や広場等ハードな空間整備だけでなく、周囲の街並みの誘導や、分かりやすい案内サイン、快適なバス停上屋、デザインが整理され地域ごとの個性を感じるストリートファニチャー、憩えるオープンカフェの制度整備などにまで及ぶ。また、都心部周辺や郊外区においても、地域の歴史や名所旧跡、自然環境などの個性をもとにデザインされた舗装やファニチャーなどによる、ユニークな歩行者空間を整備することで、地域の魅力づくりが進められた。「みっけるみなぶん」や「東急東横線廃線跡地」等、昨今取り組まれている実験的アプローチにおいても、新たな歩行者空間の在り方が模索されている。

高速道路の地下化計画

　六大事業のひとつとして計画が進められていた「横浜中心部の高速道路計画」。大岡川・中村川等の河川上空を通る環状案等の検討を経て、吉田川（現在の大通り公園）上空を高架で縦断することを前提にした派大岡川上空（JR根岸線に並走）案で当初の都市計画決定がなされた。 しかしこれにより、街の顔とも言える伊勢佐木町や馬車道の門を高架で通り、かつ、関内駅や市役所の直近に景観を損なう巨大インターチェンジができることから、関内・関外の街の分断が強く懸念され、飛鳥田市政のもと、ルートを再検討することとなった。できたばかりの企画調整室が中心となり、道路局、計画局、県、首都高速道路公団、建設省、また、同時期に派大岡川や吉田川の埋立活用によるルート確保もほぼ確定していた市営地下鉄計画の交通局や運輸省と、費用や技術的課題などを一年間に渡って再調整した。その結果、都心景観の保全と地域の一体化の観点から、高速道路は派大岡川埋立による地下化＋中村川上空の高架案、地下鉄は尾上町通地下から吉田川を埋立活用するルートという現在の形となり、また地下鉄の通る旧吉田川の上部は大通り公園として緑の軸線を担う大きな公共空間を得るに至った。

●1968 元ルートでの都市計画決定、地下化検討開始

高速道路 初期計画図（田口作成）

高速道路 最終図（田口作成）

緑の軸線構想

　都心部強化事業の中で構想されていたグリーンネットワークのうち、関内地区においては蒔田公園〜横浜公園・日本大通り・山下公園を重点課題としていた。このため、既に運河の機能を失っていた吉田川・新吉田川を埋め立て帯状の新しい公園（大通り公園）を中心とする緑の軸線が構想された。これにより、関内デルタ地帯の一体的な発展を誘導するとともに、人間的都市空間という新しい横浜の街づくりの象徴となることが意図された。同じ六大事業の中でバッティングする高速道路計画に対しても緑の軸線が優先され、地下化・ルート選定がなされた。構想に基づき、のちにくすのき広場、都心プロムナード関内ルート、山下公園通り歩行者空間、開港広場等が計画・事業化され、変化に富んだ緑の都市軸として充実していった。

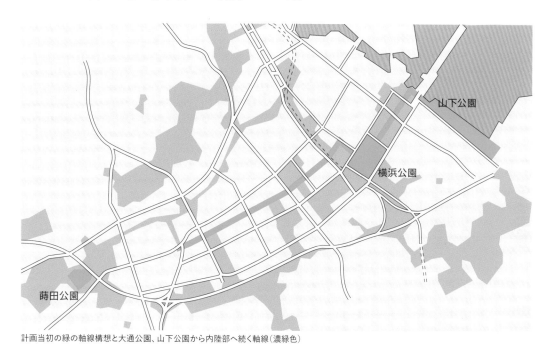

計画当初の緑の軸線構想と大通公園、山下公園から内陸部へ続く軸線（濃緑色）

027

大通り公園

●1978年 竣工 ●総延長：1.2km、幅員：30〜44m ●事業主体：緑政局 ●計画調整：企画調整局都市デザイン室 ●計画協力：大通り公園設計委員会（委員長：浅田孝）●設計協力：レン設計事務所（進来廉）

　大通り公園は、公共用地の少ない中で、利用価値を失った吉田川・新吉田川を埋め立て、市営地下鉄の地上部に整備された公園であり、緑の軸線の中でも主軸を担っている。全体を石の広場・水の広場・みどりの森の3つのゾーンに分け、それぞれに個性を持たせた構成となっている。（再整備により形態は変更されている。）

028

くすのき広場

●1974事業年度 ●事業対象面積：5,730㎡ ●歩行者広場面積：2,650㎡（長さ129m、平均幅17m）●事業関係局：交通局・道路局・緑政局・総務局 ●企画・設計・調整：企画調整局都市デザイン担当 ●設計：株式会社グラック（再整備）

くすのき広場は、七代目横浜市庁舎に隣接し、関内地区の玄関口としてふさわしい、歩行者のための広場として整備された、横浜における最初の都市デザインの事例である。かつては一般道路と市庁舎の公用車駐車場からなる車のための空間であったが、地下鉄の掘削工事の原形復旧工事の機会を捉え計画を変更し、歩行者空間を中心に整備。市庁舎の壁面素材・色彩と一体感のある舗装デザイン、休息コーナーの設置、高木・低木による緑陰空間の演出、歩行者用街灯の開発など、現在

のウォーカブルにも通じる歩行者のための工夫に既に取り組まれているだけでなく、あらゆる人を受け入れる都市空間としての包摂性をも目指していた。2013年から2015年にかけた再整備の際にも、当初の考え方を踏襲しながら、立体感のある植栽帯や、多樹種を混植した混垣、これらの植物に囲まれたベンチなどにより、新たな魅力を創出している。第33回都市公園等コンクール国土交通省都市局長賞、2016年ランドスケープコンサルタンツ協会賞受賞。

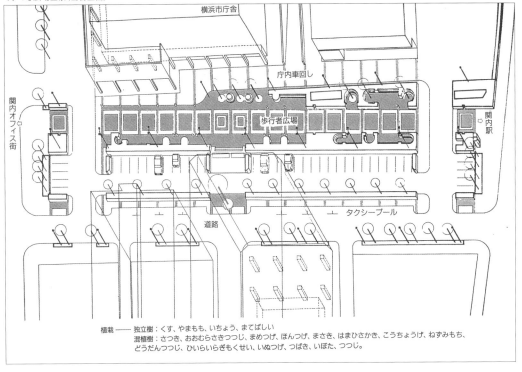

くすのき広場全景（当初整備）

植栽 —— 独立樹：くす、やまもも、いちょう、まてばしい
混植樹：さつき、おおむらさきつつじ、まめつげ、ほんつげ、まさき、はまひさかき、こうちょうげ、ねずみもち、どうだんつつじ、ひいらぎもくせい、いぬつげ、つばき、いぼた、つつじ。

関内駅南口モール

●1985完成

横浜スタジアムの開設に伴い進められていた関内駅南口駅舎改良を契機として、横浜市庁舎と駅舎の間にある道路を歩行者専用道路としたもの。これに合わせて、横浜市庁舎に広場スペースが設けられた（横浜市庁舎建設時は京浜東北線開業前であったため関内駅側に入口は設けられていなかった）ほか、市関連施設の案内サインも整備された。

都心プロムナード事業／絵タイル

●1974〜1976 事業 ●桜木町ルート：1.7km 関内ルート：1.6km 石川町ルート：1.2km ●事業主体：道路局●計画調整：企画調整局都市デザイン担当●設計協力：粟津デザイン事務所（粟津潔）

　くすのき広場完成後、「歩行者の街へ」というスローガンを掲げ、都市デザインの基本的なテーマである「歩行者のための都市空間づくり」の地域的展開の第一歩として実践した事業。関内地区を訪れる多くの来街者を桜木町、関内、石川町の3駅から当時唯一市民に開放されていた港、山下公園まで誘導するとともに、途中の街並みも楽しんでもうための歩行者ルート。歩道の設置・拡幅・路面改修、街灯や点字ブロックの設置、街路樹・植栽帯の設置のほか、横浜にちなんだ絵の描かれた絵タイルマークの路面設置、山下公園や駅・主要施設を案内誘導するサインポールの設置などが行われた。桜木町ルートの絵タイルデザイン（7種

類）は、グラフィックデザイナー粟津潔、関内ルートでは、市民からの公募デザイン。石川町ルートでは、両ルートのデザインを混ぜて使用している。

都心プロムナード案内図

開港広場

●1982 第1期工事完成、1991 第2期工事完成 ●整備面積：9,870㎡（うち第1期広場：1,600㎡、第2期広場770㎡）

　1854年にペリー提督と日本側全権委員との間で日米和親条約を締結した場所に位置するのが現在の横浜開港資料館の講堂付近である。開港広場はこれに隣接しいわば港町・横浜の発祥の地といえる。1965年にロータリー型交差点として改良されていたが、車優先の形状をしていたため、これを十字路のスクランブル横断歩道として、歩行者のスムーズな動線を確保しながら約1,500㎡の広場を生む計画とされた。同時期にプロムナード

化計画のあった広場〜大さん橋間も含め、港湾環境整備事業・交差点改良事業・広場整備事業が一体的な計画・デザインで進められた点は特筆すべきである。交差点改良は交通管理者との検討や現地での実験を経て実現された。広場デザインは大桟橋への軸と背後の横浜海岸教会が意識された。教会と広場の間の民有地の買収により1991年に拡張されている。

開港広場と交差点

日本大通り

日本大通り 再整備

●2002 竣工 ●基本設計：山手総合計画研究所（プロポーザル）

　日本大通りは、1866年の大火を契機に外国人居留地の拡張・拡充が要求され、大規模な区画の整理を経て、1879年頃までに横浜公園と象の鼻波止場を結ぶ街路として完成した。設計はR.H.ブラントン。当初から36メートルの幅員を持ち、両側に3メートルの歩道、9メートルの植樹帯を備えた通りであった。関東大震災の復興整備によって、歩道は植樹帯も含めて7メートルに削られたが、2002年の再整備によって当初の幅員に近い13.5メートルの幅員となった。再整備は日本大通り地下駐車場の整備の復旧として実施されたが、当初は地下への進入路が通りの中央に計画されていたものを変更するなど、景観に配慮した調整が行われた。自然石と鋳物のストリートファニチャーに

よる沿道の歴史的建造物との調和、構造物の位置の調整によるビスタ形成、セミフラットな歩車道境界などの工夫がされている。

ファニチャー（植栽防護柵）

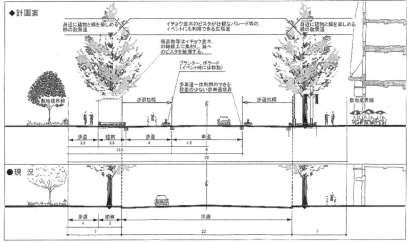

計画前後の道路断面図

033

日本大通りオープンカフェ

●2006 本格実施開始

　2002（平成14）年の日本大通りのリニューアルオープンとワールドカップサッカー大会に合わせて、拡幅された歩道を活用し、地域と横浜市によるオープンカフェ実験「日本大通りパラソルカフェ&ギャラリー2002」を開催。

　その後、2005年（平成17年）に国土交通省による道路占用許可に関する規制緩和も後押しとなり、また、当時課題となっていた無許可の路上販売の解決法となることも期待され地元警察も賛同。同年に社会実験を実施した後、2006年より、沿道店舗等による「日本大通り活性化委員会」が横浜市と協定を結ぶことで

行政を実施主体に含まない地元組織単独でのオープンカフェの本格実施がスタートした。

034

日本大通り用途誘導地区 地区計画

●2004地区計画策定

　歴史的建造物が建ち並ぶ横浜を代表する街として育成するため、1977年に「日本大通り周辺地区指導基準」が作成された。その後、同基準を街づくり協議地区の協議指針に位置付け、街並みの整備が行われていたが、法的環境の変化を踏まえ、要綱に基づく協議から、法令に基づくルールとして、2004年に地区計画へ移行した。地区計画ではこれまでの指針も踏まえ、①開港文化を伝える風格ある歴史的な街並みの継承、②横浜公園から港へ向けての開放的な通景空間の確保、③日本大通り地区の格調や来街者の利便性を高める建物用途の誘導、④安全で賑わいのある歩行者空間の形成を目指し、歴史的資産の継承や調和した街並み形成に向けた形態・意匠制限、高層部のセットバックの基準、建築物の高さの制限、賑わいを生む建物用途の誘導等を規定した。

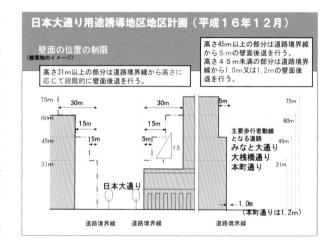

高層部をセットバックして建てられた横浜地方裁判所

ウォーターフロント軸

　ウォーターフロント軸は、かつて都心部において横浜港に面した唯一の公共空間であった山下公園のように、海を感じながら歩ける空間を繋げるように整備していこうという海に沿った軸線である。臨港パーク、新港パーク、赤レンガパーク、象の鼻パーク等の港湾緑地により大部分が整備され、公園や広場のようにも利用されている。また、歩行者動線としては、「開港の道」もウォーターフロント軸の主動線を担っている。

035

開港の道

　2002年に赤レンガ倉庫がオープンし、旧山下臨港線プロムナードが開通、山下公園の再整備が完了したことから、JR桜木町駅から汽車道 - 横浜ワールドポーターズ - 新港サークルウォーク - 赤レンガパーク - 旧山下臨港線プロムナード - 山下公園 - ポーリン橋 - 横浜人形の家 - フランス橋 - 港の見える丘公園に至る約3.5kmの歩行者ルートが形成された。「開港の道」の名称はそのルートを活用したイベントで募集、地域の代表者による意見交換を経て決定され、合わせてマークが選定された。マークのデザインはGK設計。ルート上の路面に約10 - 20mの間隔でマークが配された。また、赤レンガ倉庫の壁材（耐震診断のためのコア抜き材）を活用した誘導サインも約500mごとに設置されている。

開港の道ルート図

JR桜木町駅

汽車道

運河パーク

ナビオス横浜

ワールドポーターズ

新港サークルウォーク

山下臨港線プロムナード

赤レンガパーク

大さん橋

山下公園

港の見える丘公園

人形の家

汽車道

036

汽車道

●1997完成

　明治40年代に竣工した新港埠頭と現在の桜木町駅付近の間には、同時期に、二つの人工島とその間をつなぐ橋で構成された鉄道路線が敷設された。この鉄道は、新港地区の赤レンガ倉庫や旅客ターミナルへ伸びていた。新港地区の再整備の始まった1990年代には、この鉄道は役割を終えていたが、横浜市は、みなとみらい21新港地区再整備事業の中で、この鉄道遺産を歩行者プロムナードとして活用することとした。事業実施の際には、老朽化した橋や鉄道線路の撤去が考えられたが、二つの米国製トラス橋と鉄道線路及び二つの島の護岸の保存、また、現在の北仲橋の位置にあった3連英国製トラスの大岡橋梁の1連も移設し、汽車道と名付けられた。ナビオス横浜（国際船員センター：1999年竣工）建設では、トンネル状の赤レンガ倉庫への見通し空間を設置し、汽車道から運河パーク（1999年完成）、ナビオス横浜のトンネル先まで鉄道線路を保全している。

山下臨港線プロムナード

●2002 公開

　山下臨港線は元々、昭和40年代に横浜港駅から山下埠頭までを結ぶ貨物鉄道線として建設された。現在の象の鼻地区から山下公園区間は高架となっており、山下公園通りからの景観的な課題となっていた。山下公園部分については2000年までの山下公園再整備によって撤去されていたが、現在の象の鼻地区から山下公園西端までの約500mの区間については存地することとし、遊歩道として整備することとなった。2002年、赤レンガ倉庫のオープンとともに、「開港の道」の一部として公開された。

世界の広場とポーリン橋

038

フランス橋〜人形の家〜ポーリン橋〜世界の広場

●1984 フランス橋設置 ●企画総合調整：都市計画局都市デザイン室
[フランス橋（1984年竣工）] ●事業主体：道路局・首都高速道路公団 ●設計協力：M&Mデザイン事務所／[人形の家2階デッキ（1986年竣工）] ●事業主体：経済局・建築局 ●設計協力：坂倉建築研究所／[ポーリン橋（1989年竣工）] ●事業主体：道路局 ●設計協力：間瀬コンサルタント／[世界の広場（1989年竣工）] ●事業主体：緑政局 ●設計協力：坂倉建築研究所・創和エクステリア

　1980年当時、中村川・堀川上部に建設が進められていた高速道路は山下公園周辺地区と山手地区を視覚的に分断するものであったことから、両地区の要請を受け山下公園端部と港の見える丘公園フランス山地区を結ぶ約250mの大歩道橋が計画された。しかしこの計画は景観を混乱させ、歩行者にとっても長く単調であることなどの課題があったことから代替案が検討された。同時期、産業貿易センター内にあった「世界の人形コレクション」を発展させ本格的な人形の博物館（のちの「横浜人形の家」）を建設する計画があったことから、（1）山下公園前面街区にある観光バス駐車場の上部に人形の家を設置する。（2）人形の家2階に屋外デッキを設け、人形の家入口を設ける。（3）山手地区から歩道橋を人形の家2階デッキに接続する。（4）人形の家2階デッキから短い歩道橋を設置し山下公園と接続するルートに変更された。1984年には港の見える丘公園フランス山地区と人形の家予定地に間を曲線で結ぶ歩道橋「フランス橋」が完成。フランス橋の港の見える丘公園フランス山地区にかかる部分は石張りの公園ゲートとしてのデザインを持っている。1986年には、人形の家建設事業においてフランス橋からつながるデッキが完成。人形の家完成後、山下公園内では下水道地下ポンプ場が建設さ

れ、貨物線が撤去された。そこで、周辺地区の駐車場問題を解決するため、下水道ポンプ場上部に立体駐車場を建設し、その上部を山下公園と大階段でつながる広場（世界の広場）とすることとなり、1989年、世界の広場と人形の家2階デッキを結ぶ歩道橋「ポーリン橋」が建設された。ポーリン橋は山下公園通りのイチョウを切らずに間を抜けるようにS字型に湾曲させた。この完成をもって、山下公園周辺地区と山手地区を結ぶ歩行者ルートが完成した。フランス橋とポーリン橋は1991年1月、かながわの橋100選に選定されている。

フランス橋

アメリカ山公園

●2009 開園

　かねてより地元からは山手地区と元町地区をつなぐアクセスの改善と回遊性の向上が求められていたが、みなとみらい線の開業により、地域の魅力向上や駅前拠点としての賑わいの創出も求められた。こうした中、都市公園法改正により「立体都市公園制度」が創設されたため、この制度を全国で初めて適用し、元町・中華街駅上部の立体利用を図るとともに、山手地区側の緑地を一体的に公園として整備し、元町通りからエレベーター、エスカレーターにより山手の丘をつなぐことができた。さらに、駅舎上部を増築した3〜4階は公園施設とし、結婚式宴会場、写真スタジオ（便益施設）、保育園、学童保育（体験学習施設）等を設けた。また、アメリカ山公園は全域を都市公園法における管理許可施設として民間の事業者が管理運営を担っている。

象の鼻パーク

●2009 竣工・オープン ●設計：小泉アトリエ（小泉雅生）

　開港の地であるこの地は防波堤の形状より、古くから象の鼻地区と呼ばれてきた。長く港湾機能を担ってきたが、この貴重な地区の歴史性や象徴性を活かしながら賑わいや交流の場を生み出すため、開港150周年である2009年に港湾緑地として再整備された。緑の軸線とウォーターフロントの軸線の交点であり、両軸線はこの象の鼻パーク整備によって完成した。設計者の選定は若手に機会を与えるために50歳以下の設計者を対象として行われ、小泉アトリエが選ばれた。スクリーンと呼ばれる照明装置が港を取り囲み、この地が開港の地であることを明示するとともに、柔らかく周囲を照らす。関東大震災で崩落した防波堤も、最も象の鼻らしかった明治中期の頃の姿に復元され、工事中に出土した税関の基礎や転車台なども現地に保存展示されている。創造界隈拠点として初の新設となった象の鼻テラスが休憩所も兼ねて併設され、園内の活動を支えている。

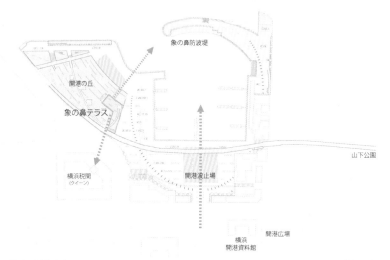

象の鼻パーク配置図

提供：小泉アトリエ

横浜税関遺構 鉄軌道及び転車台 / 象の鼻旧石材

●2009 整備

「横浜税関遺構 鉄軌道及び転車台」は、象の鼻パークの整備中に、1895（明治28）年〜1896（同29）年頃に整備されたとされるかつての荷役用貨車の転車台4機が出土したため、急遽、設計変更を行い保全したものである。パーク広場の中央部に出土したため、ガラス床＋取り外し可能なボラードとして、遺構が将来的なアクティビティを阻害しないよう配慮している。2010（平成22）年に市認定歴史的建造物となった。

「象の鼻旧石材」は、象の鼻の堤防部分の復元工事中に、海中から関東大震災の際に沈んだ当時の石積みが発見されたもの。発注済であった堤防復元のための材の一部に旧材を使用することとし、往時の様子を伝えるよう工夫している。また芝生広場のベンチや象の鼻テラスの外装などにも旧材を用い、開港の地としての歴史を今に伝えている。

鉄軌道及び転車台

転車台（出土時）

042

女神橋

●2020 開通 ●設計：オリエンタルコンサルタント ●デザインアドバイザー：国吉直行

ハンマーヘッドなどの新施設の開業に伴い、みなとみらい中央と新港地区を新たに接続し快適な歩行者ネットワークを形成するため、人道橋として計画された。国際橋から見える港の景色に配慮するため箱桁構造を採用し、断面形状はテーパーが掛けられ、高欄もワイヤーを採用するなど、極力薄く見えるよう工夫されている。平面形状は臨港パーク、新港パークの護岸のカーブを踏襲し、緩やかなカーブを描く。基本カラーはみなとみらいらしい白とすると同時に、フルカラーLEDによる演出照明を導入、通常時は穏やかな演出としつつもイベントにも対応可能とした。また、水際線を楽しむウォーキング・ジョギングルートとして、周囲の景観と調和したデザインの案内サイン表示がされている。

写真：森日出夫

043

東急東横線廃線跡地遊歩道

●2019 利活用社会実験開始 ●計画延長：約1.8km ●幅員：約7〜10m ●桜木町駅西口広場：2014年整備完了 ●桜木町駅西口広場〜紅葉坂交差点：2019 整備完了

2004年のみなとみらい線・東急東横線の相互直通運転により廃線となった東急東横線横浜〜桜木町間。遺された鉄道高架構造物を活用し、都心臨海部における回遊性の向上と地域の活性化を目指して遊歩道として整備する。初代横浜駅でもあり東横線の記憶も残る桜木町駅の西口広場は、駅ビルデザインに合わせ、横浜らしさを表す赤レンガを舗装に用いた。交通量の多い国道16号線との間に高さの変化のある花壇を配してバッファをとり、歩行者や将来の活動も見越した滞留空間を緩やかに形成した。高架部分の植栽ますには線路敷を思い起こさせる割栗石を用いたふとんかごを用いている。2019年に一部高架部分を含め供用されたことを機に、みなとみらいエリアと野毛・戸部エリアという

個性の異なる街に挟まれた特異な立地を生かした空間の在り方を模索するため、2019年から実験的に利活用実験イベントを行っている。

整備概要

社会実験の様子

044

みなと大通り及び横浜文化体育館周辺道路（みなぶん）の再整備

●2020 道路活用実験実施 ●全長約1.6km

JR関内駅周辺では教育文化センター跡地活用事業、旧庁舎街区活用事業、横浜文化体育館再整備事業等により、来街者の増加と更なる賑わい創出が期待される。地区を貫く「みなと大通り」及び「横浜文化体育館へのアクセス動線」（合わせて通称"みなぶん"）は各施設間の回遊性の向上とともに、関内・関外エリアの一体性を向上させる重要な動線として、車道幅を狭めて歩行者・自転車通行空間を拡充、滞在環境を向上する道路空間の再整備を行う。将来の再整備を見据え、車道を歩行者空間に転換した社会実験「みっけるみなぶん」を2020年11月に実施した。

社会実験「みっけるみなぶん」の様子

ストリートファニチャーによる道路景観向上

　道路上にある様々な施設（ストリートファニチャー）が相互の関係性もなく乱立している状況が道路景観を悪くしているとの指摘から、1991年よりこれらの整備に関するルールづくりを行った。基本的な考え方として、柱を共有するなど施設数を減らすこと、水平・垂直でグレー基調とすることにより、統一感を演出する、等を示し、その考えに基づく製品開発も行った。メーカーも多岐にわたることから、パブリックデザインセンターに委託し、標準型ストリートファニチャー開発プロジェクトへの参加企業を募集してもらった。道路照明柱、横断防止柵、車止め、バス停留所上屋、ごみ箱、吸い殻入れ、公共掲示板、ふれあい伝言板の8施設で開発を行った。これらを関内地区の本町通りと環状2号線屏風ヶ浦駅付近をモデル地区として整備。その後、モデル事業が終了した後も、バス停留所は同様のデザインを採用し続け、後の広告付きバス停留所を導入する下地となった。また横浜で活動する民間企業等による新たな取組として、"まちづくりについて地域の皆様と一緒にアイデア

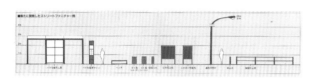

を出し、街の活性化につなげる"ことを目的とした「ストリートファニチャーコンペ」が2015年より1年半おきに開催されており、選ばれた作品を実際の公共空間で期間限定で設置するイベントを実施している。第5回は市庁舎水辺テラスにて開催予定。

045

公共サインガイドライン

●1996 策定

　公共サインは、不特定多数の方が利用する公共性の高い標識・地図・案内誘導板等の総称で、公的機関が設置主体となり公共空間に設置される。様々な情報・機能の付加や街のイメージカラー等による仕上げにより、街を演出するための道具としても活用されている。十分なサイン計画がないまま設置されると、形状や表示方法に統一がなくなるとともに管理が行き届かなくなるなど、問題を生じてしまう。横浜市では、街の魅力を高め、市民や来訪者にとって統一されてわかりやすい公共サインとなるよう、1995（平成7）年度に公共サインの文字や地図の表記方法等の基準を示した「横浜市公共サインガイドライン」を策定し、公共サイン設置にかかわる市役所関係部署をはじめ、関係業者、設計者に、ガイドラインに基づいた公共サインの設置を求めている。自治体としてまとめられたガイドラインとしては先駆的であり、多

くの自治体のガイドライン策定において参考とされている。その後、交通バリアフリー法の施行や2002年の日韓ワールドカップサッカー大会での取り組みを経て、2003年に最初の改訂を行った。

046

広告付きバス停留所事業

●2004 設置開始

　広告看板で得られる収益でバス停留所施設の整備及び維持管理を行う事業スキームで、2004年度から市営交通のバス停上屋を対象に整備を始めた。海外で同様の事業を手掛けるJCドゥコー社の日本法人（MCドゥコー）を公募により事業者に選定。市の費用負担がないことから20年間の長期契約を結び、事業者の設備投資と回収を可能とした。屋外広告物と景観向上を両立させる試みでもあり、当初から外部委員会を設置し広告のデザイン審査、事業への助言などを行った。その後同様な事業スキームが全国多くの都市に受け入れられたことは、初期に横浜が質の高い景観及び屋外広告物のあり方を示し実践したことが大きく貢献しているといえる。なお、2019年から供用されている街の

案内地図やフリーWiFiを提供する「広告付案内サイン・公衆無線LAN 整備事業」も、本バス停事業と同様のスキームで実施されている。

質の高い
街並みの誘導

街並み誘導のはじまり

　横浜における街並みとは、単に目に見える美しさを意味するのではない。1972年の「山手地区景観風致保全要綱」では山手地区における丘からの眺望や落ち着いた街並みを定め、その後、邸宅の緑、歴史的資源や街並みを守るため、地域住民による自主的ルールと合わせて運用されている。これは山手らしい住環境を維持・保全していく意図が強かった。

地域のマネジメントへ

　1973年には、用途地域や高度地区の設定に合わせ、建築単体に対する横浜独自のコントロール手法のひとつとして、市街地環境設計制度を制定。空の見える景色は皆の共有物であり、高くて大きな建物を建てる場合は、歩行者空間の整備などの相応の公共貢献をするべきであるという考えに立ち、横浜独自の高さ規制と抱き合わせて編み出された。景観と公共貢献のバランスを見て都市空間を総合的に評価する方法は、横浜における景観調整の考え方の原点とも言える。同時期、関内駅前では、くすのき広場整備において隣接する（旧）市庁舎の外壁に合わせて舗装材として採用された赤レンガの雰囲気を街へ展開するため、JR関内駅南口や市庁舎周辺の民間建物へ依頼し茶系の色や赤レンガ素材を使用してもらう交渉を重ねた。まだ街並みに関する汎用的な制度がない頃である。山下公園通りにおいても、ペア広場や3mの歩行空間供出など、市から地域に対し人のための空間づくりを提案し協議していく中で、山下公園通りに面する敷地の考え方を整理し、地域にも納得していってもらった。馬車道等の商店街においても、街路整備に合わせて、来街者を受け止め、他にない個性を発揮する沿道の在り方が模索され、自主的な街づくりルール（街づくり協定）が制定されるなど、各地で街づくりを担う地域組織が形成されていった。行政においても要綱による「街づくり協議」により、行政と建築・事業主が協議することでバックアップし、地域と行政の両輪で街並み誘導する体制が構築されていった。

景観制度への移行

　こうした手法はその後の行政手続法の改正による行政手続きの厳格化を受け、地区計画制度等のより確実な手法や、2004年の景観法制定により景観計画等へ移行していく。景観計画は、関内・みなとみらい21中央地区・新港地区、最新では山手地区にて策定されているが、横浜の特徴は、定量的な景観計画と同時に、独自に都市景観協議を義務付ける「景観条例」を制定し、建築・事業主との協議により、その場ごとにより良い姿を求めるやり方をとっている点にある。いわゆる「創造的協議」と呼ぶこの手法は、街並み形成の取組当初からの基本スタンスである。昨今は大型案件を中心に提案（コンペ）形式の事業が増え、協議の余地が狭いケースも増えてきている中、事業主との協議の方向性を当初から示しておく新しい方法として「デザインコンセプトブック」を独自に開発し、様々な事例で用いられてきている。また、魅力ある建築物や構造物をつくるだけでなく、これまでつくってきた空間や街並みをいかに生かしてより魅力ある都市空間を形成するかにも重点が置かれ、イベント時における景観制度・屋外広告物条例等の柔軟な運用にも取り組んでいる。

公共がけん引する質の高いデザイン

当時のホームのベンチとサイン

047
市営地下鉄

●1968 着工 ●事業主体：交通局 ●デザイン調整：企画調整室 ●デザイン協力：高速鉄道デザイン委員会（1969年〜）●全体デザイン：榮久庵憲司（GK設計）●グラフィックデザイン：粟津潔 ●建築：河合正一・吉原慎一郎 ●ストリートファニチャーデザイン：柳宗理

　六大事業のひとつ、横浜市営地下鉄の整備に際し、駅舎の内外部の形態、サイン、駅のストリートファニチャー・車両のデザイン検討の中心となったのが、様々なデザイン分野から参加した外部専門家で構成された横浜高速鉄道デザイン委員会だった。委員会の討議の中から、全体を統一するデザインポリシーが確立され、さらにそのデザインポリシーに基づき、各デザイナーが施設の具体的な提案を行っている。当時としては画期的なブルーとイエローを基調とした「リニアサイン」など、人の円滑な誘導までもデザインにより解くことが試みられた。駅や車両の表示に使われているシンボルマークは1971年に市民公募の中から選ばれた。

地下鉄駅プラットフォームのストリートファニチャー

【地下鉄デザインポリシー】

①わかりやすい地下鉄（視覚的にシンプルに。サイン類を分かりやすく。各線の基調色と基本型。誘導リニアサインとパネルサイン。）

②確かなサービス（安全、能率、快適さへの配慮。自動化、エスカレーターの多用。レストコーナーの充実。身障者用施設の強化。）

③横浜らしいセンス（横浜らしいデザイン的特色の工夫。主要駅の壁面レリーフ、床面タイル。）

048

港の見える丘公園・フランス山地区再整備

●1962 公園開園。旧居留地イギリス海軍屯所跡地を国より譲渡 ●1969 横浜市イギリス館開設。イギリス領事公邸買収 ●1971 フランス山地区公園拡張。旧居留地フランス海軍屯所跡地を国より譲渡 ●1978 公園拡張、大佛次郎記念館開設 ●1980 バルタールパビリオン及び旧フランス領事官邸遺構の整備 ●1984 公園北側ゲートを兼ねるフランス橋の整備 ●1984 南の森地区拡張（旧居留地イギリス海軍総監所跡地）、神奈川近代文学館開設 ●1986 霧笛橋の整備 ●1990 霧笛橋広場及び南の森地区の整備 ●1991 ローズガーデンの整備 ●1993 フランス山地区園路等再整備 ●1994 展望台、沈床広場、中央入口広場の再整備 ●1999 山手111番館改修公開 ●2017 香りの庭、イングリッシュローズの庭の整備

　歌謡曲「港が見える丘」（1947年リリース）から名前を採った本公園は、旧居留地イギリス海軍屯所跡地の譲渡を受けて1962年の開園以来、約40年を掛けて順次拡張、中央地区・フランス山地区・南の森地区それぞれの地区の特色を生かした整備を重ね今日に至っている。

　最初に整備された中央地区は、かつてのイギリス領事公邸を保全活用したイギリス館（1969年）、大佛次郎記念館（1978年）、西洋館山手111番館（1999年）の整備、1991年のイギリス館前のローズガーデンの整備、1994年の展望台、沈床広場、入口広場の再整備などにより面目を一新した。中でもリズミカルな構造物の

デザインが印象的な展望台は公園の名称を体現する場となって来園者に親しまれている。

　フランス山地区は北側の旧居留地フランス海軍屯所跡地に1971年に公園を拡張、その後パリレアール中央市場の鉄骨部材遺構バルタールパビリオン及び旧フランス領事官邸遺構、公園北側ゲートを兼ねるフランス橋などの整備を行った。

　1984年に旧居留地イギリス海軍総監所跡地や民地を買収して拡張した南の森地区には神奈川近代文学館が整備され、霧笛橋を介して大佛次郎記念館と一体的な文学ゾーンを形成している。

港の見える丘公園展望台

写真：森日出夫

049

ベイブリッジ計画

●1977 計画決定 ●施工：鹿島建設・大林組・大成建設・清水建設ほか JV

　ベイブリッジは、六大事業の一つとして1965年に計画構想が打ち出され、施設の位置づけ、事業主体などが整理され、1977年に都市計画決定、1989年に首都高速道路の施設として高速道路部分が開通した。構想当初はゲルバー橋と呼ばれるトラス橋であったが、最終的には、この頃登場してきた斜張橋（3径間連続鋼トラス斜張橋）を横浜港の新しいシンボルとして採用した。デザインは大野美代子氏。横浜における高速道路は、都市美対策審議会の審議を経て、一般的にグレー色を用いるが、この施設は風の強い海上の施設であり汚れにくい点を考慮し、シンボル施設として純白色を採用した。都市デザイン活動としては、スカイウォークの設計調整、石井幹子氏設計のライトアップ計画の調整なども行っている。

写真：森日出夫

050

大さん橋国際客船ターミナル

●2002 竣工 ●設計：エフ オー アーキテクツ リミテッド ●施工：清水建設
JV・鹿島建設JV・戸田建設JV

　横浜市は1994年、老朽化した大桟橋客船ターミナルの全面
建て替え事業のために、国際公開設計コンペを実施した。新施
設のコンセプトは、"世界に開かれた出会いの場"、あたたかく
人々を迎え入れる港の庭園 "庭港（にわみなと）"。かつては高
層ホテルを併設する案も構想されていたが、コンペ実施の際は、
周辺への景観面での配慮から高層建物を設置せず、施設全体
の高さを低く抑えることを計画の前提とした。コンペの応募数は
国内外から660点。1995年の審査委員会で、イギリス在住のア
レハンドロ・ザエラ・ポロとファッシド・ムサビの共同作品を最
優秀案に選定。この案は全体を丘とし、客船が主役となるよう意
図した計画であった。構造計画面での課題などを乗り越え、
2002年に竣工し、横浜港ウォーターフロント地区の新しいシン
ボル施設となり、象の鼻パーク整備（2009年）につながった。

051

マリンタワー再整備

●2009 再整備実施 ●設計：清水建設（当初）、日建設計（改築）●施工：清水建設・石川島播磨重工業

　開港100周年事業として建設されたマリンタワーであったが、2006年に閉館、その後、横浜市に譲渡された。開港150周年事業を契機に改修、事業者も公募された。その際、低層部はガラスファサードで包むような形で増築することとなったが、実施設計に際し、ガラスファサードからコンクリートパネルへと変更となった箇所の塗装パターンは都市デザイン室が自らデザインしている。タワー部分はエッフェル塔をイメージしたブラウンオリーブ（内部）とシルバー（外部）で再塗装、それに合わせた多色LEDによるライトアップを施し、以前の紅白の塔からイメージを刷新した。世界一高い灯台としてギネスに登録されていたマリンタワーであるが、灯台機能はこの再整備を機に廃止となっている。2019年に再度改修工事に入り、2022年に再オープンの予定であるが、改修工事中も賑わい維持の観点からウェブ上の企画と連動したライトアップが行われている。

052

みなとみらい線駅舎デザイン

●2004 開業 ●みなとみらい駅：早川邦彦「アーバンギャラリーとしての駅」●馬車道駅：内藤廣「円蓋が象徴する、過去と未来の対比と融合」●日本大通り駅：山田一信「歴史的な建物の内部を想像させるイリュージョンの駅」●元町・中華街駅：伊東豊雄「横浜の歴史と文化を編纂した本の駅」●新高島駅：山下昌彦「未来の街を創造するシャープでスピーディーな海」●ホームドアカラーコーディネート：都市デザイン室

　駅舎設計にあたって、駅づくりの方向性や街づくりとの整合性等を審議する「デザイン委員会（渡辺定夫委員長、ほか11名）」を設置。従来の土木計画の中に、駅周辺の街との連続性や一体性の視点を持ち込むため、実績ある中堅の建築家を駅ごとに採用した。全駅共通のデザインコンセプトの一つである「アーバンギャラリー（駅の立地する街を地下空間に引き込むとともに、駅そのものを展示空間とする考え方）」が、それぞれの個性ある方法で表現されている。グッドデザイン賞2004、土木学会デザイン賞2006受賞。

　2018年以降のホームドア設置にあたっても、運営する横浜高速鉄道がホームドアも駅のデザインのひとつとして考え、都市デザイン室が入ることとなった。主に「色」とその「配色（塗分け・組み合わせ）」の選定により、駅の個性と「調和させる」ことをテーマにコーディネートを行った。

元町・中華街駅

馬車道駅ホームドア

053

水陸両用バス

●2016 社会実験・本格実施開始

　2015年、都心臨海部の回遊性向上施策の一つとして、港湾局により水陸両用バスが試験導入されることとなった。運行場所は日本丸パークを発着とする関内・みなとみらい地区であり、券売所等の建築物に対し都市景観協議が行われた。

　臨海部の主要なエリアを周回し、新しい都市のアイコンにもなるため、券売所だけでなく車両も含めたトータルデザインでイメージ構築するほうが横浜らしく特色あるものができると考え、プロのクリエイターの起用を公募で選定された事業者側に打診。文化観光局のクリエイターデータベースに登録されているデザイナー

から、天野和俊氏が選定された。数か月に及ぶデザイン調整を経て、双方が満足できる車体デザインが完成。事業者としても、券売所や停留所、パンフレット等のデザインも天野氏に依頼することとなった。創造都市政策により横浜に集積したクリエイターの活躍の場をビジネスベースで提供し、かつ都市景観向上にも寄与できた好例であった。なお、水陸両用バス「スカイダック」は2016年7月に社会実験として運用開始し、同年9月に本格スタートした。

054

BAYSIDE BLUE（ベイサイドブルー / 連節バス）

●2020運行開始 ●運行ルート：横浜駅前（東口バスターミナル）～山下ふ頭 ●運行距離：下り5.95km、上り6.45km ●トータルデザイン：GK設計

　横浜市営交通として初の連節バス。観光地やMICE拠点が点在する一方鉄道駅からは距離のあるベイエリアを横断し、来街者の回遊性を高めるとともに、広がりのある空と海をイメージさせるマットメタリックブルーが、都市の新たなアイコンとなるようデザインされた。デザインにおいては、「利用者にとって分かりやすく、使いやすく、快適なバスシステム」としてバス停や案内図

等もヴィジュアルアイデンティティ（VI）の考えに基づき統一され、これらに用いられているシンボルマークは2つの車体（連節バス）をダイナミックな「2つの波」にみたてて表現している。なおバス停はこれまでの水平・垂直の形状とグレーを基調としつつ、ベイサイドブルーのアイデンティティであるブルーの差し色により、調和と分かりやすさを両立している。

写真：hanzawa

YOKOHAMA AIR CABIN

055

YOKOHAMA AIR CABIN（ロープウェイ）

●2021竣工・開業 ●事業者：泉陽興業株式会社 ●演出照明計画監修：石井幹子 ●停留所2カ所 ●支柱5基（地上2基、海上3基）●延長 約630m ●最大高さ 約40m ●8人乗りゴンドラ36基

　横浜都心臨海部において、横浜市が2017（平成29）年度に公募を実施した「まちを楽しむ多彩な交通の充実」に提案された事業で、民間事業者により整備・運営されている。横浜の顔となる特色あるエリアを跨いで建設される計画のため、都市美対策審議会に附議しながらデザインが調整された。みなとみらい21中央地区に建つ「桜木町駅」と新港地区に建つ「運河パーク駅」の

各駅舎は、各エリアのルールのみに沿って別々のデザインとするのではなく、これまでにない新たな移動装置としてグレートーンを基調としたデザインに統一。汽車道に沿って海上に建つ3本の支柱は空に向けて薄くなるグラデーションの色彩とした。夜間は駅舎やゴンドラに演出照明が施され、昼間と異なる表情を見せる。

山下公園通り

056

ペア広場

●1971 調整開始

　1971年、神奈川県は山下公園通りに面した国有地と市有地を取得し県有地と合わせて一敷地とし県民ホールを建設する方針を示した。横浜市は市有地譲渡に際し、開発指導構想などをもとに（1）山下公園通り沿いに3m幅員の歩行者空間、（2）角地の広場（3）山下公園通り側に車の敷地への進入口を設けない等の指針を申し入れ、県はこの指針を尊重。この指針はさらに充実され、後に街づくり指導基準となった。ほぼ同時期に、道を挟んだ隣接地に産業貿易センターの計画が開始。容積と高さの緩和のため横浜市市街地環境設計制度を適用するのに際し、同様の指針を申し入れ、貿易センターと県民ホールの広場は同じレベルで向かい合う関係となり、「ペア広場」と呼ばれることとなった。制度が十分でない時代において、関係者との協議によって複数の敷地を連担させ、よりよい都市空間を構築した実践例として、その後の同様の手法の端初となる事例である。

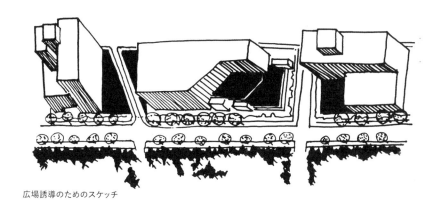

広場誘導のためのスケッチ

ペア広場（現在）

057

山下公園周辺地区開発指導構想

●1973 策定 ●再整備設計：高橋志保彦建築設計事務所 ●再整備事業主体：道路局施設課・中土木事務所

　ペア広場の整備などを契機に、1973年に「山下公園周辺地区開発指導構想（ガイドライン）」を策定。レンガを基調とした素材や色彩といった景観的配慮だけではなく、山下公園前面街区（Aゾーン）では公共性の高い土地利用とするといった建築用途や、広告、緑化、歴史的資産の保護、山下公園通りに沿った3mの壁面後退や角地の広場など歩行環境の確保など、幅広い視点で取り組まれた。当該ガイドラインは横浜市市街地環境設計制度を用いた新規建築を除いて補助などはなく、沿道地権者等関係者の努力によってなされ、1985年頃には通りの約90%が3mセットバックされ、増加する歩行者への対応や銀杏並木の保護に寄与した。1984年に浮上した再整備計画においては、周辺地権者等により発足した「山下公園通り会」と協力し、市の道路整備として進められた。

再整備当初の様子

現在の様子

058

山下公園通り地区　地区計画

●2002 地区計画策定

　山下公園通り地区では、1973年に策定した「ガイドライン」以来、建築用途や景観基準等について、街づくり協議により誘導を進めていた。しかし、みなとみらい線開通にあわせた計画的な街づくりが必要なこともあり、地元の山下公園通り会から従来の指針の理念を踏まえた地区計画策定の要望があった。これを踏まえ、当時建て替え計画のあった具体的な計画の調整も行いながら、2002年に地区計画を策定した。当初の指針では横浜を代表する観光地であった山下公園に隣接する地区として住宅用途を禁止していたが、周辺エリアを含む住宅ニーズの高まりを踏まえ、低層4階まではこれまで通り賑わいにふさわしい用途を誘導していくこととする一方、中層部に周辺と調和した住宅を可能とすることとした。当時景観制度がまだ無かったため、45mを超える高層建築物を建てる場合は、地区計画の中で都市美対策審議会の意見を聞くことを位置付けた。

山下公園通りの街並み

馬車道

059
馬車道商店街　第1期整備

●歩道整備区間総延長：530m ●馬車道通り：1976年、馬車道広場：1978年 ●事業主体：第1期＝馬車道商店街、道路局・経済局・緑政局／第2期＝馬車道商店街・マリナード地下街、都市整備局・交通局 ●計画調整：企画調整局都市デザイン担当 ●設計：高橋志保彦建築設計事務所、施工：東亜道路工業・コトブキ

馬車道はガス灯が最初に灯されるなど西洋文化がいち早く導入されたまちである。米軍による関内接収中に台頭した横浜駅西口商業地区と対照的に地盤沈下の傾向にあった商店街を活性化するため、経済局による「モデル化商店街事業」の第1号に指定される。くすのき広場や都心プロムナードをモデルとして歩行者空間整備を軸とした道路の魅力向上を決定。車道を幅9mから7mに狭めて歩道を広げ、くすのき広場と同じレンガタイルの舗装、馬車道独自のデザインのストリートファニチャー（街灯・ベンチ・くず入れ・灰皿・フラワーボックス・ツリーサークル・電話ボックス・車止め・彫刻）や、1978年には馬車道広場も整備した。歩道整備と同時に、歩行者が楽しく歩ける街づくりのため、沿道建築物についても建物用途（1・2階に物販・飲食）、1・2階の2.5mの壁面後退、茶・白・黒系の外壁色、公共空間の維持管理等の内容を定める馬車道独自の「街づくり協定」を商店街会員全員により結び、まちづくりを進めている。

歩道と壁面後退

060
馬車道商店街　第2期整備

●2003 整備

みなとみらい線馬車道駅の建設に伴い、馬車道の再整備が計画された。まちづくりのコンセプトを「OLDタウン馬車道」とし、歴史を活かした本物志向の大人の街を目指し、通りのガス灯をすべて本物のガス灯に変え、イギリス各地にあるガス灯も輸入し、通りの所々に解説板とともに設置されている。また、ガーデンストリートと称し、アキニレの街路樹を継承し、新たに植樹帯の低木や花壇を地元負担による整備・管理とすることで、通常の道路植栽では行わない庭園的な美しい植栽を実現した。公共整備では困難な高質なレンガ舗装やガス灯、ストリートファニチャー類も含めて馬車道商店街が費用負担している。その後2008（平成20）年には、景観条例による都市景観協議地区指定、地域まちづくり推進条例による「馬車道まちづくり協定」の地域まちづくりルール認定、地区計画制度による建物の用途誘導などを導入するなど、新たな制度を効果的に取り入れ、地元主導でまちづくりが進められている。

ガス灯

伊勢佐木町

再整備当時の様子

061

イセザキモール

●1978(1・2丁目)、1982(3・4丁目)整備 ●整備区間800m(1・2丁目及び3・4丁目) ●事業主体：1・2丁目モール＝伊勢佐木町1・2丁目地区商店街振興組合、横浜市(都市整備局・道路局・経済局・緑政局)、3・4丁目モール＝伊勢佐木町3・4丁目商店街、横浜市(道路局・経済局・緑政局) ●計画協力：都市デザイン担当 ●設計：環境開発研究所・竹中工務店 ●施工：竹中工務店

　1〜7丁目の1.5kmにも及ぶ伊勢佐木町商店街は、横浜で最も伝統ある商店街だが、市電の廃止や横浜駅の台頭等により低迷の色が見えた。1953年から午後のみの歩行者天国や、車道部のカラーアスファルト化を試みたが、先行して商店街活性化事業として実施された馬車歩道整備はより現代的で明るい空間性の高いものと評価されたことも受け、伊勢佐木町1・2丁目でも15mの全幅用いた散策型全面モール化の歩行者空間整備が実施された。その4年後には、ほぼ同内容のモール化事業が3・4丁目でも実施された。

　歩道部のアーケード撤去、電柱撤去・各種ケーブル地中化、豊かな街路樹の設置、オリジナルのストリートファニチャー整備(街頭や彫刻の台座と抱き合わせることでベンチを設置)、道路交通法による歩行者専用道化、路面デザインと高質化、シンボルゲート・モニュメント等の設置、各店舗でのはねだし型日よけの共通使用等を実施。地元商店街の事業として高額な事業費を負担することになるが、その資金の融資・援助や、工事に合わせた地下埋設物整理など、公共側が並走することで実現させている。

再整備前の様子

元町

062

元町通り第1期・第2期街づくり

●1985 歩道整備 ●歩道整備総延長：約600m ●事業主体：元町商店街SS会・道路局・経済局・都市計画局・県商工部・道路占用各企業（東京電力ほか）
●計画調整：元町街づくり協議会・都市計画局都市デザイン室 ●設計：URU総合研究所・簑原デザイン研究所・豊口デザイン事務所・大成建設 ●施工：
大成建設

　元町は山手居留地の外国人が利用する商店街として発展した。商店街を貫く元町通りは幅員8mと狭く、早くも1955年に第1期まちづくりとして壁面線指定を受け、沿道建築物の1階部分の壁面後退（1.8m）による回廊型歩行空間が約30年かけて概成した。土日の午後に歩行者天国を実施するも人が溢れ返る状況に、第

2期まちづくりとして、1985年に車道幅員を8mから5.5mに狭めての歩道拡幅、電線の地中化等による蛇行させたボンエルフ型の街路整備を行い、路上駐車帯とストリートファニチャーユニットを設置。合わせて、沿道一体として魅力ある街並み形成のため自主的に「元町街づくり協定」を策定した。

第2期整備後のようす

063

元町仲通り／元町通り第3期・第4期街づくり

　元町通りに隣接する元町仲通りにおいても、壁面後退やグランドレベルの賑わい形成等を定めた地区計画を1999年に策定。電信柱の移設や通りの本格的整備等のハード整備に加え、2000年からは沿道個店の飲食店らによるフードフェアを実施するなど、元町通りとはまた趣の異なる個性ある通りを形成している。

　2003年には元町通りで、交差点部にキャノピーを設置し歩行空間の連続性を確保するなど、第3期の道路空間再整備を実施。また、「元町まちづくり協議会」が発足し、元町に存在する複数の団体による代表者同士の意見交換の受け皿として機能している。近年では、周辺開発の動き等の環境変化を見据えた新たなまちづくりを考える時期にあり、2019年に「横浜元町第4期まちづくり基本計画」を策定。周辺地域との回遊性を高めるため、街の入口においてゲート空間を演出する「元町オープンゲート構想」や、街で過ごす時間そのものの価値を高める「元町時間の創出」を

テーマに設定。第一弾として、滞留空間を創出するため停車帯の一部をパークレットとして整備。また、これまで整備してきた道路や沿道建物を使った、ストリートミュージカル等の取組も行われている。

元町パークレット

064

中華街街づくり協定

◉2006 協定締結

中華街では、2005年までに、牌楼の整備、本通りの電線地中化によるモール化事業などを終え、歩きやすい、魅力的な街へと変貌した。こういった中で2004年に南門通りに、1階から最上階まで全て住宅用途の大型マンション計画が登場した。中華街街づくり委員会側は、この計画は観光商店街として発展している中華街の活動を妨げる施設になると考え計画撤回を求めた。最終的に中華街側は、資金を出し合い、マンション事業者からこの土地を購入し、媽祖廟建設へと進んだ。また、善隣門前のレストラン壁面に映像広告パネルが取り付けられ、これも問題となった。こうした中で、市も協力し、マンション建設に関する規定や映像ビジョンなどの広告物の規定などを盛り込んだ「中華街街づくり協定」が締結された（2006年10月1日。横浜中華街「街づくり」団体連合協議会）。締結翌日に映像広告は撤去されている。

（横浜中華街が生き残る為の100年の計）
横浜中華街 街づくりルールブック

横浜中華街 街づくり協定

景観制度の活用

065

山手地区景観風致保全要綱

●1972 策定

　山手地区の本格的なまちづくりは、進駐軍による接収が解除された昭和40年代から始まる。その頃は建物に対する規制も少なく、マンション建設ブームにより、山手地区においても高層住宅の建設が相次いだ。これらの高層住宅は丘の上からの港の景観を阻害することとなり、地元住民によるマンション建設反対の陳情をきっかけとして、横浜市は1972（昭和47）年に山手地区景観風致保全要綱を策定。この要綱の運用と併せて、その後街づくり協議指針、地区計画等の制度も導入し、また、地元住民が主体となって、よりきめ細かいまちづくり協定を定め、横浜市と住民が連携したまちづくりを行っている。

　より実効性が担保され、既存樹の保全やブラフ積の景観的資源を活かした制度とするため、要綱に代わり、2020（令和2）年1月より山手地区における景観計画及び都市景観協議地区が新たに施行されている。

港の見える丘公園からの眺望

066

市街地環境設計制度

●1973 制定

　横浜市市街地環境設計制度は、1973年の高度地区の導入と容積率と高さ制限による建築物の規制に合わせ、同年12月に制定された、敷地内に歩道や広場（公開空地）を設けるなど、総合的な地域貢献を図ることを条件に、建築物の高さや容積率を緩和する（インセンティブ）ことで、良好な市街地環境の形成を誘導する制度である。以来、これまでに制度を活用した建築計画は、それぞれの立地特性に応じた地域のまちづくりに貢献してきた。当初、市街地環境設計制度は地域の環境改善が目的であり、特に全体の街づくり計画がなされ、指導や調整が行われている地域での適用事例が多かった。そこで、1985年の改訂では、地域的な課題にもこの制度が適用できるように、特例が新設され、(1)歴史的建造物の保存・修復を同時に行う建築物 (2) 文化施設を含む建築物 (3) 地域施設を含む建築物 (4) 大規模な業務用建築物については、さらに容積率を加算できることとなった。

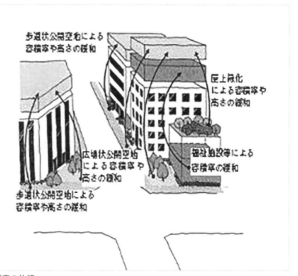

制度の仕組

067

みなと色彩計画

● 1986 計画決定

　横浜港の新しいシンボルとなるベイブリッジ完成後の、横浜港の景観的魅力を形成するために、港湾関係団体代表や色彩専門家からなる「みなと色彩計画策定委員会」での議論を経て策定した。その主な内容は、①倉庫などの多い「商業港と文化の内港地域」では、横浜港シンボルタワーおよび将来完成するベイブリッジ、そして既存の大桟橋客船ターミナル施設は「かがやきシンボル」と位置づけ、純白色とした。②さらに、ベイブリッジの外側の1-aゾーンは、海をイメージする灰みを帯びた青系色、その内側1-bゾーンは山下公園などの緑をイメージする灰みを帯びた緑系色、その内側1-cゾーンは大地をイメージする灰みを帯びた黄系色をベースカラーとする。③その外側の「工業港地域」では、多様な色彩を用意し、暗い工業地帯から楽しい色彩の工業港への転換を図る、などである。

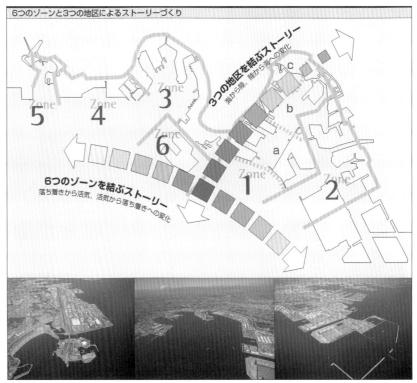

色彩計画図

ベイブリッジ(シンボル施設＝白)

068

横浜市景観ビジョン

●2006 発行 ●2019 改定

「横浜市景観ビジョン」は、横浜市の景観づくりにおいて目指すべき方向性を長期的な視野に立って示す、景観づくりの指針である。

横浜市では昭和40年代から都市デザインの取組を進め、横浜の顔となる魅力ある都市景観を形成してきた。2004（平成16）年の景観法制定をきっかけに、「景観計画」や「景観条例」等の景観施策を体系化するにあたり、「地域ごとに特徴ある歴史や文化」、「魅力的な街並みの形成」をはじめ、「水や緑をいかしたまちづくり」など、これまでの景観づくりで大切にしてきた理念を示すため、2006（平成18）年に策定した。質の高い景観づくりを行うことが、横浜固有の魅力であり「横浜らしさ」となる良好な景観を形成し、市民生活の質の向上や都市のポテンシャルを高める好循環につながるとしている。

2019（平成31）年の改定では、「景観づくりが、横浜を豊かにする」というメッセージで、引き続き私たち市民・事業者・行政がこの考えを共有し、景観づくりを実践していく重要性を伝えている。

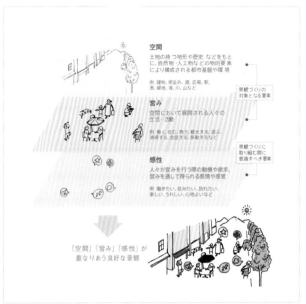

景観づくりの3要素

魅力ある都市景観の創造に関する条例（景観条例）

●2006 施行

都市デザインと組み合わせるのが難しいものの一つに条例がある。都市デザインが常に流れる活動であるのに対し、条例は状況や将来を固定化するからである。かつて都市デザインを理念として条例化する検討が行われたが、行政運営に馴染まない理由から実現しなかった。しかしその後、行政手続法の改正により要綱の運用が厳格になり、街づくり協議地区を活用した協議に事業者が向き合わなくなったことから、都市デザイン室では再び条例を活用するチャレンジをした。2006（平成18）年に景観法と街づくり協議地区を組み合わせた「魅力ある都市景観の創造に関する条例」を作ったのである。これは、景観計画で最低限の作法を定めつつ、地元、事業者、横浜市の3者が向き合った協議の場をつくり、さらに質の高いまちづくりを実現しようという趣旨による。

（仮称）都市デザイン基本条例の検討

現在、まちづくりに係る各種制度面での後ろ盾となっている主な条例として「横浜市地域まちづくり推進条例（2005年施行）」と「横浜市魅力ある都市景観の創造に関する条例（2006年施行）」がある。これらの制定に至る背景には、その約10年前から「（仮称）都市デザイン基本条例」の検討経過があった。

それまで積み重ねられてきた都市デザインの取組を、条例という形で位置づけていくことで、将来的に継続、発展させていくことを視野に入れていたほか、それまで要綱や任意の協議等を主体に進めてきたまちづくりの手続きや基準を行政手続法の制定に伴って明確化させることを目指したのだった。

しかし、横浜で積み重ねてきた都市デザイン活動は、庁内外様々なまちづくりの動きに応じた臨機応変なものであり、画一的に定められるものではなかったため、条例化の検討は困難を極めた。都市美対策審議会にも附議され、その条例は憲章的なものか、それとも一定の規制的な効力を持たせるものかなど、その入口においてもかなりの議論が交わされた。結果的に、当該条例の検討は休止することとなったが、地域まちづくりへの更なる支援や景観法の制定など、時代の要請にしっかり応えていく必要から、前述の2つの条例の制定に繋がっていった。

関内地区景観制度（景観計画・都市景観協議地区）

●2008 施行

　開港以来の歴史を有する関内地区では、歴史的・文化的資産を保全・活用しながら、業務・商業機能を中心に、文化芸術創造活動など多様な機能が複合する多彩な都市活動が行われていることや、個性あふれる多数のエリアがあることなどが特徴として挙げられる。

　そのため、これまでの関内のまちづくりで行われてきたゆとりある歩行者空間の確保や歴史ある落ち着いた街並みの形成、歴史的建造物の保全活用、まちなかから見える歴史的建造物や港への見通しを大切にすることなどを方針として掲げている。具体的には、景観計画では特定のエリア内の建築物について、視点場から横浜三塔への眺望対象が望める形態意匠とすることを定め、都市景観協議地区では、眺望対象が引き立つようデザインを工夫することなどを指針として示し、魅力ある眺望景観の創出を誘導している。

関内の街並み

みなとみらい21中央地区景観制度（景観計画・都市景観協議地区）

●2008 施行

　みなとみらい21中央地区は、横浜駅周辺地区と関内駅周辺地区を結ぶ位置にあり、横浜の自立性と都心機能の強化を目的に、主に業務・商業などの多様な都市機能の集積を図っている。地権者間で自主的なルールである「みなとみらい21街づくり基本協定」を1988年に締結して街づくりの価値観を共有し、調和のとれた街づくりを推進。それにより風格ある都市景観が形成され、なかでも海側から山側に向けて建物が高くなる街のスカイラインは、横浜の代表的な景観として広く親しまれている。

　協定の景観形成項目を基に、2008年に景観計画及び都市景観協議地区を策定し、多様で先進的都市機能が集積するにぎわいと活力ある街をつくることなどを方針として掲げている。具体的には、景観計画では建築物の色彩基準を設け、白やベージュ、ライトグレーなどの明るく穏やかな街並みを形成し、都市景観協議地区では、建物低層部について、にぎわいや活動がうかがえる形態意匠とすることや、水や緑の導入による人々が気軽に休め憩える場の創出を指針として示し、魅力的な景観形成を誘導している。

新港地区全景

072

みなとみらい21新港地区景観制度（都市景観計画・都市景観協議地区）

●2010 施行

　みなとみらい21新港地区は、近代港湾発祥の地としての歴史性を活かして赤レンガ倉庫等の歴史的景観資源を保存・活用し、"島"として個性が感じられる街づくりを進めている。隣接するみなとみらい21中央地区における新しい街づくりと対比させることで、歴史的景観と背後の超高層の街並みが立体的に見え、時間的、空間的な奥行きの感じられる景観が特徴として挙げられる。

　1999年にガイドラインを策定し協議型の街づくりを進めてきたが、それを踏まえ、

2010年に景観計画と都市景観協議地区を策定。赤レンガ倉庫への見通し景観の確保や、対岸や海上から見た景観の演出を必要とし、みなとの情景の演出などを方針として掲げている。具体的には、建築物・工作物の建築・設置について、景観計画では、赤レンガ倉庫への見通し景観を創出する形態意匠とすることを定め、都市景観協議地区では、赤レンガ倉庫に象徴される歴史的資源と調和するデザインとすることなどを指針として示し、魅力的な景観形成を誘導している。

山手地区景観制度（景観計画・都市景観協議地区）

● 2020 施行

山手地区は、旧外国人居留地としての国際性が今なお色濃く残されており、それらを形成する西洋館や外国人墓地などの歴史的資産を保全及び活用したまちづくりを進めている。当地区は、1972（昭和47）年に山手地区景観風致保全要綱を策定し、港の見える丘公園などからベイブリッジ、港及び市街地への眺望景観や、緑豊かな住宅・文教地区としての景観を形成している建造物や大木などの保全を行ってきた。そして、これまでの協議型のまちづくりを継承し、2020年に景観計画と都市景観協議地区を施行し、樹木やまとまりのある緑の保全により、緑豊かな地区の環境を維持することなどを方針として掲げている。

景観計画では、一定の高さ又は大きさの樹木や斜面緑地について保全することを定め、都市景観協議地区では、眺望の視点場からの眺望の魅力を高めるよう、建築物などの壁面の向きや幅、形態、色彩などのデザインを工夫することなどを指針として示し、魅力的な景観形成を誘導している。

山手地区の街並み

屋外広告物条例

● 2011 55年ぶり全面改正（屋外広告事業登録制度導入、地域ごとの規制可）

屋外広告物法は、1949（昭和24）年の制定当初より目的に「良好な景観を形成又は風致を維持し」とあるが、その許可業務は長らく面積等の量的基準で運用されてきた。2004（平成16）年の景観法、2006（平成18）年の景観条例の施行に際し、屋外広告物法令との連携が欠かせないものとなり、2008（平成20）年度より、それまで環境創造局が担っていた屋外広告物法令及び全市の屋外広告物条例の許可業務を都市デザイン室で行うこととなったが、さらに2013（平成25）年度、法令所管課として景観調整課が分離独立することとなった。

景観調整課では法令業務を行う一方、魅力的な広告物を増やす「横浜サイン」の取組や、看板類の安全点検を兼ねた商店街の街歩きなどを行い関係者の関心を深めている。これらの活動は、看板業界団体と官民協働で取り組んでいる。

最近では、映像を用いた広告・プロモーションの増加などに対応して、質を確保しながら賑わいの創出が可能となるよう条例を改正、2022（令和4）年4月に施行予定。

屋外における映像作品（屋外広告物に該当）

夜間景観ガイドラインの策定検討

●2022 発行予定

ナイトタイムエコノミーや光・映像技術の進歩など、夜間景観を取り巻く状況が変化している中、常時だけでなくイベント時も想定した都心臨海部における「夜間景観ガイドライン」を検討している。歩行者が安心して歩行・滞在できる光の在り方や、横浜ならではの都市構造をベースとした照明計画、時間的・空間的メリハリを意識した演出的な照明などにより、横浜らしさを感じながらも多様に楽しめる夜間景観を目指すとして、案を検討している。

夜景（平常時）

夜景（イベント時）

景観協議の不調は、何を変えたか？

卯月盛夫［早稲田大学教授］

2012年3月23日開催の横浜市都市美対策審議会景観審査部会を、私は忘れることはできない。当時、私は横浜市都市美対策審議会会長および同審査部会会長を務めていて、当日の議題は「横浜みなとみらい21新港地区16街区の結婚式場計画」であった。その部会での私のまとめの発言を以下に抜粋する。「景観審査部会としては、前回いろいろと要望あるいは意見を言わせていただきましたが、（中略）今日はそのことについては基本的に何ら改善されていないと思います。（中略）景観審査部会としては今回この協議は不調に終わったと言わざるを得ない。これまで協議不調という事例はなかったと聞いています。（中略）このような事例をつくってしまうということは、つらい、悲しいことですが、大きく考えれば今の景観法に基づく日本の景観行政のあり方についても一石を投じるという役割もあると思います。協議不調というのは、横浜市の汚点になることではなく、むしろこの事実を正しく認識することこそが重要で、新たな再出発点です。」

正直に言って、私は当日の審査部会開催まで、どのような結論になるかは想像できなかった。協議不調という結論も、必ずしも望んだわけではない。ただ、委員の質問と事業者の回答のやりとりを聞いていく中で、私たちは専門家であると同時に市民に託された存在であるため、審議会でこの事業者案を了承し、そのまま建設してしまうのは、どう

しても納得できないと考えた。この結論は、同日開催された第100回横浜市都市美対策審議会でも同じ内容が確認された。この不調という結果を受けて、その後横浜市は事業者とさらに調整を行い、最終的には現在存在している姿で、アニヴェルセルみなとみらい横浜は建設された。

この貴重な経験をふまえて、その後私は横浜市と共に「創造的協議のあり方」を議論した。⑴ 事業者は横浜市への景観形成への協力より、企業の個性表現を強調する時代になるので、行政及び審議会の権限をさらに強めること、⑵ 事前協議における景観形成ガイドラインにおいて、「地域の歴史性」というようなあいまいな文章だけではなく、より具体的でわかりやすい図や写真等の表現の工夫をすること、⑶ 事前協議の段階から、事業者と行政に加えて専門家として景観アドバイザーを含めると共に、協議期間の見直しをすること、⑷ 将来の計画が重要な地区においては、民地においても横浜市が戦略的な土地利用、建物利用の構想を定め、誘導すること、⑸ できるだけ早い段階に、市民及び地区のエリアマネジメント組織等へ情報提供を行い、議論の場を設けること、がその内容である。

この「景観協議不調」からちょうど10年が経過した。その後、横浜市の景観行政はかなり改善されたと思うので、ぜひ機会があったら聞いてみたい。

歴史を生かした まちづくり

4

旧横浜銀行本店別館 移築保全のための曳家工事の様子

横浜の都市化と歴史資産

　都市の資源を活かすという考え方は、都市デザインにおいて最も重要な要素の一つである。「歴史を生かしたまちづくり」は、歴史・文化がまちの個性や魅力となる資源として重要であるという通底した考えのもと、都市デザインの文脈で継続されてきた。

　横浜で都市デザイン活動が始まった頃、東京、京都、小樽など全国で歴史資産の保全の問題が生じていた。都市の歴史資産は、価値は理解されるが維持が難しく床の低利用分も多く、都市化の流れの中で存在基盤は弱いものであった。更に横浜は二度の被災を受けて、所謂「歴史資産」とみなされるもの自体が数少なく、加えて東京からのベッドタウン化の圧を受け、建造物の減少傾向は著しかった。そうした状況のカウンターとして、横浜の歴史資産保全の取組は民間活動が先行しつつ、公共では都市デザインの文脈の中で地域の代表的な建造物保全が点的に行われた。赤レンガ倉庫や旧横浜船渠第1号／第2号ドックの保全に向けた活動はこの頃から行われている。

「歴史を生かしたまちづくり」の誕生

　このような背景を受け、'70年代後半～'80年代前半にかけて徹底した歴史資産の調査が行なわれた。横浜の歴史資産として近代建築・西洋館・古民家、社寺・土木産業遺構など多岐に亘る存在が発見されると共に、山手・日本大通り・新港など群として集積する地区が認識され、同時に保全活用・広報普及等を総合的に行う独自体制の必要性が共有された。そして、歴史的な価値を担保する文化財的な「保存」と景観的価値をまちづくりの中で活かす「保全活用」の両輪で体制を組むことを目指し、1988（昭和63）年の「横浜市文化財保護条例」「歴史を生かしたまちづくり要綱」同日施行へ結実した。まちづくりの側面から歴史資産の保全を行う発想は当時全国でも異色で、完全保存から一部保全・復元まで多様な手法を認め内部空間は規制せず活用を可能とした点や、近代以降の建造物や土木構造物を評価対象とした点は先駆的であった。更に、要綱と併せて3種の神器とも呼ばれる、専門家のネットワークを作りオーソライズする「歴史的景観保全委員」、外部機関として調査や広報普及を行う「横浜市歴史的資産調査会」を立ち上げ、体制を強化していった。

　要綱策定後、市はまずあらゆる歴史的資産の所有者に向けて「あなたの建物を重要と考えています」という意思表明（＝歴史的建造物の「登録」）を行った。そして助成はもとより法規制緩和や開発条件の緩和等と組み合わせ、

時に建物を買い取り、建物が無くなっても部材を活用したりと、0か100ではない柔軟な残し方を提示した。その成果として、多数の今に残る歴史的資産がある。現在でも課題が無くなった訳ではないが、まちの歴史を残し生かすという考え方には一定の理解が得られてきているだろう。

保全・活用・広報普及の一体の取組

　まちづくりの基本的な考え方は資産をまちの魅力へ転換していくことであり、凍結的な建造物の保存は目標ではない。そのため、保全のみでなく、広報普及による価値の共有や、担い手・外部組織の育成、そして歴史資産の実際の活用を併せて実践することが重要であった。このような精神は要綱策定以前から萌芽が見られる。歴史的建造物の新たな魅力を浮かび上がらせる「ライトアップ・ヨコハマ」や洋館・古民家を公園の中で活用する取組はその実例であろう。要綱策定後も、広報誌「都市の記憶」や「歴史を生かしたまちづくり横濱新聞」の発行、セミナーなどを継続的に行いながら、保全した建造物をアーティスト・クリエイター活動の拠点として活用する等実験的な取組を行っていった。2000年代頃に入ると、都市は「ストックを作る」時期から「ストック活用」の時期を迎え、「歴史的建造物をどのようにマネジメントするか」という側面が一層強まることとなる。その傾向は現在まで継続していると言えるだろう。先に述べたクリエイター活動の拠点として歴史的建造物を活用する取組は、「文化芸術創造都市政策」へ展開していくこととなった。

新たな展開に向けて

　近年では、歴史的建造物のマネジメントのため、より実情に即した対応が求められる。こうした中で導入された特定景観形成歴史的建造物制度や、ふるさと納税とリノベーション助成制度などは、その効果をこれから検証していくことになるだろう。また、これまで歴史的には評価されていなかった第二次世界大戦以降の建造物の取り扱いなど、十分に手を広げられていない領域も存在する。都市デザイン50周年を迎え、歴史を生かしたまちづくりの分野でも、新たな展開が求められる時期に差し掛かっている。

都市デザイン活動初期における歴史資産の保全活用

　1960～70年代頃の都市デザイン活動黎明期には、煉瓦造の近代建築や西洋館はまだ歴史が浅く「都市の歴史資産」という認識が薄かった。このため、横浜における歴史資産の保全活用は、行政の取組より市民活動が先行した。この代表事例に1977（昭和52）年の山手資料館移築保全があり、他にも西洋館を始めとする多数の歴史的建造物が民所有のもと保全活用された。

　一方、都市デザインのテーマの中には地域資源を活用する視点があり、その点から地域の代表的な建造物には注目が集まった。このため当時は、個別事業で公共施設化や部材活用などが行われ、結果的に歴史的建造物の保全活用が為される、という状況であった。旧イギリス領事館の横浜開港資料館としての再整備や大倉山記念館の保存、吉田橋の整備、フランス山パビリオンの整備等といった事例が残る。赤レンガ倉庫や旧英国七番館の保全の取組も、この頃に端を発している。

　こういった状況を受けて、1983（昭和58）年頃からの歴史的資源の体系的な保全活用に関する調査、体制づくりが行われ、後の「歴史を生かしたまちづくり」事業に繋がっていく。

076

旧横浜英国総領事館 / 横浜開港資料館

●1981 横浜開港資料館開館 ●建築年：1931（昭和6）年 ●設計：英国工務省 ●施工：昭和土木建築 ●2000（平成12）年 市指定有形文化財 ●2007（平成19）年経済産業省近代化産業遺産 ●新築棟設計：浦辺鎮太郎

　旧横浜英国総領事館は英国工務省の設計で1931（昭和6）年に竣工した、18世紀～19世紀頃のジョージアン様式を彷彿とさせる堅牢な建造物である。旧外国人居留地と日本人街の結節点にあり、総領事館のオフィスとして使われていた。なお、山手地区のイギリス館は同総領事館の官邸であった。1972（昭和47）年には領事館業務を終了したが、1979（昭和54）年に横浜市が買い取り、かねてから計画していた開港資料館の建物として使用することとなり、1981（昭和56）年に開館した。2000（平成12）年に市指定有形文化財として指定された。

　資料館としての計画上、本棟の改装とともに倉敷出身の建築家・浦辺鎮太郎の設計による新館が建設され、これによりたまくすの木を囲うように中庭が創出された。このたまくすの木は江戸時代、小さな漁村だった時代からこの地に根付き震災で焼け残った根から再び成長したもので、ペリー提督が初めて上陸したのはこのたまくすの下であると言われる。

　建物本体のみならずたまくす、門等も含めて総体で保存され、新築棟や周辺の開港広場・日本大通りの整備と併せて一体の歴史的景観の価値を高めている。

旧横浜英国総領事館 / 横浜開港資料館

写真：中川達彦

旧英国七番館（戸田平和記念館）

077

旧英国七番館（戸田平和記念館）

●1979 戸田平和記念館開館 ●建築年：1922（大正11）年（1979（昭和54）年改修）●当初設計：不詳 ●当初施工：不詳 ●改修設計：創造社 ●改修施工：清水・竹中 JV ●2001（平成13）年 市認定歴史的建造物

　旧英国七番館はその名の通り山下町居留地七番地において、英国のバターフィールド＆スワイヤ商会（英国人のジョン・スワイヤーがリバプールで創業したスワイヤ商会を母体とし、1866（慶応2）年にR. S. バターフィールドと共同経営で上海租界において設立）の横浜支店として1922（大正11）年に創建された。翌1923（大正12）年に関東大震災で大きな被害を受けるも倒壊は免れ、1976（昭和51）年に宗教法人創価学会が取得した。RC造の様式建築としては比較的早い時期の作品であり、貴重な震災前の遺構である。かつては「赤煉瓦の商館」と呼ばれ、煉瓦と石の組み合わせによる外観は地区のランドマークとなっている。

　1976（昭和51）年当時、同地にて進められていた創価学会神奈川文化会館の計画に合わせ、市はまちづくりガイドライン「山下公園周辺地区開発指導構想」（1973（昭和48）年）に基づき建主と協議を行った。建主の好意により建物の正面1スパン分が保存され、1979（昭和54）年に展示資料館「戸田平和記念館」として開館した。2001（平成13）年、市認定歴史的建造物となった。

調査と「歴史を生かしたまちづくり」の体制づくり

　歴史資産滅失の加速と、それに対する保全運動や歴史資産の公的活用の継続は、徐々に「歴史」というテーマでの総合的な保全活用の必要性の共通認識に結びついた。この機運は、1977（昭和52）年に都市デザイン室に北沢猛氏が配属されると同時に一気に事業化へ動きだし、氏を中心とした調査と、それに基づく総合的な体制づくりが行われた。特筆すべきは、専門家・市職員による徒歩での全市域悉皆調査、そして歴史資産の台帳と「歴史を生かしたまちづくり基本構想」を策定した1983（昭和58）年の「歴史的環境保全整備調査」だろう。この「基本構想」には（1）価値の共有や市民理解の深度化、（2）幅広い「保存」を許容する施策、（3）まちづくりの中での活用、（4）他制度や事業との連動・総合的制度の立案、の4つの基本方針が提案されている。

　これを受け、1988（昭和63）年には歴史を生かしたまちづくりの3種の神器とも呼ばれる「歴史を生かしたまちづくり要綱」、「横浜市歴史的資産調査会」、「歴史的景観保全委員」を同期に立ち上げ、「歴史を生かしたまちづくり」事業が始まった。「歴史を生かしたまちづくり」という言葉は全国に先駆けて横浜で生まれたが、文化財となり得るものが少なく、被災で歴史資産自体も少なかった横浜は、その逆境故に先進性を生み出すことができたのかもしれない。

078
港町｜横浜の都市形成史

●1981発行 ●調査：日本都市計画学会「都市形成史調査研究委員会」
●編集発行：横浜市企画調整局

　横浜都心部基幹事業やガイドライン策定等にあたり、横浜の都市形成過程の解明が重要であり、1977（昭和52）～1979（同54）年度にかけて調査が行われた。それまで、横浜市史など社会経済的な歴史のまとめは存在したが、交通や供給処理施設、港湾施設や産業基盤、建築・街並みや生活等を総合的にまとめたものはなかった。これらを中心に開港から130年間の都市計画策定や実現の流れを辿ることで、計画と実現の間の困難も含めて都市形成過程を浮き彫りにすることを試みた。横浜は震災や戦災により計画図や設計図等の多くが散逸していたが、地図上の整理により、前時代の遺産を受け継ぎ都市が形成されたことが明らかになった。1981（昭和56）年、「港町｜横浜の都市形成史」として出版。

港町｜横浜の都市形成史

079
歴史的環境保全整備調査 /
歴史を生かしたまちづくり基本構想

●1983調査 ●構想策定：都市計画局 ●調査主体：日本建築学会「横浜歴史的環境保全整備構想調査委員会」（委員長：村松貞次郎）

　1981（昭和56）年の『港町｜横浜の都市形成史』出版を機に、市職員を中心に市内の歴史的建造物の所在確認が行われた。これを基に、1983（昭和58）年には、全市の歴史的資産調査と、歴史的資産の保全活用を検討する「横浜・歴史的環境保全整備基本構想」の策定を日本建築学会へ委託のもと行っている。この結果、約2,000件の歴史的建造物と約100の歴史的景観を見せる場所、約200kmの古道が整理されると共に、歴史的建造物の保存活用事例もまとめられた。この検討は「歴史を生かしたまちづくり基本構想」としてまとめられ、後の体制づくりの礎となった。

080
横浜山手洋館群保存対策調査

●1984調査 ●事業主体：教育委員会 ●協力：都市デザイン室、横浜開港資料館 ●事業指導：横浜山手洋館群保存対策調査委員会、文化庁文化財保護部建造物課 ●調査団：千葉大学、関東学院大学

　文化庁の国庫補助金を受け、2カ年に渡り横浜山手地区の調査を実施した。西部地区を千葉大学の坂本勝比古教授が率いる千葉大学チームが、東部地区を関東学院大学の関和明教授が率いる関東学院大学チームがそれぞれ担当し、山手地区内に遺る洋館群、これと一体となった環境に関する調査及び保存対策、並びにその歴史的沿革、自然的社会的概況について報告書に取りまとめた。

歴史を生かしたまちづくり要綱

●1988 制定

歴史を生かしたまちづくり要綱は、「歴史を生かしたまちづくり基本構想」を基に、旧川崎銀行横浜支店の保全活用検討等を踏まえ、建造物の凍結的な「保存」ではなくまちづくりの中で生きた「保全」を進めるため、横浜独自の制度として1988（昭和63）年に横浜市文化財保護条例と同日制定された。「所有者の実情に沿った柔軟で弾力的な保全活用」を信条に、保全の対象を外観とし内部は積極的な活用を目指すことが特徴であり、国登録文化財の制度設計に影響を与えた。要綱の中では歴史的建造物の登録・認定、歴史的景観地区の指定、助成制度、歴史的景観保全委員について定めている。この運用として、専門家の調査を経て価値がある建

造物を「登録」、特に価値が高いものを歴史的景観保全委員への意見聴取を踏まえ所有者同意の上で「認定」し、保全改修等への助成を行っている。 令和3年12月末現在、「登録」は206件、「認定」は97件、その内訳は古民家：14件、近代建築：32件、西洋館：23件、近代和風：2件、土木遺構：26件である。

1997（平成9）年には耐震改修助成制度の新設、2015（平成27）年には特定景観形成歴史的建造物への対応、2016（平成28）年にはリノベーション助成制度の新設、2018（平成30）年には歴史的建造物の「評価の考え方」明記など、時代の情勢に合わせ改正も行っている。

「歴史を生かしたまちづくり要綱」運用フロー

082

歴史的景観保全委員

●1988 組織

歴史的景観保全委員は、歴史を生かしたまちづくり要綱に基づき「専門家及び市民の意見を取り入れて歴史的景観の保全と活用の推進を図る」ため1988（昭和63）年に設置された。幅広い領域の意見を取り入れるため、学識経験者に加え建造物所有者、設計者、市民活動家を含む13名の委員が専任されている。（令和3年12月末現在）

本委員は「審議会」や「委員会」ではなく独任制となっており、各委員のきめ細やかな案件対応や助言、要綱の運用に関する判断等を可能としている。また、連絡調整会議を年2回実施し、活

動実績の共有、登録・認定候補の承認、保全活用計画の精査、建造物への助成や活用事例等の共有、新たな展開についての意見交換等を行っている。こうした場の継続は歴史を生かしたまちづくりの推進にあたって極めて重要であり、課題への対応検討や新たな制度導入等を円滑化している。

また、重要案件には専門部会を設置し複数の有識者が連携することで対応を行っている。これまで「旧横浜船渠第2号ドック」「横浜第2合同庁舎」「旧横浜銀行本店別館」などの様々な建造物の保全活用手法検討にあたり部会が設立された。

083

横浜歴史資産調査会（旧横浜市歴史的資産調査会）

●1988 組織

市内の歴史的資産の調査研究や保全活用の推進を目的に、「歴史を生かしたまちづくり要綱」と同時期に設立された民間団体である。1988（昭和63）年の設立以来、建築史、土木、都市計画、街並み保存、都市デザインなど多彩な研究領域を持つメンバーが集まっている。横浜開港150周年を迎える2009（平成21）年の開港記念日に一般社団法人化し名称も改め、2013（平成25）年には内閣府認定の公益社団法人となった。

元々は市の外部で応援団のような役割を担う組織を目指して設立され、多数の歴史的資産の調査研究を行うとともに、「歴史を生かしたまちづくりセミナー」の開催や「歴史を生かしたまちづくり横濱新聞」等の広報誌の編集発行等を市と連携し実施している。また、公益社団法人化以降は、免税団体としての特性を生か

公益社団法人横浜歴史資産調査会 リーフレット

し、実際の歴史的資産取得、保存、管理等も領域として手掛け始めており、2017（平成29）年には横浜市登録歴史的建造物である野毛都橋商店街ビルを取得、管理している。

アーバンデザイン50周年に寄せて

米山淳一 [公益社団法人横浜歴史資産調査会 (ヨコハマヘリテイジ) 常務理事]

　アーバンデザインと言う横文字を聞いたのは、昭和55年、神戸市で開催された歴史的景観都市連絡協議会（以下歴観協）だった。当時同会の会員は、重要伝統的建造物群保地区の市町村等が主であり、京都市風致課が事務局。重伝建制度は文化財保護法の一部を改正して昭和50年に出来上がり、文化庁建造物課は全国各地に選定地区を設ける方針を示していた。財団法人日本ナショナルトラストでは、文化庁建造物課と連携し、重伝建地区候補の歴史的集落や町並みの全国調査を開始しており、僕はその担当になった。村上文化財調査官（故人）の紹介で、歴史的景観都市連絡協議会にオブザーバー参加。その会場で横浜市から参加の田口さんから新たな戦略としてアーバンデザインを知った。それは、歴史的景観を都市計画の中で守り、生かす内容で、文化財として歴史的集落や町並みを守る重伝建地区の市町村担当者には、未知の世界の話。歴史的建造物等を都市計画の視点から横浜らしいまちづくりに生かすと言った手法は当時、斬新であり、横浜市は先駆者だった。その後、毎年歴観協に参加し白川村荻町の開催時には新たな都市デザイン担当の北沢猛さんと知り合い、日南市飫肥城下町の開催では、北沢さんと内山哲久さん（当公益社団監事・元環境文化研究所調査役）と意気投合。その縁が絆に変わり、横浜市のアーバンデザインを核とした「歴史を生かしたまちづくり」の要綱作成の助言や横浜市歴史的資産調査会の委員としてお手伝することになった。

　昭和63年（1988）にスタートした「歴史を生かしたまちづくり」の三種の神器が「歴史を生かしたまちづくり要綱」、「全員協議会（現歴史的景観保全委員連絡調整会議）」、そして「横浜市歴史的資産調査会」（以下調査会）であった。中でも調査会は、学識経験者等から構成され、歴史的建造物等の登録、認定を目的とした調査を行う機関。設置した北沢氏が名称こだわり、国の調査会のような格式をもった会にしたいと力説。調査会は、調査だけではなく歴史を生かしたまちづくりの市民への普及、啓発事業にも力を注ぎ、「都市の記憶」や「横濱新聞」の発行、講演会、見学会なども行った。講演会、シンポジウムは、全国各地の先進地や日本ナショナルトラストと共同で、英国シビックトラスト、英国都市計画協会、米国ナショナルトラスト他のゲストを招いての開催もあり、充実した内容。

　調査会の活動は順調であったが外郭的組織でもあり、都市デザイン室内に事務局を置くのは不自然として「はまぎん産業文化振興財団」に移管したが、約15年でまた都市デザイン室に戻った。しばらくして、都市デザイン室の川手係長が調査会をNPOにしたいと僕に相談にきたが、もっと高みを目指そうと、平成21年に神奈川県認定の一般社団法人横浜歴史資産調査会として独立した。固い名称なのであえてヨコハマヘリテイジと愛称を設けた。ヒントは、イングリッシュヘリテイジだった。潤沢な資金もブレインも無く、しかも間借り。仕事は滞りないが地に足が着かない。そこで、本気で一本立ちする意気込みで事務所を構えることにした。さらに「石の上にも3年」を信じ国の公益社団法人を目指すことになり、様々な方のお陰で平成25年4月内閣府認定の公益社団法人として新たな道を歩み始めた。国の公益社団法人になれば社会的ステータスがあがり、免税団体にもなる。「ヨネちゃん、トラストが出来ないことを俺はやる」と言った北沢さんの言葉がよみがえって来た。惜しくも他界された彼の思いを大切にし、都市デザイン室と両輪で「歴史を生かしたまちづくり」を将来にわたり、推進する覚悟だ。

　前神戸市建築局長の浜田有司さんはトラスト時代からの仲間（北沢さんも旧知）。数年前から当公益社団が主宰するでもシルクロードネットワークでもご一緒だ。彼曰く「ヨコハマヘリテイジみたいな団体を作りたい」と遂に令和3年度、市長肝いりで発足した。なんでも行政がやるのではなく、むしろ「歴史を生かしたまちづくり」は、市民が主役となり市民と行政が一緒に責任をもって行うのである。プライドオブプレイスを胸に、歴史を生かしたまちづくりを目に見える形にする英国シビックトラスト形の活動や英国ナショナルトラストのように危機に瀕する歴史的資産を寄贈や遺贈、買い取り等で取得し、将来に亘り保存、活用することが肝要なのだ。

　ヨコハマヘリテイジは、横浜市内は勿論だが、横浜と歴史文化的つながりのある市町村とも手を取り、歴史的資産の調査、保存、活用を目指している。近代都市、横浜の発展をもたらした絹産業、今年開業150周年を迎える鉄道の歴史的資産は横浜にとってかけがえのない宝物である。心して向き合って行きたい。

歴史的資産と都市デザイン

吉田鋼市 [横浜国立大学名誉教授/横浜市歴史的景観保全委員]

　1971年の横浜市の都市デザイン担当部署の発足と、1988年の歴史をいかしたまちづくり要綱の施行とは十数年のずれがある。つまり、当初から歴史を重視して横浜の都市デザインが実施されていたとは必ずしも言えないのだが、歴史を考慮せざるを得ない事案は、1970年代からしばしば起こっていたらしい。山手の洋館がそうであるし、赤レンガ倉庫や2号ドックがそうである。それで、いくつかの歴史的な調査や研究が早くから行われていた。その成果の一つが『港町横浜の都市形成史』の刊行である。その出版は1981年であるが、そのための準備研究は1977年から始められていた。

　また、歴史を生かしたまちづくり要綱も突然に生まれたわけではなく、準備的な横浜市歴史的保全整備調査がすでに1982年から行われていた。それ故、歴史をいかしたまちづくりは当初から都市デザインの重要なテーマとして意識されてきたと言ってもよいであろう。

　それに、横浜の歴史を生かしたまちづくりのすばらしいところは、洋館や近代建築のみならず、社寺建築や和風建築や古民家を当初から対象としていることで、とりわけ土木遺産や近代化遺産が大きな位置を占めることである。この土木遺産の重視は横浜の歴史をいかしたまちづくりの誇るべき特徴である。都市が建物のみでできているわけではなく、橋・道路・擁壁・鉄道・水道があってこそ建物も存在し得ることをはっきりと示しているからである。山手の洋館群の調査報告書（1987年）でも擁壁・側溝・隧道・橋梁・水道の重要性が指摘されているが、これは画期的なことでもあった。

　この歴史を生かしたまちづくり要綱の運用に助言をする存在として、歴史的景観保全委員がいるが、委員が一堂に会する機会はあるけれども、それぞれが個別に意見をのべるという形式で推移している。この保全委員というのは、知識・情報媒体のためのボタン（あるいはゲート）のような存在で、委員は各分野の学識経験者のみならず歴史的資産の管理者・運用者も含まれている。複雑な状況がからまって多様にならざるを得ない保存活用に、幅広く多様な意見を聴取しようとするものであろう。これまでの保存活用の例も様々であり、その多様な例の軌跡がまた歴史となりつつある。

　振り返って見るに、概ね、復元よりも現物を残す、そして保存される部分の割合も大きくなりつつある感じはする。成熟社会の都市は歴史的資産の活用なしにはあり得ないと思う。

歴史的建造物の保全活用

　現在の横浜の都心部は、1858（安政5）年の日米修好通商条約締結により開港し、その後はシルク等の貿易産業を中心に発展した。特に外国人居留地が置かれた関内・山手地区周辺では、港町として都市が形成されていく過程で、今では「横浜」と言われたら誰もが思い浮かべる近代建築や西洋館が多数建築された。また、こうした近代都市の急速な発展を支えるよう、外国人技師によって伝えられた海外由来の技術が導入され、上下水道やガス灯、鉄道など、インフラとして土木構造物が形成されていった。一方、広い横浜市域には、古くから人々が暮らしていた証として古民家や社寺建築があり、使われ方を変えながらも今に残っている。こうした建造物の多くが二度の被災（関東大震災、第二次世界大戦）により姿を消したが、今に残るものが歴史資産として往時の様子を克明に物語り、まちに彩りを添えている。

　歴史を生かしたまちづくりにおける最重要取組の一つとして、こうした近代建築や西洋館、土木遺構、古民家等といった歴史的建造物の保全活用がある。横浜ではこの取組を「歴史を生かしたまちづくり要綱」と「横浜市文化財保護条例」の同日施行を機に、まちづくり部局と文化財部局が両輪で行ってきた。

　横浜の歴史的建造物保全活用の大きな特徴として、その「保全」の幅の広さが挙げられるだろう。二度の被災や開発圧力の高さから他都市に比べても歴史資産の数が少ない横浜だからこそ、取組を始めた当初から現在に至るまで、「なんとか一部でも残してもらう」ということが一貫した至上命題である。このため統一的な手法は設けておらず、個別の建造物の事情に合った保全の在り方を常に模索し、結果として「用途変更」や「増築」、「補強」、「復元」、「一部保全」、「転用」といった様々な残し方を提示した。認定歴史的建造物第1号の旧川崎銀行横浜支店は、建造物の外壁を保全・復元しつつ土地の高度利用を両立している。こうした残し方には批判も伴うが、横浜のまちを「横浜」たらしめることに大きく寄与しているのではないだろうか。

横浜方式の残し方

全館保全	用途変更	増築	改修・補強	一部保全・復元	転用

山手資料館［西洋館］

横溝屋敷［古民家］

横浜海岸教会［近代建築］と開港広場

港二号橋梁（汽車道）［土木産業遺構］

写真（3点とも）：米山淳一

近代建築の保全活用

　横浜都心部は開港以降、貿易産業機能を中心に、物流・商店機能や税関、銀行、官公庁など、総合的に都心機能が集積してまちが形成されていった。1923（大正12）年の関東大震災により壊滅的な被害を受けたが、その復興過程では外国人向け市営住宅や震災復興のシンボルとして横浜市商工奨励館・ホテルニューグランド等が建設され、復興計画によるまちづくりが現在の都市の基盤を形成した。こうした時代を経て今に残る近代建築は、まさに横浜都心部の生き証人である。

　一口に近代建築と言っても形式は多岐にわたるが、とりわけ横浜都心部の近代建築は以下に大別することができるだろう。（1）ルネサンス・バロック様式に則るもの、（2）ロマネスク・ゴシック様式に則るもの、（3）アールデコスタイルのもの、（4）インターナショナルスタイル・モダニズムに連なるもの、である。（1）は震災前の開港記念会館から旧富士銀行等の銀行建築など多岐に亘る。（2）は横浜指路教会や関東学院中学校など、教会や学校建築に多い。（3）は幾何学模様を組み合わせた装飾やスクラッチタイルが特徴で、綜通横浜ビルや横浜地方気象台等が挙げられる。（4）はフェリス女学院大学10号館や慶應義塾大学日吉寄宿舎が挙げられる。

　横浜の歴史を生かしたまちづくりは、都心部の近代建築の保全活用から始まり、常に共に歩みを進めていると言っても過言ではないだろう。要綱策定以前の旧英国七番館の部分保存、認定第1号の旧川崎銀行横浜支店の部材転用による外壁復元、旧生糸検査所の再現保存、赤レンガ倉庫の利活用など、様々な保全活用手法を提示してきたのも、近代建築の保全活動の賜物である。

084
旧川崎銀行横浜支店（旧日本火災横浜ビル）

●1989市認定歴史的建造物 ●建築年：1922（大正11）年（1989（昭和64/平成元）年外壁復元）●当初設計：矢部又吉 ●当初施工：矢部工業 ●復元設計：日建設計 ●復元施工：熊谷組・東急建設・間組・鉄建建設JV ●所有：損害保険ジャパン株式会社

　旧川崎銀行横浜支店（旧日本火災横浜ビル）は、矢部又吉の設計により1922（大正11）年に新築された。隣接する旧横浜正金銀行（国指定重要文化財）からの並びを意識し、ルネッサンス様式を採用した階層構成を備え、全国にも類を見ない馬車道の街並みに欠かせないランドマークである。横浜における歴史的建造物保存・再生の先駆的事例であり、所有者である損害保険ジャパン株式会社により維持保全されている。

　1934（昭和9）年から日本火災横浜支店となっていたが、1985（昭和60）年秋、老朽化での建て替え計画が報じられた。馬車道商店街や建築学会等、惜しむ声が大きく、1986（昭和61）年1月に市から所有者へ保存要望を行った。その後、同社から凍結的な保存は不可能であり有効な土地利用を図る必要がある旨を伺い、学会や地元等を含めた関係者協議の中で、地域貢献を評価する新たな保存手法の開発により、高度利用と保全の両立を試みることとなった。こうした経緯から、市と所有者、学識者を含めた保存調査委員会を設置し、建造物の調査に基づき価値を担保しつつ機能更新を可能とする手法の検討を行った。この結果、当時の国内における歴史的建造物保存の中でも画期的と言える、外壁ファサードを保全修復しながらの機能更新を行う計画となった。

　1985（昭和60）年の横浜市市街地環境設計制度改訂で創設された「歴史的建造物の保存修復に対する特例」適用第1号案件である。更にこの検討が契機となり、「歴史を生かしたまちづくり要綱」が制定され、市認定歴史的建造物第1号に認定、工事への助成が行われた。横浜市における「歴史を生かしたまちづくり」の取組の先駆けとも言える事例である。

復元以前の姿（昭和55年）

新設された躯体に組み上げられる当初材の石材

4 ─ 歴史を生かしたまちづくり

近代建築の保全活用

旧川崎銀行横浜支店（旧日本火災横浜ビル）

ホテルニューグランド本館

085

ホテルニューグランド

◉1992 市認定歴史的建造物 ●建築年：1927(昭和2)年 ●設計：渡辺仁 ●施工：清水組(現：清水建設) ●改修設計・施工：清水建設 ●2007(平成19)年 経済産業省近代化産業遺産

　ホテルニューグランドは、関東大震災で被災した「国際港都横浜」の、外国人宿泊施設再建を復興事業の象徴とし、横浜市の「ホテル建設計画」(1925(大正14)年)の下、銀座の和光ビル等を手掛けた渡辺仁の設計で建設された。チャップリンやベーブルース、新婚旅行中のマッカーサー等、著名外国人が宿泊し、現在でもなお多くの方々に愛される、横浜を代表するクラシックホテルである。1992(平成4)年「横浜市認定歴史的建造物」に認定、2007(平成19)年には「経済産業省近代化産業遺産」に指定されている。

　1989(平成元)年、増築の相談を受けた際、本館を全面保存すると共に、中庭部分等を公開空地とすることで、歴史的建造物の保全活用は周辺地域に貢献するとみなし、市街地環境設計制度を適用、高さ制限を緩和しタワー棟の増築を行った。2014(平成26)年、2016(平成28)年には、保存部分に含まれる内外観を維持しつつ、漆喰天井と躯体の耐震改修工事が行われた。装飾も多く、図面が残っていなかった漆喰天井については、3D

計測器等を用いて図面から作成し、既存部分を生かした改修が行われた。

中庭

日産自動車株式会社横浜工場1号館

086

日産自動車株式会社横浜工場1号館

●2002 市認定歴史的建造物 ●建築年：1934（昭和9）年 ●設計：中央土木 ●施工：中央土木

　日産自動車株式会社は、その前身となる自動車製造株式会社が1933（昭和8）年に横浜に創立し、翌年に「日産自動車株式会社」と銘打たれた。この横浜工場1号館は、本社事務所棟として1933（昭和9）年に建築されたものであり、戦前の工場事務所ビルとしては市内で唯一現存する貴重な建造物である。

　2001（平成13）年、日産自動車株式会社は建て替え等も含めて横浜工場1号館の行く末を検討していたが、日産発祥の地として再整備する方針に舵を切った。このため市と日産自動車株式会社で、歴史的建造物認定や改修への助成等について協議を行っていたが、市内部では大企業には助成すべきでないとの意見もあり予算化が滞っていた。しかし2002（平成14）年4月に就任した中田元市長は、歴史資産を街の魅力として生かすべきとの考えを持ち、補正予算で予算化し認定・保全改修工事が実施できた。改修後は、エンジンミュージアムとして一般公開され、会社の歴史も学べる施設となった。

旧富士銀行横浜支店

写真：中川達彦

087

旧富士銀行横浜支店（東京藝術大学大学院映像研究科）

●2003 市認定歴史的建造物 ●建築年：1929（昭和4）年 ●設計：安田銀行営繕課 ●施工：大倉土木（現：大成建設）

　旧富士銀行横浜支店は、1929（昭和4）年に安田銀行横浜支店として建築された。古典主義様式建築の一典型であり、ルスティカ積みの外壁に、ドリス式オーダーの付け柱と半円形窓が組み合わされる。安田銀行は大正末から昭和初期にかけてほぼ同じスタイルで各地に支店を建てているが、その中でも最大かつ希少な現存例である。

　2000（平成12）年頃、富士銀行は経営難に陥っており、当支店についても売却意向があった。当時東京三菱銀行横浜支店の売却問題等があり、市は馬車道商店街や住民、専門家から歴史的景観の保全について要望を受けていた。こういった背景から、

市は当支店の取得・保全を富士銀行へ依頼した。取得交渉時、富士銀行は統廃合からみずほ銀行へ名称変更される直前であり、時の担当者の「富士銀行という名称を残せて良かった。」という言葉が印象深い。2002（平成14）年3月に横浜市へ土地・建物が譲渡、同年10月に横浜市市民活動オフィスとして公開された。2003（平成15）年11月に市認定歴史的建造物となり、BankART1929を経て2005（平成17）年より東京藝術大学大学院映像研究科として活用され、歴史的環境・創造界隈の形成に寄与している。

旧横浜銀行本店別館（元第一銀行横浜支店）

写真：中川達彦

088

旧横浜銀行本店別館（元第一銀行横浜支店）

●2003市認定歴史的建造物 ●建築年：1929（昭和4）年（2003（平成15）年復元） ●当初設計：西村好時・清水組設計部（現：清水建設） ●当初施工：清水組（現：清水建設） ●復元設計：都市基盤整備公団（現：UR都市機構）神奈川地域支社・槇総合計画事務所 ●復元施工：竹中・清水・戸田JV

第一銀行横浜支店は、前建物が関東大震災により焼失した後、1929（昭和4）年に四代目の支店として建築された。横浜ゆかりの建築家・西村好時の代表作であり、トスカナ式オーダーを配した半円形のバルコニーが地域のランドマークとなっている。

当初は現在地と異なり馬車道の入口付近に建設されていたが、都市計画道路・栄本町線の区域に指定され現位置保存が困難となり、1990（平成2）年都市計画決定の「北仲通南地区第二種市街地再開発事業」の区域内での保全活用が検討された。2001（平成3）年には歴史的景観保全委員による専門部会が設置・検討され、半円形のバルコニー部分を約170m曳家し、他は健全

な材で復元するのが妥当とされた。1995（平成7）年に曳家が実施されたが、一分間に約12cm移動、完了までに一ヶ月を要する、曳家工事の中でも大掛かりなものであった。2000（平成12）年より高層棟・横浜アイランドタワーに接続する形で復元に着手、2003（平成15）年に完了し市認定歴史的建造物となった。

元第一銀行横浜支店は、公共空間と創造活動を掛け合わせ発信を行い、創造界隈の形成を牽引する拠点となる「創造界隈拠点」として初めて活用された建造物でもある。2004（平成16）年から「BankART1929 Yokohama」として活用が開始され、その後も市所有のもと創造都市政策の中心となっている。

日本大通りの歴史を生かしたまちづくり

　日本大通りは、1866（慶応2）年の「慶応の大火」により居留地の多くが焼失したことを受け、外国人技師R.H.ブラントンの設計により延焼遮断帯としてつくられた、日本初の西洋式街路である。1870（明治3）年に完成し1875（明治8）年に日本大通りと名付けられ、1879（明治12）年に開設した。以来、県庁舎や裁判所、郵便局等が立地する官庁街として横浜の中心地となり、1911（明治44）年に建てられた現存最古のRC造建築も立地する。

　1977（昭和52）年には「日本大通り周辺地区指導基準」を定め、歴史的建造物を生かした街並み形成の推進を開始。1981（昭和56）年には旧横浜英国総領事館（1931（昭和6）年建築）を買収・改修し「横浜開港資料館」として再整備を行い、地区の歴史的建造物保全活用の先駆けとなった。2002（平成14）年には日本大通りの再整備が行われ、沿道の歴史的建造物と調和させるため、自然石舗装での仕上げ等を行った。これと同時期に行われた横浜情報文化センターや横浜地方・簡易裁判所の再整備では、低層部に歴史的建造物を残したうえで、後ろに高層棟を建てる等工夫を行っている。更に近年では、旧日本綿花横浜支店ビルを創造界隈拠点や区役所として活用している。このように、横浜を代表する歴史地区として様々な事業の積み重ねにより、歴史的景観保全を推進している。

旧横浜地方裁判所（横浜地方・簡易裁判所）

旧横浜商工奨励館（横浜情報文化センター）

089

旧横浜商工奨励館（横浜情報文化センター）/ 旧横浜地方裁判所（横浜地方・簡易裁判所）

● 1999 市認定歴史的建造物

[旧横浜商工奨励館（横浜情報文化センター）] ●建築年：1929（昭和4）年（2000（平成12）年改修）●当初設計：横浜市建築課 ●当初施工：岩崎金太郎
改修設計：日建設計 ●改修施工：鹿島・和同 JV

[旧横浜地方裁判所（横浜地方・簡易裁判所）] ●建築年：1930（昭和5）年（2001（平成13）年改修）●当初設計：大蔵省営繕管財局横浜出張所（担当：小野武雄、保岡豊）●当初施工：大倉土木（現：大成建設）●改修施工：大成建設・間組・東亜建設工業 JV

　横浜商工奨励館と横浜地方裁判所は、日本大通り周辺の関東大震災からの復興のため建築され、前者は1929（昭和4）年、後者は1930（昭和5）年に竣工した。双方とも土地の高度利用に合わせて一部保全・復元、活用され、地区の歴史的景観保全を牽引する事例として、1999（平成11）年に市認定歴史的建造物となっている。どちらも再整備にあたり日本大通り周辺地区指導基準（1977策定）に基づき高層部セットバックが行われている。

　横浜商工奨励館は1975（昭和50）年の商工会議所移転以降空室が続き取壊しが検討されていたが、1992（平成4）年から市の事業による活用に舵を切った。新築棟を加え複合文化施設「横浜情報文化センター」として整備される計画となり、1995（平成7）年起工、1999（平成11）年に工事完了し同一街区内の「旧横浜市外電話局」と併せて保全された。保全にあたっては、RCの再生工事が行われ躯体自体が保存されるとともに、昭和天皇を迎えた貴賓室など一部内部も保全・公開されている。

　横浜地方裁判所は、横浜簡易裁判所と集約化を図るため、旧庁舎を解体し2001（平成13）年に横浜地方・簡易裁判所として再整備された。スクラッチタイルの外壁、石張りの車寄せや低層部等、可能な限り原部材を再利用し復元された。

090

旧日本綿花横浜支店事務所棟（THE BAYS）/
倉庫（中区役所別館）

●2013 市指定有形文化財（事務所棟）、市認定歴史的建造物（倉庫）●
建築年：1928（昭和3）年 ●設計：渡辺建築事務所　渡辺節 ●施工：佐伯
組 ●改修設計：横浜市建築設計協同組合 ●改修施工：小俣組

　日本綿花横浜支店ビルは、1892（明治25）年創立の日本綿
花株式会社の横浜支店として、事務所棟と倉庫を併設して1928
（昭和3）年に建造された。第二次世界大戦後GHQにより接収
されたが、解除後に日本政府が取得し事務所棟は関東財務局、
倉庫は労働基準局として活用され、2003（平成15）年に市が取
得した。2013（平成25）年、事務所棟は市指定有形文化財、倉
庫は市認定歴史的建造物となった。

　事務所棟は横浜トリエンナーレの拠点や創造界隈拠点「ZAIM」
としての活用を経て、横浜DeNAベイスターズ運営によるスポー
ツを軸とした創造界隈拠点「THE BAYS（ザ・ベイス）」として活
用されている。倉庫は、頂部のコーニスや玄関まわりのレリーフ
彫刻等が特徴であり、倉庫を伴った商社オフィスの遺構としても
希少。中区役所別館として活用される。取得当初は外壁保存の
高度利用等も検討されたが、創造界隈拠点等の暫定利用により、
現存保存のうえでの活用が可能となり、日本大通りの入口にふ
さわしい歴史的景観を形成している。

旧日本綿花横浜支店事務所棟（左）/ 倉庫（右）

貴重な明治時代の煉瓦遺構（開通合名会社）

保全工事中の旧神奈川県産業組合館（JAグループ神奈川ビル）

1 横浜はペリーが上陸したここから始まりました
：象の鼻パークと一連の歴史的遺構

2 ここからひと目で三塔が見渡せます
：三塔ポイント×2

3 かつての象の鼻の風景×2
：臨港線プロムナード下の壁画

4 JA新社屋に残る元代の本郡事務所
：旧神奈川県産業組合館

5 道幅の広さは火事延焼防止のため
：日本大通りの歴史プレート

6 青いタイルと軽いルーバーの ザ・モダニズム
：神奈川県庁新庁舎（設計：坂倉準三）

7 現代の建物に隠されていた明治時代のレンガ建築
：開通合名会社社屋遺構

8 新しい建物に支えられる昭和初期のビルファサード
：綜通横浜ビル（旧日本町旭ビル）

9 典型的な昭和初期官庁建築の代表作
：横浜地方裁判所

10 遊郭の跡につくられた日本で一番古い近代公園
：横浜公園（一連の解説板とブラントン像）

11 昔魚市場だったから漁網がモチーフの塔
：7代目横浜市庁舎（設計：村野藤吾）

12 横浜都市デザインの "最初の成果"
：くすのき広場

13 関東大震災で被災した煉瓦造市庁舎の遺構
：二代目横浜市庁舎 基礎遺構

14 英一番館跡地に建つ打ち放しの近代建築
：シルクセンター（設計：坂倉準三）

15 車優先 ⇒ 広場＋渡りやすい交差点 に改良
：開港広場

16 煉瓦でつくられた卵型断面の下水道
：旧横浜居留地煉瓦造下水道マンホール

17 ろうそく型の窓と とんがり屋根の教会
：横浜海岸教会

18 かつての電話局。中庭には多くの土木遺構が
：横浜都市発展記念館（旧横浜市外電話局）

19 クラシックな震災復興建築
：横浜情報文化センター（旧商工奨励館）

20 消防隊跡地に残る煉瓦の地下貯水槽
：旧居留地消防隊地下貯水槽

21 日本で最古の鉄筋コンクリート造のオフィスビル
：KN日本大通ビル（旧三井物産横浜ビル）

22 開港の歴史を伝える外国商社のオフィスビル
：ストロングビル

0m 50m 100m 200m

凡例：
歴史プレート ／ その他の解説板
スクラッチタイル ／ 三塔ポイント
オープンカフェ ／ 駅出入口

スクラッチタイル
：昭和初期を代表する外壁材
日本大通り周辺の建物の中には、表面にひっかき傷（スクラッチ）の付いたタイルが多く見られ、建物に独特の雰囲気を与えています。開港期を代表する材料が煉瓦だとすれば、震災復興期を代表する材料はこのスクラッチタイルです。

横浜三塔とは？
：キング、クイーン、ジャック
横浜に帰って来たことを実感する港のシンボルとして、神奈川県庁をキング、税関をクイーン、開港記念会館をジャックと外国船員たちがトランプの絵札になぞらえて呼んだことが始まり。全部で4ヶ所（この地図中2ヶ所）の "三塔ポイント" から一望できます。

歴史ある建物の解説プレート
：横浜市歴史的建造物
関内地区の歴史ある建物のうち横浜市によって認定された建物には、その建物を解説するプレートが設置されています。建物の特徴や歴史、時代背景など、多くの情報が載っています。日本大通りにはその他にもたくさんの説明板がありますので、ぜひご覧ください。

日本大通り "歴史とデザイン" MAP　©NOGAN Inc.

山手地区の歴史的建造物保全活用

　山手地区の独特な景観のルーツは、開港後の居留地指定にある。「山手」の名は、先に設置された関内の居留地に対し南の高台上に設けられたことから山手と名付けられ、英語では「崖」を意味する“The Bluff”と呼称された。居留地開発の中で山手は質の良い住宅地とされ、居留民の住宅やキリスト教系の学校等が建てられると共に、宅地開発のために当時最先端の土木技術が導入されブラフ積み擁壁やブラフ溝、水道などが形成された。1899（明治32）年に居留地制度が撤廃され「山手町」となった。1923（大正12）年には関東大震災で壊滅的な被害を受けたが、その後、多数の西洋館や教会、学校等が復興され、現在の街並みの礎がつくられた。こうして形成された独特な街並みであるが、1960〜70年代には住宅地開発の煽りを受け、西洋館等が減少傾向となる。このカウンターとして、山手資料館の移築保存を始めとする住民主導の建物保全運動に端を発し、山手地区の歴史的建造物の保全が始まった。

　山手地区には西洋館、学校、教会、学校、気象台、公園等、様々な歴史資産が残されているが、その中でも建物本来の機能が継続されているものが多い。同時に、公園内における公開西洋館の取組など、地区の魅力を伝える機能を持つものも存在する。これらが総体となった「山手らしさ」を守り育てていくことが、山手における歴史を生かしたまちづくりの思想となっている。こうした考え方は2020（令和2）年に策定された景観計画においても踏襲された。一方で、歴史資産の減少傾向は続いており、今後も地域住民と行政の連携の下でまちなみを保全していくことが求められている。

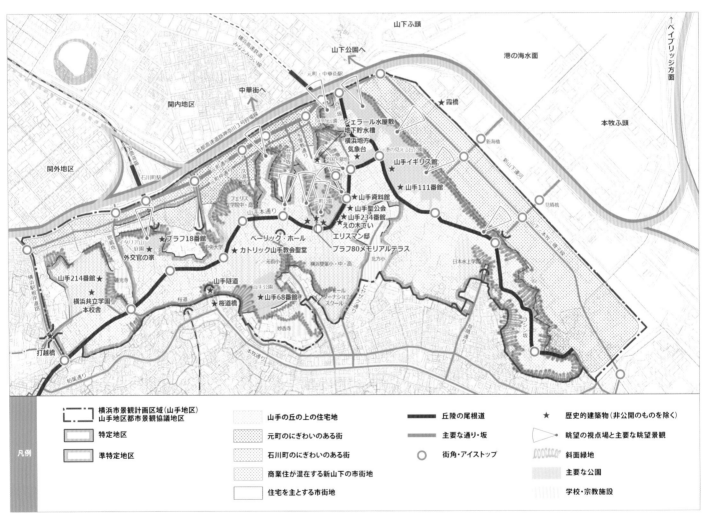

山手地区の歴史的建造物と景観構造

横浜地方気象台　　　　　　　　　　　　　　　　　　　　写真：米山淳一

横浜山手聖公会　　　　　　　　　　　　　　　　　　　　写真：中川達彦

カトリック山手教会聖堂

091

カトリック山手教会聖堂

●1989 市認定歴史的建造物 ●建築年：1933（昭和8）年 ●設計：J.J.スワガー ●施工：関工務店

　カトリック山手教会聖堂は、J・J・スワガーの設計、関工務店の施工により1933（昭和8）年に建築された。1862（文久2）年に居留地80番地に建てられた木造の聖心聖堂（通称「天主堂」）が1906（明治39）年に山手44番地に移り、関東大震災で倒壊した後に現在地に再建されたものがこの聖堂である。正面のステンドグラスの入った大きな尖塔アーチ型の窓や鐘塔など、ゴシック式のモティーフが一貫する外観が特徴。ひときわ高い尖塔は周辺からも遠望することができ、山手地区のランドマークとなっている。

　旧川崎銀行横浜支店、横浜指路教会とともに、1989（昭和64/平成元）年に歴史を生かしたまちづくり要綱に基づく初の認定を受けた3件の内の1つである。1990（平成2）年度、同要綱に基づく助成を活用しながら大規模な外壁等改修工事を実施した。現在もカテドラル（司教座聖堂）としてカトリック横浜司教区の中心的存在となっている。

山手133番館

●2021市認定歴史的建造物 ●建築年：1930（昭和5）年頃 ●当初設計：不詳 ●当初施工：不詳 ●改修設計：ユー・エス・シー ●改修施工：松井建設 ●所有：株式会社三陽物産

　山手133番館は、山手本通りから少し外れた高台に建つ1930（昭和5）年頃建築の西洋館であり、令和3年末時点での最新の認定歴史的建造物である。広い庭を備えたスパニッシュスタイルの洋館であり、主屋、これに接続する使用人室、別棟車庫の3棟で構成される。ゆとりのある広い空間で構成され、厨房やクローゼット、照明器具など数々のオリジナルの調度品が配される。内外共に簡素ながら高質な意匠で統一された、優れた住宅建築である。同時代では珍しいスチールサッシ窓の使用や、床や下地における海外由来の建築工法等から、建築家Ａ・レーモンドの事務所の関与も示唆される。敷地には、明治期の建造と言われる、山手地区でも随一の大規模なブラフ積み擁壁がある。

　2020（令和2）年当時、登録歴史的建造物であった同館が売却に出されていたところを、洋菓子店の横浜モンテローザを営む株式会社三陽物産が建物の保全活用を目指して取得した。2021（令和3）年末現在、修復工事を実施している。横浜市認定歴史的建造物としては97件目、うち西洋館としては23件目として、2021（令和3）年3月31日に認定された。

敷地のブラフ積み擁壁

改修中の内部

山手133番館（改修前）

公園と一体となった公開西洋館の活用

2021（令和3）年12月末現在、山手地区で市が所有する西洋館は「山手234番館」「エリスマン邸」「ベーリック・ホール」「ブラフ18番館」「横浜市イギリス館」「山手111番館」「外交官の家」の7館存在する。これらは公園内に存し、建物、暮らし、山手の魅力等を伝える施設として一元的に公開活用されている。

洋館でも最大級の規模を誇るベーリック・ホールが2001（平成13）年に市認定歴史的建造物となり、7館でも最後に一般公開の目処が立ったが、当時は山手234番館は都市計画局所管で市民協働で実験活用を展開、横浜市イギリス館は市民局所管で貸し館事業を行っており、7館が一体となった連携活用が求められていた。これを受け各館連携のイベント等を実施し交流を深め、公共的な団体による一元的な運営を行う方針がまと

められ、2003（平成15）年創設の指定管理者制度の導入が検討された。なお、当初方針では一部建物で入館料徴収が想定されたが、地元調整や運営上の課題から、貸し館としての活用を導入することとなった。

2004（平成16）年には市・有識者・地域住民や商業者等による提案を受け「山手西洋館等活用運営ガイドライン」が策定され、これを受け指定管理者の公募が行われた。現在は公益財団法人横浜市緑の協会により一元的な運用体制が採られ、公園と一体となった洋館として公開されると共に、季節ごとに「花と器のハーモニー」や「世界のクリスマス」など各建物の特徴を活かしたイベント等が行われている。

ベーリック・ホール　　　　　　　　　　　　　　　　　　　　　　写真：中川達彦

山手111番館（港の見える丘公園内）　　　　　　　　　　　　　　写真：米山淳一

外交官の家（旧内田家住宅、山手イタリア山庭園内）

写真：米山淳一

横浜市イギリス館（港の見える丘公園内）

山手234番館

エリスマン邸（元町公園内）

プラフ18番館（山手イタリア山庭園内）

写真：中川達彦

094

山手234番館

●1999 市認定歴史的建造物 ●建築年：1927（昭和2）年 ●設計：朝香吉蔵 ●施工：宮内建築事務所

山手234番館は、関東大震災で激減した外国人を呼び戻すことを目的に、山手本通り沿いに1927（昭和2）年頃に民間事業で建築された外国人向けアパート。木造二階建てで上下それぞれ二世帯、計四世帯が入居した。設計を朝香吉蔵、施工を宮内建築事務所が手がけた。

1989（平成元）年に、歴史的景観保全を目的として荒廃していた当館を緊急避難的に市が取得したが、活用方法は未定のままであった。1997（平成9）年、深刻な老朽化を受けて大規模な改修工事の実施が決定されると共に、「中区パートナーシップ推進モデル事業」の一環として活用方法を検討することとなった。1998（平成10）年には、地元町民や一般公募で選ばれた市民219人で構成する「山手234番館活用検討会【プログラム234】」を発足、ワークショップを開催し周辺も歩きながら、活用方法の検討が行われた。並行して大規模改修工事を行いながら公開に向けて整備が行われ、2000（平成12）年3月に市認定歴史的建造物となるとともに、一般公開された。

山手234番館（ライトアップ時）

095

エリスマン邸 / ブラフ80メモリアルテラス

［エリスマン邸］●1994 市認定歴史的建造物 ●建築年：1926（大正15）年（1990（平成2）年移築復元）●設計：A.レーモンド ●施工：清水組（現：清水建設）●改修設計：山手総合計画研究所、横浜市 ●改修施工：大成建設
［ブラフ80メモリアルテラス］●整備：1985（昭和60）年（当初建築年代：明治末から大正初期）●整備設計：山手総合計画研究所

エリスマン邸は、生糸貿易商社シーベルヘグナー商会の支配人格であったF.エリスマン氏の邸宅として、山手町127番地に建設された西洋館である。設計はA.レーモンド。当初は和館が併設されており、洋館部には設計者の師であったF.L.ライトの影響も見られる。1982（昭和57）年に同地でマンション開発が計画され滅失の危機にあったが、保存を求める声が上がり、所有者であった開発事業者から市に部材が寄附され、1990（平成2）年に元町公園内に洋館部分が移築復元された。価値の継承に加えて積極的な活用に資するため、復元にあたって地下に貸しスペースのホール等が設けられた。「歴史を生かしたまちづくり」における第1号の西洋館保全事例であり、1994（平成6）年に市認定歴史的建造物となった。

ブラフ80メモリアルテラスはエリスマン邸と同じく元町公園に保全整備された、関東大震災で倒壊した旧マクガワン邸の住宅遺跡である。元町公園では1984（昭和59）年に観光客の多い外国人墓地周辺の整備事業の一環で園路整備が行われたが、その造成中に当遺構が発見された。そのため工事は一時中断され、開港資料館により調査が行われた。結果約80坪の平面が判明し、日本建築学会から要望書が提出されたこともあり、公園内に保全されることとなった。山手地区では震災でほとんどの住宅が倒壊し規模や形状すら判明しない中、この遺跡は非常に貴重である。また、壁体の鉄棒による補強等、当時の煉瓦建築の工法を物語る点からも貴重。

エリスマン邸

ブラフ80メモリアルテラス

郊外部における古民家等の保全活用

　近代都市横浜は開港以降に急速に発展したが、それ以前、広い市域には漁村・農村が数多く点在し、湊や東海道等を介して交易で繋がっていた。金沢地域では称名寺をはじめとして、鎌倉文化との繋がりを感じさせる社寺や街道筋が見られる。また、山間部には多数の谷戸が存在し、水田や田畑に民家が一体となり農村を形作っていた。これらの民家には何代も継承され開港以降は養蚕が営まれるなど、変化を遂げながら残るものも多い。一方、維持は難しく、現在も住宅として利用されるものは少ない。

　古民家が横浜の他の歴史資産と少し異なるのは、「歴史を生かしたまちづくり要綱」制定時より文化財としても評価の対象となっていた点にある。このため、関家住宅（都筑区・重要文化財）等文化財として残るものも、景観上の価値や内部利用を優先し登録・認定歴史的建造物となっているものも存在する。また、古民家と周辺の樹林地や田畑を一体で公園としている事例や、公園内に移築保存している事例等、公に開かれたものが多いことも特徴である。

096
旧大岡家長屋門、旧安西家住宅主屋（長屋門公園）

●1995 市認定歴史的建造物
［旧大岡家長屋門］●建築年：1887（明治20）年
［旧安西家住宅主屋］●建築年：江戸時代中期後半（18世紀末）●当初施工：浅尾三四郎・大工栄二郎 ●移築復元等設計・監理：農村・都市研究所、建築文化研究所、UCA アソシエイツ、南雲建築研究所、GFP環境演出研究所 ●移築復元等施工：関工務店 ●指導：稲葉和也

　瀬谷区阿久和の長屋門公園には、敷地内に二つの古民家が存する。1988（昭和63）年、長屋門が残っていた旧大岡家の敷地約3.5haを公園用地として市が借り受け、公園整備を開始した。この長屋門は、かつて2階を養蚕室として利用しており、郊外部の生糸産業の歴史を伝える貴重な施設である。旧大岡家の主屋は滅失していたが、かつての主屋一帯を「歴史体験ゾーン」として整備する計画の下、全市的に古民家の調査等が進められていた。この最中、所有者の協力を得て泉区和泉町にあった旧安西家の主屋が1990（平成2）年に横浜市に寄贈され、1992（平成4）年に公園内に移築復元された。

　長屋門公園は1993（平成5）年に開園し、双方の古民家が1995（平成7）年に市認定歴史的建造物となった。古民家は「長屋門公園歴史体験ゾーン運営委員会」（2021（令和3）年末時点）が管理・運営を行っており、季節の行事やイベント等が行われ市民に親しまれている。

旧安西家住宅主屋（奥）と公園内でのイベント

旧大岡家長屋門

田邊家住宅主屋

097

田邊家住宅（日吉の森庭園美術館）

●2016 市認定歴史的建造物 ●建築年：〈主屋〉江戸末期～明治初期（推定）、〈土蔵〉1940（昭和15）年（推定）※初代土蔵は江戸時代築 ●設計・施工：不詳

　田邊家は港北区下田町の旧家で、家伝によると三河武士の末裔で初代は江戸幕府直轄領（天領）三十石五人扶持と苗字帯刀を許され、この地の管理を任されたという。主屋は江戸末期～明治初期の創建とされ、銅板覆いの屋根内部に旧茅葺を残すと共に元の間取りの痕跡等が残され、生活の変化とともに現代に受け継がれた様子を語る。1940（昭和15）年頃再建と考えられる土蔵、防空壕跡や古井戸跡、竹藪や雑木林も残されており、隣接の下田神社・真福寺の緑地と一体となって歴史的景観を形成する。2015（平成27）年度に市認定歴史的建造物となる。

　現在は市認定歴史的建造物の古民家、新築棟、庭園が一体となった私設美術館「日吉の森庭園美術館」として活用されている。古民家は田邊家12代目であった田邊泰孝記念館として古民家空間や民俗資料を堪能する場、新築棟は同13代目・彫刻家であった田辺光彰美術館となっている。庭園は「日吉の森庭園」と銘打たれ、保全されてきた庭園空間を魅せると共に、野外彫刻鑑賞や自然環境保護の場となっている。古民家と一体となった環境が活用され、地域の文化的・歴史的ランドマークとなっている事例である。

田邊家住宅土蔵

中山恒三郎家店蔵

098

中山恒三郎家店蔵及び書院

●2018 市認定歴史的建造物 ●建築年：〈店蔵〉不詳、〈書院〉1890（明治23）年 ●設計・施工：不詳

　中山恒三郎家は文政年間に始まる酒類問屋・醤油醸造等を営んだ大商店で、当主は「恒三郎」の名を襲名し地域を率いた。店蔵及び書院は、旧街道沿いから小高い樹林地を抱える丘上に建つ。「松林圃」の名を持つ庭園はかつては観菊で名をはせた。川和町の商業・社交の中心であった往時の風景を偲ぶことができ価値が高く、2018（平成30）年3月に市認定歴史的建造物となった。屋敷地内には保育園舎が新設され、現在、店蔵及び書院を含め一体の活用方法を検討している。

　店蔵は一階の広い店舗空間や前土間の建具構え等を残し、大規模商家の実態を知ることができる。外壁は戦時中の空襲対策のために黒塗りであったが、2018（平成30）年度の外観保全工事により、補修のうえで白漆喰塗りの化粧を施され、創建当初の白く輝く姿を取り戻した。書院は元々本邸に付随する1890（明治23）年新築の別棟書院であり、2016（平成28）年に元の所在地から曳家して修理が行われた。屋根形式や配置などに変化を見せながら存続してきたもので、その履歴も含めて貴重である。

中山恒三郎家書院

土木産業遺構の保全活用

　開港の地横浜は、国内ではいち早く欧米由来の技術に拠る近代都市基盤整備に取り組んだ地でもあり、「近代港湾の歩みでもある」と謳われる横浜港を代表として、鉄道、ガス灯、水道、電線、橋梁、灯台、擁壁等多彩な土木資産を有する。これらは間違いなく「歴史資産」だが、昭和後期頃は文化財的価値を有すると見なされなかった。このため横浜市では、歴史を生かしたまちづくり要綱制定に際し土木産業遺構を対象とし、意識的に保全活用に取組んできた。令和3年末現在、26の認定歴史的建造物と12の文化財を含む多数の土木産業遺構が保全されている。

　また、遺構それ自体の保全のみならず、市民が利用できる空間へ転用し活用する取組も積極的に行っている。土木産業遺構認定第一号の「旧横浜船渠第2号ドック」は、みなとみらい21地区の開発に併せてランドマークタワーの足元に広場として整備された。1996（平成8）年には旧横浜駅（現JR桜木町駅）から新港地区を結ぶ鉄道用地を転用した歩行者空間「汽車道」の整備、その上の橋梁の認定が行われた。その他にも明治期の石積を積み直した象の鼻防波堤など、多くの土木資産に触れることができる都市空間が整備されている。

旧平沼専蔵別邸亀甲積擁壁

大原隧道

第二代横浜駅駅舎基礎遺構及び横浜共同電燈会社裏高島発電所遺構（整備前：発掘調査時）

ハンマーヘッドクレーン

打越橋

099

震災復興橋梁 / 吉野橋

[吉野橋] ●2019 市認定歴史的建造物
●建造年：1926（大正15）年 ●設計：内務省復
興局横浜出張所 ●施工：清水組（現：清水建
設）

　震災復興橋梁とは、関東大震災から
の復興のため国、東京府、横浜市によ
り施行された震災復興事業で建設され
た橋梁を指す。火災で木造橋梁が焼け
落ち多くの人々が逃げ場を失ったことを
踏まえ、耐震耐火構造を目指すとともに、
短期間で多くの橋梁を建設する必要性
からなるべく標準設計に基づいて建造
された。しかし、その中でも個性を演出
するため、親柱や高欄等ではその意匠
に様々な工夫が施された。市内には178
橋存在したが、現存は40橋（内、復興
局施工が16橋）である。（2021（令和3）
年末時点）

　直近で2019（平成31）年に市認定歴
史的建造物となったのは中村川に架かる
「吉野橋」である。吉野橋は復興局施工
による「復興型」と呼ばれる形式で、地
質が軟弱な現場で耐震性を担保するた
め、短杭を広範に打つことで橋台の基
礎とする設計となっている。この形式で
は橋台用地として広い用地買収が必要
だが、難しい場合は河川内に橋台を設
け、通水や船舶航行のためアーチ型に
して空間を確保する。橋台の表面は高
欄と親柱まで同一の石張で統一されて
おり、当時の橋梁美思想の現れを見る
ことができる。

吉野橋

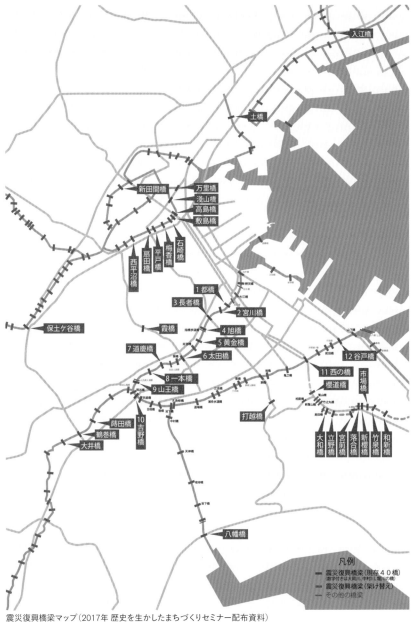

震災復興橋梁マップ（2017年 歴史を生かしたまちづくりセミナー配布資料）

旧横浜外防波堤北灯台及び南灯台（赤白灯台）

写真：米山淳一

100

旧横浜外防波堤北灯台及び南灯台（赤白灯台）

●2019 市認定歴史的建造物 ●建築年：1935（昭和10）年 ●設計：逓信省灯台局 ●施工：内務省横浜土木出張所

　横浜ベイブリッジの橋脚に寄り添うように建つ、赤色の北灯台と白色の南灯台の一対を指す。横浜外防波堤とこの灯台は大正末期から整備され、灯台は1935（昭和10）年に建造・初点灯した。ペンシル型の円塔に三角屋根・四角形の附属屋というアールデコ風の構成で統一され、外壁は小さなモザイクタイルが張られる。当時の外海と港の分節点にあった本灯台は、国内外の多くの船の出航と寄港を見守ってきた。

　平成元年のベイブリッジ開通・橋梁灯と呼ばれる標識の掲示から灯台としての機能が不要となっていき、2019（平成31）年に廃止・消灯された。同年、横浜港を代表する貴重なシンボルとして海上保安庁より市が取得し、市認定歴史的建造物となった。南灯台は、市民公募による横浜港港湾管理30周年記念のシンボルマークとなっている。

旧根岸競馬場一等馬見所

●建築年：1929（昭和4）年　●設計：J.H.モーガン　●施工：大倉土木（現 大成建設）

旧根岸競馬場は1866（慶応2）年に日本初の洋式競馬場として開設したが、関東大震災で半壊し、新たなスタンドの建設が急務となった。そこで設計をJ・H・モーガンに依頼し、高い耐震性、格調の高い仕様、左右のコーナーを見やすいような機能的に優れた馬見所という条件をクリアーし、1929（昭和4）年に旧根岸競馬場一等馬見所が建設され、観覧席からコース全体がよく見渡せるようになった。

港や富士山が見渡せる眺望の良さや設備の豪華さから「東洋一」とも評され、のちに全国に作られる競馬場のモデルにもされた。

戦後、根岸競馬場は連合軍に接収され、1969（昭和44）年に返還される。1987（昭和62）年に横浜市が国から建物と敷地を買い入れ、公園の施設となっている。

旧根岸競馬場一等馬見所

写真：中川達彦

都橋商店街ビル

戦後建造物の評価検討

　2000年代、「歴史を生かしたまちづくり」の対象を戦後建築まで広げるという議論が内部で始まっていたが、本格検討には至っていなかった。当時は関内の空室率や都心居住の可否等が課題であり、同時に神奈川県立音楽堂/図書館（前川國男）の解体検討及び保全決定、神奈川県庁新庁舎（坂倉準三）の改修、旧横浜市庁舎（村野藤吾）からの市役所移転決定など、モダニズム建築の老朽化に伴う動向が目立ち始めていた。そこでまずは2年間の局横断PJを通じて戦後建造物の取扱検討を開始した。これはデザインチームが主体となり、建造物の実地調査や類型、

保全活用の提案、特にシルクセンターや防火帯建築の今後の扱いの提案を行ったものである。その後検討が進むようになり、ホテルニューグランドのネオン看板の保全部位化など試行が続けられた。旧庁舎の取扱検討を契機に、2018（平成30）年度、「歴史を生かしたまちづくり要綱」を改正して歴史的建造物の対象を建築後約50年と定め戦後建造物の取扱いを明記し、戦後建造物第一号として「都橋商店街ビル」を登録した。2020（令和2）年度には追加調査を行い、横浜の戦後建造物の特徴・評価手法の抽出と台帳掲載を行っている。

歴史的建造物の活用支援・歴史文化の広報普及

　横浜の歴史を生かしたまちづくりは、保全のみでなく、建造物の活用や広報普及による価値の共有を並行して行うことに真価が有る。これらは外部機関や他の制度、事業等と連携しながら、当初より継続されている。

　歴史的建造物の活用は、魅力向上の上ではもちろん、建物を維持する上でも非常に重要である。特に近年は維持管理費用や税負担の増加、技術者の減少傾向が続き、活用せずに持ち続けることが困難となっているが、法的な制約や需要供給のマッチングの困難さ等ハードルは多い。こうした状況を受け、所有者の課題にきめ細やかに対応するための「相談室」(2014(平成26)年度創設)の横浜歴史資産調査会と連携した運用や、ふるさと納税制度を活用したリノベーション助成制度の創設(2016(平成28)年度)、加えて市街地環境設計制度との連携や建築基準法適用除外規定の運用等、支援の取組を行っている。

　また、まちづくりを行う上で、歴史資産の存在をPRし、市民がそれらを自らのまちの財産であると考えられる土壌を育成することは欠かせない。このため歴史を生かしたまちづくり要綱制定時より現在まで継続して、広報紙の発行、普及のためのセミナーを継続している。また、町中におけるサインの設置やライトアップの実施等、横浜三塔を題材にしたPRなどで歴史的建造物の魅力を浮かび上がらせる取組も挙げられる。これらは横浜市単独ではなく、多くの主体と協働・連携することで実施してきた。

101

市街地環境設計制度との連携

　歴史的建造物が失われる要因は様々であるが、とりわけ新規開発による滅失事例は後を絶たず、1985(昭和60)年3月発表の「横浜市歴史的環境保全整備調査-歴史をいかしたまちづくり構想策定調査-」においても「開発に伴う歴史資産の喪失を可能な限り防止する体制づくりが必要である」と述べられている。こうした背景を受け、1985(昭和60)年11月に市街地環境設計制度の改訂が行われ、歴史的建造物の保存等を地域貢献とみなし容積率等を緩和する特例が新設された。制度適用

の第一号は、歴史を生かしたまちづくり要綱による認定第一号でもある「旧川崎銀行横浜支店」。その後、「ストロングビル」の外壁保全による新築部分の容積率緩和、「ホテルニューグランド」の保全による新築棟の建築条件緩和、「旧神奈川県産業組合館」の外壁保全による新築部分の容積率緩和などに活用されている。制度適用にあたっては、歴史的建造物の保全活用を含む事業がより地域の魅力向上に繋がるよう、事業者、市、有識者で体制を組み協議を行っている。

ストロングビル：2007(平成19)年度に保全活用検討委員会を設置、一部旧材利用のうえ外観復元する計画が決定。2009(平成21)年に竣工し開業

旧藤本家住宅主屋 復元工事に際しての揚屋工事

102

建築基準法適用除外規定の運用

　近年、歴史的建造物の活用需要は高まる傾向にあるが、それ
に対するハードルの一つとして用途変更や増築等に対する建築
基準法遡及がある。構造や防火耐火、設備機器等を現行基準
に適合させると歴史的建造物の「らしさ」が失われる事態も起こ
り得ることから、建築基準法では第3条第1項において文化財
等の歴史的建造物に対し、代替措置を講じることで遡及不要と
する緩和措置が規定されている。

　横浜市では、「文化財保護法」「横浜市文化財保護条例」の指
定を受けた建造物と、「横浜市魅力ある都市景観の創造に関す
る条例」に基づく「特定景観形成歴史的建造物」を対象に、こ
の制度を運用している。これにより、特定景観形成歴史的建造
物「旧円通寺客殿（旧木村家住宅主屋）」「旧藤本家住宅」と市
指定有形文化財「旧伊藤博文金沢別邸」の茅葺き屋根保存が
行われ、「旧横浜生糸検査所附属倉庫事務所」「旧露亜銀行横
浜支店」（共に市指定有形文化財）、「俣野別邸」（国指定重要文
化財だったが火災で焼失、復元し市認定歴史的建造物となる）
の活用が可能となり今日まで保全されている。

旧藤本家住宅主屋 復元後

103

ライトアップヨコハマ

●1986 第一回開催 ●1986（昭和61）年度 ヨコハマ夜景演出事業推進協議会設立 ●2016（平成28）年度 同協議会解散

　本市における夜間景観を楽しむ取組として、1986（昭和61）年に全国に先駆けて「ヨコハマ夜景演出事業推進協議会（2016（平成28）年度末解散）」を設立し関内エリアを中心に開催した、「ライトアップヨコハマ」がある。開港記念会館や横浜海岸協会など12の歴史的建造物のライトアップを一斉に行うことで、夜の賑わいを演出するだけでなく、開発圧力により消えつつあった横浜の個性とイメージを形成する大切な歴史的建造物に目を向け、まさに「光を当てる」ことを目的としていた。まだ「ライトアップ」という言葉が使われていなかった時代に、市民・マスコミからの反響は大きく、実験的取組から常設化へと繋がった。その後も実験的取組を重ねながら、山手や新港地区などより広いエリアの歴史的建造物や、ベイブリッジなどの港を象徴するシンボルに対象を広げ、ライトアップは横浜における夜の都市を総合的に演出する手法として確立していった。

ライトアップ・ヨコハマの様子

LIGHT UP YOKOHAMA '87 リーフレット

104

歴史を生かしたまちづくり横濱新聞

●1989 創刊号発行／2021 第37号発行

　歴史文化の広報普及のため年一回程度発行している独自広報誌。各号でテーマを組み特集記事を掲載すると共に、主な歴史的建造物に関する動向（認定、イベント開催、活用など）をまとめている。歴史を生かしたまちづくり要綱の制定と同年から横浜歴史資産調査会と連携して発行を行っており、創刊号〜第3号が1989（昭和64/平成元）年に発行された。創刊号は「日本火災横浜ビルに学んだこと（文：松村貞次郎、写真：米山淳一）」、「関内の近代建築ガイド（解説：吉田鋼市）」、「『歴史を生かしたまちづくり要綱』がスタート」等の記事を含む8ページ。令和3年末現在、第37号（特集「宇田川邸 –大屋根といくつもの小窓がある洋館-（文：関和明）」「都市デザイン50周年 〜歴史を生かしたまちづくりの視点から〜」等）を発行している。

　年単位の広報誌ではあるが度々バックナンバーを求める声があり、2006（平成18）年には創刊号〜第20号を縮刷合本としてまとめ、横浜市歴史的資産調査会から発行した。2016（平成28）年には改めて創刊号から30号までを縮刷合本とし、この年から運用が始まった横浜サポーターズ寄附金（ふるさと納税）「歴史的景観保全活用事業」の広報資料として活用された。

同第37号

歴史を生かしたまちづくり横濱新聞創刊号

105

歴史を生かしたまちづくりセミナー

●1989 第1回開催／2020 第43回開催

　横浜歴史資産調査会と連携して外部講師を招き、横浜の歴史文化を深堀りしていく市民向けのセミナーである。「歴史を生かしたまちづくり横濱新聞」と同様に歴史を生かしたまちづくり要綱の制定同年から開催されており、当初は新聞とテーマを合わせ発行日にセミナーを実施していた。初回のテーマは「港周辺の近代建築（講師：坂本勝比古、村岡武司）」、現在までに43回を数える。2020（令和2）年度は市役所移転をきっかけにJIA神奈川建築フォーラムと連携し、村野藤吾による七代目横浜市庁舎をテーマに「旧横浜市庁舎の保全・活用から考える街のサステナビリティ」と題して開催した。

　テーマによっては、より横浜の歴史文化を身近に体験してもらうため、まちあるきを組み合わせることもある。近年の例では、2017（平成29）年度には「震災復興橋梁」を船で巡るツアーを実施し、2019（令和元）年度には「野毛山のヒミツ〜どうしてハマっ子の憩いの場になったのか？〜」をテーマに野毛山配水池の見学を含めてセミナーを実施した。

初期の歴史を生かしたまちづくりセミナー

令和2年度歴史を生かしたまちづくりセミナー

横浜三塔"ジャックの塔"横浜市開港記念会館
●建築年：1917（大正6）年 ●設計：基礎…齋藤平左衛
門／上部…清水組（現：清水建設）●改修：清水建設 ●
国指定重要文化財（1989（平成元）年）

写真（3点とも）：中川達彦

横浜三塔"キングの塔"神奈川県庁本庁舎
●建築年：1928（昭和3）年 ●設計：小尾嘉郎 ●施工：
大林組 ●国指定重要文化財（2019年（令和元）年）

横浜三塔"クイーンの塔"横浜税関本関庁舎
●建築年：1934（昭和9）年（2003（平成15）年改修及
び増築）●当初設計：大蔵省営繕管財局工務部 ●当
初施工：戸田組（現：戸田建設）●改修設計：香山・アプ
ル設計JV ●改修施工：戸田建設・銭高組工事JV ●市
認定歴史的建造物（2001（平成15）年）

新たな展開へ向けた検討 /「歴史を生かしたまちづくり」の推進について

　横浜市では様々に歴史的建造物保全活用の取組を進めてきたが、近年では維持管理費・税負担の増加や厳しい経済状況、技術者の減少等から、所有者が維持し続けることに対し厳しい状況が続いている。また、これらを背景に認定を解除せざるを得ない案件も発生した。一方で、歴史的建造物に対する市民の関心や活動も活発になっており、市民の力を歴史的建造物の保全活用に生かしていくことや、それを通じてまちの魅力を向上していくことも求められる。

　こうした状況や課題を踏まえ、2013（平成25）年には「『歴史を生かしたまちづくり』の推進について」として今後の取り組みの方向性等をまとめて策定・公表した。建築基準法の適用除外も可能となる「特定景観形成歴史的建造物制度」の創設など具体的な施策についても言及されており、実際に同年12月に横浜市魅力ある都市景観の創造に関する条例の一部を改正し制度が創設された。

　今後は点から面的な歴史的環境の保全活用への展開、保全活用へのきめ細やかな対応や、より創造的な活用の在り方の模索、市民とともに保全活用を推進するネットワーク・体制づくりが求められるだろう。

106

ふるさと納税制度 / リノベーション助成制度

●2016 制度運用開始

　市民協働で歴史的景観保全活用を推進する体制を強化するため、ふるさと納税制度を導入している。いただいた寄付は歴史的建造物の「リノベーション助成」や、歴史的建造物を紹介する「サイン・説明板」等に充てることが可能である。2016（平成28）年の運用開始以降、寄付の一部を活用しオール型案内サインや歴史的建造物認定プレートの新設・改修等を行っている。

　2013（平成25）年度の「『歴史を生かしたまちづくり』の推進について」においてファンド・トラスト等の導入が提案され、制度検討を開始。ふるさと納税制度は2008（平成20）年から全国的に運用されていたが、2016（平成28）年度、横浜市では従来から有った「横浜サポーターズ寄附金」制度に「歴史的景観保全活用事業」をメニューとして追加した（その後当制度は廃止、ふるさと納税制度に統合された）。2016（平成28）年度には、ふるさと納税を財源としたリノベーション助成制度の創設のため、歴史を生かしたまちづくり要綱の改正を行った。

認定歴史的建造物プレート（旧田邊家住宅）

オール型案内サイン（旧横浜正金銀行本店本館）

ヨコハマ洋館探偵団とシティガイド協会

嶋田昌子［ヨコハマ洋館探偵団代表 / NPO法人横浜シティガイド協会理事］

歴史を生かしたまちづくり要綱策定以前の'80年代初頭、本牧周辺の歴史を学ぶ生涯学習グループを組織していた私は、仲間と良く山手を歩いていました。その中でも特に惹かれた洋館の歴史を学ぶため、1981年に洋館探偵団の母体となる「横浜の洋館を愛する会」を立ち上げました。移築される前のエリスマン邸を覗いたりジェラール瓦が残る地域を訪ねたり、とにかく歩き回りましたが、そんな折に根岸の「フレーザー邸」取壊しの噂を耳にしました。調べてみると堀勇良先生が調査をされていて、築100年以上の貴重な洋館のよう。市の文化財課に連絡したところデザイン室の北沢猛さんを紹介していただき、同じくデザイン室の土井一成さんと現地で会いました。フレーザー邸は無くなってしまいましたが郷愁の念は強く、広く魅力を学び伝えていくため1988年にヨコハマ洋館探偵団を立ち上げます。探偵団の名は、堀先生が藤森照信先生とやられていた「建築探偵団」から拝借。以来、30年以上に亘って活動しています。

主な取組は洋館などの魅力を学ぶことで、毎年テーマを決め講座・ウォッチングを企画しています。初年度は「西洋館の楽しみ方」と題し北沢さん、堀先生、関先生などにお話いただきました。毎年100名以上の方が参加して下さいますが、コアメンバーは6名程です。「洋館」探偵団と言いながらテーマは山手に留まらず、1990年にはバルセロナ展と連動した企画を行い、直近の2019年にも「新時代へつなぐ歴史・建物」と題し講座を行いました。もう一つの大事な役目は、歴史資産を守るため実際に口も手も出していくことです。2014年には日東倉庫の取壊し危機に際し緊急アピールを出し、吉田先生らとまちあるきレクチャーを行いました。

活動を継続する中、「ヨコハマにはそこで生まれ育った人が少ない、自分たちのまちを知らない」という事に気づきました。それでもヨコハマが好きだという人にまちの魅力を伝えるため、1992年に横浜シティガイド協会を立ち上げました。シティガイドの取組は横浜をテーマに学習した事を市民に還元する事でもあり、

学習から一歩抜け出し公共性を持つため「協会」と名づけました。ただ探偵団は社会教育の文脈で補助をいただいていましたが、シティガイドの補助は当初断られました。社会教育はあくまで勉強がメイン、知り得たことをボランティアで還元することは社会教育の枠内にはなく、福祉部門へドーゾと言われました。それに対し「我々は社会教育で還元したい」と平行線。そんな中、武蔵嵐山の国の婦人教育施設で社会教育をボランティアで始めたところがあると聞き、我々も先駆的事例にしてもらおうと市の教育委員会や中区役所と話し合いました。最終的に中区から支援をいただき組織を立ち上げました。都市デザイン室とのつながりで言うと、山手の洋館活用でしょう。山手234番館はかつて活用実験を行っており、1999年に運営委員会として管理を行いました。

今ではボランティアガイドも80名近く登録していただき、年間一万人近くをガイドしています。

洋館探偵団とシティガイドは異なった目的で活動していますが、どちらが欠けてもいけない車の両輪のような存在です。なぜなら、学ぶ事と学んだ事を還元する事は表裏一体だからです。だからこそ、関わってくれた人が継続できる体制を作ることがとても重要で、組織を回す人はその仕組みを考え続ける必要があります。例えば、ガイドも高齢化すると長時間は無理になります。それでも、定点で窓口を担う拠点を作れば、そういった人もまだまだ活躍することができます。人を育てること、更にその人達が生涯現役でいられる仕組みを考えることが何より重要です。

洋館探偵団やシティガイドは、周りの方々のご協力無くしての活動は有り得ませんでした。歴史的景観保全委員で一緒の吉田鋼市先生や水沼淑子先生などには長らく伴走していただきましたが、振り返ると縁を繋いでいただいたのは当初の北沢さんや堀先生だったように思います。2013年には、30年前の歴史資産悉皆調査からお世話になっている増田彰久さんの写真展も行いました。多くの方々に支えられながら、現在も活動を継続しています。

横浜市認定歴史的建造物 一覧

令和3年12月末現在

名称	種別	所在地	認定時期
旧川崎銀行横浜支店	近代建築	中区	1988（昭和63）年度
横浜指路教会	近代建築	中区	
カトリック山手教会聖堂	近代建築	中区	
旧横浜船渠第2号ドック	土木産業遺構	西区	1989（平成元）年度
横浜海岸教会	近代建築	中区	
横浜山手聖公会	近代建築	中区	
岩田健夫邸	西洋館	中区	
横浜第2合同庁舎（旧生糸検査所）	近代建築	中区	1990（平成2）年度
旧澤野家長屋門	古民家	鶴見区	
石橋邸	西洋館	中区	1991（平成3）年度
旧藤本家住宅主屋及び東屋	古民家	鶴見区	
関東学院中学校	近代建築	南区	
ホテルニューグランド本館	近代建築	中区	1992（平成4）年度
綜通横浜ビル（旧本町旭ビル）	近代建築	中区	1993（平成5）年度
旧東伏見邦英伯爵別邸	近代建築	磯子区	
松原邸	西洋館	中区	1994（平成6）年度
宇田川邸	西洋館	中区	
BEATTY邸（ビーティ邸）	西洋館	中区	
エリスマン邸	西洋館	中区	
ブラフ18番館	西洋館	中区	
中澤高枝邸	西洋館	港北区	
カトリック横浜司教館別館	西洋館	中区	
カトリック横浜司教館（旧相馬永胤邸）	西洋館	中区	1995（平成7）年度
旧安西家住宅主屋	古民家	瀬谷区	
旧大岡家長屋門	古民家	瀬谷区	
旧金子家住宅主屋	古民家	戸塚区	
旧円通寺客殿（旧木村家住宅主屋）	古民家	金沢区	1996（平成8）年度
新川家住宅主屋	古民家	旭区	
旧臨港線護岸	土木産業遺構	中区	
港一号橋梁	土木産業遺構	西区・中区	
港二号橋梁	土木産業遺構	中区	
港三号橋梁（旧大岡川橋梁）	土木産業遺構	中区	
長浜ホール（横浜検疫所長浜措置場旧細菌検査室、横浜検疫所長浜措置場旧事務棟）	近代建築	金沢区	1997（平成9）年度
旧清水製糸場本館（天王森泉館）	古民家	泉区	
横浜情報文化センター（旧横浜商工奨励館）	近代建築	中区	1998（平成10）年度
岡田邸	西洋館	中区	
横浜地方・簡易裁判所（旧横浜地方裁判所）	近代建築	中区	
山手資料館	西洋館	中区	1999（平成11）年度
山手234番館	西洋館	中区	
せせらぎ公園古民家（旧内野家住宅主屋）	古民家	都筑区	2000（平成12）年度
東隧道	土木産業遺構	保土ケ谷区	
大原隧道	土木産業遺構	南区	
浦舟水道橋	土木産業遺構	南区	
馬車道大津ビル（旧東京海上火災保険ビル）	近代建築	中区	
旧横浜市外電話局	近代建築	中区	
横浜税関本関庁舎	近代建築	中区	
旧英国七番館（戸田平和記念館）	近代建築	中区	

名称	種別	所在地	認定時期
ベーリック・ホール	西洋館	中区	2001（平成13）年度
山手76番館	西洋館	中区	
中丸家長屋門	古民家	泉区	
響橋	土木産業遺構	鶴見区	
昇龍橋	土木産業遺構	栄区	
山手随道	土木産業遺構	中区	
赤レンガ倉庫	近代建築	中区	2002（平成14）年度
日産自動車株式会社横浜工場1号館（旧本社ビル）	近代建築	神奈川区	
旧奥津家長屋門並びに土蔵	古民家	緑区	
新港橋梁	土木産業遺構	中区	
旧東京三菱銀行横浜中央支店	近代建築	中区	2003（平成15）年度
旧富士銀行横浜支店（元安田銀行横浜支店）	近代建築	中区	
旧横浜銀行本店別館（元第一銀行横浜支店）	近代建築	中区	
伊東医院	近代建築	戸塚区	
旧ウィトリッヒ邸	西洋館	戸塚区	
旧居留地消防隊地下貯水槽	土木産業遺構	中区	
打越橋	土木産業遺構	中区	
旧横浜松坂屋西館	近代建築	中区	平成16（2004）年度
桜道橋	土木産業遺構	中区	
霞橋	土木産業遺構	西区・南区	
インド水塔	近代建築	中区	2005（平成17）年度
谷戸橋	土木産業遺構	中区	
西之橋	土木産業遺構	中区	
旧バーナード邸	西洋館	中区	2006（平成18）年度
山手89-8番館	西洋館	中区	
旧平沼専蔵別邸亀甲積擁壁及び煉瓦塀	土木産業遺構	西区	
二代目横浜駅基礎等遺構（第二代横浜駅駅舎基礎遺構および横浜共同電燈会社裏高島発電所遺構）	土木産業遺構	西区	
フェリス女学院10号館（旧ライジングサン石油会社社宅）	近代建築	中区	2007（平成19）年度
ストロングビル	近代建築	中区	
旧灯台寮護岸	土木産業遺構	中区	2008（平成20）年度
横浜税関遺構　鉄軌道及び転車台	土木産業遺構	中区	2009（平成21）年度
インペリアルビル	近代建築	中区	2010（平成22）年度
慶應義塾大学（日吉）寄宿舎（南寮及び浴場棟）	近代建築	港北区	2011（平成23）年度
井伊直弼像台座及び水泉	土木産業遺構	西区	
フェリス女学院6号館別館	西洋館	中区	2012（平成24）年度
河合邸	西洋館	中区	
旧神奈川県産業組合館	近代建築	中区	
旧神奈川労働基準局（元日本綿花横浜支店倉庫）	近代建築	中区	2013（平成25）年度
山手26番館	西洋館	中区	
霞橋（旧江ヶ崎跨線橋）	土木産業遺構	中区	
旧横浜生糸検査所附属生糸絹物専用Ｂ号倉庫及びＣ号倉庫	近代建築	中区	
鈴木家長屋門	古民家	旭区	2014（平成26）年度
田邊家住宅（日吉の森庭園美術館）	古民家	港北区	2015（平成27）年度
俣野別邸	西洋館	戸塚区	2016（平成28）年度
旧市原重治郎邸	近代和風建築	神奈川区	2017（平成29）年度
中山恒三郎家店蔵及び書院	古民家	都筑区	
井土ケ谷上町第一町内会館（旧井土ケ谷見番）	近代和風建築	南区	2018（平成30）年度
吉野橋	土木産業遺構	南区	
旧横浜外防波堤北灯台及び南灯台	土木産業遺構	鶴見区・中区	2019（令和元）年度
山手133番館	西洋館	中区	2020（令和2）年度

文化芸術創造都市

　創造都市政策は、2004年の文化芸術・観光振興による都心部活性化検討委員会の提言によって始まる。都市デザインの流れの中では、歩行者空間の確保や歴史的建造物の保全などのハード系の空間整備に加え、アーティスト・クリエーターが増え・活動することによる都市の活性化をねらったもので、「空間整備＋人の活動」という都市デザインの新たなステージに入る象徴的取組である。

　その流れは、バルセロナ＆ヨコハマ・シティクリエーションのころから始まった。バルセロナでの、アーティスト・クリエーターの活動が、都市の魅力と活力を高めていることを紹介し、会場内で開催された「国際創造都市会議」では、都市と文化の育成について語られ、会場では国内外のアーティスト・クリエーターが、実験的な作品を創造している。

　その後、2001年から始まった国際的な現代アート展「横浜トリエンナーレ」の開催、歴史的建造物や公共空間等を使った創造界隈拠点の活動をはじめ、遊休不動産の創造的な活用を促す芸術不動産、アーツコミッション・ヨコハマ（ACY）によるアーティスト・クリエーターの支援等、様々な施策の展開により、横浜都心部に多くのアーティスト・クリエーターが集積した。「関内外OPEN!」での道路や空地の活用をはじめ、集まったアーティスト・クリエーターの活動が都心部の活性化につながっている。

　近年では、創造性と観光を掛け合わせた「創造的イルミネーション」、社会包摂と掛け合わせた「ヨコハマ・パラトリエンナーレ」など、文化芸術やアーティスト・クリエーターのもつ〝創造性〟の活用領域がさらに広がりをみせている。

　経済成長を目指していた従来の都市政策から、文化・芸術という人間の幸せや楽しみ・わくわく感による新しい都市政策への転換を模索してきたものと言える。

文化芸術創造都市ークリエイティブシティ・ヨコハマの形成に向けた提言

文化芸術・観光振興による都心部活性化検討委員会
2004年1月14日

文化芸術・観光振興による都心部活性化検討委員会は、2002年11月に発足している。

横浜は、1965年に六大事業を発表して以来、関内・関外地区や横浜駅周辺地区、そしてみなとみらい21などの都心部の強化事業を進めてきた。しかしながら、人口減少の時代に入り、産業の低迷、人を引きつける文化の低迷など横浜都心部の求心性には陰りが生じてきた。

そこで、それまでのハードを中心とした都市政策や計画目標、方策を転換し、経済的な成長や拡大、発展という目標を脱する価値観を創造し、文化芸術そして観光という新たな視点で都心のまちづくりを検討することになったのである。

文化芸術創造都市の実現に向けた基本的方向と目標として、「アーティスト・クリエーターが住みたくなる創造環境の実現」、「創造的産業クラスターの形成による経済活性化」、「魅力ある地域資源の活用」、「市民が主導する文化芸術創造都市づくり」をあげ、重点的に取り組む戦略プロジェクトとして、「クリエイティブ・コアー創造界隈形成」、「映像文化都市」、「ナショナルアートパーク構想」の3つが提案されている。

西欧を中心に経済学者を中心にクリエイティブシティが議論されてきている中で、横浜はそれまでのハード中心の都市デザイン政策に文化芸術活動というソフトな活動を組み込んだ都市づくり分野での新たな展開としての創造都市政策を実践したのが特徴となっている。

特に、ナショナルアートパーク構想は、さらにウォーターフロントエリアの開発において文化芸術活動をその都市づくり理念として打ち出したもので、2006年1月に、ナショナルアートパーク構想推進委員会による提言書が出されている。

ナショナルアートパーク構想は、「ウォーターフロントエリアの6つの拠点地区」で新たな土地利用や港湾機能の動向を踏まえた土地利用転換等により創造空間を形成するとともに、併せて、都心の旧市街地エリアにおいて、歴史的建造物等の地域資源を活用し、アーティスト等が様々な文化芸術活動を行う一定の領域感をもったエリアを形成することにより、地域の活性化を目指す「創造界隈」を形成するというものである。そして、この2つのエリアを連結し、活動を支える基盤としてのネットワークを構築しようとしたもので、ウォーターフロントの新規開発と歴史的な旧市街地の再生を、ハード整備と文化芸術活動というソフト活動を有機的に連動させることにより、横浜にしかできない魅力的な都市開発を進めようとした構想である。

ナショナルアートパーク構想　提言当時の概念図（2006年）

107

横浜トリエンナーレ

●2001 第1回展開催

　1997年、外務省が国際美術展の定期開催方針を発表し、これを横浜市が誘致して2001年に第1回横浜トリエンナーレを開催。パシフィコ横浜の壁面に設置された巨大なバッタが大きな話題となった。当初の主催は国際交流基金、横浜市、NHK、朝日新聞社。2004年からは市の創造都市施策のリーディング事業と位置づけられ、「クリエイティブシティ・ヨコハマ」の国内外への発信を担った。パシフィコ横浜と当時廃屋だった横浜赤レンガ倉庫（第1回）、山下ふ頭の港湾上屋（第2回）、新港ふ頭仮設施設（第3回）など、主会場が港湾エリアの水辺空間の再開発・実験的利用の先駆けとなったのはこの時期の特徴である。2009年、当時の政権の事業仕分けにより国際交流基金が主催から抜け、運営の主軸が横浜市となり、これを機に第4回展から横浜美術館が会場に加わった。国内で多くの国際展が生まれては消えていく中で着実に回を重ね、2020年には第7回展を開催、世界水準の都市型国際展として存在感を保っている。

横浜トリエンナーレ2005展示風景
ダニエル・ビュラン《海辺の16,150の光彩》横浜、日本、2005年9月 © DB - ADAGP Paris
写真：安齋重男　写真提供：横浜トリエンナーレ組織委員会

横浜トリエンナーレ2001展示風景
椿昇＋室井尚《インセクトワールド，飛蝗》2001
写真：黒川未来夫　写真提供：横浜トリエンナーレ組織委員会

108

都心部歴史的建造物等の文化・芸術実験事業

　創造都市施策のスタートアップ事業として実施された当該事業は、2003年問題と言われた東京のオフィス床供給が急激に増えたことに伴い、関内地区の空室率が上昇したことを契機に実施された。当時、マンション開発の需要が急増し、歴史的建造物の喪失が相次ぐなど、地区の魅力の低減も課題となっていた。当時全国各地でNPO等による創造性を活かしたまちづくりのきざしがあり、それらの動きを捉え、関内地区の歴史的建造物等

を活用した文化・芸術実験事業を行うことにより、都心部の活性化を試みた。

　実験事業で活用された歴史的建造物は横浜市が取得した旧第一銀行と旧富士銀行であり、公募により選定された事業者がBankART1929である。その後活用の場をBankART Studio NYK等様々な拠点に広げ、横浜市が展開する創造界隈拠点のモデルとなった。

BankART1929による旧富士銀行の活用

109

東京藝術大学大学院映像研究科の誘致

　東京藝術大学大学院映像研究科は、馬車道にある旧富士銀行横浜支店（横浜市認定歴史的建造物）を最初の校舎として誕生した、平成17年4月に設置された日本初の国立映画学校であり、学部をもたない独立大学院である。同大学院設置にあたり、複数の候補地が検討されていたが、横浜を選んだ決め手となったのが、先行して横浜で活動を開始していたBankART1929の存在で、アーティストの創造性を掻き立てる魅力的な空間が評価された。

　同大学院の目的の一つが、「映像文化都市構想」に基づく、映像などの芸術にかかわる人材の育成であり、カンヌをはじめ多くの国際映画祭で受賞する教員や修了生を輩出する等、世界で活躍するアーティストが数多く誕生している。また、当該建物を活用した公開講座や馬車道エリアでのコンサートや、学生が地域と交流する事業なども継続して実施している。

写真提供：東京藝術大学大学院映像研究科

〈BankART Life VI「都市への挿入」川俣正〉2020
写真：中川達彦

プ・ユン《揺れる家》2017
写真：Yasuyuki Kasagi

創造界隈拠点

都心臨海部の歴史的建造物や倉庫、公共空間等を創造的活動の場に転用し、その活動を発信することで、創造界隈の形成を牽引する拠点施設。現在は、文化芸術創造発信拠点（BankART1929）、初黄・日ノ出町地区、象の鼻テラス、急な坂スタジオ、THE BAYS、旧第一銀行横浜支店の6つの拠点からなる。

文化芸術創造発信拠点は、2005年から13年間、創造都市施策をリードしてきたBankART Studio NYK（日本郵船横浜海岸通倉庫）が活用終了したことに伴い、その機能の一部を継承する事業としてスタートした分散型の創造界隈拠点。NYKに引き続き、NPO法人BankART1929が運営団体となり、アーティスト・イン・レジデンスを中心とした様々な創造的活動をBankART Station（新高島駅地下1階倉庫）とBankART KAIKO（中区北仲通）から発信している。

初黄・日ノ出町地区は、かつて違法な特殊飲食店が多数立地していたが、地域、警察、行政が一体となって環境浄化に取組み、2005年の県警による一斉摘発により、違法店舗は閉鎖された。その後、NPO法人黄金町エリアマネジメントセンターを中心に、元小規模店舗や京急高架下に整備したスタジオをアーティストの制作・発表の場として活用するなど、アートによるまちづくりが進められている。

象の鼻テラスは、開港150周年を記念し整備された象の鼻パーク内にある無料休憩施設を文化観光交流拠点として、2009年から株式会社ワコールアートセンターが運営している。「文化交易」をコンセプトとし、世界の港町と文化交流を行うほか、国内外の質の高いアート作品の展示、観光インフォメーション、市民の創造的活動を発表する場の提供などを行っている。

急な坂スタジオは、NPO法人アートプラットフォームが運営する、市営結婚式場だった老松会館を活用した舞台芸術を中心とした創造拠点。結婚式場だった構造を生かし、演劇やダンスなどの稽古場としてスタジオやホール、和室などが用意されているほか、アーティストへの助言やサポートも行っている。

THE BAYSは、市指定有形文化財である旧関東財務局横浜財務事務所を、スポーツ×クリエイティブをテーマに新たな産業の創出を実現していくプラットフォームとして活用する拠点で、株式会社横浜DeNAベイスターズが運営している。

旧第一銀行横浜支店は、歴史的建造物を創造界隈拠点として初めて活用した先駆けの場で、2004年に「BankART1929 Yokohama」としてスタート。その後、2009年から2014年までは公益財団法人横浜市芸術文化振興財団が「ヨコハマ創造都市センター」、2015年から2019まではNPO法人YCCが「YCCヨコハマ創造都市センター」として、2020年は1年間の暫定でNPO法人BankART1929が「BankART Temporary」として活用した。現在は、新たな活用事業者の選定準備が進められている。

初黄・日ノ出町地区 写真：Yasuyuki Kasagi

急な坂スタジオ

象の鼻テラス開館10周年記念・「フューチャースケープ・プロジェクト」（2019）
象の鼻パーク 写真：OHNO RYUSUKE（©Arts Commission Yokohama）

THE BAYS

芸術不動産

●2005 事業開始

主に関内・関外地区を対象に、遊休不動産を創造的に活用することで、アーティスト・クリエーターの集積やまちの活性化を進める事業。

2005年、再開発までの時限的取組として、北仲 BRICK＆北仲 WHITE がアーティスト・クリエーターの集合アトリエとして活用されたのをきっかけに、市の施策としても、遊休不動産を芸術不動産として活用するためのリノベーション費用を助成する制度ができ、本事業がスタートした。この制度を使って長者町アートプラネットや泰生ビルなどの芸術不動産が誕生の後、2014年からは民間主導により遊休不動産の創造的活用が進む環境整備に市の役割をシフト。防火帯建築にも着目しながら、不動産所有者の啓発やアーティスト・クリエーター等とのマッチングを進め、住吉町新井ビルや弁三ビルなどの活用が進んだ。2021年からは、横浜で活躍するクリエーターらで組成されたヨコハマ芸術不動産推進機構がパートナーとなり、公民連携で本事業を推進している。

北仲 BRICK＆北仲 WHITE（再開発前）

写真：鈴木理策

住吉町新井ビル外観（防火帯建築）

Atelier dwell リノベーション前後（住吉町新井ビル）

アーツコミッション・ヨコハマ（ACY）

● 2007 開始

公益財団法人横浜市芸術文化振興財団が運営する「芸術文化と社会を横断的に繋いでいくための中間支援」のプログラム。横浜市の掲げる文化芸術創造都市施策の実現に向け、アーティスト、クリエーター、企業、行政、大学、NPO、非営利団体等の創造の担い手が活動しやすい環境づくりを推進している。

当初は関内・関外地区へのアーティスト・クリエーター等の誘致を軸に、創造界隈拠点である旧関東財務局、旧第一銀行横浜支店内に相談窓口を設け、事務所立地促進や実験的活動支援のための助成等を行ってきた。

近年では、新たな都市基盤（プラットフォーム）を形成することを目的に、集積環境下でクリエーター等を軸に創造の担い手を繋げる取組にも力を入れている。また、WEBマガジン「創造都市横浜」や「横浜市クリエイターデータベース」等を通じ、創造都市の取組や創造の担い手の情報発信を行っている。

ACY2020年度 クリエイティブ・インクルージョン活動助成採択事業：アイムヒア プロジェクト《同じ月を見た日》2021　　　　写真：Keisuke Inoue

ACY主催：2017年度 2059 FUTURE CAMP in YOKOHAMA　　　　写真：Ryusuke Oono

関内外 OPEN！

●2009 第1回開催 ●主催：アーツコミッション・ヨコハマ（公益財団法人横浜市芸術文化振興財団）、関内外クリエーター各事業者

2009年から始まった、都心臨海部に拠点を構えているアーティスト・クリエーターの仕事場を街に開き、市民に対して活動の発表や交流を行うイベント。

オープンスタジオ、デザイナー・クリエーターによるツアー、アトリエや仕事場でのワークショップのほか、2016年から2019年までは、特別企画として関内さくら通りを通行止めにして路上で行う「道路のパークフェス」を開催。そこでは道路にチョークで落書きができたり、路上にくつろぎの空間が出現したり、周辺に仕事場を構えるクリエーターたちが連携して街全体を演出した。

近年では若手クリエーターが企画に参画しており、2021年は新たに、旧横浜市庁舎に隣接した元駐車場用地をクリエーターが手掛ける「創造と実験の場」として活用し、アートやデザインにまつわる展示やトークセッション、出張オープンスタジオ等が展開された。毎年少しずつ様相を変えながら2021年で13回目を迎えている。

2015年度関内外 OPEN！7　コンテンポラリーズ ワークショップ（松島ビル）

2021年度 関内外 OPEN!13（会場：関内えきちか広場）

2016年度 関内外 OPEN!8（会場：関内さくら通り）

114

創造的イルミネーション

●2019 初開催 ●主催：クリエイティブ・ライト・ヨコハマ実行委員会、共催：横浜市 ●会場：新港中央広場と周辺施設

　国内外の観光客を増やし街の賑わいを創出して、横浜のナイトタイムエコノミーを活性化することを目的に、横浜でしかできない内港の景観を最先端技術を用いて光と音楽で一体的に演出するとともに、夜の街を安全に楽しく歩ける環境づくりを進める公民共創事業。

　夜景に「ハレとケ」の考え方を取り入れた上で、歩行者視点で楽しめ、遠景から見ても美しい水際線を創り出す点に特徴がある。

　光と音楽の一体的演出は、2019年から冬のイルミネーションイベントとしてスタートしているが、年を追うごとに参加施設を拡大し、将来的には毎日実施できるようにし、世界から選ばれる夜の横浜観光の目玉コンテンツに育てることを目指している。

　あわせて、横浜が誇るウォーターフロントを夜も安全に楽しく快適に歩ける光環境に再整備することで、夜の魅力的なウォーキングルート「光の道」を創出する取組も進めている。

ヨルノヨ -CROSS NIGHT ILLUMINATION- (2021)
提供：クリエイティブ・ライト・ヨコハマ実行委員会

ヨルノヨ -CROSS NIGHT ILLUMINATION- (2021)
提供：クリエイティブ・ライト・ヨコハマ実行委員会

私と都市デザイン　元町そして横濱まちづくり倶楽部

近澤弘明

　UD50周年おめでとうございます。私は都市デザイン室と40年弱のおつきあいになると思います。初めは元町第2期まちづくりの横浜市の担当が都市デザイン室になったことで始まりました。私は父の死後29歳で跡を継いで元町の理事もお受けし、街づくりではデザイン担当をお受けしましたので元町の中でも最も深くお付き合いしたと思います。生意気な若僧によくお付き合いいただきました。

　元町が目指していた事をおそらく横浜市の中では最も理解して頂けた部署だったと今では思っています。ありがとうございました。

　田村さんのMM21計画から始まる横浜市の都市デザインをリードしていく組織として、田村さんの意志を受け継ぐメンバーとして皆さんの活躍が今の横浜市を創ってきたといっても過言ではないと思います。

　但し残念なところはあまりお金を使えない部署でし

た。その為関係各所、経済局、道路局など、かなりの部署との調整が必要でこれには我々も苦労しました。将来は是非改善していただきたいと思います。

　私自身は元町第3期まちづくりが終わった後も横浜市の創造都市施策のお手伝いを今もさせて頂いております。これは都市デザイン室長であった北沢さんの意志を継ぐものの一人としてやらせて頂いています。横浜関内地区を中心とした中心市街地の活性化には是非とも必要な政策だと思います。勿論今では市全体に広がっていますが、私としては、ここ10年ばかりは今まで色々話してきた地元、市OB、アーティストなどと一般社団法人まちづくり倶楽部を設立し数々の書籍の出版、目的をヴィジュアル化した"PeRRY"の出版などを通して中心市街地を中心とした創造都市施策を進めるお手伝いをしています。これからもコミットしていきたいと思っています。

都心周辺・郊外区の
都市デザインの展開

6

横浜の都市デザインは、行政の資源が限られる中で人口急増に対応する必要性の中で誕生した。その活動は、中区・西区の都心部だけにはとどまらなかった。

ここでは、都市デザイン活動として始まった様々な取組が、中区・西区以外の都心周辺区や郊外区に広がり、さらには、各区役所や土木事務所等、市民活動や企業活動などまで広がってきた様子を取り上げる。

この展開は、明確に区切ることはできないが、大きく3つのフェーズに分けることができる。

第1フェーズ
都心周辺・郊外区に展開し始める都市デザインの取組

地域まちづくり推進条例（2005）に至るまでの各地域で行われた良質な「ストックをつくる」取組である。当初は都市デザイン活動の一つとして、行政主導で郊外部歩行者空間検討調査（1978）や区の魅力づくり基本調査（1980-1982）などが行われ、それらの調査に基づき、各区の道づくりや水と緑のまちづくりなど、魅力向上のハード整備を伴う事業などが展開された。その中で市民活動の重要性も認識され、各地域での協働によるまちづくりが同時多発的に生まれ、進められた。

第2フェーズ
地域まちづくり推進条例

地域まちづくり推進条例の検討と制定である。第1フェーズの様々な地域活動の隆盛に伴い、市民参加型の事業、パートナーシップ型の事業などが誕生し、協働の意識が高まりと、それを支える制度の充実が求められた。その集大成の一つが地域まちづくり推進条例の制定とそれによる支援策の実施である。

第3フェーズ
近年のストック活用の取組

人口減少のフェーズに入りつつある横浜市における「ストックを活用する時代」の取組であり、また各地域で誕生している「マネジメントをする」活動や、一度つくられたまちを再生する取組である。これらの特徴は、今ある資産を活かしたリノベーションや、地域の経済活動の持続性、健康・医療・福祉やITなどの他分野横断、そして、協働という考えからさらに一歩進んだ公民連携という考えのもとに、市民、企業、大学等と行政が連携して進められている。

115

郊外部歩行者空間整備調査と区の魅力づくり基本調査

●1978 郊外部歩行者空間整備調査 ●1980～1982区の魅力づくり基本調査：1980年（南区・磯子区）、1981年（神奈川区・鶴見区）、1982年（保土ケ谷区・港南区）

　1978年に行われた「郊外部歩行者空間整備調査」は、「区の魅力づくり事業」の発端となった取組である。これは、区役所と最寄りの駅を結ぶルートの現状を把握し、不特定多数の市民が安心して快適に歩ける歩行環境づくりを目指したもので、都心部において展開された歩行者空間整備などの手法が各地域において、どのように展開しうるのかの検討を行ったものである。

　区の魅力づくりは、1980年に策定された「よこはま21世紀プラン」に位置付けられ、様々な事業との連携を深めることとなったが、「きめ細かく、市民に身近な環境整備」を進めるためには十分とは言えなかった。そこで、1980年から82年までに行われた区の魅力づくり基本調査では、市域を都心区、周辺区、郊外区と類別し、このうち、周辺区の鶴見区・神奈川区・保土ケ谷区・南区・港南区・磯子区を最初の対象として基本計画づくりが行われた。この調査は、各区の地形や構造的特徴を把握し、そして地域ごとの魅力資源を発掘し、整備方針・構想を基本計画レベルまで行っている。計画では、歩行者ネットワークの考え方や、効果的と思われる整備イメージを平面図やスケッチで図示している。歩行者擁護の視点が強く、主に公共事業の中でも道路事業や公園や緑化事業に関する構想立案が多い。

区の魅力づくり基本調査

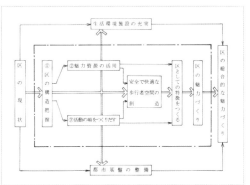
区の魅力づくりの進め方

116

魅力ある道路づくり基礎調査

●1981年度〈中区・南区・金沢区〉槙総合計画事務所 ●1983年度〈西区〉和（やまと）設計事務所、〈港南区〉F設計計画事務所、〈保土ケ谷区〉ポリテクニックコンサルタンツ ●1984年度〈緑区〉AUR建築・都市・研究コンサルタント ●1985年度〈戸塚区〉山手総合計画研究所、〈港北区〉計画研究所コスモプラン

　よこはま21世紀プラン（S56・1981）では、「郊外地域の総合整備」と「市民が参加する街の魅力づくり」が打ち出され、「区の魅力づくり基本調査」が行われる中で、道路局においても、各区の地区特性を把握し、道路行政から見た環境整備のあり方や、環境形成における道路の役割等の検討を通し、魅力ある道路づくりを実践していくための調査が行われた。

魅力ある道路づくり　中区　交差点付近の歩道のふくらみのイメージ

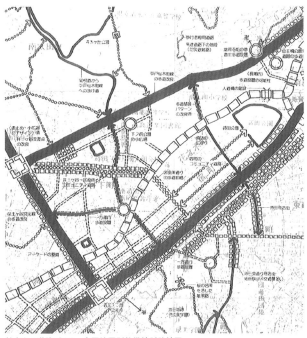
魅力ある道路づくり　南区地区別整備検討路線図

都心周辺・郊外への展開：区の魅力アップ

山路清貴［元AURコンサルタント 副所長］

　1978年、私が在籍していた事務所に「横浜市歩行者空間整備に関する調査」が舞い込みました。当時の都心区を除いた12区役所と既に数館あった地区センターの周辺、最寄り駅を含んだ半径500mほどの計18調査エリアに、歩行者空間の改善を提案する内容でした。これが、都市デザイン室が都心部以外の地域に直接目を向けた最初の調査かと思います。1978年は飛鳥田市政が終わった年でもあります。都市デザイン室の新たな役割を見いだすべく向かったテーマの一つが、都心周辺・郊外区への都市デザインの展開だったのでしょう。その2年後、1980年から3年かけて「区の魅力づくり基本調査」を、鶴見、神奈川、保土ヶ谷、港南、南、磯子の6区を対象に始めました。この区域は1927年（昭和2年）までに横浜市に編入し、かつて市電が通っていた地域、市電の利用圏域といえる市街地を概ね含みます。戦前には既にスプロール状に市街化した旧市街地、横浜の下町です。「区の魅力づくり基本調査」は、下地としての次元に「安全性」と「利便性」を置き、独自性としての次元に「歴史性」「景観性」「象徴性」を位置づけて、これらを兼ね備えた地域形成を提案し、まさに都市デザイン的視点から区の魅力アップを意図したものでした。その後こうした視点はさらに市全域へと波及していきます。その一つが「郊外区のまちづくり」で、残りの全区を対象に策定されました。また道路局は1980年代前半に区単位で「魅力ある道路づくり基礎調査」を実施して、市民に親しまれるきめ細かい魅力ある道路づくりを進めるための調査研究を行いました。　但し当時の都市デザイン室は基本計画担当の色彩が強く、事業化の判断は各事業局へと引き継がれることが一般的でした。したがってその頃の都市デザインの担当者は、各局の事業に「魅力」という視点を注入するプロセスにかなりの時間を割いたと感じます。1985年に「水と緑と歴史のプロムナード事業」という起債の仕組みが生まれ、魅力を中心に据えた財政的な裏付けを得ることになりました。その結果「魅力ある道路づくり事業」（道路局）、「河川環境整備事業」・「小川アメニティ事業」・「せせらぎ緑道整備事業」（下水道局）、「緑のプロムナード事業」（緑政局）などが、まさに全市的に展開されることとなりました。

117

金沢区庁舎周辺

●1971 区庁舎竣工

　区役所周辺を歩行者にとって魅力的で
安全な空間としていくために、企画段階
から複数の事業を関連づけて実施された。
区役所改修と併せ、隣接する泥亀公園は
区役所中庭との連続性を図りつつも地域
をシンボライズする称名寺の浄土式庭園
をモチーフにデザインされた広場型公園
に改修整備された。この他、走川プロム
ナード整備、細街路の改修の三大主要事
業を同時進行で実現させた。これによ
り、緑や遊び場環境のネットワーク化が
図られた上、歴史的資産である姫小島水
門のイメージ復元など、様々な視点から
の環境整備が実現した。この他、走川プ
ロムナード整備や細街路改修が同時進行
で行われた。

　なお、区庁舎及び泥亀公園は2016年
に再整備されている。

初期整備時の金沢区庁舎と泥亀公園

金沢歴史の道　　　　　　　　　　　　　　　写真：森日出夫

本郷台駅前広場

（栄区区心部文化ゾーン）

●1982 竣工　●面積：6,911㎡　●設計：現代計
画研究所

　JR根岸線本郷台駅前広場は、整備当
時には珍しく、駅前広場をただの交通広
場とするのではなく、パブリックアートが
設置され、地域のイベントも実施可能な、
「歩行者のための広場」という考え方を具
現化した事例である。歩行者の動線に沿っ
て配置されたハーフミラーを活用したオリ
ジナルデザインの照明灯や、ロータリー
の円形に沿って連続させた耐候性鋼板に
よるバスシェルターは、広場に象徴性を
持たせている。

本郷台駅

写真：菅原康太

119

神奈川宿歴史の道

●1985事業開始 ●企画：神奈川区区政推進課、都市デザイン室 ●基本計画：神奈川大学建築学科 ●事業実施：道路局ほか

　神奈川宿歴史の道は、神奈川区台町から京浜急行の神奈川新町駅までの約4kmに渡り、東海道五十三次のひとつである宿場町であった神奈川宿のイメージをデザインしたプロムナードである。

　神奈川宿は、もともとは神奈川湊の傍らに併設された街であり、神奈川湊は鎌倉時代から内陸部への物資の集積地として栄えた。幕末の日米修好通商条約では開港場に指定されたが、実際には対岸の横浜村（現在の中区関内）が開港の地となる。神奈川宿には、開港をにらんで多くの領事館や公使館が付近の寺に開設され、外交上の重要な舞台となり横浜の発展を側面から支えた街だった。

　プロムナードは、歩行者空間の整備に加えて沿道の建築物の誘導を行い、神奈川宿の歴史や伝説を残す要所にガイドパネルを設けるなど、道づくりと景観整備を行うことにより、神奈川区のルーツを楽しく訪ね歩くことができる。「歴史の道」のほぼ中央にある、神奈川区本町の地区センターの建物と道に接する小広場もデザインされ、この広場の一画には「高札場」を復元している。

　主要ルートの歩道は、こげ茶色のレンガタイルが敷かれ、要所にあるガイドパネルの前の歩道には東海道をちなんで「青海波（せいがいは）」のシンボルマークがデザインされている。また、歩道に設置された車止めには、浦島伝説にちなんで亀がデザインされている。計画段階で地域の子供たちが公園や街について調べていることが分かり、協働作業として計画が策定された。

神奈川地区センターと歴史の道

写真：森日出夫

いたち川プロムナード

●1982 整備開始

　いたち川は、穏やかに蛇行し周辺に湿地の残る河川であったが、周辺の市街地化によって、水害が頻発する様になり、1970年から河川整備が行われた。しかし、この改修により水位の低下や自然植生が消滅したため、水質の悪化を招く事となった。そのため、1982年から水辺の自然復元工事が開始されたが、それにあわせて親水公園や河川沿いの遊歩道などがプロムナードとして整備され、自然豊かな水辺空間が復元された。多自然型護岸などを用いるなど、周辺環境との調和に配慮した整備は、都市部における多自然型河川整備の草分けとして評価され、2011年には、「土木学会デザイン賞」を受賞した。

いたち川プロムナード

走川プロムナード

●1988 整備 ●基本設計：創和設計、総延長：約1,100m、幅：18〜5.5m

金沢区庁舎周辺の魅力ある街づくりのために計画されたプロムナードで、当初よりこの地区の面的整備における重要な位置づけとされた事業である。走川が廃川となったことにより、その水路敷地を軸にして両側の道路も含めての整備が計画された。中央部の幅員が18mある区間は、隣接地権者の同意を得て「道路」を公園区域に編入した。これにより、民有地境の幅5m程度を公園の走川公園拡張敷地に

することで、道路事業にはなじまない、水遊びのできる場所などが整備された。また、宮川に沿っている金沢八景駅に近い区間は、地元で言い伝えられている「姫小島伝説」をモチーフにして整備されており、併せて、当地にかつてあった水門も、走川プロムナード整備事業の一環として、関東学院大学土木学科の歴史的考証を経て整備復元された（1993年）。

プロムナードの一環として復元整備された水門

122

磯子アベニュー整備計画

●1985 整備計画

磯子産業道路沿いの歩道にある磯子アベニュー。かつては、ここが波打ち際であったが、1958（昭和33）年から始められた工場地帯の埋め立てにより海岸線は遥か彼方となってしまった。

水が山から流れ出し、川を下り、まちを通って海に到達するという“水の一生”をテーマにしたデザインは、かつての海岸線の水の気配を思いおこさせる。水路には那智黒石が敷かれている。ソイルセメントが採用された舗道には小石や貝殻がちりばめられ、自然さや柔らかさを出している。総合庁舎からの湧水が流れる水路沿いに、ケヤキの街路樹と花壇が配置された美しい景観は、地域に根差した魅力ある施設として、1988（昭和63）年に建設省（現・国土交通省）の「手づくり故郷（ふるさと）賞」を受賞している。

磯子アベニュー

123

鶴見川・大岡川流域環境総合整備計画

●1986 計画 横浜市都市計画局都市デザイン室調査・検討

　1986年度に「横浜『水と緑のまちづくり』基本計画（1）」として、鶴見川・大岡川流域総合整備計画の検討・調査が行われた。基本計画の目標としては「1.水害に強いまちづくり⇒水循環の回復」「2.水辺と街が一体となったまちづくり⇒水辺と街の一体整備」「3.豊かな都市自然のあるまちづくり⇒都市自然の保全と創造」「4.水文化のあるまちづくり⇒市民活動の活性化と水文化の創造」が掲げられている。

　鶴見川では、この後、行政区同士の連携によるサイン整備などの取組に始まり、国土交通省による「鶴見川流域水マスタープラン」の策定の際にはワークショップなどによる意見交換などを行いながら「鶴見川流域ツーリズム」をコンセプトとした構想を提案している。

　これら一連の取組の中で、行政の各事業の連携が進むとともに流域の市民活動による河川愛護活動も活発になっていった。

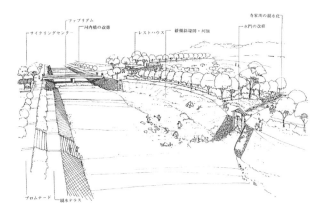

谷本川親水化イメージ
（横浜『水と緑のまちづくり』基本計画（1）鶴見川・大岡川流域総合整備計画より）

124

新横浜地区・鶴見川遊水地
＋新横浜公園

●1986.3 鶴見川多目的遊水地計画に係る基礎調査

　新幹線停車駅から徒歩圏内に7万人収容の総合競技場があるのは、我が国で横浜市しかない。実はこの競技場は、鶴見川と鳥山川が合流するエリアに作られた「鶴見川多目的遊水地」の上に建設された新横浜公園内にある。新横浜公園のある鶴見川流域は、もともと自然の遊水地として下流域を洪水から守ってきた小机・鳥山地区に位置し、人工的に洪水調節の機能をアップすることにより、遊水地周辺地域をはじめ下流地域を洪水の危険から守る役割を担っている。

　当該競技場は、千本以上の柱の上に乗る形で建設されており、洪水時にはスタジアムの下に水を流し込むしくみとなっている。その結果、2019年10月13日台風19号の豪雨にもかかわらず、ラグビーW杯が開催できたことは記憶に新しい。

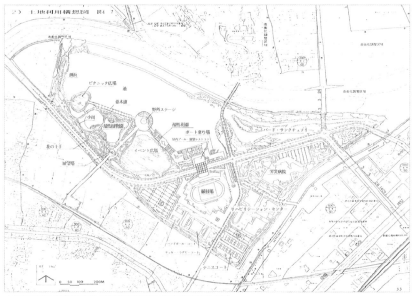

土地利用構想図（鶴見川多目的遊水地計画に係る基礎調査より）

鶴見川多目的遊水地（新横浜公園）　　©（公財）横浜市スポーツ協会

125

大岡川プロムナード

●1980 事業着手 ●設計者：AUR建築都市研究コンサルタンツ ●総延長：約6km

　大岡川の川辺を歩行者が安全で快適に散歩し、水に触れることのできる、潤いのある人間的な空間を再生することを目的に整備されたプロムナード。1978年に南区役所からの具体的な提案を受け、実施計画を経て1980年に事業着手された。「区の魅力づくり」事業の第一号であり、地域アメニティの骨格となって周辺の環境整備を誘発するとともに、その後「水と緑の街づくり」事業などの全市的な施策展開に結び付いていった。

大岡川プロムナード（南区）

126

副都心上大岡地区・大岡川環境整備

●1989 大岡川（上大岡地区）環境整備計画

　大岡川は、上大岡地区の西端部に位置する流路延長23.8kmの二級河川であり、川沿いはほとんどの区画で市街化が進んでいるが、河口は都心部を貫流し、港横浜の象徴的な河川景観を形成している。河口部より上流部に向かって、大岡川プロムナードが整備されているが、上大岡地区は空間的に余裕がないため、従来とは違った整備手法が必要とされた。

　当時当地区では、「大岡川の再生を進める会」を中心に、定例イベントの他に川清掃やミニ川遊など多才な活動が行なわれ、河川の価値を地域の方々が共有していた。こうした地元活動に呼応して、河川管理者である神奈川県が護岸の内側（堤外地）を、横浜市が外側（堤内地）を、共同で河川環境整備を行った。これにより、従来の堤内地でのプロムナードの他に、階段や水際散策路等の整備が可能となり、川の魅力を深めている。更に川の整備を契機に、交通渋滞慢性の地区を改善するとともに魅力あるまちづくりを目指し、上大岡地区では3つの再開発事業を連続的に施行した。

プロムナード（川辺の道）

三ツ沢せせらぎ緑道

127

三ツ沢せせらぎ緑道

●1987 整備

　神奈川区における「区の魅力づくり」調査のひとつとして、下水道の整備により河川としての機能を失う反町川の活用について検討された。同調査がきっかけで指定された豊顕寺市民の森や、三ツ沢公園とを結ぶ散策路として、また日常生活の場としての整備を周辺住民とともに計画し、整備された。せせらぎの水源は周辺の斜面地からの絞り水のほか、地下鉄工事で湧き出た地下水を汲み上げて循環させている。全長1,700mのうち、上流部1,200mはせせらぎを生かした遊歩道、下流部500mは歩車共存の道路となっており、沿道の三ツ沢小学校の自然学習の場としても活用された。

　せせらぎ緑道は、この他に「江川せせらぎ」「入江川せせらぎ緑道」「滝の川せせらぎ緑道」などがある。

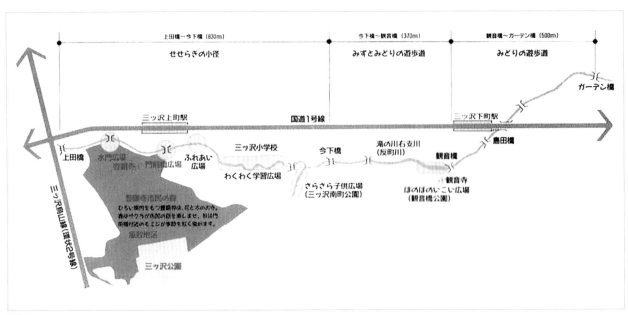

概略図

128

和泉川親水広場

●1985 竣工

和泉川は瀬谷市民の森付近を源とし、瀬谷区、泉区の中心を南北に走り、戸塚区俣野町で境川に合流する小さな川である。川に沿って連なる斜面林は、全区画で途切れることなく、和泉川独特のやわらかい河川景観を形づくっている。

和泉川親水広場は、洪水対策のための河川改修事業によって生じた、旧河川と新河川の間の土地を利用して、川と一体的に整備したものである。その結果、川幅が大きく広がり、自然味のあふれる空間が形成された。また、川底に自然石を利用し、瀬や中州をつくるなど、自然の川の回復も行われている。しかも、斜面林の淵を流れる元のままの旧河川は、野川のイメージにふさわしい自然の趣をもつ河川景観をとどめている。当時当該河川沿いは農業が営まれていた地区であったが、徐々に都市化しつつある和泉川流域において、河川を軸にまちづくりとして地域資源の活用を図る取組が実施され、水と緑と歴史を基軸に区民に親しまれている。

和泉川親水広場 　　　　　　　　　　　　　　　　写真：吉村伸一

芝生広場付近の標準断面図

従来の河川改修の方法による断面

129

天王森泉公園、水のまちワークショップ

●1994「水のまち」ワークショップ開催

天王森泉公園の敷地は、市に公園用地として寄付された土地で、敷地内の小高い樹林には豊富な湧水があり、ワサビ田が作られ、夏はホタルの群生も見られた。また、豊富な湧水を生かして養蚕業が盛んであった土地であり、敷地内には旧清水製糸場の本館建物が残されているなど、この地域の歴史を今に伝える貴重な資産があった。古民家や湧水などを生かした公園とするにあたり、地域の方々の公園運営への参画が必須であった。しかし、この地域に公園運営の活動のベースとなるような地域活動は見当たらなかったため、グループづくりから始める必要があった。まず、泉区の協力により、地域の小学校でワークショップ「水

のまち」を授業として実施し、子どもたちに公園予定地も含めたこの地域の「水」を生かした街の提案をもらうこととした。このワークショップを一緒に運営する地域の大人を募集し、ワークショップ終了後に大人たちによる公園計画づくりのワークショップに移行した。このときのワークショップ参加者が公園完成後に管理運営委員会を結成し、天王森泉館の運営を担うこととなった。都市デザイン室は、ワークショップ「水のまち」の企画・運営、公園計画への参画、旧清水製糸場本館の保存活用及び歴史的建造物認定などの役割を担った。

よこはま市民まちづくりフォーラム

●1993 開催

第1回ヨコハマ都市デザインフォーラム（1991年）の関連事業として、市内で個性的なまちづくり活動をしている市民団体に実験的に資金面・技術面の支援を行う「地域展開型事業」を行い、5団体を選定し、その成果を都市デザインフォーラムで発表した。

この成果を継承するため、1992年に都市デザイン室に「市民まちづくり推進担当」が置かれ、2年間でさらに全区18団体への支援を行った。地域展開型事業の5団体を加え計23団体が成果を発表する場として1993年10月に「よこはま市民まちづくりフォーラム」を開催した。町内会などの地縁をベースに組織される団体だけでなく、特定のテーマを持った活動団体（いわゆる、テーマコミュニティ）もまちづくりの担い手・パートナーになり得るということを社会にアピールすることが、市民まちづくりフォーラムのねらいであった。

パンフレット表紙

1994年から市民まちづくり担当は企画調査課に移管され、まちづくりセンターの設立検討を行った。この間も情報誌の発行や交流会など直接的な資金援助以外の活動支援を継続し、1996年に「ヨコハマひと・まち横丁展」を開催し、活動団体紹介やまちづくりセンター機能の議論などが行われた。展示参加は64団体、ヨコハマまちづくり大福帳（活動グループカタログ）には150団体が掲載された。

パートナーシップ推進モデル事業

●1996 開始

1995年に市の3局トライアングル（企画局、市民局、都市計画局）により「市民参加推進プロジェクト」が行われた。その後、市民と行政のパートナーシップによる地域まちづくりを目的として、「パートナーシップ推進モデル事業」（平成8～10年度・1996～1998）へと展開した。

モデル事業では、①区役所のまちづくり機能を高める、②市民が自主的に地域を運営していく力を高める、③市民と行政のパートナーシップの関係を築くが目標とされ、1区2か年、18区で25モデル事業を実施した。

その後、各局にて、2000年に市民活動推進条例施行、横浜市市民活動支援センター開設、2003年の区まちづくり調整担当設置、2004年の協働推進基本指針策定、2005年の横浜市地域まちづくり推進条例制定などの動きにつながっている。

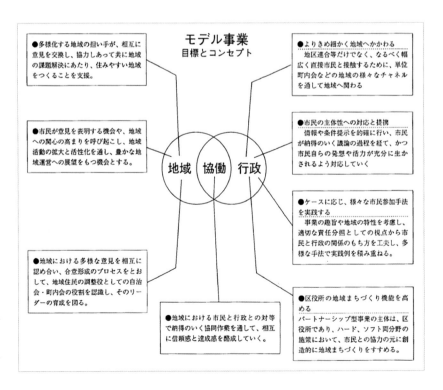

「横浜都市デザインフォーラム」がつないだ
川・流域の市民活動

大澤浩一［流域連携よこはま 代表］

　昭和61年ごろに、鶴見区では、これからの区づくりにおいて鶴見川をまちづくりに生かしていくため、区民や企業等への意識調査が行われました。その中で、鶴見川に関心を寄せる地域住民、企業、教育者、市職員等がいることがわかってきました。そこで、鶴見川のことを考え、行動してみようと区の呼びかけにこれらの人々が集まり、1987年2月に「鶴見川を楽しくする会」が発足しました。私もその一人です。翌年度に鶴見区の区制60周年記念事業（横浜市制100周年記念プレイベント）として「鶴見川いかだフェスティバル」が開催され、これにアイデアいかだを作って参加しました。その後、鶴見川の啓発イベント等で源流見学や施設見学などを通じて水系・流域全体へ目が向くようになり、流域の他団体との交流も始まりました。

　1991年に「横浜都市デザインフォーラム」が開催されることとなり、この地域展開型の活動の一つに、鶴見川流域での「鶴見川ネットワーキング・フェスティバル'91」が位置付けられました。この鶴見川全域での流域市民によるリレー川まつりは、鶴見川で遊び、学び、さらに水系・緑地の世話をしながらネットワークを広げていく取り組みで、鵜見川流域市民のネットワークが都・県・市の行政の区画を越えて文字どおり全流域に広がったことを実感したイベントとなりました。この支援によって鶴見川流域の交流連携活動が促進され、その後の流域連携、行政連携に大きく貢献したと確信しています。

　ちょうどこのころから、日常的な川の利用や都市部での川の自然環境の保全・回復など川を生かしたまちづくりへの要請や期待が全国的に高まっていました。こうした背景から、平成9年（1997）の河川法改正により「自然環境」が治水、利水に加えて目的に位置づけられるとともに、地域の意見を反映した河川整備の計画制度が導入されました。横浜でもこうした流れを踏まえて、元下水道局の呼びかけで1996年に「よこはま川のフォーラム」が立ち上がります。1991年の横浜都市デザインフォーラムに参加した川や緑、農にかかわる団体も参加し、市民とのパートナーシップによるまちづくりは、川づくりへも展開されていくこととなりました。

　川のフォーラムは「流域の旅」と称して、各流域の市民団体が交流を深めるとともに、関係行政との対話の場も作られていきました。横浜の7つの流域を一巡した2007年度に下水道局による事務局運営等への支援が終了し、翌年度から市民主体の「流域連携よこはま」として継続していくことになりました。その後、流域ごとに交流・連携の努力を行い、相互に支援する工夫を行ってきました。2013年から2年間、国際的金融グループHSBCの助成を受け、NPO法人アクションポート横浜の支援を得て大岡川流域をモデルに「ヨコハマ・水環境再生プロジェクト」を展開しました。しかし、各流域の市民ネットワークを維持し機能させるためには流域規模での調整・情報交流の事務局機能が不可欠であり、これを持続することが大きな課題となっています。

　横浜の都市デザインが進めてきた川を活かしたまちづくりによって、市民団体と河川管理者が意見や情報を日常的に交わすことが当たり前のようになったことや、流域の視点で取り組むことで、市民にとっては河川・流域がより身近になり、行政にとっては所管部局の枠を超えて関係行政部局との連携、調整する仕組みができたことはその成果と思います。これからの流域を視点としたまちづくりにおいては、関係行政を調整・連携するとともに、市民側の事務局機能も強化・支援していく都市デザインを展望します。

132

地域まちづくりフォーラム

●2004 開催

　地域まちづくりフォーラムは、地域まちづくり推進条例制定に向けた市民意見聴取の一環として、2004年の6月から8月にかけて計5回開催された。第1回から第4回は「地域まちづくりとNPO」「既成市街地のまちづくり」「地域と団地のまちづくり」「地域まちづくり活動の展開」という4つのテーマを設定し、それぞれ空き店舗を活用した地域活動拠点、リサイクルコミュニティセンター、地区センター、大学キャンパスで開催され、自治会・町内会、テーマ型、NPOなど様々な立場で活動を行う市民や専門家が登壇し、参加者を含めた熱い議論が交わされた。第5回はみなとみらい地区で開催され、各回の登壇者代表と都市計画局長が、名和田東京都立大学教授（当時）のコーディネートにより、会場からの意見も交えて活発な議論を行った。主な内容は、コミュニケーションと人材育成、持続継続できる仕組み、地域による地域の管理、活動資金の確保、活動拠点の整備、中間支援組織など。

133

横浜市地域まちづくり推進条例

●2005 制定

　市民との協働による地域まちづくりの推進に関する基本的事項や手続き等を定めた横浜市独自の条例。まちづくり条例には様々な種類があるが、これは神戸市（1981）や世田谷区（1982）を先駆けとする地区まちづくりの系統に属する。平成初期に企画局・都市計画局（当時）で検討が開始され、都市デザインフォーラムの地域展開型事業（活動助成等、1991-1993）や市民まちづくり会議（1998）などの取組を踏まえ、2005年に制定された。制定にあたって、有識者による検討委員会（委員長は卯月早稲田大学教授）を設置するとともに、市民アンケート、地域まちづくりフォーラム等による意見聴取や意見交換を行った。条例は全18条であり、目的、基本理念、支援等を定めた総則的部分、グループ登録、組織認定等の手続きを定めた部分、支援団体、表彰、推進委員会等の運用を支える仕組みを定めた部分からできている。地域発意型地区計画、地域交通サポート等もグループ登録を行った上で支援をしている。

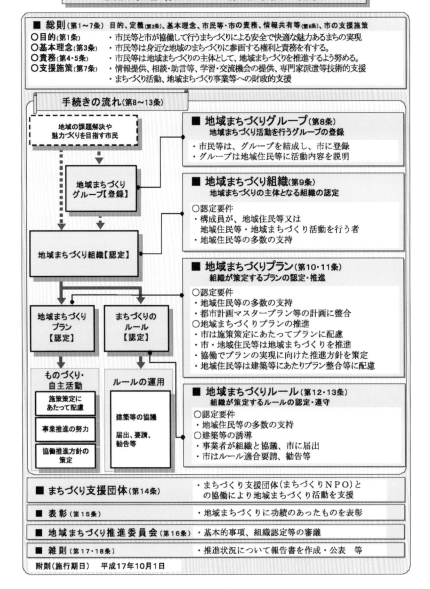

鶴見区の国道1号線沿いにおける住民と事業者が協働し実現した緑のまちづくり（鶴見区北寺尾交差点付近を中心とした国道1号沿線周辺）

歴史と地域のつながりを生かした防災まちづくり「ゆうづる歩道の完成式」（鶴見区市場西中町）

美晴台の道に愛称をつけ、まちを分かりやすく、明るく、楽しく、魅力的にする（港南区上永谷三丁目、四丁目の一部）

地域の魅力を生かした災害に強いまちづくり（金沢区寺前一丁目、2丁目、金沢町）

交流拠点づくり～どんな時もつながり合える街の家族～（青葉区奈良町）

魅力あるまちを次世代に引き継ぐ緑いっぱいのまちづくり（栄区湘南桂台自治会区域）

134

ヨコハマ市民まち普請事業

● 2005 開始

市民が自ら行なう身近なハード整備の提案をコンテスト形式で選考し、最高500万円の整備費用を助成するという横浜市独自の制度。この制度自体が市職員の事業提案から生まれた。市民が共に汗をかいてまちづくりを行う意味をこめて「普請」という言葉が用いられており、キャッチフレーズは「私たちのまちを 私たちでつくる きっとまちが好きになる」。2020年度までに188件の提案があり、56件の整備が実現している。整備場所やテーマの制約は一切なく、里山環境整備から活動拠点整備まで、地域の課題解決・魅力向上やコミュニティの活性化に寄与する多彩な施設が整備され、心のこもった運営・維持管理がされている。二段階の公開コンテスト、市職員による伴走支援、整備提案集・事例集等の発行、NPOとの協働事務局も大きな特徴。創設10年を迎えた2015年には「新たな公共事業のあり方を示唆する独創的・画期的なもの」として日本都市計画学会の石川賞を受賞した。

初年度コンテストでの提案発表の様子

まち普請の事例

「CASACO（カサコ）」
東ケ丘の築60年以上の長屋を外国人の滞在施設に改修。
外国人が自国の朝食を地域の方々にふるまう「世界の朝ごはん」などを中心に地域交流を展開。
1階テラスには野毛坂の道路舗装に使われていたピンコロ石を再利用している。

「百段階段」
美しが丘地区の遊歩道などを中心にアート活動を行っている団体の提案。
地域の子どもたちが「百段階段」と呼ぶ階段のカラーリングデザインを地域で公募し、プロ監修のもと地域住民主体で作業を実施。

横浜市地域まちづくり推進条例と
ヨコハマ市民まち普請事業が生まれるまで

石津 啓介 [横浜市建築局住宅政策課担当課長（元都市整備局地域まちづくり課長）]

　横浜市におけるまちづくり条例制定までの道のりは長かった。1991年に都市デザイン室に市民まちづくり推進担当が設置され、都市デザインフォーラム（1991・1998）の一環として市民まちづくり活動に対する助成や様々なイベントが行われた。その後、都市計画局・市民局・企画局によるパートナーシップモデル推進事業が1996年から3年間実施され、市民協働の様々な取組が進められたが、この事業の検討プロジェクトのメンバー5名中3名が都市デザイン室経験者である。この事業は全18区において様々な関係局を巻き込んで推進され、様々な分野・立場の職員や市民の意識の変革につながり、その後の市の様々な施策や市民活動に大きな影響を与えた。この頃、まちづくり条例制定の議論は何度もあったが、市民協働は市民局を中心に進めるという方針の中で実現できなかった。その後、方針が変わってあらゆる分野で市民協働を進めることなり、2005年に地域まちづくり推進条例が制定された。制定時の所管課は、都市デザイン室から市民まちづくりの業務を引き継いでいた同じ都市企画部の企画調査課である。

　まち普請事業創設までの道のりは短かった。2003年、庁内ベンチャー制度であるアントレプレナーシップ事業の初の検討テーマの募集があった。当時、建築局職員であった肥山達也は、市民の地域への想いやまちづくりへの意欲に応えられない現状を変えようと、市民のハード整備の提案をコンテスト形式で選考して支援するという事業を考えて応募した。多くの応募の中から検討テーマの一つとして選考され、メンバーに応募してきた4人とともに検討が始まった。二度の市長プレゼンを経て事業化が決定し、メンバーの中からリーダーの肥山と同じ建築局の中澤正紀の二人が、まちづくり条例制定のために設置された企画調査課地域まちづくり推進担当に合流し、事業化に向けて取り組むことになった。こうして、まちづくり条例とまち普請事業が交わり、同じ年に制定・創設された。短かったが、密度の濃い、熱い二年間だった。

　肥山と中澤は、新たに設置された地域整備支援課で条例と事業を軌道に乗せてから係長に昇任し、地域まちづくりから離れた。肥山は社団法人横浜みなとみらい21でエリアマネジメント活動助成事業の創設に携わった後に、都市デザインの流れをくむ創造都市推進課で活躍した。中澤は開発行政に携わった後に、政策局でまちづくり全体の政策立案を担当した。その後、肥山と中澤の二人は2014年に相次いで病に倒れ、帰らぬ人となった。2015年、都市計画学会石川賞を受賞したまち普請10周年のときに彼らはいなかった。今は都市デザイン50周年である。こうした節目の年を迎えるたびに、彼らと歓び、議論することができないことを、とても悲しく思う。

横浜市における「パートナーシップ型行政」の推移（平成25年、内海 宏氏作）

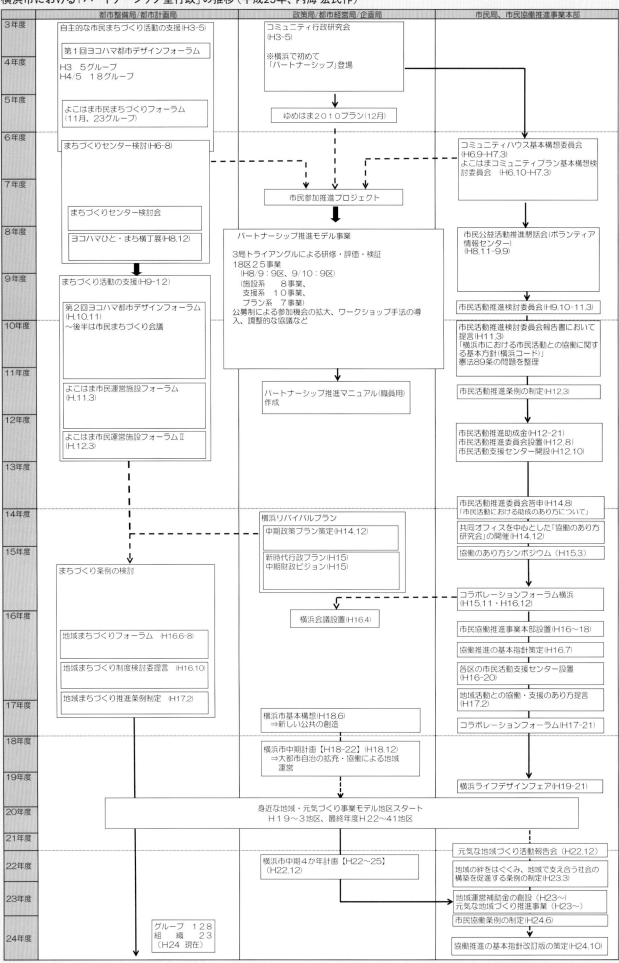

	都市整備局/都市計画局	政策局/都市経営局/企画局	市民局、市民協働推進事業本部
3年度	自主的な市民まちづくり活動の支援(H3-5) 第1回ヨコハマ都市デザインフォーラム H3　5グループ H4/5　18グループ	コミュニティ行政研究会 (H3-5) ※横浜で初めて 「パートナーシップ」登場	
4年度			
5年度	よこはま市民まちづくりフォーラム (11月、23グループ)	ゆめはま2010プラン(12月)	
6年度	まちづくりセンター検討(H6-8)		コミュニティハウス基本構想委員会 (H6.9-H7.3) よこはまコミュニティプラン基本構想検討委員会　(H6.10-H7.3)
7年度	まちづくりセンター検討会	市民参加推進プロジェクト	
8年度	ヨコハマひと・まち横丁展(H8.12)	パートナーシップ推進モデル事業 3局トライアングルによる研修・評価・検証 18区25事業 (H8/9：9区、9/10：9区) (施設系　8事業、 　支援系　10事業、 　プラン系　7事業) 公募制による参加機会の拡大、ワークショップ手法の導入、調整的な協議など	市民公益活動推進懇話会(ボランティア情報センター) (H8.11-9.9)
9年度	まちづくり活動の支援(H9-12) 第2回ヨコハマ都市デザインフォーラム (H.10.11) ～後半は市民まちづくり会議		市民活動推進検討委員会(H9.10-11.3)
10年度			市民活動推進検討委員会報告書において提言(H11.3) 「横浜市における市民活動との協働に関する基本方針(横浜コード)」 憲法89条の問題を整理
11年度	よこはま市民運営施設フォーラム (H.11.3)	パートナーシップ推進マニュアル(職員用)作成	市民活動推進条例の制定(H12.3)
12年度	よこはま市民運営施設フォーラムⅡ (H.12.3)		市民活動推進助成金(H12-21) 市民活動推進委員会設置(H12.8) 市民活動支援センター開設(H12.10)
13年度			
14年度		横浜リバイバルプラン 中期政策プラン策定(H14.12)	市民活動推進委員会答申(H14.8) 「市民活動における助成のあり方について」 共同オフィスを中心とした「協働のあり方研究会」の開催(H14.12)
15年度	まちづくり条例の検討	新時代行政プラン(H15) 中期財政ビジョン(H15)	協働のあり方シンポジウム　(H15.3) コラボレーションフォーラム横浜 (H15.11・H16.12)
16年度	地域まちづくりフォーラム　(H16.6-8) 地域まちづくり制度検討委提言　(H16.10)	横浜会議設置(H16.4)	市民協働推進事業本部設置(H16～18) 協働推進の基本指針策定(H16.7) 各区の市民活動支援センター設置 (H16-20)
17年度	地域まちづくり推進条例制定　(H17.2)	横浜市基本構想(H18.6) ⇒新しい公共の創造	地域活動との協働・支援のあり方提言 (H17.2) コラボレーションフォーラム(H17-21)
18年度		横浜市中期計画【H18-22】(H18.12) ⇒大都市自治の拡充・協働による地域運営	
19年度			横浜ライフデザインフェア(H19-21)
20年度		身近な地域・元気づくり事業モデル地区スタート H19～3地区、最終年度H22～41地区	
21年度			元気な地域づくり活動報告会　(H22.12)
22年度		横浜市中期4か年計画【H22～25】 (H22.12)	地域の絆をはぐくみ、地域で支え合う社会の構築を促進する条例の制定(H23.3)
23年度			地域運営補助金の創設(H23～) 元気な地域づくり推進事業(H23～) 市民協働条例の制定(H24.6)
24年度	グループ　128 組　織　23 (H24　現在)		協働推進の基本指針改訂版の策定(H24.10)

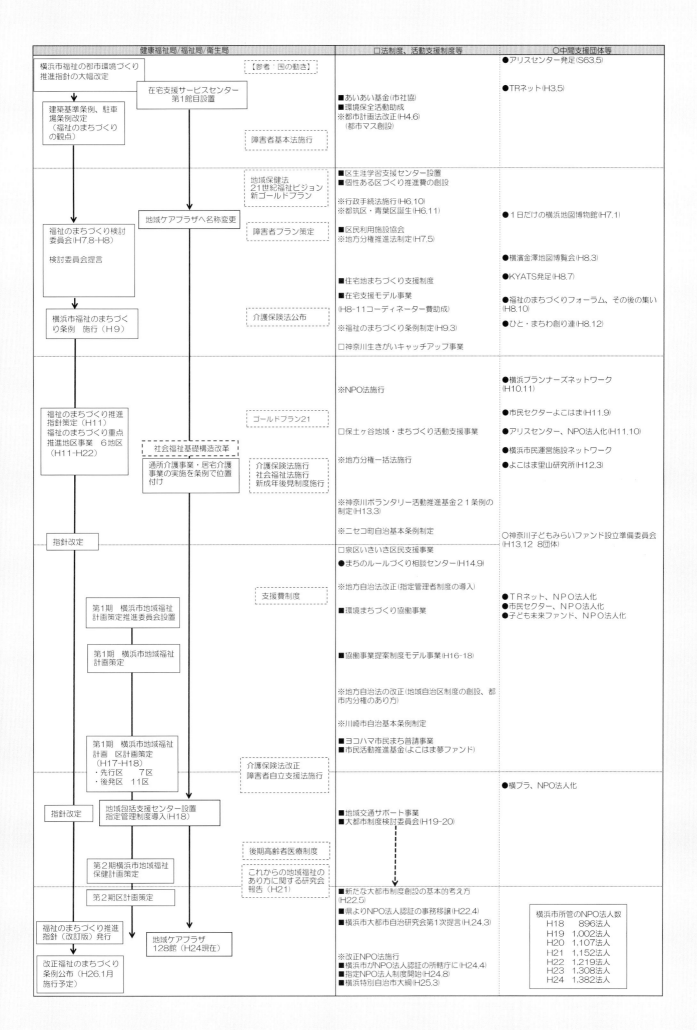

健康福祉局/福祉局/衛生局		口法制度、活動支援制度等	○中間支援団体等
横浜市福祉の都市環境づくり推進指針の大幅改定	【参考：国の動き】		●アリスセンター発足(S63.5)
	在宅支援サービスセンター第1館目設置	■あいあい基金(市社協) ■環境保全活動助成 ※都市計画法改正(H4.6) (都市マス創設)	●TRネット(H3.5)
建築基準条例、駐車場条例改定(福祉のまちづくりの観点)			
		障害者基本法施行	
	地域保健法 21世紀福祉ビジョン 新ゴールドプラン	■区生涯学習支援センター設置 ■個性ある区づくり推進費の創設 ※行政手続法施行(H6.10) ※都筑区・青葉区誕生(H6.11) ■区民利用施設協会 ※地方分権推進法制定(H7.5)	●1日だけの横浜地図博物館(H7.1)
福祉のまちづくり検討委員会(H7.8-H8) 検討委員会提言	地域ケアプラザへ名称変更 障害者プラン策定		●横濱金澤地図博覧会(H8.3)
		■住宅地まちづくり支援制度 ■在宅支援モデル事業 (H8-11コーディネーター費助成)	●KYATS発足(H8.7) ●福祉のまちづくりフォーラム、その後の集い(H8.10)
横浜市福祉のまちづくり条例 施行(H9)	介護保険法公布	※福祉のまちづくり条例制定(H9.3) □神奈川生きがいキャッチアップ事業	●ひと・まちわ創り連(H8.12)
		※NPO法施行	●横浜プランナーズネットワーク(H10.11)
福祉のまちづくり推進指針策定(H11) 福祉のまちづくり重点推進地区事業 6地区(H11-H22)	ゴールドプラン21	□保土ヶ谷地域・まちづくり活動支援事業	●市民セクターよこはま(H11.9) ●アリスセンター、NPO法人化(H11.10) ●横浜市民運営施設ネットワーク
	社会福祉基礎構造改革 通所介護事業・居宅介護事業の実施を条例で位置付け	※地方分権一括法施行	●よこはま里山研究所(H12.3)
	介護保険法施行 社会福祉法施行 新成年後見制度施行		
		※神奈川ボランタリー活動推進基金21条例の制定(H13.3)	
		※ニセコ町自治基本条例制定	○神奈川子どもみらいファンド設立準備委員会(H13.12 8団体)
指針改定		□泉区いきいき区民支援事業 ●まちのルールづくり相談センター(H14.9)	
	支援費制度	※地方自治法改正(指定管理者制度の導入) ■環境まちづくり協働事業	●TRネット、NPO法人化 ●市民セクター、NPO法人化 ●子ども未来ファンド、NPO法人化
第1期 横浜市地域福祉計画策定推進委員会設置			
第1期 横浜市地域福祉計画策定		■協働事業提案制度モデル事業(H16-18)	
		※地方自治法の改正(地域自治区制度の創設、都市内分権のあり方)	
		※川崎市自治基本条例制定	
第1期 横浜市地域福祉計画 区計画策定(H17-H18) ・先行区 7区 ・後発区 11区	介護保険法改正 障害者自立支援法施行	■ヨコハマ市民まち普請事業 ■市民活動推進基金(よこはま夢ファンド)	●横プラ、NPO法人化
指針改定	地域包括支援センター設置 指定管理制度導入(H18)	■地域交通サポート事業 ■大都市制度検討委員会(H19-20)	
	後期高齢者医療制度		
第2期横浜市地域福祉保健計画策定	これからの地域福祉のあり方に関する研究会報告(H21)		
第2期区計画策定		■新たな大都市制度創設の基本的考え方(H22.5) ■県よりNPO法人認証の事務移譲(H22.4) ■横浜市大都市自治研究会第1次提言(H.24.3)	
福祉のまちづくり推進指針(改訂版)発行	地域ケアプラザ 128館(H24現在)	※改正NPO法施行 ■横浜市がNPO法人認証の所轄庁に(H24.4) ■指定NPO法人制度開始(H24.8) ■横浜特別自治市大綱(H25.3)	横浜市所管のNPO法人数 H18 896法人 H19 1,002法人 H20 1,107法人 H21 1,152法人 H22 1,219法人 H23 1,308法人 H24 1,382法人
改正福祉のまちづくり条例公布(H26.1月施行予定)			

135

大岡川再生計画

●2000 策定

神奈川県は、大岡川を生かしてまちの魅力を高めるため、2000 （平成12）年に大岡川河川再生計画を策定した。計画の策定に当たっては市民意見の聴取や具体的な整備内容の調整において横浜市（都市デザイン室の他、市民協働部局、河川部局、公園部局、関連区等）が協働している。その後、計画に基づき、大岡川において親水施設の整備を進め、2004（平成16）年度までに北仲通り地区「大岡川夢ロード」、2006（平成18）年度までに

黄金町駅周辺地区「大岡川桜桟橋」、2009（平成21）年度までに蒔田公園地区「ふれあいアクアパーク」、2014（平成26）年度までに日ノ出町駅前「横浜日ノ出桟橋」などが整備され、水辺空間の活用や水辺のレクリエーション推進への足掛かりとなった。なお、蒔田公園の再整備は南区のパートナーシップ推進モデル事業に位置付けられており、外周道路の廃道や河川護岸の改修をともなう「ふれあいアクアパーク」は、その集大成でもあった。

様々な水上アクティビティの拠点となっている桜桟橋

136

金沢八景駅周辺のデザイン誘導

●2010年代後半 ●事業名：横浜国際港都建設事業金沢八景駅東口地区土地区画整理事業 ●施行者：横浜市 ●事業区域：横浜市金沢区瀬戸の一部
●事業面積：約2.4ヘクタール

シーサイドラインを延伸し京急線金沢八景駅に繋げ、駅前広場を整備する事業にあたり、金沢区、区画整理事務所、シーサイドラインの3者から「歴史ある金沢区らしい街並みをつくりたい」という依頼が都市デザイン室に寄せられた。公民双方が関わる事業のため、民間地権者の方にも分かりやすい「和モダン」というデザインコンセプトを掲げ、切妻屋根や縦格子等の具体的なデザイン要素を提示。先行するシーサイドラインの新駅舎で、切妻屋根や茶系の縦格子を用い、実例として示した。なお、屋根は歴史性の表現と同時に、圧迫感の軽減や観光路線としての特性にも配慮して、現代的な膜素材を用いている。これに続き、京急線金沢八景駅でも同様に膜素材の切妻屋根が採用されたほか、その後民間ビルでも縦格子や茶系の色味が次々に採用され、緩やかに共通点のある街並みが生まれている。デザインの議論は専門家や地元協議会の参加する「都市デザイン検討会」（公共

施設）や「まちづくり協議会（現まちづくり検討会）」（民間施設）で行い、事業終了後は地元のまちづくり委員会がデザインガイドラインを継続運用している。

金沢八景駅

137

金沢区庁舎・金沢公会堂・泥亀公園再整備

●2011 区役所プロポーザル協議開始 ●建築設計：国設計 ●公園実施設計：アトリエ福 ●都市デザイン検討：abanba、スタジオゲンクマガイ

金沢区庁舎・公会堂の建替えにあたり、隣接する泥亀公園と入れ替える計画になったため、区庁舎、公会堂、公園の一体計画となった。都市デザイン室は建築プロポーザル後の参加となったが、80年代・都市デザインの成果でもある従前の区庁舎中庭と泥亀公園の持っていた空間の一体性を継承することを目指した。区から金沢らしさという要望もあり、先行していた金沢八景駅区画整理の格子や伝統色などの和の表現を応用しつつ、千鳥模様や家並みの表現などを追加し、泥亀公園にも同じボキャブ

ラリーを用いて区役所との統一感を生み出している。公会堂は周辺から突出するボリュームとなるため、複数のボリュームに分節する独自のデザインとしたが、公園とつなぐ大階段の拡幅で空間的一体感を持たせた。区庁舎の公園に面した部分も大開口とした結果、金沢区庁舎、公会堂、泥亀公園が和の雰囲気をデザインの共通項として、さらに連続的な利用も一定程度実現出来た。

再整備後の金沢区庁舎・金沢公会堂・泥亀公園

港北区3大OPEN（港北 OPEN！HERITAGE、港北オープンファクトリー、港北オープンガーデン）

●2011 港北オープンヘリテイジ初開催

【オープンヘリテイジ】は、横浜市で開港150周年にあわせて展開していた「OPEN！横浜」に呼応する形で、2009（平成21）年から「OPEN！HERITAGE」として始まり、第1回は日本大通り、翌年から山手、馬車道と対象を変えながら、日ごろ見学することができない民間所有の歴史的建造物の内部などを見学できる貴重な機会として開催されてきた。2012（平成24）年からは港北区（その後、平成27年度まで継続）、2013（平成25）年からは保土ケ谷区にも展開している。

また、2010（平成22）年から大田区で開催されていた「おおたオープンファクトリー」を参考に、横浜市内18区の中で最も製造業事業所数の多いことが一つの特徴である港北区で2013（平成25）年に第1回【港北オープンファクトリー】を開催。当時課題となっていた、工場移転の原因でもある工場と隣接マンションのトラブルを、相互理解により緩和したいという期待も背景としてあった。

【港北オープンガーデン】は、「花と緑のまちづくり」や「コミュニティづくり」に寄与することを目的に、年々参加者を増やしながら毎年開催されている。個人の庭だけではなく、グループで育てている花壇なども対象としているのが特徴である。現在は、瀬谷区、栄区でも同様の取組が展開されている。

港北オープンガーデン

139

港北区魅力プラスカード

●2012 作成

1998（平成10）年の「ヨコハマ都市デザインフォーラム」で、これからの横浜を考えるアイデアの元を集めた「まちづくり101の提案カード」が作られた。その提案カードを参考とし、2012（平成24）年に「港北区魅力プラスカード」が作られた。

当初、区では鶴見川流域のまちづくりについての検討を進めていたが、区民へのヒアリング等の中で、さまざまな意見・アイデアが出てくるため、それらを行政計画的に取りまとめてしまうのではなく、ひとつひとつの意見・アイデアを残し、それを見た人が、あらたなアイデアを生み出していけるように、カード形式に取りまとめた。各アイデアの文章自体はクリエイティブコモンズとしている。

魅力プラスカード

旧東海道の魅力づくり

●2015 再生計画策定

それまでも旧東海道の魅力づくりに関連して様々な取り組みを行ってきたが、2006（平成18）年度、保土ケ谷区にて「保土ケ谷区歴史街なみ基本構想」が策定されたことなどもきっかけとして、区役所や市民団体との連携による取組が加速化する。2013（平成25）、2014（平成26）年度には保土ケ谷区と戸塚区で、地域に残る歴史的資料を集め、旧東海道の歴史的景観保全に役立てることを目的として、「横浜旧東海道お宝自慢ワークショップ」を開催、並行して道路局が主体となり2014（平成26）年度には、「旧東海道「保土ケ谷宿」を未来へつなげるまち・みち再生基本構想」、2015（平成27）年度には、「再生計画」を策定した。

歴史街なみ基本構想の検討と並行して設置された境木モニュメント

OPEN MEETING! 都市デザイン

●2016 ●日時：2016年11月14日、2017年3月28日 ●地域：横浜市都筑区東山田 ●共催：一般社団法人横浜もの・まち・ひとづくり ●モデレーター：岡部友彦 ●ドキュメンテーション：東海大学富田研究室

本取組は、横浜市による都市デザイン手法を通じた地域再生および都市デザインの広報・普及活動を目的としたものである。「OPEN MEETING！都市デザイン」という名称には、都市デザインをOPENにしていくという姿勢と、ミーティングという通常関係者のみのクローズドな場を開くことで参加者がより主体的に参加する議論の場を目指すというコンセプトが含まれている。

第1回目を都心部編として横浜市中区にて実施した後、第2回第3回は横浜市郊外部の一つである都筑区東山田地区にて実施した。東山田は、昨今全国でも問題になっている、住工混在（都市計画用途地域としての準工業地域において住居と町工場が混在して環境面等で利害衝突が起きる問題）が課題となっている。当地において本取組を実施したのは、そうした課題をより創造的かつ生産的に議論する場として本取組の手法を活用し、関係者が将来について互いに尊重して協力し合う気運を高めていくた

めであった。当地ではその後、課題解決のための組織や拠点が生まれた。

OPEN MEETING! 都市デザイン　広報物より

142

井土ケ谷上町第一町内会館（旧井土ケ谷見番）

●2019 認定・改修

井土ケ谷上町は、花街としての歴史も持つ市街地である。井土ケ谷上町第一町内会では、そのような市街地において、市の旧いえ・みち まち改善事業をきっかけとして防災まちづくりに取り組んできた。町内会と中区役所、都市デザイン室、防災まちづくり推進課の協働により、旧井土ケ谷見番だった町内会館の認定による歴史を生かしたまちづくりと防災まちづくりを連携した取組を進めた。

町内会館の2018年度の認定時には、金属製トタン板を外壁としており、魅力的な歴史的景観とは言い難い外観で、これまでに改変した箇所は多いものの、この建造物の歴史性を端的に示す正面の車寄せはよく残っていた。翌2019年度に、防災性に配慮した新材で下見板張の外壁とするなど、正面外観の復元工事を実施することによって、横浜市域で見番の建造物が甦る希少な存在、かつ、地域のランドマークとしての存在感を増して、町内会館として使い続けられている。

改修後の会館

本郷台駅前リビング

●2020 事業開始

栄区唯一の駅である本郷台駅周辺では、公共施設の再編とあわせて区心部の魅力を高めていくことが求められていた。駅前リビングはその実践的な取組の一つである。

1981年に整備された本郷台駅前広場では、年間数回のイベントが開催されていたが、日常的には有効活用されていなかった。そこで、駅周辺の民間開発で川沿いに広場が整備されたことや、文化活動等が活発な区民性などをいかし、区民が広場を日常的に使うことを目指した、公共空間活用の実験的な取組として2020年に栄区役所によりスタートした。

2021年度は、毎月10日、20日、30日に開催。駅前広場は道路空間であり、一般的には区民が個別に利用申請はしづらいが、区が駅前リビングの枠組みを設けることで、区民の活動を公共空間で行いやすい環境が整いつつある。区ではこの取組の自走を目指し、利用者のコミュニティづくりに取り組んでいる。

近年の郊外におけるまちづくりの動向

次世代郊外まちづくり

横浜市と東急が取り組む「次世代郊外まちづくり」は、「既存のまち」を舞台に、郊外住宅地の様々な課題を、産学公民連携で解決していくプロジェクトです。平成24年の協定締結以降、モデル地区「たまプラーザ駅北側地区」を中心に、まちの将来像「コミュニティ・リビング」（歩いて暮らせる範囲に就労や交流など地域に必要な機能を配置し結合させていく考え方）の実現に向け、様々な取組を進めてきました。

平成29年には、コミュニティ・リビングの具現化のため、多世代型住宅とコワーキングスペース、コミュニティカフェ、保育所等で構成されるドレッセWISEたまプラーザが整備されました。ここでは、住民やテナントによるエリアマネジメント活動も実施されています。

また、平成30年からは地域住民が自身のスキルを活用して地域団体が抱える課題を解決するプロボノ講座を実施するなど、地域による地域課題解決の取組も進んでいます。

エリアマネジメント活動のようす

左近山団地再生プロジェクト ～大学生が活躍するまちづくり～

昭和40年代、旭区左近山に開発された約5,300戸の左近山団地は、中層住宅中心の建築群に広場や緑道など緑あふれる風景が広がる一方で、人口減少が20年以上続き高齢化率50%弱の超高齢社会を迎えています。

このような状況の中、平成29年度、旭区・UR都市機構・横浜国立大学が地域と協働し、学生が団地に住み住民とともに地域活性化を目指す『大学生が主役の団地再生』がスタートしました。ここに地域発のアート拠点『左近山アトリエ131110』や大学の実習講座、取組の卒業生、他大学の学生が加わり、テーマも子どもの参加やアート、ソーシャルメディアの活用などの広がりが出ています。

当初4名だった学生数が20名を超えています。彼らは、例えば『楽しく災害を乗り切るための移動式ピザ窯』を地域に提案し、小学生と制作し、イベ

ントを実行するなど彼らなりの感性で奮闘中。地域は新たな活動者の価値を認め、令和3年度から財源を確保し自律的な運営にシフトしています。

まちづくりに携わる大学生たちのPR写真（左近山アトリエ前にて）　　写真：菅原康太

京急沿線まちづくり（丘と緑のまちづくり＝おかまち）

2018年（平成30年）7月、京浜急行電鉄株式会社と横浜市は、京急沿線の横浜市南部地域において、将来を見据えた沿線地域の魅力向上に向けたまちづくりに協働することに合意し、まちづくりの推進に関する協定を締結しました。この協定に基づく富岡・能見台地区での取組をご紹介します。

2021年（令和3年）5月には、地域の方々等とのこれまで3年間の取組や今後のまちづくりの方向性をとりまとめ、その羅針盤として、『みんなの富岡・能見台　丘と緑のまちづくり IMAGE BOOK』を発行、6月の「おかまちフォーラム」でのお披露目を経て、7月のキックオフミーティングから活動をスタート。

地域、企業、学校、行政の四者がまちづくりの担い手として関わり、「まずは、できることから実現しよう！」を合言葉に、5つのプロジェクトが活動中。そこでは、小さなイベントや屋外でのミーティング等を重ね、地域に活動の輪を広げる仕掛けや小中学校との連携にチャレンジしています。

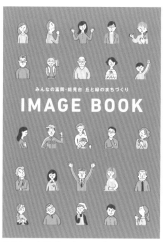

みんなの富岡・能見台　丘と緑のまちづくり
IMAGE BOOK

相鉄いずみ野線沿線地域「次代のまちづくり」
（持続可能な住宅地推進プロジェクト）

市と相鉄ホールディングス株式会社は平成25年に「相鉄いずみ野線沿線の次代のまちづくりの推進に関する協定」を締結、産学公民が連携して沿線の魅力を高めることで、定住促進・若年層流入を図っています。相鉄線とJR線・東急線の相互直通運転の計画に合わせて、相鉄いずみ野線沿線では新たな住宅の整備や各駅前の再整備を進めるとともに、再整備された駅前広場等を中心に様々な取組を展開してきました。南万騎が原駅では、再整備により商業施設の一角に活動拠点の「みなまきラボ」が整備され、ハンドメイドや音楽、本などの共通の趣味を持つ住民が集う場となり、趣味を活かしたワークショップなどの様々な交流イベントが開かれるようになりました。このような交流イベントを通じて、さらなる住民間のつながりが生まれた結果、住民が企画・運営に加わる形で、マルシェとステージの複合型地域交流イベント「みなまきピクニック」が駅前広場を舞台に開催されています。

みなまきラボ内観

「身近な地域資源をいかした魅力づくり　〜水と緑のまちづくり〜」

2021年12月17日［金］18:30〜21:00

登壇者　　宮澤 好氏［元横浜市職員、都市デザイン室／水と緑のまちづくり担当］
　　　　　吉村伸一氏［元横浜市職員、河川部／河川環境整備事業担当］
ファシリテーター　滝澤恭平氏［水辺総研］

※本稿では、水と緑のまちづくり話の部分を抜粋・編集して掲載しています。

宮澤 好氏

吉村伸一氏

滝澤恭平氏

滝澤恭平…まず自己紹介として、僕自身の活動についてご紹介しますと、コンサルタントとして、平成28年度から河川企画課さんと、横浜市を流下する全長17kmの二級河川（県管理）帷子川の中流域にて、アユが遡上することをまちの価値に活かせないかという「はまっこ鮎遡上プロジェクト」を行いました。洪水時は安全に水を流しつつ、平常時は生物が暮らしやすい川を目指して、「リバーガーディングガーデニング」という、川を皆の庭のように使い、石を積んで川に流れをつくる

ことにより、植生を促す取組を市民の皆さんと進めました。都心部では、相鉄さんと一緒に「ミズベリング横浜西口」という活動を行い、「川を都市のまちづくりにどう使うのか」をテーマに、SUP（スタンドアップパドルボード、通称サップ）乗船体験を行う等、都市のアーバンネイチャーとしての河川の可能性に挑戦しています。

本日は、こうした河川や緑環境といった、身近な資源を生かした魅力づくりをテーマに、都市デザイン室、道路局という異なる立場にありながら、協働

して、当時は全く新しい考え方を持って挑戦されてきたお二方に、お話を伺いたいと思います。

水と緑のまちづくり事業

宮澤 好…1980年代に入り、高度成長期に横浜に流入してきた住民の定住志向が高まり、身近なまちに対する関心が高まったことを受け、それまで都心部や郊外部でも大規模プロジェクトを中心に行われていた都市デザインを、都心周辺区・郊外区においても展開することになりました。そこで、都市デザイン室では、区の機能強化等も行いながら、「区の魅力づくり基本調査（1980〜1983年）」を行いました。横浜の郊外部には場所ごとに古くから伝わる歴史や文化がある。人々が意識をしていなくても、それらは市民生活の基盤となり、人々を支えている。中でも、水と緑に着目して、場所ごとの魅力を引き出すことを考えました。大岡川プロムナードや柏尾川プロムナードの整備等が、具体的な取

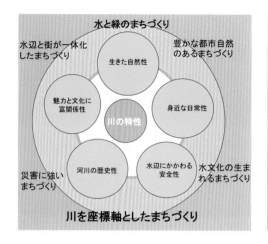

水と緑のまちづくり

水辺と街が一体化
したまちづくり

豊かな都市自然
のあるまちづくり

生きた自然性

魅力と文化に
富関係性

身近な日常性

川の特性

災害に強い
まちづくり

河川の歴史性

水辺にかかわる
安全性

水文化の生ま
れるまちづくり

川を座標軸としたまちづくり

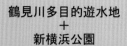

鶴見川多目的遊水地
＋
新横浜公園

・国と横浜市の役割分担
　用地取得：国、市　各1/2
　基盤造成：国
　公園、競技場整備：横浜市

・市民活動団体：自然的土地活用の提案（1994年）

・総合運動公園基本計画（1995年）
　スポーツ利用、自然生態園利用の計画調整

©（公財）横浜市スポーツ協会

組事例です。都市デザイン室は実施計画の策定や、関係事業局の役割分担と方針化を行い、必要に応じて設計や工事への関与も行いました。予算の裏付けを作るため、当時の財政局と調整し、自治省のまちづくり債を使って、「水と緑と歴史のプロムナード事業（1984年〜）」を立ち上げ、企画課と一緒に、事業の全体調整を行いました。ちょうど川や歴史、福祉などをテーマにした市民活動が盛んになってきた頃です。それらの動きに対応できるよう、まちづくりワークショップを開始。具体的には、三ツ沢せせらぎ緑道や磯子アベニュー等の整備が行われました。

例えば、私の担当した三ツ沢せせらぎ緑道は、都市デザイン室が策定した区の魅力づくり実施計画を踏まえ、せせらぎ緑道は下水道局、歩車共存道路は道路局、斜面緑地保存は緑政局、水源の活用は交通局と役割分担を方針で決め、市営地下鉄の湧水を活用したせせらぎの整備と、近隣の小学校の整備を一体的に行いました。もうひとつ、磯子アベニューは、磯子区役所の地下の豊富な湧水を活用し、区と連携して広幅員の歩行者空間を整備した事例です。

水と緑の取組の背景としては、山林・田畑の面積が20年間で半分以下に

なってしまい、それに伴い洪水の危険性の増大、水質の汚濁、維持用水の減少等の現象が起きたことがあります。河川のコンクリート化、水路の暗渠化、運河の埋め立て等も始まり、市民の川離れが進んでいきました。

一方、国の方では、治水対策だけでは限界があるということで、保水・遊水機能の確保として鶴見川を総合治水対策特定河川に指定したり（1979年）、河川環境管理の必要性が提言（1981年）されました。水辺に対する関心が高まりつつある中で、川を活かしたいという市民運動も始まり、「よこはまかわを考える会」が1982年に発足し、カヌーフェスティバルや上大岡の川そうじ等が実施されていきました。水と緑のまちづくりには理念と目標があります。川の特性を生かして、水辺と街が一体化したまちづくり、災害に強いまちづくり、豊かな都市自然のあるまちづくり、水文化の生まれるまちづくりを目標に、川を座標軸としたまちづくり開始しました。都市デザイン室としても、川離れが進む中でまずは川の価値を再認識するということを目的に、イベント等を展開しました。

具体の事例としては、副都心である上大岡周辺地区の大岡川の取組等があります。大岡川クリーンフェスティバルなどのソフトの活動を1983年か

ら進め、ハード面においては、1986年に大岡川流域環境創造整備計画を策定して、大久保橋の架け替えを契機に、青木神社の間の管理用通路を利用し、プロムナードの整備を行いました。その後上大岡駅前では3つの再開発事業が行われ、川そうじから30年かけて、現在の街の姿となりました。更に、新都心である新横浜地区の鶴見川にも関わりました。新横浜付近で90度曲がり、以後は河川勾配がほとんどなくなるため、自然の遊水地の役割を果たす深田として利用されていました。当該エリアにはかつて鴨猟場があり、2万羽の鴨がいたらしく、この残された市街化調整区域をどう活用するかが課題でした。鶴見川多目的遊水地事業は建設省が提起し1985年工事に着手、1990年その上部を新横浜公園として横浜市が整備する総合治水事業が展開されました。国、県を交えた検討懇談会を設置し、以降各流域の環境整備に取り組みました。2019年10月、ラグビーワールドカップ世界大会を台風19号の豪雨が襲った際にも、洪水を一時貯留して水害を防ぎ、公園内の国際総合競技場にて7万人の観衆の元に無事開催できたことは、この時の調整があってのことだったと、嬉しく思っています。一つの事業を単体的に行うのではなく、総

1982　いたち川低水路整備事業：改修済み河川の自然復元

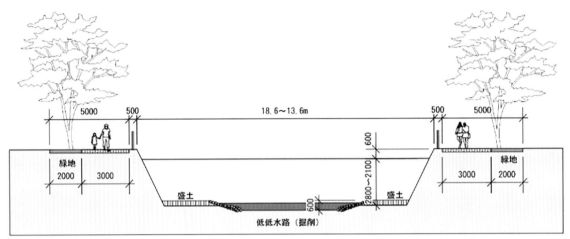

合的な視点から取り組むことで庁内の横連携を強めたり、結果として各部署の課題解決にもなり、まちの賑わい創出や魅力づくりなどへ繋げることができたのではないかと思います。

吉村伸一…当時の河川改修は洪水対策を目的としており、生物の生息環境や人の利用などは考えられていませんでした。そこで、「河川環境整備事業」の創設を提案して1981年の「よこはま21世紀プラン」に位置づけられました。この事業は、①川の自然復元、②水辺拠点の整備、③川辺のみち整備の3つの事業メニューで構成されています。

◎**川の自然復元**：河川改修で排水路のような姿になった川に「川らしさ」を回復する事業です。その第一号が栄区のいたち川で1982年度に発注しました。しかし、工事説明会では「そんなことしても無駄」と賛同する人はい

ませんでした。町内会長さんの計らいで工事に着手できましたが、工事後子どもたちが川に入って遊びはじめると「こんな汚い川で怪我したらどうする」といった苦情が殺到し、第2期工事が終わったところで中断の憂き目に遭いました。4年後に再開しますが、子どもが川で遊ぶ光景が地域になじむまでそれだけの時間を要したということです。いたち川は今や栄区民のシンボル河川となっています。

◎**水辺拠点**：洪水を流すだけの川ではなく、周辺の自然を取り込んだ広い場所を要所に配置する。それが水辺拠点です。1987年に、和泉川を対象とし、どこでどのような整備が考えられるか詳細な検討を行い、「川の周辺を含むまちづくり計画」として立案しました。

実現に向けて国と県、市の関係部局と調整をすすめ、和泉川では国の「ふるさとの川整備事業」の認定を受けて

1991年度から事業がスタート（費用は国・県・市各1/3負担）。瀬谷区では、宮沢遊水地、東山の水辺、関ヶ原の水辺、二ツ橋の水辺など6箇所の水辺拠点が実現しています。東山の水辺では、左岸に隣接する森（市街化区域の開発可能な民有地）と川とをつなげて一体化するという計画とし、河川の用地買収範囲を森の際まで拡げる一方、森の保全は当時の緑政局によって地権者さんとの協議が進められ「東山ふれあいの樹林」として保全されました。つまり、局際的な連携によって実現できたということです。目指しているのは、川と人との関わりの風景の再構築です。いたち川の上流部もふるさとの川整備事業の認定を受け、稲荷森の水辺などが実現しています。

◎**川辺のみち**：河川を管理するための通路に樹木を植えたりベンチを配置して、川らしい景観を整え、地域住

和泉川東山の水辺　土木学会デザイン賞2005最優秀賞

民が楽しく散策できるようにする事業で、いたち川や和泉川などで実施されています。

和泉川の基本計画検討では、流域にある11の小学校の4年生400人が参加する「子どもの遊び環境調査ワークショップ」を実施しました。これには、区役所の区政推進課に協力していただきました。子供たちが普段どこでどんな遊びをしているのかを地図に描いてもらうワークショップです。地図を整理すると、川で遊んでいないが川沿いの森で遊んでいたりする。それは、川と森をつなげれば空間価値が高まるという「子どもたちのメッセージ」なんです。ここを水辺拠点にしましょうと子どもたちは言っていると。情報を分析して計画化するとは、そういうことです。市役所内部の決裁で説得力のある説明資料にもなるわけです。最近のワークショップは合意形成を目的にしたものが多いように思いますが、必要なのはそこに住んでいる人しかわからない情報の収集だと思います。

よこはまかわを考える会ついて

滝澤…宮澤さんのお話しに出てきた、市民団体「よこはまかわを考える会」はどういう団体だったのですか。

吉村…1982年に横浜市職員20名位で立ち上げた都市河川再生の市民活動団体です。全国に会員が広がり最大で約200人、そのうち横浜市職員は70名くらいいました。色々な部署、職種からの参加があり、アフター5で繋がりができました。例えば何かの事業で河川以外の部局の協力を得たいときや、知り合いを通して調整した方がよいという場面で、市役所の中の分野を超えた人の繋がりは財産であり、励ましにもなりました。和泉川の計画検討では、かわの活動で繋がっていた都市デザイン室に、「区の魅力づくり調査」のコンサルタントを紹介してもらったりもしました。

宮澤…1984年に都市デザイン室で水と緑のまちづくり基本調査を実施した当時、これまで説明したような事業を一緒に考えてもらえるコンサルタントはいませんでした。かわを考える会のメンバーの中には、河川に係わる大学の研究者、各分野のコンサルタントの方が複数名いらっしゃり、手弁当でノウハウを活用して調査等を行ってくれました。かわを考える会が無かったら、都市デザイン室が実施した調査も出来なかったと思います。当時はまだそのような活動も少ない時代で、コン

サルタントや大学の先生も、活動を続ける中でノウハウを蓄積していったと思いますし、会の活動を続ける中で、コンサルタントや市民とのネットワークが形成されました。かわを考える会のメンバーは学び方が大変上手で、反対運動で繋がるのではなく、川に関わって良さを発見し、楽しみながらやってきたことは、画期的だったのではないでしょうか。

また、会のネットワークは仕事でも生かされ、当時の河川部がいたち川の「ふるさとの川モデル事業」の申請を行う時にも、都市デザイン室の方で行っていた各流域の計画策定の検討を活かして、申請のための下（した）図は私たちの方で作成するなど、連携を図っていました。

滝澤…現場がまずあって、現場から様々な計画が生まれていったことは画期的だったと思います。1985年の「川を座標軸としたまちづくり」や「川辺の拠点」といった事業にも、「かわを考える会」の議論が生かされていたのでしょうか。

宮澤…そうですね、その後の川の施策も、かわを考える会のメンバーが起点となって展開し、更にネットワークを広げていったと思います。例えば鶴

八幡橋上流

八幡橋下流（旧滝頭波止場）

市民ヨットハーバー

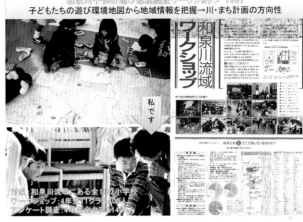

和泉川子供の遊び環境調査ワークショップ 1997
子どもたちの遊び環境地図から地域情報を把握→川・まち計画の方向性

和泉川流域ワークショップ

私です

対象：和泉川流域にある全11の小学校
ワークショップ：4年生全11クラス400人
アンケート調査：4年生全クラス1400人

見川は流域で考えるという考え方が当初からあって、「鶴見川流域ネットワーキング」という組織に繋がり、今もすばらしい活動を続けています。鶴見川については、当時建設省が総合治水というものを手掛け、市民の意向を踏まえて事業を推進していく時代に入っていました。これは流域の環境整備を行うにあたり、トップダウンだけでは出来ない事業だったからだと思います。そうした背景から、国、県、市と市民が連携して、まずは鶴見川で取り組んでいくことになりました。

吉村…市民活動は楽しみながらやることが長続きする秘訣なので、余り頑張り過ぎないことです。といっても、カヌーフェスティバルは、関連機関との協議などがあり結構大変でしたが、許可申請などは公務員ならではの強みを生かして行っていました。

これからの取組について

滝澤…当時吉村さんや宮澤さんが実施されていたような大規模プロジェクトは概ね終了した現在、今後はどういったことに取り組んでいくべきと考えますか。

吉村…整備済み河川の課題を洗い出

してもっといい川にするための再整備だとか、川沿いに緑地を計画的に配置するまちづくり計画とか、まちなかでは川と周辺施設とをつなげる施策とか。例えば新市庁舎前の大岡川のデッキは、河川管理者である県がだいぶ前に整備したものですが、市庁舎がデッキに向かってテラス整備をしてとても良い空間になっています。川沿いの新規建築があればビルのオーナーとタイアップして魅力的な水辺環境にするということもあると思います。大事なことはよりいい川、よりいいまちにしていくという意識・姿勢でしょうね。

宮澤…区の魅力づくり事業等も含めて、整備して30年たった所が多いので、大きなプロジェクトから小さなプロジェクトまで関わった方々も交えて、何らかの形で再考すべき時期に来ていると思います。
例えば、早淵川は計画当初、地元の方と議論し、水辺に近づけるよう緩傾斜護岸を作りました。しかし、港北ニュータウン建設部が無くなってしまったため、河川沿いの誘導がきちんと出来なくなってしまい、川に面した部分が建築の裏手になってしまっています。
本来河川沿いの開発許可制度や、市街地環境設計制度を使って、川沿い

に空地等を誘導出来る制度となっているので、是非そうしたきめ細かい部分まで頑張って欲しいです。

吉村…気になっていることが2つあります。1つは堀割川の魅力づくり。2004〜2005年に都市デザイン室と磯子区による「堀割川魅力創出構想検討調査」を入札で受注し、堀割川沿いの左岸市道を一方通行化などの提案をしました。その後具体的な動きが見られません。
堀割川は2010年に土木学会選奨土木遺産になりましたが、震災復興の石積護岸や物揚げ場などが残っており、水面の広がりがとても魅力的です。八幡橋下流は明治初期に滝頭波止場として整備されたところで、JR根岸線橋梁の下には当時のものと思われる空石積護岸も残っています。堀割川は明治につながる風景を残す歴史的な水辺で、市民ヨットハーバーにもつながる魅力的な空間です。本腰入れて堀割川に光をあててもらいたいと思います。
もう一つは上瀬谷の開発です。先ほど紹介した和泉川東山の水辺ですが、実は夏や冬の雨が降らない時にしばしば水涸れを起こしています。昨年の12月から1月にかけては1ヶ月もの間涸れ川になりました。上瀬谷地区は、

和泉川や相沢川、大門川、矢指川などの水源地帯で、横浜市水と緑の基本計画で重要な緑地として位置づけられています。
2014年に「水循環基本法」が制定され、基本施策に「貯留・涵養機能維持・向上」がうたわれています。地下水の涵養といった新しい課題に応える開発を手掛ける必要があると思うので、都市デザイン室頑張って欲しいです。

宮澤…堀割川は右岸側が国道で、左岸側は市道、ここは高速道路の計画もあり、河川は県管理。
こうした所を区だけで調整するのは難しいと思われます。例えば市側がやる事業があった時にそれを媒介にして進める。その前に実施計画を作る必要があり、そこに都市デザイン室の役割があって欲しいと思います。

滝澤…ボトムアップ型の進め方も必要であり、堀割川もミズベリングで取り上げてみて街歩きをして、絵を作って都市デザイン室や関係部署も入ってくるやり方もあるのではないでしょうか。
また和泉川の話も大切で、横浜の川の上流が、アスファルトの影響で浸透しなくなってしまったため、どうやって浸透する場所に変えていくか、流域治水の洪水対策の観点からも重要だと思いますが、何か有効な対策はありますか。

吉村…雨水を貯留して流出抑制するだけでなく、地下に浸透させ川に戻ってくるという水循環、そういう最先端の開発・街づくりの在り方を示して欲しいです。

宮澤…港北ニュータウンでは、集合住宅や学校などの開発誘導をする中で棟間貯留を推進したり、運動場の雨水浸透やせせらぎ緑道に連担する緑地の保全等を当初より進め、総合的に頑張ってきたんですよ。

滝澤…グリーンインフラ事業として環境創造局は住みやすいレジリエンスを目指して頑張っています。水循環という視点では下水道の力は重要なので、横連携を考えた方が良いと思います。レジリエンスな街を誘導することも都市デザイン室の役割の一つではないかと考えます。また、区役所等もやりたいけど市全体の枠組みが出来ないと動けない人も多いので、そうした枠組みを都市デザイン室で作って欲しいと思います。

今後への期待

吉村…実際に整備された空間と市民の求めるものには乖離があります。河川で言うと、市民は川沿いに緑の景観があり「心地よく」歩ける空間を求めている。整備すれば市民が使ってくれるわけではない。市民に使いたいと思ってもらえる空間の質やデザインとはなにか、そこをしっかり考えて仕事してほしいです。

宮澤…ものを作っても地域の人の意識が変わらないのであれば、やる意味が無いと当初より思っていました。港北ニュータウンの緑の会や、鶴見川流域ネットワーク等は結成から30年経ち、国土交通省から表彰されたりもしています。横浜のこれまで頑張ってきた取組を進め、市民の方々も着実に成長して来ていると思います。これからは地域福祉等との連携も含め、トータルなまちづくりが具体的な地域で発展していくことを期待しています。

写真：菅原康太

国内外との交流・発信

横浜の都市デザインは、日本の自治体としては、最も早く行政施策としての取組を始めた。歩行者を擁護し歩行者空間を整備することや、地域の地形・植生・歴史などの地域資源を大切にし、その都市独特の魅力を創造していくその取組手法は、都市づくりの基本的な考え方として、日本の各地に広まり、東南アジアを中心とした海外の諸都市でも展開してきている。

　その中でも、都市デザインの国際会議は、単にそれまでの横浜の都市デザインの実績を議論する場でなく、都市デザインの次の展開を探るためのきっかけづくりと言える。日本は1974年に戦後初めてのGNPがマイナス成長を記録し、1990年代初頭にバブル経済が崩壊する。そんな時代の中、横浜市は1988年に「横浜デザイン都市宣言」を行った。都市づくりが物質的な豊かさから、文化や精神的な豊かさを求める時代に移りつつあることを示すとともに、経済成長・開発を続ける中での都市デザインから、生活文化全体としての都市デザインへと移行することにより、「創造実験都市」として新しい都市づくりを提案し、実践・研究する場となることを宣言したのである。そして、1989年「都市デザイン交流宣言」で、その舞台として「ヨコハマ国際デザイン展」の開催を宣言している。この「ヨコハマ国際デザイン展」の準備事業として開催されたのが、1990年の「バルセロナ&ヨコハマ・シティクリエーション」である。
　結果的に、「ヨコハマ国際デザイン展」の規模は縮小され、1年以上の準備と4日間の国際会議＋発表展示の形で、「ヨコハマ都市デザインフォーラム」として開催されたが、この一連の動きが、「横浜トリエンナーレ」の開催、文化芸術創造都市政策への展開、そして街づくり面での市民まちづくり（その後の地域まちづくり推進条例や市民まち普請事業など）や、都心部での地域、専門家、行政職員のネットワーク・横濱まちづくり倶楽部の結成などへとつながることになる。

　その他、横浜市では他都市の職員との人事交流を通して、積極的に都市デザインの考え方を広めてきており、その交流は東南アジアを中心とした海外都市でも始まっている。そして、開港5都市景観まちづくり会議では、個性豊かなまちづくりを行っている市民の都市間交流も行っている。
　また、都市デザイン室のパンフレットをはじめとして、様々な出版・広報活動が進められている。市民に広く都市デザイン活動を知ってもらうことが目的だが、その活動実績を出版することにより、他都市や研究者の基礎的かつ実践的な都市づくり資料となるとともに、都市デザインを議論・研究する資料としても多く用いられている。

国際会議・シンポジウム・セミナー

144

横浜デザイン都市宣言、都市デザイン交流宣言

●1988 横浜デザイン都市宣言 ●1989 都市デザイン交流宣言

都市デザインでの国際交流は、この2つの宣言から本格的に始まった。それまで、海外から識者を呼び先進事例を紹介する勉強するセミナーは何回か開催されていたが、これ以降、横浜の都市デザインの実績をもとに、都市デザインで世界をリードしていこうとする意識が高まったと言える。

また、時代は、高度経済成長が終わったがバブル経済の真っただ中であった。日本の都市づくりも、経済成長から文化的成長へと模索を始めた時代でもある。「横浜デザイン都市宣言」では、生活文化全体としての都市デザインへと移行する必要性をうたい、横浜が「創造実験都市」として新しい都市づくりを提案・実践・研究する場となることを宣言している。そして、「都市デザイン交流宣言」で、その舞台として「ヨコハマ国際デザイン展」の開催を宣言し、文化芸術創造都市への展開のきっかけとなったのである。

横浜デザイン都市宣言

1988年3月15日

現在、我々の環境は成熟化、情報化、国際化の社会に向かい急激な変化の中にいます。生活にあっては物質的な豊かさを求めた時代から、文化を求め、精神的なゆたかさの創造をより重視する傾向が強くなっています。デザインも、単なる装飾や美的表現としてのデザインから、生活文化全体としてのデザインへと視点を拡大し、認識を変えていかねばならない時代にきています。

横浜では、横浜の魅力を創りだすため、都市を構成する様々な主体を調整し、横浜らしい新しい空間を創出する都市デザインを実践してきました。

この蓄積を生かし、都市と建築を軸に、インテリア、ファッションなど幅広いデザインと関連する分野の交流を図り、時代に対応し、かつリードする生活文化としてのデザインを創出していくことが、これからの横浜にとって不可欠なことと考えます。

今横浜は、21世紀の新しい都心である「みなとみらい21」を中心に、創造実験都市として、世界のデザイナーの英知を集め、生活文化の総合的デザインを提案し、議論、研究できる場を提供したいと考えています。

そしてその成果を生かし、実践することにより、「デザイン都市横浜」の形成を目指します。横浜が新しいデザインの情報発信都市として、世界に貢献できるよう努力します。

都市デザイン交流宣言

1989年2月7日

21世紀を目前にひかえ、都市の在り方や人々のライフスタイルが大きく変わっていく時代を迎えていると思います。たとえば、文化や遊びという要素がライフスタイルの重要な部分となりつつあり、新しいライフスタイルに応える街づくりを進めていく必要があります。そのためには、市民の街づくりへの参加を通じて、都市に求められているものを探り、これからの都市のビジョンと街づくりの在り方を、制度の問題も含めて考えていくことが必要だと思います。

横浜は、都市デザインという街づくりの新たな分野において、積極的な取り組みを行ってきました。しかし、ゆとりと潤いのある街づくりには、さらに長い時間と多くの人々の努力が求められます。今年、市政100周年・開港130周年を迎える横浜は、都市としては若い仲間に入ると思いますが、それだけに可能性も大きいと言えるでしょう。世界の多くの都市でも、新しい時代を迎え、様々な議論、提案が活発に行われ始めていると聞いております。

このような時代の節目にあたって、都市デザインについての議論や新しい考え方が、横浜を舞台に生み出されることを願っています。そのため、「ヨコハマ国際デザイン展」を開催する予定で準備を進めていますが、都市の環境や生活文化に関わる様々なデザインが、総合的に提案されるものと期待しています。特に都市デザインや建築は、その基本となるものですから、多くの方々の参加を呼びかけ、積極的に情報や意見を交換するため、世界の都市や機関と交流を図っていきたいと考えています。

145

バルセロナ&ヨコハマ　シティクリエーション

●1990 開催

　バルセロナ&ヨコハマ シティ・クリエーションは、バルセロナ市と横浜市が共同で、1990年4月28日から7月1日の間、みなとみらい地区において開催された。「都市の創造性」をテーマに、バロセロナの都市工学・建築・産業デザインなどの分野における創造過程、創造物についての総括的な情報提供などが行われた展示会である。横浜美術館ではピカソや、現代アート美術展が開催され、バルセロナや横浜の展示館ではバロセロナのまちや文化の紹介、横浜や世界の都市デザインの紹介等、アート、文化、都市等の展示やイベント等が展開された。会場内外では、建築家やアーティストによる都市スケールの作品が置かれ、また現代アートやパフォーマンスなど、都市空間での様々な実験的試みがなされた。なかでも、8回にわたって議論された国際都市創造会議は、都市をハード、ソフト両面からとらえ、「ヨコハマ都

バルセロナ・コラボレーション

市デザインフォーラム」への議論へと引き継がれるとともに、創造都市政策のきっかけとなった会議であった。略称は「BAY'90」。

146

ヨコハマ都市デザインフォーラム（第1回・第2回）

●1992・1998 開催

　都市デザインに関する国際会議は、2回開催されている。

　第1回は、1992年3月に「ヨコハマ都市デザインフォーラム」として、都市デザインに加え、街づくりに関する市民運動の展開、都市デザイン行政の発展及び専門家の積極的な関与、さらに実践的姿勢に立った都市デザインに関する世界的な知見、経験及び情報の収集と交流を図るため、「都市のクオリティ」をテーマに、4日間にわたり国際会議と発表展示が開催された。この中で開催された「アーバンリング展」は、「インナーハーバー構想（海都横浜構想2059）」の発想の原点となり、「市民フォーラム」の開催が、街づくりの面においての市民参加・市民協働のきっかけとなり、地域まちづくり推進条例の制定などにつながっている。また、ヨコハマポー

トサイド地区水際公園設計コンペもこの中で行われている。

　第2回は、1998年11月に、「第2回ヨコハマ都市デザインフォーラム　アジア太平洋21世紀都市会議」として、それまで約10年間に及んで展開してきたシティ・ネット（アジア太平洋都市間協力ネットワーク）との共同で開催された。

　「地区からの発想でつくる都市の活力と魅力」をテーマに、パシフィコ横浜ほか市内3会場、市外（横須賀・鎌倉）2会場の計5会場で開催され、「21世紀の都市像」「まちづくりの新たな発想と実践プロセス」「中心市街地の復権」「成熟期の郊外市街地の都市形成理念」「歴史文化資産を活かしたまちづくり」について議論と国際交流がなされた。

ヨコハマ都市デザインフォーラム

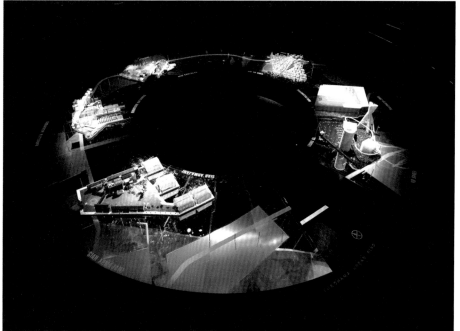

ヨコハマ・アーバンリング展全景

写真：淺川敏

147

横浜クリエイティブシティ国際会議2009

●2009 開催

　横浜は、「文化芸術・観光振興による都心部活性化検討委員会」による提言書発表（2004年1月）以来、文化芸術都市創造事業本部を立ち上げ、1．アーティスト・クリエーターが住みたくなるような創造環境の実現、2．創造的な産業の集積による経済活性化、3．魅力ある都市資源の活用、4．市民が主導する文化・芸術都市づくりを目標に、創造都市政策を進めてきた。

　横浜クリエイティブシティ国際会議2009では、「創造性が都市を変える」をテーマに、様々な国内外の諸都市からの参加者の取組みと課題を出席者全員が共有するとともに、今後の取組み提案を行うことで、都市の個性に応じた新たな創造都市づくりの手法につなげていくことを目的として開催された。

　国際会議は、2009年9月の3日間、「クリエイティビティと市民・アート」、「縮退の時代の都市戦略とクリエイティビティ」、「クリエイティビティと都市ビジョン」の3つの分科会セッションに分かれて議論された。

　会議の中では、実行委員会の副委員長である北沢猛より、「海都（うみのみやこ）横浜構想2059〜未来社会の設計〜」も発表されている。

　最後に横浜市長より、「横浜クリエイティブシティ国際会議2009　横浜宣言」が宣言された。

横浜クリエイティブシティ国際会議2009

横浜クリエイティブシティ国際会議2009　横浜宣言

　成長の時代から縮退の時代へと、都市を取り巻く環境は大きく変化してきています。社会はよりコンパクトな経済と循環型社会、そして市民自治が求められている中、真に豊かな生活と元気な都市づくりを実現するためには、創造性のある社会を構築していく必要があります。

　「横浜クリエイティブシティ国際会議2009」では、学びのカタチの創造、アートイニシアティブの未来、都市の文化とイメージ戦略、地域の産業とデザインの可能性、コミュニティ再生、文化の空間戦略について、議論をおこないました。

　今回の議論を通じて、市民一人ひとりが創造性を持つこと、市民やNPOが、そして産業界が創造都市の主役となるべきこと、都市をとりまく環境の変化に対応した都市ビジョンを示し、都市における文化を生成する戦略を持つべきこと、さらに「創造性」はすべての都市にとってかけがえのない価値であり、それぞれの都市に生活する人の知恵と工夫により豊かな都市の個性を引き出すことが可能であること、その行動を都市に対する愛着や自負につなげていくことの重要性を確認いたしました。

　この会議の成果を受けて、今後、参加都市及び参加者では、それぞれの具体的取組を進めるとともに、様々なレベルでのネットワーク形成が図られることでしょう。

　開港150周年の節目をむかえ、日本の新しい時代を切り開く役割を担ってきた開催都市横浜では、地域の自然や歴史、文化的価値を取り入れた魅力ある都市づくりを進めてきました。横浜市は、その成果の上に、創造性による文化芸術・まちづくり・産業のバランスの取れた展開を図り、横浜独自の都市文化を創造することが必要と考えています。

　そのためには、創造都市の方向性を示し、開港の地である横浜都心臨海部を再生していくとともに、郊外部にも展開し、横浜が創造性を持った人々にとってチャンスのある街にしていくことが重要です。そして、行政と市民やNPO・企業等との協働の新たな展開を模索していくことが必要です。また、アジアをはじめとする内外の都市との人材交流、創造界隈拠点を中心とした国際的な交流を進め、横浜が提案する創造都市を世界に発信し、世界における創造都市の推進において役割を担うよう努めてまいります。

　参加した都市及び参加者は、同じ志をもって、創造都市のそれぞれの役割を進めていくことをここに宣言します。

2009年9月6日　横浜市長

横浜の都市デザインと国際交流

木下眞男［元都市計画局長］

　私はシテイ・ネットの立ち上げ、ペナン市との都市デザインの交流の合意、二回のヨコハマ都市デザインフォーラムの担当などに携わることができました。この経験を踏まえ、横浜の国際交流については次の視点が重要と考えます。

　まず、グローバリゼーションの21世紀においては、都市間競争は熾烈を極めています。日本の大都市、観光都市、コンベンション都市にとって、世界の都市、特に、アジアの都市からどう評価されるかは、深慮すべき課題だと思います。横浜のシテイ・ネットや都市デザインの国際交流はアジアの都市から、高い評価を得ています。この評価を貴重な都市資産ととらえて、国際交流の価値を認識すべきと考えます。

　次に、国際交流は国レベル、自治体レベル、民間レベルだけでなく、多様化しています。しかし、最終的には、基本的には人と人との関係、人と人との信頼関係だと思います。この視点がずれると、一回だけの交流に終わり、継続することができません。ラクビア・シン・シャール氏、リチャード・ベンダー氏、アラン・ジェイコブス氏、ウェイミング・ルー氏をはじめ、横浜の都市デザインを高く評価して頂き、横浜の都市デザインに刺激を与えてくれ、交流の輪を広げてくれた多くの方々に深く感謝いたします。

　最後に、私は、都市はその歴史を踏まえ、それぞれの使命を持っていると思います。開港都市として、日本で最初に、都市デザイン活動を始めた都市として、横浜市はアジアにおける都市デザインのコア都市の役割を果たすことが考えられます。

　アジアの都市から都市デザインの情報が集まり、都市デザインのあり方について議論がされるシステムを構築し、横浜から新しい文化が発信されることを願っています。

148

都市デザイン白書　魅力あるまちへ

●1983 初版発刊 ●1989 増補改訂版が出版

「都市デザイン白書」は1983年に初版が印刷され、1989年には増補改訂版が出版されている。都市デザイン活動の目的や実際の手法がわかりやすくまとめられたものである。

初版の白書は、1982年にまとめられた「横浜市都市デザイン基本調査報告書」の中の横浜都市デザインの現状と方向性についても、その概要が掲載されている。市民意識調査の結果や、7つの目標に代表される都市デザインの基本的な考え方、まちのデザイン手法などが、イラストや写真などによってわかりやすく示されている。

「都市デザイン白書1989＋1983　魅力ある都市（まち）へ」は、上記の出版から6年たち、開港130周年、市政100周年という節目の年に、これまでの横浜を振り返り、これからの横浜を考えるために作成された。それまでの都市デザイン室の歩みとして、水辺空間の再生、歴史的建造物の保全、ライトアップ、都心部での取り組み、郊外区への展開などが紹介されている。これからの［横浜］都市デザインとして、ワークショップなどの都市デザイン手法の導入や場の整備、専門家の育成などがあげられている。そして、都市デザインのテーマも、都心から郊外への展開だ

都市デザイン白書1983

けでなく、ハード整備から文化などのソフト分野での展開、ものづくりから街の維持・管理・運営プラス磨き上げるといった概念も触れられている。1988年のデザイン都市横浜の形成を目指した「横浜デザイン都市宣言」、1989年の内外の都市やデザイナーとの交流を図っていく旨の「都市デザイン交流宣言」も掲載されており、横浜の都市デザインが、その活動範囲を大きく広げていったようすが見て取れる。

149

グッドデザイン賞2006金賞／土木学会デザイン賞2005特別賞

授賞においては、35年にも及び、一貫した思想をもって都市を対象に大小のデザインの積み重ね、実際の空間を具体的に形成してきたことが評価された。授賞概要は以下のとおり。

［グッドデザイン賞2006金賞］
受賞対象名：横浜市の一連の都市デザイン
部門／分類：建築・環境デザイン部門 - 環境デザイン
受賞企業：横浜市（神奈川県）
プロデューサー：（横浜市長）中田宏、高秀秀信、細郷道一、飛鳥田一雄

ディレクター：（横浜市都市デザイン室長）国吉直行、北沢猛、西脇敏夫、内藤惇之、岩崎駿介
［土木学会デザイン賞2005特別賞］
受賞対象：横浜市における一連の都市デザイン
事業者：横浜市都市計画局都市デザイン室
授賞対象者：国吉直行、岩崎駿介、内藤淳之、西脇敏夫、北沢猛、横浜市都市計画局都市デザイン室

150

横浜都市デザインビジョン

●2015 策定 ●発行：横浜市都市整備局（担当：都市デザイン室）

個々の暮らしと横浜の置かれる状況が複雑かつ多様になったことをふまえ、行政による直接的な取組だけでなく、今後は市民・企業等による個々の暮らしを豊かにする取組が推進され、ひいては横浜全体の魅力向上にもなるよう、あえて具体的な将来像を絵として示さず、都市デザインの役割や方向性、考え方、守り育てるべき価値観などのエッセンスを抽出し、「横浜らしい豊かな風景」とは何かを共有することを目的として策定した。

「魅力と個性のある人間的な都市」を都市デザインの理念として、「空間・営み・感性」の着眼点で都市を捉えること、「創造性・親近感・寛容性・有機的・物語性」の5つの価値によって横

浜らしい都市をつくっていくこと等を提示している。

巻末には横浜の典型的な現況を断面図で表現した「風景スケッチブック」を収録しており、小学生から社会人まで、個々がより主体的に自分の暮らしの風景を思い描くツールとして、ワークショップなどにおいて活用することとしている。

URBAN
DESIGN
VISION
YOKOHAMA
横浜都市デザインビジョン
個々の暮らしと横浜を豊かにするための羅針盤

横浜都市デザインビジョン

表彰制度

151

横浜まちなみ景観賞

● 1985-1997 実施

　横浜市内での都市景観の創造や保全に寄与したまちなみを構成する建築物等を顕彰して、魅力あるまちづくりをより広く進めていくことを目的とし、1985年から隔年で実施。「横浜まちづくり懸賞事業」の一部門として1997年まで7回実施され、2000年からは「横浜・人・まち・デザイン賞」に統合された。

横浜まちなみ景観賞

152

横浜・人・まち・デザイン賞

● 2000- 実施

　横浜市内での地域まちづくりに関して特に著しい功績のあった活動や、都市景観の創造や保全に寄与したまちなみを構成する建築物等を顕彰して、魅力あるまちづくりをより広く進めていくことを目的として2000年から隔年で実施。市民が自ら主体となって、創意工夫し、地域まちづくりを推進している活動について、活動の主体となる団体と、その取り組みを支援している個人・団体を表彰する「地域まちづくり部門」（第1回（2000年）から第3回（2004年）までは「まちづくり活動部門」）と、地域の個性と魅力をつくりだしているまちなみや建築物、工作物等について、景観づくりに貢献した事業者や設計者、施工者等を表彰する「まちなみ景観部門」がある。

横浜・人・まち・デザイン賞

153

横浜サイン賞

● 2014 横浜サイン・フォーラム初開催

　2013（平成25）年度、都市デザイン室から分離独立した景観調整課では、横浜の魅力ある景観をつくる広告物を「横浜サイン」として、事業者や市民の関心を高めて魅力的な広告物を増やす取り組みを始めた。

　具体的には、「横浜サイン・フォーラム」、魅力ある広告物を写真等で紹介する「横浜サイン展」、表彰制度「横浜サイン賞」などである。

　その中でも「横浜サイン・フォーラム」は、魅力的な看板広告物のあり方やそれをいかしたまちづくりについて、専門家や実際に看板やまちづくりに携わる方々の意見交換や事例紹介などを通じて、参加者と共有する場として始めたものである。3月1日を「サインの日」としてその前後に開催、2014（平成26）年に第1回を開催し、これまで5回行っている。フォーラムや、魅力的な広告物を表彰する横浜サイン賞を通じて、まちの景観要素としての看板への認識が深まることが期待されている。

　看板にかかわる人は、店主（広告主）、オーナー、デザイナー、設計者、施工者と幅広い。看板づくりを通じて、よりよい店舗をつくり、賑わいや魅力のあるまちをつくることが大切である。

第1回横浜サイン賞受賞作品

国外との交流・技術移転

154

マレーシア・ペナン市との都市デザイン交流

● 1986-1988

18世紀にイギリス東インド会社拠点都市として建設された歴史を持つペナン市からの要望を受けて開始した、「横浜市・ペナン市技術職員交流事業」。事業では、相互に職員を派遣し合い、市職員として活動し合うことを通じて、横浜市の都市デザインのノウハウを伝え、ペナン市中心部の歴史的地区であるジョージタウンの再生をはかることを目的とした。

横浜市からは都市デザイン室の異なる職員1名が3年間各3か月派遣された。初年度はジョージタウンのアーバンデザインプラン（歩行空間ネットワーク構想）を作成、2年目は、キャンベルストリート・歩行者モール化プラン作成、3年目は歩行者サイン計画作成であった。キャンベルストリートプランは1998年に実施している。この交流は、その後、2016年1月にスタートした「横浜・セベランプライ都市デザイン交流事業」につながっている。

ペナン市

155

上海人事交流における都市デザイン提案

● 1994

1990年代、横浜市は都市計画に関する「横浜上海友好都市協力派遣事業」を行い、その中で都市デザイン的側面での交流も行った。1994年の交流では、上海市側から、開発に着手したばかりの浦東新区の鉄道駅周辺の計画への提案を求められた。横浜市側の提案は、地上面に計画されていた鉄道線路と駅舎に対して、線路を斜めに切り下げた地下部に移し、地上面は線路南北を横断する自由通路と駅舎の配置であった。この案によって、駅周辺の効果的な活用が図られると主張した。鉄道線路を地下に下げるためには、地下鉄計画をさらに下部に下げる必要があったが、交流期間中に、これらの調整も行った。最終的にこの案は実施されている。なお、1996年には生活圏区の提案を行っている。

上海市との交流風景

156

横浜・セベランプライ都市デザイン交流事業

● 2015-2019

2015年12月から3か年、独立行政法人国際協力機構（JICA）の草の根技術交流事業として、マレーシア国セベランプライ市を対象に、「セベランプライ市の歴史・自然を活かしたまちづくりプロジェクト〜「横浜の都市デザイン」新興国へのノウハウ移転〜」を実施した。セベランプライ市中部に位置するブキ・マタジャン旧市街地を具体的な対象地とし、都市デザインのノウハウを用いて地域の歴史、自然を活かしたまちづくりを進めていくため、(1)市職員の都市デザインに関する能力向上、(2)両市協働による都市デザインプランの策定、(3)町並み環境整備に向けたサインやストリートファニチャー等の整備制作支援を規定目標とした取組が行われた。実施体制として、JICA、横浜市とセベランプライ市に加え、横浜市立大学、マレーシア工科大、民間専門家、横浜セベランプライまちづくり友好委員会が加わっていることが特徴である。プロジェクトを進めていく過程で、地区の中心にある市場を保全することを提案し、火事で使われなくなっていた2階部分の利活用を検討したことが、政府のイニシアチブの強いマレーシアではあまり取り組まれてこなかったコミュニティエンゲージメントにつながった。地域住民が市場活用のために立ち上げたNPO＝Rakan BMが主体となり、現在も積極的な地域活動を行なっている。

セベランプライ市との交流

157

「横浜都市デザインスケッチブック」ガイドブック

● 2021発行

横浜市が都市デザインビジョンを推進するツールとして、先駆的に提唱した「風景スケッチブック＝横浜都市デザインスケッチブック（YUDS）」は、ワークショップで活用することを想定し、参加者が協働で自分たちの都市に関するビジョンやアイディアを断面スケッチを通して表現するものである。この手法は、横浜市において都市デザインビジョンを検討したチームがメンバーに加わり、2019年4月にパナマ国のパナマ市で、2020年2月にコロンビア国のバランキージャ市において実施された。その結果、YUDSは、参加者らの言語や世代・立場等のコミュニケーションの壁を乗り越え、合意形成を促すものとして活用された。これらの実績を踏まえ、世界銀行は、横浜市の経験や、世界銀行の支援を受けてパナマ市（パナマ）やバランキージャ市（コロンビア）で実施されたパイロット・プロジェクトについて詳細に記述し、この手法を再現する際の実践的なガイダンスとツールを提供するガイドブックを作成した。これにより、YUDSを公務員、都市計画者、開発実務者、学術関係者らのグローバルな聴衆に知ってもらい、YUDSが都市デザインプロセスにもたらし得る固有の付加価値について説明することが可能となった。

交流・人材育成

158
開港5都市景観まちづくり会議

●1993 第1回（神戸大会）開催 ●1997 横浜大会初開催（第5回大会）

　開港5都市景観まちづくり会議は、安政5年に開港港に指定された函館、新潟、横浜、神戸及び長崎の5都市の市民が、景観、歴史、文化、環境などを大切にまもり、愛着をもってそだて、個性豊かで魅力あるまちづくりを行うため、相互に交流を深め、課題を協議し、開港5都市のまちづくりの推進に資することを目的とした会議である。毎年各都市が持ち回りで大会を開催し、基調講演や分科会（まちあるきなど）を通して、開港5都市の景観・まちづくりの状況の報告・見学や意見交換を行っており、他都市のまちづくり活動を行う団体や景観づくりを行っている方同士が交流できる貴重な機会となっている。1993年の第1回神戸大会に始まり、2019年には25回目となる横浜大会（横浜での開催は5回目）が開催された。

2019年 横浜大会分科会の様子

159
三都物語

●1995 発足

　1994（平成6）年から8年間、鎌倉市3名と横須賀市4名の職員が、都市デザイン室に出向していたことを機に発足した会。命名の由来は、1995（平成7）年夏、当時の都市デザイン室長北沢猛氏が横須賀に行った際に、「三都市で力を合わせ何かできないか、三都物語とかあったな」と言ったことによる。第1回三都物語は、横須賀の職員厚生施設「荒崎寮」で行った。行政職員だけでなく、関係する専門家の面々も参加していた。十分な議論時間確保のため、宿泊会議としたものの、深夜まで交流は続いた。各都市の持ち回りで、3巡9回開催。1999（平成11）年に横浜市で開催した国際会議第2回都市デザインフォーラムにおいても、鎌倉市と横須賀市が参画した。なにより、都市間を超えた仲間意識という「きずな」が、職員どうしの励みになっていたことが成果だと言える。

第1回 三都物語参加者

160
専門職採用制度

●2009- 制度開始

　横浜の都市デザイン活動は、国吉氏や北沢氏のようなインハウスの専門家職員がリードしてきたものであり、今後も都市デザイン活動を発展させていくため、新たな専門職の採用が必要であった。国吉氏らが採用された時代とは異なる現在の都市デザイン活動における専門職の役割として、同時期に置かれた副市長をトップとする「デザイン推進会議」における案件選定やデザインの方向性決定への関与などが整理され、ポスト設置に至った。公募による1年契約で最大5年まで更新できる嘱託員方式であるが、新しい見識や手法を取り入れ、新たな施策を生み出すための新

陳代謝の仕組みとしても寄与している。初代専門職は2007年に、安藤忠雄建築研究所を経て山本理顕設計工場で横須賀美術館を設計した桂有生氏が就任、その後市職員に転身して都市デザイン室の業務を牽引している。2代目は福岡を中心にビルの再生やアートプロジェクトなどを手掛けていた野田恒雄氏（2014〜2018年度）が、3代目の現職は、大手デザイン組織AXISにて空間のデザインとコンサルティングを行ってきた目黒大輔氏（2019年度〜）が務めている。

161

自治体アーバンデザイナー養成講座

● 2005-2008 実施

　市役所内に都市デザインの理解者を増やすことと人材育成を目的に、市職員向けの研修として実施。総務局人材開発課との共催とし、人材育成計画にも位置づけ、全庁対象、職位・職種不問の研修とした。時間外で費用も自己負担（1万円〜1.2万円）という方式としたことにより、近隣自治体職員も受け入れるという初めての試みが実現した。講座は隔週で全10〜12回に加えて他都市を含む現地見学会を2回実施した。毎年、実在する場所のまちづくりプランを作成する課題を設定し、最終回にはプレゼンテーションと専門家及び市幹部職員による講評を行った。2005年から2008年まで実施し、受講者は延べ100名を超えた。職種は事務職が最も多く、技術系も建築、造園、土木など多彩であった。近隣自治体からは、神奈川県、横須賀市、鎌倉市、平塚市、川崎市、相模原市、杉並区、大田区などから参加があった。受講者の多くは各方面で活躍し、実務上の連携もうまれるなど

都市デザイン活動の広がりにつながった。その後、庁内向けの養成講座も開催されている。

写真提供：山手総合計画研究所

162

都市デザイン研究会

● 2010 第1回開催

　当初は都市デザイン室の職員が新しい分野のゲストを招いて話を聞く、内輪の会として始まった。その後、このクオリティの話を都市デザイン室だけで聞くのではなく、職員に開いて価値観を共有し、仲間づくりにもつなげることも狙い、対象を拡大。現在では庁外にも開かれたサロンのような意見交換の会となっている。特徴は先進的なゲストによるレクチャー、ゲストと会場との意見交換・質疑応答に時間の半分を費やす点、役所らしからぬ

ざっくばらんな進行、終わった後の交流会である。これまでのゲストにはコミュニティデザインの山崎亮氏、コンピューテーショナルデザインの豊田啓介氏、広場ニストの山下裕子氏など、その後の活躍めざましい方々が含まれる。市の公式twitterに先駆けて、講演内容の中継や質疑の募集などでtwitterを活用するなど、新しい取組も初期の頃から積極的に行われている。

163

アーバンデザインスタディ横浜（UDSY）／アーバンデザインセンター横浜（UDCY）

●2007

　東京大学21世紀COEプログラム「都市空間の持続的再生学の創出」（京浜臨海部再生研究）がベースとなり、2007年から2008年にかけてBankART1929においてBankARTスクールの枠組みで開催された。異なる知の交流と融合をはかるため、産・官・学の若手を中心として小論文による公募形式で参加者を募ったところ、当初30名予定が、80名を超えて参加することとなった。小論文をもとに都心・郊外・移動・緑地・環境の5つのグループに分かれ、週に一度、夜に集まり、レクチャーとグループディスカッションの2部構成により横浜の未来への「政策提言」に向けた議論を重ねた。「横浜の未来を考えることは、世界の未来を考えること」を合言葉に、横浜を舞台に都市の未来を題材とした思考実験の場であった。その結果は「未来社会の設計 横浜の環境空間計画を考える」に収められている。のちに、「UDCY（アーバンデザインセンター横浜）」の設立に繋がっていった。また、本取組の趣旨を引き継ぎ、その後BankART1929が独自に「これからどうなる?ヨコハマ研究会」を開催している。

講義の様子

『未来社会の設計―横浜の環境空間計画を考える』
（BankART1929、2008）

民間企業・大学生・市職員が同じテーブルで議論・提言をまとめた

「未来社会の設計」横浜の環境空間計画を考える

北沢 猛［アーバンデザイナー・元都市デザイン室長・東京大学教授（当時）］

都市は構造的な転換点にあります。地球環境という視点、そして生活環境という視点からも、わたしたちが自分の意思で未来を選択するという転換点にあります。未来社会を描き出す思考は、現在の社会の位置を確認することにつながります。現状の分析と傾向から未来を予測するのではなく、あるべき姿を描き出すことでわたしたちが挑戦すべき壁が見え、そこを越える知識や創造の力が高まっていくと考えています。

豊かさとは何か、ものの豊かさを超克する生き方の探索が続いています。経済成長率が国の道標であり目標である日本。手段であるはずの経済が目的として語られる日本。そして日本は少子化と人口減少という社会変動の先端にあり、成長型社会から均衡型そして縮小型社会へと向かっています。同時に脱炭素社会への転換という課題も抱えています。近代を支えた都市は荒廃の局面にあり、環境負荷の最大の要因ともなっています。

欧米の都市でも、アジアの都市でも、自然と環境、産業や文化、そして地域や社会の持続性への挑戦がはじまっています。わたしたちには2つのアプローチがあります。直面する産業衰退や環境負荷という課題に対して解決策を積み上げていく方法と、未来社会設計により理念と目標から課題に立ち向かうという方法です。横浜アーバンデザイン研究会 Urban Design Study Yokohama:UDSY はあるべき都市から現在を捉え、環境や空間の計画を練り、そして政策を考え行動しようという集まりです。

未来社会を描くために、多くの知が集い異なる知の交流と融合が必要であると考えるようになりました。横浜を舞台にした都市の未来を題材とした思考実験です。幸いに2005年から、東京大学21世紀COEプログラム「都市空間の持続的再生学の創出」により京浜臨海部再生の研究を横浜市と共同で進めてきたこともあり、UDSY が横浜市の創造都市構想の中核となっているBankART1929との共催で開催することができました。

第一章は、「空間の理解と展望」として現代都市空間を俯瞰しています。大学や研究機関、企業や行政の第一線にいる人たちが、多様な視点から空間を理解し、将来の都市空間や環境の変化と背景にある社会構造や空間構造の変容を示しています。環境や緑地、文化、観光、都心、郊外などの空間の新しい動向と問題を提起しています。

第二章は、「未来社会設計への挑戦」、UDSYに集まった幅広い人材が、様々な立場と専門性から、具体的なプロジェクトを企画し、また、政策の提言を試みています。「都心空間」、「郊外空間」、「環境空間」、「緑地空間」、「移動空間」の5つの分科会で、横浜を舞台に将来を構想し、政策や実践を徹底的に議論してきました。手順としては、具体的で実践的なプロジェクトやプログラムを考えることから始め、そこから都市の未来や目標を考えるという手順を踏んで、最後に政策提案を行っています。本書ではその成果の一部を編集しています。この新しい政策やプロジェクトなどの新鮮な発想は、読む人の創造力を刺激すると考えています。

第三章は、「都市の構造改革」と題し、次なる都市空間や社会の構築に必要となる視点を示しています。都市を変えていく創造力あるいは地域力を如何にひき出すか、脱炭素社会をめざす人材や制度など、あたらしい時代の社会基盤とは何か、都市計画や環境政策の新しい展開を議論しています。次なる段階への道筋を示しています。

UDSYにおいて行われた研究は、都市における産業と居住、消費、福祉、文化、環境に関する研究や活動がうまく連携する可能性をしめしていますが、具体的な環境や空間をどう描けるかという課題がUDSYの次なる対象となると考えています。

（「未来社会の設計」（2008年3月発行）に、UDSY横浜アーバンデザイン研究会 研究コーディネーターとして執筆した文章）

「これからどうなるヨコハマ」生成期
北沢猛［アーバンデザイナー、横浜市参与］がなくなったあと、
なんとか自分たちでやってみようと思った。

池田 修［BankART1929］

佐々木様　皆様

　まず、前回のUDSYの始まりは、僕が大まかな方向性で、北沢さんにお願いしたことは事実ですが、その後は、北沢さんがボードをつくって全面的に推進したものです。本のまとめも、基本的に彼です。僕は、ボードには入っていません。（基本的に内容については関係していません）そういった意味において北沢さん責任において行われたゼミです（東大文脈も含めて）事務局的な仕事は、スクール側（BankART側）でも行っていますが、原則として東大の北沢先生クラスでした。彼らは記録やゲストのお世話などもしておりました。

　さて、誤解を恐れずにいうと、当時北沢さんは、UDSYを組み立てるにあたり、もう彼の中では、未来社会の設計はできていて、その水準を示す作業、あるいは整理する作業に、この研究会では入っていったのだと思っています。そういった意味において、この研究会は招かれた講師陣の人たちの発言が、ゼミを牽引しましたし、また成果物である黒本の中心論文の執筆者をみてもわかるように、会当初から、既に大方の構想はできていたと思います。

　ただ、会の進め方は確かにトップダウン方式かもしれませんが、そのプロセスにおいては、北沢さんは人を育てることを狙っていたかと思います。とりあえず、結果や水準は示す、ヒントになるもの、材料になるものはもってくるので、あとは皆さんでやりなさいと。だから、あのゼミのよかったところは、非常に自由な感じがあって、偉い先生が話しても、そこから先は、けんけんがくがく、参加者が懸命に議論していたことです。もちろん、レベルの落ちるチームもでてきたことも確かでしたが、北沢さんは、そこのところを懐深く包容していたかと記憶しています。それは、あの黒い本（未来社会の設計）に顕著に表れているのですが、最前線の論文と市民が議論したものが結構、並列に掲載されているのです。僕は編集作業にぴったりとついていましたので覚えていますが、北沢さんは「レベルに達していないこと」に対しても、それもよしという感じでした。こうした意味において、UDSYは横浜の構想を示すと同時に、様々な未熟な人たち、アマチュアの人たちのための余白をあけておき、その人たちが育っていく環境をつくっておきたい、温度を上げていきたいということが、もうひとつの大きな狙いだったと確信しております。

　北沢先生が亡くなった現在、今回のゼミは、大きく構成、主体が変わります。北沢さんのように「構想」が見えている人はいないというのが大前提です。秋元（康幸）さんに相談した結果、市は諸事情で（当然ですが）表にでて牽引することはできない、ということでした。その結果、とりあえずBankARTスクール文脈で、佐々木さんと馬場さんにコーディネータをお願いしました。その時点で、市とも深く話し合っていませんし、ほとんどそれぞれの立ち位置を決めずにスタートしたことは事実です。そういった意味において、コーディネータという名のもと、佐々木さんたちに、会全体に対して、責任をおわせるような感じを抱かせてしまったとしたとしたら、申し訳なかったのですが、僕のイメージは、小さな船の水先案内人というかんじで、大きな船の艦長ではありません。どこにいくかの全体の方向性を市やこれまで横浜のまちづくりを推進てしてきた有識人やBankART事務局とともに探りながら、小さな灯りをともしていきながら船を進めてくれる人、そういったイメージです。ときには、乗船者のわがままな希望に応えて、途中下船や別コースをいくということもある、そういったことを許してくれる柔らかい船頭さんのイメージです。

　佐々木さんは、このゼミの水準のことをとても心配され、そのレベルにみんながついてこれるかということをとても気にされていましたが、これも誤解を恐れずにいえば、どこかの島に上陸して、戻ってこない乗船客がいても仕方がないということです。あまり水準をこちら（横浜市、コーディネータ、有識者、BankART）で決めなくてもいいのではないでしょうか？もちろん船頭さんである限り、ある一定の場所に乗船客を安全に送り

「BankART Schoolこれからどうなるヨコハマ」の様子

届けなければいけないという意識をもってくださること
は大切ですが、一回目の自己紹介をみて、メンツをみ
て、そう変な方向にいくとは思えません。少し上がった
温度をゆっくりと見守る判断をここではお願いしたい
と思うのです。とにかく今回は、政策に関して、偉い人
がでてきて、ある道筋を示すというのではなく、あまり
そういったことができない人たちの集まりかも、という
初期設定を大切にしたいと思います。テーマをきめたり、
テーマが収斂していく、あるいはゲストをある程度選
んだりするのは、どちらがどうのこうのではなく、まさに、
ゼミの参加者と事務局とのコラボレーション、連鎖反
応なのだと考えているのです。
　馬場さんは、横浜のことも、このスクールの流れも
ご存知ではない。でも佐々木さんが、おっしゃるように、
馬場さんはもっとわからないというのではなく、むしろ
わからなくていいのではないのでしょうか。馬場さんは、
東京で強度のある仕事をされています。その立ち位置
でお話されることが、路面店や芸術不動産、リノベーショ
ン、観光と創造都市構想という言葉やチームに大きな
刺激やヒントを与えてくれるのではないでしょうか。

　長くなりましたが、言い出しっぺをしたときのこの会
の「立ち位置」はこんな感じです。

（BankART1929池田修氏より、「BankART Schoolこれ
からどうなるヨコハマ」（2011年開催）コーディネーター
佐々木龍郎氏に送った書簡）

『これからどうなるヨコハマ』
（BankART1929、2011）

164

大学まちづくりコンソーシアム

●2009 設立

　横浜のまちづくりの研究を目的とした、5大学（横浜市立大学、神奈川大学、関東学院大学、横浜国立大学、東京大学）による連携組織。代表である横浜市立大学准教授（当時）の鈴木伸治氏を中心に、各分野の研究者が専門性を活かして研究を行った。主要研究対象だった都心臨海部においては、横浜市と共同研究の協定を締結し、長期的な都市構想である「海都（うみのみやこ）横浜構想2059」をまとめた。本研究の成果は横浜市の附属機関である「横浜市インナーハーバー検討委員会」に提供され、その後の「インナーハーバー整備構想」の基礎となっている。

　研究対象は都心臨海部以外にも、郊外団地の再生、環境未来都市、防災まちづくりなど多岐に渡り、市民意見募集や公開研究会、シンポジウムの実施など開かれた研究であったのも特徴である。

海都横浜構想（うみのみやこよこはまこうそう）2059

165

景観まちづくり学習

●2019 本格実施開始

　地域や景観への興味を早い時期から育てていくため、小学校の校外学習の受け入れや出前授業、特に総合学習や社会科の授業で行う「まち探検」を利用して、「景観」を切り口にまちを見るという支援プログラムを実施している。従来の「まち探検」では課題解決型であったり、街の見方が分からず魅力を発見しづらかったところを、2019（平成31）年の景観ビジョン改定を契機にさらに踏み込み、景観を「空間」だけでなく「営み」や「感性」、さらには「時間」といった構成要素に分けて見る手法を開発。これにより、まち探検の中で一人ひとりの大切な場所が見つけやすくなるとともに、さらにそれらの景観構成要素をツール（カードやシール）化し、生徒同士が気づきを共有しやすくしている。レクチャー→まち探検→ワークショップ→気付きの共有という学習の一連の流れを、約8分のコマ撮り動画にし、横浜市公式YouTubeで公開している。

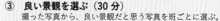

■ワークショップの流れ

① **レクチャー（20分）**
　私たちが見る街は、空間や営み、感性という要素で捉えることができることを説明。（例えば、同じ川［空間］でも遊んでいる人［営み］がいるかいないかの違いで、受ける印象［感性］が大きく変わる）

② **まち探検（100分）**
　子どもたちが班に分かれ、感性のキーワード一覧と地図とiPad（写真撮影用）を持って校内を歩き、わくわくしたり、ほっとしたり、誇らしく思うような、印象深いところを記録する。

③ **良い景観を選ぶ（30分）**
　撮った写真から、良い景観だと思う写真を班ごとに選ぶ。

④ **写真を見て、［感性のカード］を貼る（60分）**
　なぜその写真を選んだのか班ごとに発表。選ばれた写真について、他の班の子どもたちに見てもらい、［感性のカード※］を貼ってもらう。様々な感じ方や印象を「見える化」することで、街の写真（景観）について、様々な価値観、捉え方があることを知る。

※［感性のカード］：わくわくする、ほっとする、誇らしい…などの［感性］のキーワードを一つ一つ切り分け、小さなカードにしたもの

良いところを探す、まち探検

写真を見て感じたことを貼る

カードが貼られた写真

■ワークショップ結果のいかし方
　今回のWSで見つけた街の魅力や個性と、後日実施した街の方々へのインタビューを参考に、街のイメージアップとなるような大きな絵をアーティストの方と描き、街なかに飾る。

総合学習の最終成果として街なかに飾られた絵

ワークショップの流れ

子どもたちの感想
・いつもは街の良くないところを探していたけど、良いところを見つけられてよかった。
・この学習を経験して、この場所の将来や理想を考えるようになった。
・同じ景色でも、自分が思ったことと友達のそれが違っていて驚いた。

先生の感想
・写真を見て、感じたことを［感性のカード］で貼る手法は、ゲームのようで子どもたちにとって面白かったのではないか。また、普段考えを口に出さない子の意見も、カードを通して聞くことができて良かった。

横浜都市デザイン50年の
実践戦略と活動特性の変遷を振り返る

国吉直行

［横浜市立大学客員教授、（NPO法人）景観デザイン支援機構 代表理事〈元横浜市都市デザイン室長、元上席調査役エグゼクティブアーバンデザイナー〉］

　横浜の都市デザイン活動とは、自治体内部の組織（都市デザイン室など）が中核となり、行政内部各局や、地域の活動団体や、専門家などと連携しながら進めてきた、個性ある都市空間の創造活動である。

　私は、1971年〜2011年まで40年間、都市デザインチーム、都市デザイン担当、都市デザイン室で都市デザイン専門職員として活動（後半は都市デザイン室長、上席調査役エグゼクティブアーバンデザイナー）。退職後の2011年〜現在は、都市美対策審議会委員、景観アドバイザー、まちづくり関連各種プロジェクトの評価委員など外部専門家の立場から、横浜市の都市デザイン活動やまちづくりに関わって来た。

　このように都市デザイン活動の最前線で50年間活動し続けてきた立場から、個人的見解もふくめ、横浜の都市デザイン活動の誕生の経緯と活動の特性を述べさせていただく。

「都市の自立」を目指す
新しい都市づくり活動

　1960年代の横浜市は、第2次大戦後の米軍接収による都心部の衰退、郊外部の急激な住宅地開発によるインフラ不足など多くの課題を抱えていた。

　横浜市は、この状況打開のために、「都市の自立」的発展を目指す新しい都市づくりを開始。1965年に六大事業構想を公表。この取組を推進する組織として1968年に、民間プランナー田村明さんを迎えて企画調整室（後の企画調整局）を新設し、都心部強化事業などの六大事業構想（骨格的プロジェクト）の推進と、宅地開発要綱の運用や市街化調整区域の指定等による良好な市街地形成と緑地保全（開発コントロール）などの活動を開始した。

　企画調整室の活動では、国の関与を極力排除し、横浜市としての独自の視点からの都市づくりをめざした。

そのために国の省庁との関係が深い庁内各局の縦割りを排除し、横につなぐ「総合調整型都市づくり」、かつ専門的技術により具体化する「実践的都市づくり」を進めた。これは、当時の日本の自治体都市づくり活動において革命的なことであった。

都市デザイン活動の開始
（主に1970年代、飛鳥田市長時代）

　企画調整室発足後3年目の1971年に、岩崎・国吉という2名の都市の魅力形成志向の専門職員（嘱託職員）がそろい、この2名による都市デザインチームが誕生し、後に2名とも正職員となった際に、都市デザイン担当という正式な担当部署となった。都市デザインチームは、日本に前例のない自治体行政内のデザイン提案調整組織であったが、主に当時始まっていた、既存市街地の再生を目指すアメリカ都市のアーバンデザイン活動を参考にし、日本都市での展開普及につなげることも意識して活動した。都市デザインという活動が知られてない状況下で、チーム2名での活動を効果的にするため、始めは、都心部関内地区周辺にしぼった活動とし、ここで小さな成果を早くつくりあげ、アピールし、展開を広げることをめざした。最初の取組の視点は、「歩いて楽しい街」。その成果は、くすのき広場や都心プロムナードなどである。以降、山下公園前面街区での壁面後退誘導の成果である3ｍ幅の歩行空間や「ペア広場」の創出、地区のデザイン誘導ガイドラインづくりとその運用へと繋がっていった。さらに、馬車道商店街による地区主体のまちづくりの推進と支援など、活動は点から線へ、線から面へ、道路や広場から周辺建築物も含む地区空間創出へと広がった。この間、市側の地区別デザイン誘導ガイドラインを都市開発局開発課（現在の都心再生課）と共同で策定運用、市街地環境設計制度を建築局と共同で策定運用している。

都市デザイン活動開始から8年ほどで、関内地区周辺には多くの成果が誕生し、個性ある都市空間に育ち、注目を集めた。都市デザインチームがスタートした時、チームの二人は、短期間で大きな成果を築けるとは想定しておらず、成果を残せずに3年くらいで市役所を去ることを考えていたことに比べると、予想を超える展開であった。これは、企画調整室が先導する「新しい都市づくり」の機運が、横浜市役所庁内、及び地域などに着実に広がっていたことが背景にあったからと考える。また、庁内の道路、緑政、都市開発、建築、経済などの各局や、関内地区の商業者などに都市デザインの理解者が増えていったことも要因と思える。

この間、港北ニュータウン計画調整作業の時期以降、西脇、北沢、田口といった新たな専門的メンバーや、若いスタッフが加わるようになり、取組テーマと地域が広がることになる。

活動開始時の都市デザイン活動の特性

①最初に企画調整局活動の一環として誕生したために、都市づくりの総合的戦略ともリンクした企画調整型都市デザイン活動として活動を開始。各局事業活動の情報をキャッチし、新たな価値を提案し、事業化し、また、多様な事業の隙間をつなぎ合わせる活動であった。

②個性を喪失していた横浜や日本の都市に、その都市独自の歴史や文化などを大切にした魅力ある都市空間を形成する活動、運動としての役割を担おうとしていた。

③ヨーロッパ型の静的街並み形成ではなく、時代の変化に対応して変化するアメリカ型の動的街並み形成をめざした。

④当初は景観という言葉は用いなかった。表面的な姿の美しさを整える活動とせず、都市における人間の活動を誘発し、サポートする、人間活動のための都市空間づくりをめざした。

⑤活動開始時、活動業務内容は決められておらず、チーム自ら創るという状況の中で、横浜の実情に即した実験的な試みを展開し続けることとした（最初に取組んだのは、本牧接収解除跡地の区画整理事業への提案だった。

都市計画局都市デザイン室
～活動の継続と新展開
（80～90年代、細郷市長、高秀市長）

1978年に、飛鳥田市長が辞任し、細郷市長が誕生、1982年には飛鳥田市政の重要組織であった企画調整局は解体される。この時、都市デザイン担当は、都市計画局に移り、都市デザイン室となった。この間、都市デザイン担当リーダーの岩崎駿介さんは横浜市を離れ（1979）、企画調整局長であった田村明さんも大学教授に転じた（1981）。

こうした中で、都市デザイン担当時代から、くすのき広場計画などの多忙時に応援してもらった内藤淳之を室長に向かえ、都市デザイン室となり再スタートした。しかし、以前は飛鳥田市政下の企画調整局内組織だったということで、しばらくは庁内的には冷遇された。また、都市デザイン室は、都市計画局の横並びの課の一つとなり、基本的業務は「都市デザインに関すること」であり、各局の事業や活動を調整する業務は事務分掌上ではなくなっていた（調整業務事務費はカットされた）。しかし、企画調整局時代に培った、各局担当課や、都心部商店街との信頼関係などによって、一定期間は以前のように多くの相談が持ち込まれ、新しい企画の提案や、総合調整活動を行い、多くの成果を残すことが出来た。

その一例であるが、高速道路の堀川上空建設に合わせて、道路局によって企画されていた山下公園とフランス山をつなぐ延長約150mの直線歩道橋計画を、景観上も機能的にも課題のある計画であると考え、撤回してもらい、「人形の家」の誘致と「フランス橋」の設置に組み替え、さらに、山下公園駐車場設置の調整と屋上への「世界の広場」設置、さらに「ポーリン橋」設置により、山下公園～人形の家～フランス山の歩行ルートを誕生させた成果がある。これは、約7年間に、道路局、経済局、緑政局を調整し、協力を得て成立させた。この時期、みなとみらい地区の整備事業が本格化するのに合わせた都市デザイン面からの協力調整活動も始まっている。

一方、先々を考え、新しい活動の基軸として、「根拠を持った武器をつくる」との考えから、西脇、北沢が中心となって「歴史を生かしたまちづくり要綱」を制定し、運用を開始した。要綱制定後、日本火災海上保険横浜ビルなど数多くの民間ビルの保存活用に成果を残し、90年代には、山手地区の西洋館取得と活用、新港地区の赤レンガ倉庫や、関内地区の旧横浜商工奨励館、旧富士銀行などの歴史的建造物の公的な保存活用など

においても多くの成果を残している。

　企画調整局時代は、市街地環境設計制度の制定と運用については建築局と共管で行う一方、事務局は建築局においた。山下公園周辺地区などの地区別ガイドラインの策定と運用についても同様であった（都心再生課）。このように制度の運用について他の課と共管することにより、情報を共有してきたが、「歴史を生かしたまちづくり」は、事務局を所管し（新たな活動財源を得て）活動する、この状況下ならではの、対応戦略としても効果的であった。郊外部での成果も含め、最も多様で数多くの取組事例を残した期間ともいえる。

創造都市、地域まちづくり、空間整備から活用へ、（2000年時代　中田市長）

　2002年誕生の中田市政下では、かつて都市デザイン室で活動し（1977〜92. 95〜97）、その後、大学教員に転じた北沢猛さんが政策参与を務めた。中田市政では、高秀市政下で都市デザイン室の業務として取得した旧富士銀行などの歴史的建造物の有効活用策をきっかけに、都市活動を創造するための創造都市活動が誕生し、創造都市事業本部が誕生した。創造都市事業本部は、かつての企画調整局のように、横浜の未来を見すえた新たな構想を打出し、横浜市の都市づくりと都市デザインに新しい推進力を与える役割を期待された。こうした創造都市活動の代表例がBankART活動である。若いクリエーター達の活動する創造界隈づくりや芸術不動産などの事業も展開された。創造都市活動と都市デザイン活動は「象の鼻パーク」整備、「50年後の横浜都心臨海部・インナーハーバー構想"海都"」など、連携した成果を残している。しかし、中田市政終了とともに、創造都市事業本部設立時に目標とした新しい時代への都市づくり戦略としての側面よりも、文化芸術推進活動としての側面が強くなっていった。

　この間、都市デザインフォーラムなどで培った市民まちづくりは、地域まちづくり課の活動となり、独自に展開されている。都市デザイン室では、横浜市魅力ある都市景観の創造に関する条例を制定したが、現在、この条例を中心的に所管する組織として景観調整課が誕生している。このように、この期間、都市デザインの活動から新たな活動が誕生し、新たな担当部署によって運営されるようになった。このような活動の広がりは評価されることであるが、一方で、時間の経過の中で、これらの課の活動と都市デザイン室活動との連携が減り

つつあるのも現実である。たとえば、郊外部の魅力形成や市民まちづくりは、地域まちづくり課の打ち出した「まち普請事業」などにより、独自に発展し、活気を持って取り組まれている。

新時代の都市デザイン活動へ

　横浜市の都市デザイン活動は、「横浜らしい都市空間の創造」を目的に、他都市にはない行政内の柔軟な活動としてスタートし、5人の市長の下で、基本的な活動理念を変えずに、時代に即した活動を付加するなどして継続して活動してきた。このことによって、横浜の都市空間に、一貫したコンセプトで継続的に価値が積層され、「歴史と未来の（対比的に）共存する」都市空間や、港の歴史資産と公園緑地をつなぐウォーターフロントのプロムナード空間なども誕生している。この活動は数多くの賞も受賞し、国内外で高く評価されている。

　六大事業の継続実施や、都市デザイン活動のコンセプトと活動の継続展開は、他の都市でできなかった素晴らしい成果となっており、この間を支えていただいた市民や企業、専門家の方々、歴代の市長、各局の皆さんに感謝したい。

　私自身としても、都市デザインチームから都市デザイン室、そして外部応援団としての50年間、都市デザイン室内外の多くの皆さんの創造的な活動によって、ともに継続して横浜の魅力形成にチャレンジできたことに特別な意義を感じています。

　UD50記念イベントでは、横浜の未来に向けての都市づくりの課題抽出や新しい取り組みテーマの開拓などを議論する多様な場が設けられようとしており、個人的にも期待する。

　現在、多くの方に、横浜の未来のまちづくりについての新たな戦略が無い、かつてのような総合調整機能を行う部署が無い、都市デザイン室活動にもダイナミックさが無い、など指摘される。これらの指摘は、1960年代後半〜70年代に、都市づくりの新たな戦略を打ち出した企画調整局のダイナミックな活動の一端を担っていた都市デザイン活動や、2004年に創造都市活動が打ち出され、都市デザイン活動が再度活発化した期間のことをイメージしての言葉と推測する。

　1970年代は、最初に述べたように、日本中に経済成長と開発の波が押し寄せていた時代に、横浜が直面した多くの課題を乗り越え、横浜としての自立した発展の道筋を示し進むための明確な都市づくりの目標を掲げ、「六大事業」構想などを策定し、実現化を目指し、数十

横浜都市デザイン活動の系譜（庁内体制）

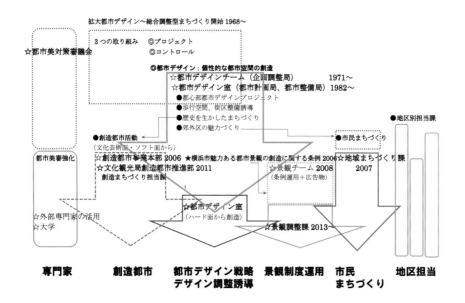

拡大都市デザイン〜総合調整型まちづくり開始 1968〜

☆都市美対策審議会

3つの取り組み　◎プロジェクト
　　　　　　　　◎コントロール

◎都市デザイン：個性的な都市空間の創造
　☆都市デザインチーム（企画調整局）　　　　1971〜
　☆都市デザイン室（都市計画局、都市整備局）1982〜
　●都心部都市デザインプロジェクト
　●歩行空間、街区整備誘導
　●歴史を生かしたまちづくり
　●郊外区の魅力づくり

●地区別担当課

都市美審強化

●市民まちづくり

●創造都市活動
（文化芸術面・ソフト面から）

☆創造都市事業本部 2006　★横浜市魅力ある都市景観の創造に関する条例 2006 ☆地域まちづくり課
☆文化観光局創造都市推進部 2011　　　　　　　　　　　　　　　　　　　　　　　　2007
　創造まちづくり担当課　　　　　☆景観チーム 2008
　　　　　　　　　　　　　　　　　（条例運用＋広告物）

☆都市デザイン室
（ハード面から創造）

☆外部専門家の活用
☆大学

☆景観調整課 2013〜

専門家　　　創造都市　　　都市デザイン戦略　景観制度運用　市民　　　地区担当
　　　　　　　　　　　　　デザイン調整誘導　　　　　　　まちづくり

（国吉作成）

年にわたり取り組み、現在の質の高い都心部や郊外部市街地と活力ある横浜を誕生させた。これを可能としたのは各局事業などを統合して企画推進するための、横浜市独自の総合調整機能であった。

2000年代に入り、日本の多くの都市は拡大成長期から人口減少時代を迎えての縮退の時代を迎えた。横浜市でも、「非成長・非拡大の時代認識」のもと、「オンリーワン都市」、「民の力が存分に発揮される都市」を目指し、創造都市活動や、エンジンルーム活動、職員提案の実践などにチャレンジした。しかし、市全体としての新しいまちづくり戦略として浸透するところまで至らずに終わっている。一方で、この時期打ち出されたのは、各局各課の成果主義であった。これにより、各局各課は単独で活動する傾向が深まり、互いの事業を調整し合い、総合的な視点からの横浜市独自の新たな価値を創造してきた横浜まちづくりの流儀は失われていった。企業、専門家、市民の参加も減じていった。職員の建設的な気風も退化しつつあった。

新時代の課題に力強く総合的に対処するために、横浜市各局各課の主体的取り組みの醸成とこれらを総合調整して鋭い総合戦略を打ち出す機能の再構築は、これからの市政にぜひお願いしたい。

横浜市の将来戦略を創造的、魅力的なものとして明確に打ち出し、この戦略と連動して活動する都市デザイン活動でなければ、活動はダイナミックなものとならないであろう。かつての企画調整局活動のDNAを受け継いでいる都市デザイン室は、一時期、行政内にありながら、地域市民や専門家などと行政各部局をつなぎ、都市デザインフォーラムなどで、国内都市や海外都市とも一緒に幾度も議論し、新しい取り組みを誕生させた「交流・研究・提案のセンター」的役割も果たしていた。

これからの横浜市の都心部、都心臨海部、さらに郊外住宅地の再生、人口縮小時代のサスティナブルまちづくりなどの大きな課題に取り組むためには、都市デザイン室の活動、創造都市活動、市民まちづくり活動、景観調整活動、地区別まちづくり担当活動、共創推進など、新たな横串活動が必要であろう。そのためには政策局、道路局、環境創造局、建築局、港湾局、文化観光局、経済局など一緒に活動してきた経緯を持つ活動の、情報共有の関係再構築を図る庁内の連携まちづくり会議の設置が望まれる。また、健康福祉、SDGs,イノベーション、デジタルなどの新課題への対応や、専門家、市民活動家、企業活動からの提案、海外都市研究などをも含め、総合的視点から新時代の都市づくり戦略を検討する庁外の「横浜　都市デザイン・まちづくりセンター」などの創設も必要ではないだろうか。

生き生きとした人間活動の育まれる新時代の横浜のまちづくりを担う活動として、幅広い活動で構成される横浜都市デザイン活動の新たなチャレンジに期待したい。

実務者の立場から振り返る50年

内藤惇之
1982（昭和57）年4月〜1986（昭和61）年3月 室長

私は、1982（昭和57）年4月に初代の「都市デザイン室長」に任命されました。企画調整局では、1980（昭和55）年ごろからアーバンデザイン担当副主幹として2年間活動してきましたが、機構改革により「都市計画局企画部都市デザイン室長（課長級）」という役職を与えられました。

都市計画局では、都市デザイン室の業務を明確にして、各局や広く市民に理解してもらう必要があると考えました。その一つは、企画調整局時代にはなかった「定型業務」を担うこととして、「横浜市都市美対策審議会」業務を事務分掌に加えることでした。また、各局が進める諸事業に都市デザイン的視点で参加、協力することも事務分掌として明確にしました。

市役所の一組織として「課」に匹敵する「室」を与えられたことから、定型業務を定着させ、各局の業務に参加、協力する姿勢を示すこと、そしてその実績を残すことが急務と考えました。

それらの成果として、都市美対策審議会では、市民啓発事業として「横浜まちなみ景観賞」「横浜まちづくり功労者賞」を創設し、優れた景観の創出や保全、まちづくり功労者の顕彰事業を進めました。一方、都市デザイン活動が都心区に偏りがちであったことから、都心周辺区や郊外区にも活動が拡げられるよう、各局、区と協力し「区の魅力づくり事業」にも取り組むこととしました。

法律や条例もない都市デザインの業務は、快適な市民生活を営む都市空間の質的向上を図る目的で関係者と協働する関係をつくることが出来れば、自由に活動出来る立場でした。設計事務所から市役所に入り、係長1名体制の都市デザイン室に7年、3年間出向した後、係長2名体制になっていた都市デザイン室に室長として戻り、8年間勤めました。それまでの実績の延長上にある仕事に加え、スタッフ一人一人の意志とポテンシャルを推進力として、地域的、テーマ的に取組む内容が拡がりました。

都心部では「人形の家」を介した山手地区と関内地区の歩行者ルートは「ポーリン橋と世界の広場」の整備、日本大通りと山下公園通りを結ぶ「開港広場」の拡張が完成しました。新たにライトアップや、マリンタワーや港周辺の色彩などの都市空間演出、大さん橋の国際コンペやMM21線の駅舎デザインなどの企画調整を行いました。

都心部以外では、駅前広場などの公共施設をはじめ、区役所と連携して川沿いのプロムナードなどのデザイン調整や、市民のまちづくり活動の支援事業と市民フォーラムの開催など、取組みは拡大しました。一方、長年、調査や構想を続けてきた歴史資産の保存のため「歴史を生かしたまちづくり要綱」を制定し、「認定」と「登録」を行うとともに、各地の歴史的建造物の保存活用を具体的に進めました。関内地区の日本火災横浜ビル、生糸検査所、横浜銀行本店別館、山手地区のエリスマン邸、山手234番館、イタリア山庭園整備に伴うブラフ18番館、外交官の家、みなとみらい地区の2号ドック、赤レンガ倉庫、汽車道、郊外の長屋門などの保存活用に取り組みました。

また新しく「デザイン都市ヨコハマ」の活動を開始、国際会議や国際コンペなどを行い、担当部署を立ち上げての「バルセロナ＆ヨコハマ・シティクリエーション」と「ヨコハマ都市デザインフォーラム」を開催し、海外や国内の多くの都市と、都市デザインの情報交換や交流を行っています。

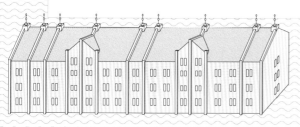

西脇敏夫
1987（昭和62）年6月〜1995（平成7）年3月 室長

1998年の担当課長時は、第2回ヨコハマ都市デザインフォーラム実行委員会事務局課長を兼務しました。室長時は、高秀巾政の最後の時期です。ベーリックホール取得、山手地区の市所有歴史的建造物の公園部局での一元管理への調整、赤レンガ倉庫活用事業の竣工、馬車道の富士銀行の取得など歴史的建造物に関する成果を多く残しました。日本大通りの地下駐車場整備後の歩道拡幅事業も行っています。また、ワールドカップサッカー2002に向けて、道路局と連携した、地区別の歩行者誘導サイン整備、桜木町駅前広場拡幅事業デザイン調整なども。新港地区の建築物デザイン調整が活発化したのはこの時期です。2002年に中田市長に交代し、空間整備から活用へ、そして創造都市へと新たな視点が加わりました。

国吉直行

2001（平成13）年4月〜2004（平成16）年3月 室長

※平成10年〜12年＝担当課長（主任調査員）、
　平成16年〜22年＝上席調査役エグゼクティブアーバンデザイナー

国吉前室長が部長職の上席調査役（エグゼクティブ・アーバンデザイナー）に昇任し、後任室長として都市経営局から異動、13年ぶりに復帰しました。この時期は中田宏市長の施政が安定しており、「民の力」「戦略的な都市経営」「市民満足度の向上」などが標榜されていました。都市の魅力を向上させる都市デザイン施策は、政策との整合を図りつつ展開していきました。最大の課題は、景観法への対応及び景観条例・景観ビジョンの策定でした。法令等に縛られない都市デザイン活動であろうとすれば、条例等を所管することに議論もありましたが、条例制定と施行を優先しました。日本大通りオープンカフェでは、主体的実施団体設立から協定を締結しての実施に至るまで、地域との協働を貫き持続性を担保しました。

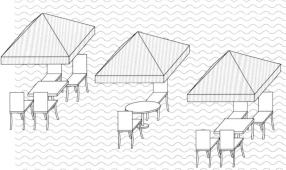

未来の都市デザインを担う人材育成にも取り組み、「アーバンデザイナー養成講座」を参加料受講生負担で実施。「都市デザイン専門職」を公募し選考・採用しました。

条例施行後の手続事務等によるジレンマを予想して、景観担当課との組織分立を構想し、後に託しました。

小沢 朗

2004（平成16）年4月〜2007（平成19）年3月　室長

都市デザインは、歩行者空間の整備や歴史を生かしたまちづくり、民間開発とのデザイン調整など、日々の仕事に追われがちだが、次の時代を見据えて都市づくりの新しい展開を模索していくことが一番のだいご味であった。

秋元は、都市デザインには、担当者・係長・室長と3回仕事をした。担当者だった時、上司だった北沢猛さんと都市づくりの中でのアート系の分野の取り組みを始めた。それがのちに創造都市として政策展開できたのは一番の幸せであった。

しかし、都市デザイン室長の時は、家庭の事情で仕事に十分な時間が取れなかった。ちょうど屋外広告物審査を都市デザイン室でやるようになり、また関内地区の景観計画を策定していたころである。都市デザイン室的には、非常に不得意な分野な「審査」の仕事であり、その体制づくりに苦労した。片方で歴史的建造物のストロングビルの調整、象の鼻地区の整備が進んでいたころである。仕事の指示はポイントだけに絞らざる得ず、あとは職員が考え判断し動いてくれた。その結果だけ室長が責任を取ることにしたが、上司が働かない分、職員は優秀に動いてくれたと感じた。

都市は否応なく変化していく、その中で都市デザインとして何をしなくてはならないか？立ち止まることは許されない。秋元が担当した2年間で、新たな展開を示すことはできなかったが、その分、他の部署に所属していた時も、横浜の都市デザインを担うつもりで仕事をした。横浜を魅力的な街にする活動は部署に関係ないと思う。

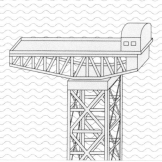

秋元康幸
2007（平成19）年4月〜2009（平成21）年3月 室長

2009（平成21）年度から2012（平成24）年度まで都市デザイン室長を務めました。1987（昭和62）年度から1991（平成3）年度の5年間を担当者として、1997（平成9）年度から2001（平成13）年度の5年間を係長として過ごしましたので計14年間都市デザインの業務を担ったことになります。思い出深い仕事としては、日本大通り、象の鼻パークといったオープンスペースの計画と地方裁判所や情報文化センターの歴史的建造物としての保全活用など、都心部のまとまったエリアの空間形成に関われたことです。都市デザインフォーラムなどの国際会議も激しい仕事で大変でしたが、そのプレイベントとして、ひとつの課である都市デザイン室がバルセロナ展（BAY'90）という博覧会を実施し、2か月の期間で約56万人が入場するほどの盛況で、事業としても黒字で成功させたのは驚愕するべき歴史だと思います。この行事を通してごみ収集車のデザインコンペが実施され今走っている本市の収集車のデザインが決まったことや、国際都市創造会議を6回開催し、その後の国際会議の流れを作りました。「文化としての都市」というテーマで議論した内容は、その後の創造都市施策に結びついたと思います。

横浜の都市デザインは、常に新しいチャレンジを継続してきた50年だと思いますので、次の50年の発展を切に願います。

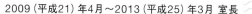

中野 創
2009（平成21）年4月〜2013（平成25）年3月 室長

私は、都市デザイン室長を2013年度から2016年度まで4年間務めましたが、それ以前も担当職員（1992～1997）、係長（2002～2009）も含め、都市デザイン室には都合18年間在籍しました。私の都市デザイン室での最初の担当が、市民まちづくりとストリートファニチャー整備事業でした。1992年のことで役所にもようやくバブル経済崩壊の影響がはっきりと出てきた年でした。時代の変わり目と市民活動元年のようなときに都市デザインのキャリアを歩みだしたことが、私の都市デザインに対する考え方のベースになったような気がしています。よく言えば堅実、悪く言えばダイナミックさが足りないとでもいいましょうか。まあ、際立つ個性派が多い都市デザイン室で鵜匠のような役割は果たしたかなと思います。思い出に残っている仕事は、まずは市民まちづくり担当です。私の役人としての基礎はこのときの経験によるものと感じています。また、アーバンデザイナー養成講座は、私が企画から実施まで担当し、100人を超える職員が参加してくれたことに大変感激したものです。ものづくりの面では、広告付きバス停留所事業の仕組みづくりが思い出深いです。PPP事業の成功例として現在の公民連携の取組の先鞭をつけたと自負しています。歴史担当としては松坂屋と旧日東倉庫を担当し、苦い経験をしたことも忘れられません。都市デザインの仕事は、新たな価値を見出し、それを社会に実装していくことかと思います。私が担当した市民まちづくりや水と緑のまちづくり、ストリートファニチャー整備事業など、今はありませんが、それぞれ他の事業や部署へ引き継がれ定着しています。そういうところも都市デザインの仕事の面白さだと思っています。

綱河 功
2013（平成25）年4月～2017（平成29）年3月 室長

私が都市デザイン室長になった平成29年は、都心臨海部の景観制度が定着し、それに基づく景観協議が数多く行われていました。過去に3年程都市デザイン室に担当者として在籍していた頃も、汽車道等特定のエリアにおける景観協議を国吉さんが主体で行っていましたが、今のように数多くの建物等を都市美対策審議会に諮り、景観協議を行うとなったのは、景観制度の導入以降であるため、景観協議を行う対象や、それを行うスタッフの数、費やす時間が圧倒的に多くなっていました。更に昭和63年の要綱制定以来脈々と続く歴史を生かしたまちづくりの推進や、既にスタートしていた景観ビジョンの改訂作業にも多くの時間が割かれ、私の室長時代の最大の悩みが、新規に事業を展開する余裕が無いということでした。こうした個々の建物等の景観協議を軽視している訳では無く、個々の建物の細部にわたる建て方の工夫が連なることにより、魅力的な街並みが形成されるため、個々の景観協議は都市デザイン推進において重要な取組だと信じています。しかし、都市課題等に対応した新たな事業展開への試みが不十分ではないか、という指摘を内外から受けることも多くなっていたのです。そこで、都市デザイン50周年のこの時期に、景観協議においてもエリア担当と連携しながら適切に行いつつ、新たな一歩を踏み出す事業展開を目指し、先輩方が築いてこられた進化する都市デザインを、引き続き進めていきたいと考えています。

梶山祐実
2017（平成29）年4月～現在 室長

イラスト：松岡未来（ヤング荘）

Practice｜都市デザイン50年の実践

横浜の都市デザイン活動は、人間的都市空間の形成、その一歩として「歩いて楽しいまちづくり」からはじまり、その後歩行者空間の整備や、沿道の街並みを中心とした景観形成、その考え方の根本となる、地域ごとの個性の発掘と表現などに展開してきた。

また、地域の個性の拠り所である歴史を体現する歴史的建造物を、都市デザインでは大切に保全するとともにまちづくりに活用し、時代ごとに手法を模索しながら、人々が身近に感じられるように工夫を重ねてきた。

こうした取組は、都市デザイン室をはじめとする横浜市の各部署が、地域組織、民間企業、市民、NPOなど、様々な主体と連携し、また相互に影響し合って、取り組まれてきた。

本章では、7つの目標などの共通する概念を持ちながらも、内容や手法を変えてきた50年の都市デザインの取組展開過程を、「歩行者空間」「歴史を生かしたまちづくり」「連携」という3つテーマを軸とした相関図形式で紹介する。

都市デザイン手法の展開

Progress

4

歩行者空間の展開

道路がまだ車のものだった時代から、いち早く「歩行者を擁護する」という思想を都市空間で体現し、地域を巻き込みながら、
人の居場所をつくり続けてきました。機会を捉えては整備し、繋げることの繰り返しが、歩いて楽しい街を形成していきました。

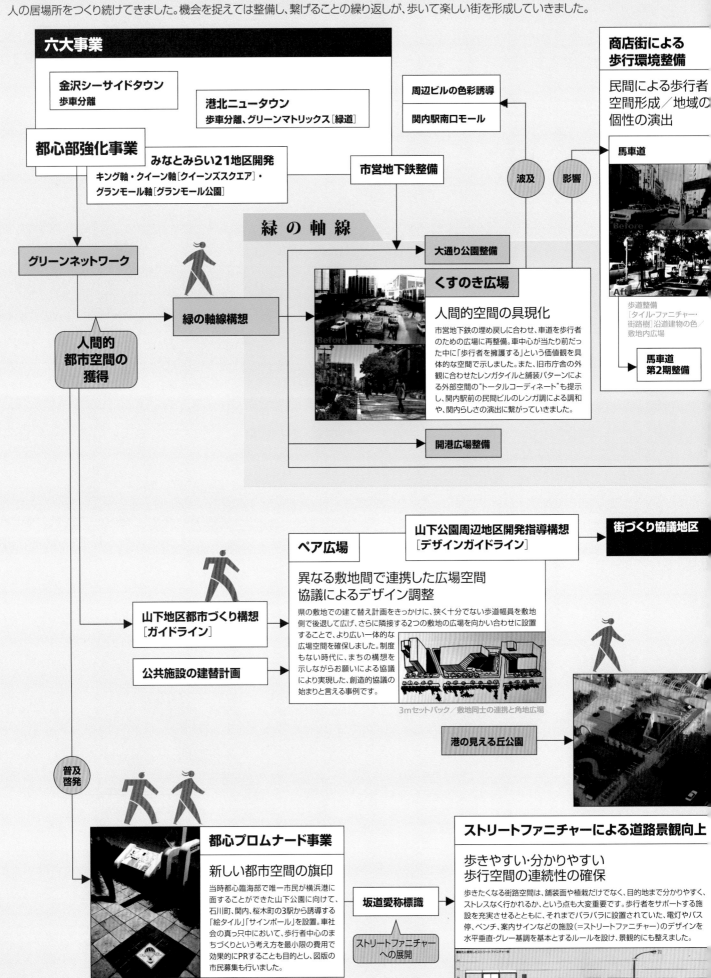

六大事業

金沢シーサイドタウン
歩車分離

港北ニュータウン
歩車分離、グリーンマトリックス［緑道］

都心部強化事業

みなとみらい21地区開発
キング軸・クイーン軸［クイーンズスクエア］・
グランモール軸［グランモール公園］

グリーンネットワーク

**人間的
都市空間の
獲得**

緑の軸線構想

周辺ビルの色彩誘導

関内駅南口モール

市営地下鉄整備

商店街による
歩行環境整備

民間による歩行者
空間形成／地域の
個性の演出

波及　影響

馬車道

歩道整備
［タイル・ファニチャー・
街路樹］沿道建物の色／
敷地内広場

**馬車道
第2期整備**

緑の軸線

大通り公園整備

くすのき広場

人間的空間の具現化

市営地下鉄の埋め戻しに合わせ、車道を歩行者
のための広場に再整備。車中心が当たり前だっ
た中に「歩行者を擁護する」という価値観を具
体的な空間で示しました。また、旧市庁舎の外
観に合わせたレンガタイルと舗装パターンによ
る外部空間の"トータルコーディネート"も提示
し、関内駅前の民間ビルのレンガ調による調和
や、関内らしさの演出に繋がっていきました。

開港広場整備

**山下公園周辺地区開発指導構想
［デザインガイドライン］**

街づくり協議地区

ペア広場

異なる敷地間で連携した広場空間
協議によるデザイン調整

県の敷地での建て替え計画をきっかけに、狭く十分でない歩道幅員を敷地
側に後退して広げ、さらに隣接する2つの敷地の広場を向かい合わせに設置
することで、より広い一体的な
広場空間を確保しました。制度
もない時代に、まちの構想を
示しながらお願いによる協議
により実現した、創造的協議の
始まりと言える事例です。

3mセットバック／敷地同士の連携と角地広場

**山下地区都市づくり構想
［ガイドライン］**

公共施設の建替計画

港の見える丘公園

普及
啓発

都心プロムナード事業

新しい都市空間の旗印

当時都心臨海部で唯一市民が横浜港に
面することができた山下公園に向けて、
石川町、関内、桜木町の3駅から誘導する
「絵タイル」「サインポール」を設置。車社
会の真っ只中において、歩行者中心のま
ちづくりという考え方を最小限の費用で
効果的にPRすることも目的とし、図版の
市民募集も行いました。

絵タイル／サインポール

坂道愛称標識

ストリートファニチャー
への展開

ストリートファニチャーによる道路景観向上

歩きやすい・分かりやすい
歩行空間の連続性の確保

歩きたくなる街路空間は、舗装面や植栽だけでなく、目的地まで分かりやすく、
ストレスなく行われるか、という点も大変重要です。歩行者をサポートする施
設を充実させるとともに、それまでバラバラに設置されていた、電灯やバス
停、ベンチ、案内サインなどの施設（＝ストリートファニチャー）のデザインを
水平垂直・グレー基調を基本とするルールを設け、景観的にも整えました。

くすのき広場で示された「人のための空間」は、当時
横浜駅西口開発等により地盤沈下しつつあった関内
の商店街にとっても、来街者を大切にし、歩きやすく
訪れたくなる街づくりの大きなヒントとなるものでし
た。商店街と市との連携により道路を再編整備し、合
わせて沿道の建物にもルール（街づくり協定）を科す
などにより、どういう商店街になりたいかという、街
の個性を磨くきっかけにもなりました。

神奈川歴史の道

走川プロムナード

磯子アベニュー

郊外
展開

イセザキモール

全面モール化

元町商店街

第3・4期整備

ボンエルフ型街路／官民一体歩道整備

街づくり協定

区の魅力づくり基本調査

展開 → 旧川崎銀行横浜支店の認定［第1号］へ

地域のシンボルとしての
歴史的建造物の保全

日本大通り

再整備

**社会実験
パラソル
&カフェ**

みなと大通り
及び横浜文化体育館
周辺道路再整備

地域組織による
歩道の常時利用へ

日本大通りは、かつての日本人街と外
国人居留地の間の防火帯として整備
され、銀杏並木の豊かな広幅員の道
路です。みなとみらい21線開通に合
わせ地下駐車場を整備・埋め戻すタイ
ミングで、広幅員の車道を狭めて歩道
を拡幅しました。人の居場所を都市空
間の中に創出し、日本大通りらしい日
常の賑わいを演出するため、沿道店舗
と社会実験を重ね、市と協定を取り交
わすことで、常設のオープンカフェを
可能にしています。

歩行者空間の整備から利活用へ

MM線駅［地下駐車場］整備

景観法制定

景観計画

都市景観協議地区

創造的協議の機会の担保

地区計画

民地による歩行者への貢献から街並み形成の制度による誘導

ウォーターフロント軸

臨港パーク → メモリアル
パーク → 赤レンガパーク

新港パーク

開港の道［港の見える丘公園～山下公園］

事業計画の機会を捉えて整備し、繋げる

堀川上空への歩道橋計画が浮上し、当該ルートが山下ふ頭付け根の景
観に大きな影響を与えることが分かり、人形の家計画と絡めて2階レベ
ルで接続。山下公園における駐車場計画とも合わせ、ポーリン橋、世界
の広場を整備し、複数の事業を組み合わせることで、港の見える丘公園
から山下公園までの歩行者専用のプロムナードが整備されました。

フランス橋 → 人形の家
2階デッキ → ポーリン橋

世界の広場

開港の道［山下臨港線プロムナード～汽車道］

歴史資源を生かして繋げる歩行者空間

横浜最初の港である象の鼻、国の貿易港の役目を終えた新港ふ頭、貨物線跡の汽車道、
輸入品倉庫の赤レンガ倉庫等、街の記憶を今に伝える歴史的資源を生かしながら、四半
世紀かけて歩行者専用のプロムナードを整備。開港150周年を記念した象の鼻パーク
整備により、桜木町駅から約3.2kmにも渡るプロムナードが繋がりました。

運河パーク

汽車道

新港サークルウォーク

横浜ワールドポーターズ

ナビオス横浜

象の鼻パーク

山下臨港線プロムナード

公共サイン
ガイドラインの策定

案内サイン整備

広告付きバス停
上屋整備・管理

広告付案内サイン・
無線LAN整備・管理

日韓サッカー
ワールドカップ

民活

スキームの応用

歩行者空間のきめ細かなデザイン

歴史を生かしたまちづくりの展開

「歴史を生かしたまちづくり」は、横浜の歴史を象徴する建造物を資産として捉え、まちの個性・魅力に転じていくことを目指しています。
都市デザイン活動初期は、点的な資産の活用のみでしたが、全市的な調査を行い、保全と活用・広報普及を一体で行う体制を整えました。
残すことが難しい建造物を何とか残してもらい価値を高めていく取組を継続し、「都市の記憶」を紡いでいます。

初期の取組から体制作りへ向けた調査まで

横浜の都市形成過程

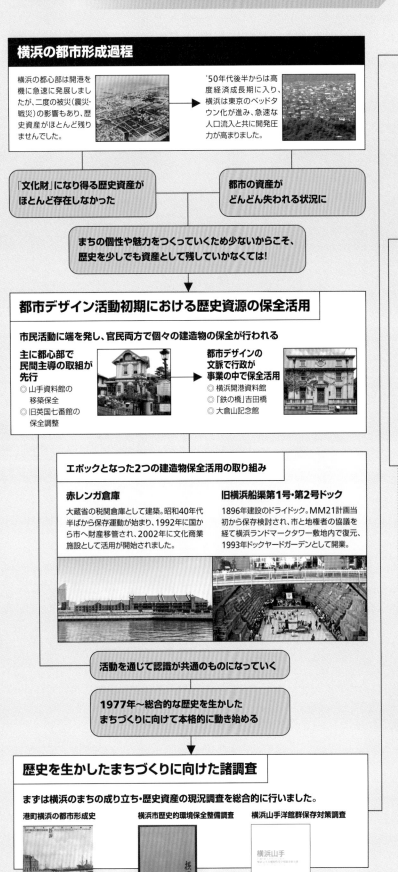

横浜の都心部は開港を機に急速に発展しましたが、二度の被災（震災・戦災）の影響もあり、歴史資産がほとんど残りませんでした。

'50年代後半からは高度経済成長期に入り、横浜は東京のベッドタウン化が進み、急速な人口流入と共に開発圧力が高まりました。

「文化財」になり得る歴史資産がほとんど存在しなかった

都市の資産がどんどん失われる状況に

まちの個性や魅力をつくっていくため少ないからこそ、歴史を少しでも資産として残していかなくては！

都市デザイン活動初期における歴史資源の保全活用

市民活動に端を発し、官民両方で個々の建造物の保全が行われる

主に都心部で民間主導の取組が先行
◎ 山手資料館の移築保全
◎ 旧英国七番館の保全調整

都市デザインの文脈で行政が事業の中で保全活用
◎ 横浜開港資料館
◎「鉄の橋」吉田橋
◎ 大倉山記念館

エポックとなった2つの建造物保全活用の取り組み

赤レンガ倉庫
大蔵省の税関倉庫として建築。昭和40年代半ばから保存運動が始まり、1992年に国から市へ財産移管され、2002年に文化商業施設として活用が開始されました。

旧横浜船渠第1号・第2号ドック
1896年建設のドライドック。MM21計画当初から保存検討され、市と地権者の協議を経て横浜ランドマークタワー敷地内で復元、1993年ドックヤードガーデンとして開業。

活動を通じて認識が共通のものになっていく

1977年〜総合的な歴史を生かしたまちづくりに向けて本格的に動き始める

歴史を生かしたまちづくりに向けた諸調査

まずは横浜のまちの成り立ち・歴史資産の現況調査を総合的に行いました。

港町横浜の都市形成史　　横浜市歴史的環境保全整備調査　　横浜山手洋館群保存対策調査

横浜山手

歴史を生かしたまちづくりの体制づくり

歴史を生かしたまちづくり基本構想：4つの基本方針

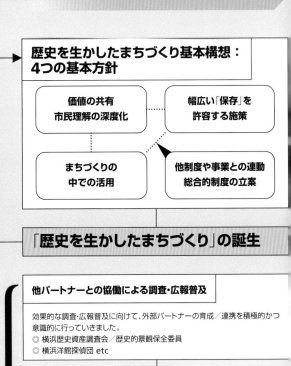

- 価値の共有　市民理解の深度化
- 幅広い「保存」を許容する施策
- まちづくりの中での活用
- 他制度や事業との連動　総合的制度の立案

「歴史を生かしたまちづくり」の誕生

他パートナーとの協働による調査・広報普及

効果的な調査・広報普及に向けて、外部パートナーの育成／連携を積極的かつ意識的に行っていきました。
◎ 横浜歴史資産調査会／歴史的景観保全委員
◎ 横浜洋館探偵団 etc

相互に連携

制度を活用した柔軟な建造物保全活用

1988（昭和63）年の「歴史を生かしたまちづくり要綱」と横浜市文化財保護条例の同日施行を契機に、本格的に保全活用の取組を開始。都市の記憶を何とか残すため、ツールとなる制度や事業を連携するよう体制を強化していきました。

文化財とまちづくりの両輪体制

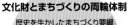

歴史を生かしたまちづくり要綱

×

横浜市文化財保護条例

- 地区計画
- 公共施設整備
- 水と緑のまちづくり
- 山手地区景観保全要綱
- 市街地環境設計制度
- 公園整備との連携
- 創造的協議 etc

他制度や事業と連動

歴史を生かしたまちづくりの「3種の神器」

要綱運用の仕組み

専門家による調査

↓

歴史的・景観的・建造物的に高い価値を有する

↓

登録［通称：ラブレター］

◎ 特に高い価値を有する
◎ 所有者の同意を得る
◎「保全活用計画」を作成

↓

認定　改修等に対する助成

歴史を生かしたまちづくり要綱・歴史的景観保全委員・歴史資産調査会

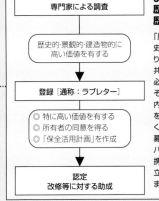

「歴史を生かしたまちづくり」は、歴史資産の凍結保存でなくまちづくりを目指しており、活用、調査、価値共有等を総合的に実施する体制が必要でした。

そのため、外観保全と助成を行い内部は積極的に活用を促す仕組みを整理した「歴史を生かしたまちづくり要綱」、様々な有識者の意見を募る「歴史的景観保全委員」、外部パートナーとして活用や広報を連携する「歴史資産調査会」を同時に立ち上げました。この体制は、現在まで三位一体で継続されています。

歴史を生かしたまちづくりの展開

第二次世界大戦以降の
建造物の評価が見直され始める

歴史的建造物の調査

歴史資産台帳登録調査

歴史文化の広報普及

広報媒体の作成
◎ 歴史を生かしたまちづくり横濱新聞 ◎「都市の記憶」
歴史を生かしたまちづくりセミナー
ライトアップ・ヨコハマ

継続することで
価値の共有を広げていく

歴史的建造物の保全活用

戦後建造物の評価検討

旧横浜市庁舎等のモダニズム建築など、戦後建造物の評価見直しを行っています。

都橋商店街ビルの登録

防火帯建築を活かす「芸術不動産」への展開

展開

都心部の近代建築保全

旧川崎銀行横浜支店

協議により保全の道を探る

所有者・専門家・市で協議を行い、外壁を残し機能更新を行いました。

「都市の記憶」を紡ぐ

都心部の近代建築は横浜の都市形成・復興の象徴。単体保全の支援のみならず、建物買上げや復元調整等、あらゆる手段を講じて保全活用を進めています。

市街地環境設計制度との連携

ホテルニューグランド / ストロングビル etc

銀行建築の保全活用
日本大通りの建造物保全
北仲通地区の建造物保全活用

山手地区景観保全要綱

創造都市施策への展開

**歴史的建造物の
創造界隈拠点としての活用**

空室率の上昇、歴史資産の喪失等を受け、歴史的建造物と文化・芸術実験事業を掛け合わせ、都心の魅力強化を目指しました。旧第一銀行や旧富士銀行の活用事業を起点に、創造都市施策を展開しています。

展開

教会［山手聖公会等］
西洋館［エリスマン邸等］

公園での公開西洋館の取組

西洋館を市民に開く

市所有の西洋館7館を公開。指定管理者と連携し、一体で山手の魅力を伝えています。

山手地区の歴史を生かしたまちづくり

一体の「山手らしさ」を守る

山手地区には西洋館、教会、学校、公園、擁壁など旧居留地時代を偲ばせる建物やコミュニティが残ります。これらを官民で守り育てる取組を継続しています。

郊外部へ展開

西洋館・洋館付き住宅保全

保全から活用に向けた潮流

◎ 建物の維持管理の負担が増え、認定解除となる案件が出現
◎ まちの魅力向上のため建造物の活用需要増加

**残したものをいかに使っていくか？
が求められる**

長屋門公園

2つの古民家を公園として活用

古民家に囲まれた歴史体験ゾーンを作り市民団体等と連携し魅力を伝えます。

郊外部の古民家等の保全活用

**港だけでは無い
横浜のルーツを今に伝える**

市内に点在する古民家や周辺環境はかつての農村や湊の姿を偲ばせるものであり、保全の取組を進めています。

新たな展開の模索

歴史的建造物活用は法的・コスト的に高いハードルが有り、その維持自体も税金や改修費の高騰、技術者の減少等からも益々厳しさを増しています。この傾向の加速を受け、2013年度には対応すべき課題と方向性をまとめ「『歴史を生かしたまちづくり』の推進について」を発表し、特定景観形成歴史的建造物やリノベーション助成制度を導入しました。
今後は、点から面的な歴史的環境の保全活用への展開、建物の保全活用へのきめ細やかな対応や、より創造的な活用の在り方の模索が求められます。

汽車道と第一〜三号橋梁保全

土木遺構を市民の場に転換

鉄道路線と橋を保全しプロムナードとして再構成を行いました。

土木産業遺構の保全活用

「横浜の形成基盤」の痕跡を残す

鉄道、ガス灯、水道、灯台など土木遺構は横浜都市形成の礎となった歴史資産として、全国に先駆け保全活用を進めました。

取り組みの継続により、建造物保全の在り方は多様化していきました。

全館保全　　用途変更　　増築　　改修・補強　　一部保全　　転用

Designed by NDC Graphics 2022

都市デザインを推進する連携の展開

都心部における商店街等との連携や、全市に展開した市民団体と協働する市民まちづくりの取組など、
都市デザインの推進に当たっては、連携の主体や対象を広げながら、その取組の幅を広げてきました。

飛鳥田市長による一万人市民集会

くすのき広場、都心プロムナード整備

ハード整備への地域の参加

まちづくりの担い手の育成

開港5都市景観まちづくり会議
神戸｜長崎｜新潟｜函館｜横浜

「開港都市」をテーマとした自治体間・市民間の交流と情報交換の場として発足。25年以上続いています。

影響

地域資源を生かした魅力の形成

交流・情報交換の場

市と商店街の連携による 道路整備 ＋ 街並み誘導
［馬車道｜伊勢佐木町｜元町｜中華街］

くすのき広場等の実績を見た商店街は、行政との連携による歩行者空間の整備や街づくり協定の策定による街並み整備の誘導を行いました。行政も地域の協定を補強するため建主と行政が協議する制度を導入、のちに地区計画、景観制度へと移行し、地域と連携しながら、個性を生かした魅力あるまちづくりに取り組みました。

山手地区

山手まちづくり懇談会や協議会を発足し、フォーラムの開催や、街づくり憲章や協定を策定、運用してきました。

まとめ

地域による整備への参加から主体的な活用へ

都市デザイン白書発刊

市内の魅力づくりの調査結果をふまえ、都市デザイン活動の目的や手法をまとめ、発信しています。魅力あるまちに向かって市民と市により"共同作戦"を展開することが提案されています。

第1回都市デザインフォーラム

市民団体の自発的な活動の支援と、地域レベルでの都市デザイン検討を行うため、フォーラム（国際会議）の中で「地域展開型事業」を実施しました。
◎ まいおかの里フォーラム
◎ 鶴見川ネットワーキングフェスティバル[流域会議、子供会議]
◎ 保土ヶ谷宿390周年展 等

郊外の魅力づくり調査

◎ 郊外部歩行者空間整備調査
◎ 区の魅力づくり調査
◎ 魅力ある道路づくり基礎調査
◎ 郊外部地域総合整備調査
◎ 水と緑のまちづくり基本構想 等

郊外部へ展開

全国的な治水→親水への河川施策の転換

施策展開

街づくり協定の応用

影響

都市デザイン室内に 市民まちづくり推進担当設置

市民の自発的な活動の推進を目指し、テーマ型コミュニティのまちづくりパートナー・担い手としての意義を定着させるため、全区18団体に資金助成・活動支援をするため設置されました。

よこはま市民まちづくりフォーラム

支援を受けた2年間の活動の集大成として、市民団体の企画・運営により開催されました。

官民による街づくり会社 「株式会社横浜みなとみらい21」

（※現在は一般社団法人）
地区内の地権者や施設管理運営者等により「街づくり協定」策定・運用やエリアマネジメントを実施しています。

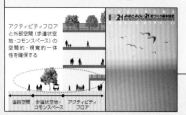

アクティビティフロアと外部空間（歩道状空地・コモンズスペース）の空間的・視覚的一体性を確保する

港北ニュータウン

計画初期段階から地区住民による勉強会を開催。魅力ある街並み形成のため、街づくり協定を策定しています。

港北ニュータウン緑の会

市民の活動は団地内の保存緑地の管理から、公園愛護会の結成に広がり、更にニュータウン全体の活動や人のネットワーク化を推進する団体の結成へと発展しました。

水・緑等の地域資源を活用した 身近な魅力ある空間整備

公園や親水空間、プロムナード等のハード整備においてワークショップ等により市民が参加。市民活動が活発化していきました。

かに山公園 ワークショップ

公園整備に際し市民ワークショップを開催、市民活動団体の形成へと発展しました。

よこまかわを 考える会発足

河川施策の転換をふまえ、市民・専門家・行政職員（個人として参加）による市民活動団体が結成されました。

歴史プロムナード整備

神奈川歴史の道

東海道宿場の歴史をイメージしたプロムナード。デザインの計画段階で地域の子供たちと共同で策定しました。

市民まちづくりの他分野への展開

企画局・市民局・都市計画局3局連携による
「パートナー推進モデル事業」

ソフトを中心とした 市民まちづくりの推進

市民局に市民活動を支援する部署や制度が構築されました。

市民活動支援センター設置

市民活動推進条例

横浜歴史資産調査会

市に伴走して「歴史を生かしたまちづくり」を推進する専門団体として設立しました。

六大事業

様々な担い手による都市空間の利活用

非拡大時代における多様な民間活力の活用

沿道店舗による日本大通りオープンカフェ

街並み整備に加えて沿道店舗等による組織と横浜市との協定により、歩道上を活用したオープンカフェを実現しました。

協定締結

ガイドライン策定

NPOによる創造界隈拠点の運営

歴史的建造物の活用を行うNPO等を横浜市が支援・連携することで、アーティスト・クリエーターの活動拠点が形成されています。

芸術不動産事業

テーマ型（アート）×歴史的建造物

テーマ型の団体もまちづくりの担い手として活躍

これまで任意団体として活動してきた市民団体が、NPOや指定管理者となり地域の主体的なまちづくりの担い手になっていきました。

長屋門公園　　富岡公園

庁内組織整備

地域まちづくり推進制度の確立

市役所内に地域まちづくりを専門に担当する部署の設置により、独自の施策が展開されていきました。

組織

区まちづくり調整担当設置

地域まちづくり課設置

制度

地域まちづくり推進条例

ヨコハマ市民まち普請事業

まちのルールづくり［地区計画、建築協定等］

いえ・みち まち改善事業

専門家による支援

横浜プランナーズネットワーク

まちづくりに関わる専門家間の情報交換と、市民による自発的なまちづくりを支援する団体として発足しました。

専門家との連携

広告付きバス停上屋・広告付き案内サイン

バス停上屋や案内サイン等のストリートファニチャーの整備と維持管理を企業の広告事業を活用して実施しています。

応用

have a Yokohama

工事中の仮囲いを「メディア」と捉えて横浜らしさを発信する民間の取組を、広告付きバス停上屋の「デザインの質の担保」と「規制緩和」をセットにした仕組みの応用で実現しました。

初黄・日ノ出町地区のまちづくり

アーティストインレジデンス等によるアート拠点形成やマネジメントを行うNPOによる地域との連携が進められています。

目標共有による事業を活用した連携

関内地区エリアコンセプトブック

関内駅周辺地区

AREA
CONCEPT
BOOK

関内駅周辺地区
エリアコンセプトブック

まちづくりや景観形成等の考え方や方向性を共有しながら、民間のアイデアやノウハウを活用した事業により既成市街地再生を進めるため、エリアの「コンセプトブック」を作成。コンセプトに基づき、まちづくりが進められています。

郊外部の再生まちづくり

少子高齢化や人口減少等に対するまちづくりとして、鉄道事業者における駅周辺のまちづくりや、団地事業者等における再生型まちづくりが産官学連携で模索され始めています。

東急田園都市線沿線「次世代郊外まちづくり」

相鉄いずみ野線沿線地域「次代のまちづくり」

左近山団地再生プロジェクト

大学連携事業

横浜市と市内等の大学との連携による都市課題の研究・実験・実践が行われています。

50年目の
都市デザイン室

都市デザイン50周年という節目に、都市デザイン室で働く職員は8名。普段は都市デザインの企画、建築・公共空間等のデザイン調整や、歴史を生かしたまちづくり等の業務を行っています。これまでの50年とこれからの50年の間の現在において、現役の職員がどんなことを感じ、考えて日頃の取組を進めているのか。率直な思いを対談形式で語り合いました。

都市デザインとの出会い、都市デザインへの思い

梶山…まず話のきっかけに、そもそもみんな、どう都市デザインと出会ったのか気になるので聞かせてもらってもよいですか。

山田…今思い返すと、意識したきっかけは、横浜にある母校が在学中に建て替えになったことでした。歴史も思い出も愛着もある校舎がなくなることがもの凄く悲しかったんですけど、ある日校長先生から「横浜市の指導により、外壁は元の形に復元することになりました」という話をされて。そんなことがあるんだと驚いたと同時に、希望になりました。自分が生きる街の空間って中々選べないからこそ、誰かの人生を輝かせる舞台のような都市空間をつくっていきたいと思うようになり、大学で北沢猛先生と出会い、"横浜の街をデザインしたあの人"だと聞いて、「一生ついていきます！」と思ったんです（笑）。市役所に入って9年目に念願の都市デザイン室に配属させていただいて、色々と迷うことも多いですけれど、先日の50周年記念講演会で初代都市デザイナーである岩崎駿介さんが『あの町があったから私は救われた』という昔の歌のことを仰っていて、まさ

にそんな街をつくりたかったんだという当時の気持ちを再認識したところです。

星…僕は大学でまちづくりの勉強していた頃に初めて横浜に来て、横浜・関内・山手・黄金町あたりを歩いていて、ひとつひとつの景観だけでなく、それらが繋がっていることに驚きました。その時は「何かすごいな〜」くらいでしたが、その後都市デザイン室に入り、あの連なりが50年の細かい仕事の積み重ねでできていることを知って感動しました。50年の積み重ねが一つの魅力に収束するというのはすごいことだし、そのバトンを繋げていける環境があることも凄いと思います。

渡辺…中学生時代から山手の街並みが好きで、毎週のように西大井から山手にわざわざ遊びに来ていました。都市デザイン室に入って、改めて訪れてみると、歴史的な建物がずいぶんと減っていたことがショックだったのですが、だからこそ歴史担当になって西洋館を保全するとなったことにご縁を感じましたし、執着もあります。

梶山…盛田さんは思いがけずデザイン室に異動になったと言っていたけ

れど、実際に入ってみてどうですか。

盛田…僕は区役所の地域振興課からきましたが、前の職場以上の風通しのよさ、職員同士の協力体制がすごいことにびっくりしました。また、地域振興課は区の魅力を活用・発信する部署だから、都市デザイン室と向いている方向は一緒だと思うけれど、果たして自分がどこまでその区のことを知れていたか自信がありません。都市デザイン室の方たちは、歴史も含めて横浜のことを良く知っており、さらに、純粋に横浜を良くしたい、という思いで仕事をしている姿がとても素敵だと思っています。

山田…室内では常に誰かが「こうあるべきだ」「いや、こうだろう」とか、喧々諤々やっていますよね（笑）

都市デザイン室の役割

桂…都市デザイン専門職として入庁した当初、開港150周年事業としてマリンタワーの再整備を担当しましたが、主管課であった経済観光局の担当者の方が「都市デザイン室の役割は"べき論"を言うこと。そのデザイン室と付き合うにはこちらも言いたいことを言って、お互いに相手を理解していくことが重要。」と言ってい

たことが印象に残っていて。むしろそれからはあえて空気を読まないようにしていたりします（笑）。

目黒…僕は前職でデザインコンサルタント会社にいたのですが、民間だと営利目的がどうしても強くなるので、本質が捻じ曲げられているように感じていました。自分はディベロッパーの建物に対しても「こうしたら賑わいが生まれるよね」とか、生活の質が向上することをやりたかったし、そのために関わる人みんなのデザインリテラシーを上げたかった。そういったことを実現するために別のアプローチはないかと考えていた時、都市デザイン専門職として応募しました。役所も地元や企業と一緒にまちづくりを進めて協働していく中では、経済の視点も必要だけれど、あえて本質を捉えて声にしていくことが都市デザイン室の役目なんじゃないかと感じています。

桂…そうそう。僕はアトリエ系の建築設計事務所出身ですが、行政の都市デザインが持つ良さは「公共性の純度の高さ」。人々の生活がどうあって欲しいかを純粋に考えて様々なものごとをデザイン出来るのが、魅力、一番の醍醐味だと思っています。

星…純度が高い公共性って、役所の中にだけいると実感するのが難しいですよね。市民感覚をどれだけ持っているか？を常に問いかけていないといけないと思います。建築畑では、そういった「公共性」に対する感覚み

たいなものを大学で学んできている人が結構いるような気もします。都市デザイン室は、造園職も多いですけど、造園職はどうですか。

若泉…私は建築職も造園職もある分野に特化したプロフェッショナルだと思っています。さらに言うと、都市を考えるにあたって、「土地を読む力」は建築職より造園職にあるのではないかと思っています。また、市民のために「あるべき論」を言わなきゃいけないのは、本来は公務員共通のことで、都市デザイン室の仕事は、あるべき論を言った上で、最終的に形まで提示することだと思うんです。

桂…都市デザイン室が参加することで、具体的なかたち、空間をベースに検討が出来る、とも思っています。その上で、現実との調整がもちろん入るわけですが。

目黒…実際の絵を描くかは別としても、べき論だけを言い捨てて終わるのは簡単で、そこからこうやったら事業性もとれて、我々もある程度都市デザインの要素を組み込めたと、双方納得いく具体のアイデアを出すことを、都市デザイン室メンバーはしないといけないと、常々感じています。

都市デザイン室は、今も提案できているか

山田…当初のデザイン室は、外部から集まったプロフェッショナルな集団、という側面が強かったんだと思いま

すが、今は組織としてももう少しジェネラルな中で、異動してくる職員が、急に専門性を発揮したり、普通の部署では考えないことを考えろというのは、実はかなり酷だと思っているんです。でも「あこがれの職場・都市デザイン室」に希望して異動してきた先輩方にはそれをやってきた人たちも多い。例えば元・室長だった秋元さんは、創造実験都市や次世代郊外まちづくりなど、自分の考えでどんどん仕掛けていっている。

若泉…都市デザイン室の内外に「これがしたい！」という考えを持てる人を育てることもやっていかないといけないのではないでしょうか。今までも都市デザイン室だけでやってきた訳ではないのだから、新しいムーブメントを創っていくときに考え方を共有できるカウンターパートとなる人たちを増やしていくことも重要だと思います。

梶山…デザイン室がこれからも提案していくためには何かをやめる必要もある。そこが難しいですよね。新しいことにチャレンジするために、例えば景観形成業務は担当部署に委ねる、なんてことも考えないといけないかもしれませんね。

山田…でも、今も都市デザイン室って、新しいことを提示しやすい部署だとは思うんです。何しろ、事務分掌に「都市デザインに関すること」としか書いてない（笑）。もちろん理論構築は必要ですが、やるべきだと一

人の職員が思っていることを、横浜市の事業に展開できる職場なんだと思っています。今も、これからも。

今の課題感と未来に向けた思い

梶山…今回50周年事業の中で、是非、新たな都市デザイン施策の展開ができると良いと思っています。ここからは個人の思い、未来に向けて思うところを聞かせてください。

渡辺…私は個人的に有志の職員と、持続可能な社会に向けて私たち職員にできることは何かを勉強する活動をしていたのですが、環境を含めて持続可能な社会を実現するためにどうしたらいいか、考えています。今担当している歴史を生かしたまちづくりも、街の持続可能性のひとつだなと思って取り組んでいます。これからは例えば、マイクロツーリズム、サーキュラーエコノミーなど、自分の目の届く範囲で物事が動いているような活動を、実践できるところからやっていきたいです。

山田…何かを我慢するのではなくて、それ自体が「楽しい」とか「かっこいい」とか思えるムーブメントや価値観は大事で、一義的には利己的にふるまうことで、結果的に全体が救われるし持続もする、というストーリーが組めないかと思っています。

若泉…都市デザイン室に来たときに同僚に、「自分はどうしたい?どうした

ら面白いと思う?」と言われたのが衝撃的だったということを思い出しました。仕事をするうえで、自分自身が楽しまないといけないという(笑)。いまの横浜には「まちを楽しもう、面白くしたい!」と思っている人は予想以上に多い。そういう人達の力になれる組織でありたいですね。

目黒…自分としては、これからの都市デザインのテーマとして「WELL(ウェルネス、ウェルビーイング)」が大事じゃないかと検討も始めていて。色々とワークショップをやってみると、これまで経済優先だと思われてきたけど、意外とみんなそれだけではなくて、都市に求める価値観として、「利他的に動きたい」という人が結構いるんですよ。そういう兆しをキャッチして、新しい価値観をつくっていけるといいなと思います。

星…都市は色々な人の集合体なわけで、様々な人が持っている価値観を大事にする・棄損されないまちをつくる、というのが回りまわって持続可能性に繋がるのではないでしょうか。価値観が無いと、まちはただ生きるだけの空間の連続になってしまうし、そんなところに誰も住んでいたくない。価値観という意味では、例えば文化を生業にしている人、音楽とかファッション、映画とかそういったところに係る人たちは、価値観を他者と共有することに非常に長けていますよね。「多様性」「どんな人でも使えるように」という言葉を盾に無味乾燥な場所や空間を作るのではなく

て、価値観を共有できる、毀損しない空間の在り方を本気で考えないといけないと思います。

目黒…それと、これまでは都市デザイン室で行う提案は空間や物を対象にすることが多かったけれど、人に対しても何かできないかと思っています。街に対するリテラシーをつくるというのはそのひとつで、街を使い倒すリテラシーをみんなに持ってほしい。使うことで愛着も湧く。例えばパルクールやスケボーをやる人は、街を違う視点で見ていますよね。階段手すりが遊ぶ道具になってしまうような、役所としては勧められないけど(笑)。それぞれの意識を持ってみれば、誰もが街に対する新しい価値観のある提案もできると思うのです。そうすると、街に生まれてくる賑わいはカフェだけじゃなくなってくる。

盛田…新しい価値観も大事ですが、庁内に都市デザインという既存の価値観を広げることも大切だと思います。異動してきた当時の僕のように、横浜で働きながらも、どんな価値観でこの街がつくられてきたか知らない人はまだ多いはずです。それを知ることで、愛着や誇りに繋がって、公務員としてもルーティーンワークから新たな気づきに繋がるのではないかと思うのです。

桂…僕はやはり「ゆたかな日常」が描きたい、と思っていて。ただ、ゆたかな、の意味がこれまでとは既に変わってしまっている。個人個人による

ゆたかさの違いも大きくなっている中で、これからの公共的な空間は、もしかすると意外とデザインされていない、というか、一つのコンセプトや価値観が突き詰められたようなものにはなっていない方がいいのかもしれない。それは管理や制度のサイドにも同じことが言えて、単一の基準だけが突き詰められると絶対おもしろいものは生まれない。横浜にもう一回、横断的に都市空間を考える大テーブルをデザインしたい、と思っています。もうひとつは、昔の都市デザイン室は地域や地元との繋がりから都市空間を描いていたかと思うのですが、庁内での役割が細分化していて、直接そうした繋がりが持てなくなってしまったなという課題感があります。今なら企業市民とかテーマ型コミュニティ、特にクリエイターの方とか、街には多様な主体がいるし、これから求められる新しい領域を探す上でも、現場の温度感を知っていることはとても大切だと思う。

山田…そういう意味では、良い意味での公私混同って、大事だと思うのですよね。我々は一市民でもあって、業務時間外に都市で活動もしていると、街の人の本音が聞けたりします。過去の先輩方も、休日には川の愛護会を地域の人とやっていたと聞きます。そういったあるテーマを持った専門家や市民団体の方々と繋がりが多いことは大きな特徴だと思います。

梶山…開港5都市景観まちづくり会議の参加団体を見ても、これまでの商店街等に加えて、最近は特定のテーマを持った団体がどんどん独自の活動を広げていますね。都市デザインでは常に、そうした活動的なパートナーを探す力が求められていると思います。また、都市デザインでは単独の部署だけではできないことをうまく結び付けて実現していく調整のデザインも大切で、都市デザイン室だからこそ、テリトリーを超えて手を伸ばすことが大事だと思います。個人的な話ですが、横浜市を就職先として選んだ最大の理由が住宅地のまちづくりが都市デザインの取組として出来そうだと考えていたからなんですよ。でも個人的にも、デザイン室的にもまだ十分には行えていないので、これから積極的に取り組んでいきたいと考えています。また、先日の講演会で岩崎さんが「都市デザインとはコミュニケーションの装置をつくること」と仰っていましたが、7つの目標に代表される人間的な都市、という価値感は、これからも普遍的に求められ続けるのだろうと思います。

本日は、普段なかなか話せない、職員の率直な思いを聞けた貴重な機会になりました。ぜひその思いを、次の新しい取組の一歩に繋げていきたいですね。ありがとうございました。

（2021年11月某日。市庁舎内会議室にて）

左から：
若泉 悠（わかいずみ・はるか）…造園職。都市デザイン室5年目職員。
桂 有生（かつら・ゆうき）………建築職。都市デザイン専門職として3年、その後、正式に入庁、計15年目。一貫して都市デザイン室にて勤務。
渡辺荘子（わたなべ・そうこ）……造園職。都市デザイン室4年目担当係長。
梶山祐実（かじやま・ゆみ）………建築職。担当として3年、室長として5年目。
山田 渚（やまだ・なぎさ）………建築職。都市デザイン室5年目担当係長。
目黒 大輔（めぐろ・だいすけ）…都市デザイン専門職3年目。
星 直哉（ほし・なおや）…………建築職。都市デザイン室2年目職員。
盛田 真史（もりた・まさし）………事務職。都市デザイン室2年目職員。
［2021（令和3）年度時点］

写真：森日出夫

Epilogue エピローグ

都市は人が活動するからこそ魅力がある。横浜の都市デザインは、歴史を生かしたまちづくり、水と緑のまちづくり、創造都市と、ハードだけでなくそこで活動する人にも注目し、ソフトな分野での政策も重視し展開してきた。

人口が徐々に減少しデジタル化も進む中、より人の活動（ソフト）を活発にしていくことが求められるようになっているが、横浜はまだまだ都市開発も活発であり、魅力的な都市空間を形づくり次の時代に引き継いでいくことも求められている。

都市の地形や植生、歴史性を最大限に生かし、緑豊かで心を豊かにさせる水辺がある都市空間を創り守るハードな整備と、環境・エネルギーやSDGs、DX、福祉や健康、多様性、防災などの数々の未来の課題をどう組み合わせていくかが、今後の都市デザイン政策の展開の重要なポイントになるだろう。

今、50周年事業として過去を振り返り、未来を描く記念事業を通じて、振り返りパートのまとめである本書の結びに、今後の未来の議論に向けたキーワードや兆しを得るために、都市・横浜をフィールドにしながら、まちづくりの活動を推進されている方の中で、今回はこれまで推進してきたハード整備と組み合わせていくべき未来の課題に関係する分野の方を中心にお声をかけ、お集まりいただいた。

明日に向かって、都市デザインは、このような魅力的な活動がさらに展開していくような都市づくりを実践していくことが重要であろう。

Session 1

栗栖良枝［クリエイティブ・ディレクター／パラトリエンナーレ］
小林巌生［情報アーキテクト／Code for Yokohama代表］
後藤清子［（株）ピクニックルーム代表取締役／ピクニックナーサリー］
永田賢一郎［建築家／藤棚デパートメント］
桂有生［都市デザイナー／横浜市都市デザイン室］

2021年12月吉日、ウェブにて　上段左から：桂、星（UD）、小林氏、山田（UD）　下段左から：栗栖氏、後藤氏、永田氏、

桂…横浜の都市デザインは1960年代の都市づくり構想から始まります。この構想が今の横浜の骨格となっていまして、みなとみらい21地区など、その構想に書かれていたことは現在概ね完成しています。その「50年の計」のことも意識して横浜の未来、都市デザインの次の展開を構想してみたいと思っています。ただ、50年前と現在では状況がだいぶ異なっていて、価値観も多様になってきています。横浜で新しい取組みをされている方、きっと未来につながることを考えているであろう幅広いジャンルの方々にお話を聞くところからスタートしようと今日の企画をしました。まずはみなさんの活動や横浜との関わりから伺えればと思います。

栗栖…認定NPO法人SLOWLABELの栗栖です。私は2010年に大きな病気をして障害を持ったという経験があります。病気の前までは「大きな目標」があり、それに向けてがむしゃらに生きてきたけれど、それが一度リセットされる、という経験でした。2011年に社会復帰をしたときに、象の鼻テラスの松田朋春さんから「栗栖さんにぴったりのプロジェクトがある」と話を受けて横浜にきました。アーティストを障害者施設に派遣してものづくりをするプロジェクトでした。ものづくりに関してはうまくいっている反面、課題も感じていたので2014年にもう少しそれをアートに振る、ということを考えて、オリパラの文化プログラム事業という位置づけで「パラトリエンナーレ」を企画しました。実際にやってみると、日本がその分野でとんでもなく遅れていることがわかった。様々に取組を続けていたら、オリンピックリオ大会閉会式での東京への引継ぎ式典・ステージアドバイザーに選ばれまして、その流れでTOKYO2020のパラ開閉式もやらせ

ていただくことになりました。今年までは、スローレーベルもオリパラの方をずっとやっていましたが、NPO法人としては「ソーシャルサーカス」という取組を進めていて、これからはこの文脈での活動をしていこうと考えています。

永田…YONG archchitecture studioの永田です。横浜で建築の設計事務所をやっています。横浜国立大学を出て、上海で就職した後、帰国して2013年のハンマーヘッドのシェアスタジオに参加しました。その後スタジオで一緒だった若手の仲間たちと黄金町にある元ストリップ劇場の物件を借りて、「旧劇場」というシェアスタジオを作りました。横浜ではBankARTさんなどがクリエイターやアーティストに活動の場を提供してくれたおかげで僕ら若手も活動ができたのですが、今後は自分たちの手で自分たちの場所を作っていかないといけないという意識から立ち上げた場所です。その頃から、自分で地域の拠点を運営してマネタイズしながら、積極的にまちに関わっていくやり方に設計の考えもシフトしていきました。それも含めて建築の役割だと思ったのです。その後は藤棚商店街にご縁があって、自分の設計事務所兼シェアキッチンの藤棚デパートメントという場所や、戸部にシェアスタジオ、最近では南太田に自宅兼地域のシェアスペースを構えて活動しています。地域に根ざして、顔の見える関係性の中でやることに重要性を感じています。

後藤…ピクニックルーム代表の後藤です。横浜に来たのは2007年のZAIMからです。元々は映画などの制作プロデュースなどを行っていました。その頃のZAIMには既にいま同じビルにおられるオンデザインさんやコミュ

ニティデザインラボさんなどもいて、以降仲良くさせてもらっています。当時は自分が子育て中で、子ども同伴で仕事をしてた状況を受け入れてもらっていたので、そんなクリエイターのコミュニティのあり方におもしろさを感じていましたね。その後、似て非ワークスさんというアート・ユニットの制作活動を手伝い始め、子どもを含めたプログラムをしていた頃に、保育園を立ち上げないかという話が上がり、その流れで5年ほど前からはじめました。ZAIMでの経験から、クリエイター達にも利用してもらえるような居心地の良い快適な空間づくりもやりたくて。保育園はやってみてからこんなに法的な制約が多いのかと思いましたが、業界が変化のさなかであることにおもしろさを見出してきました。こういった大変革に乗っかって、子どもとまちづくりをするということを提唱していくべきだと思い、ワードに引っかかることは全部やっています。保育園長、町内会、誰でも来れるコミュニティ食堂の運営、民生委員も。関内はもともと飲み屋街なので、住民がいない街としてつくられているけれど、例えばここ1年で1000世帯、100名超の子どもが増えています。これまでとは違う関内で、どうやって地域活動を行っていくか。これまでの関内の文脈を継承しながら、これからの関内をつくっていきたいですね。

小林…20年ほど前に当時まだ珍しかったウェブデザインで起業しました。2005年のトリエンナーレでZAIMに出入りするようになり、Y150のイベントポータルサイトなど、横浜の仕事が多くなっていきました。その時からの問題意識として、横浜の文化芸術系の集約した情報のコモンズ化、共有化、今でいうオープンデータをやりたいと考えていました。そこで、芸

術文化振興財団と立ち上げたヨコハマ・アートナビというサイトでは生のデータを誰でも使えるような仕組みにして、画期的だったと思います。もう一つの軸が、地域の情報です。データをいかに共有してまちづくりに活用していくかという視点です。神戸市とバルセロナで行われた、データのビジュアライゼーションのワークショップの事務局を4年間やったのですが、都市計画にデータサイエンスの手法を当たり前に応用している姿を見て、決定的に日本とヨーロッパの差を感じました。日本は少しでも進めないといけないと思いました。ここ2年くらいは横浜市も本気でデジタル化に取り組み始めていると聞いているので、今がまさにチャンスだと思っています。仕事以外にはCode for Yokohamaという、市民が持っているICTスキルをボランティアとして生かす取組をしていて、オープンデータ化とその活用に市民の立場からも取り組んでいます。今年、市長選のタイミングで、「技術駆動都市2030(ver.2.0)」という市民からのデジタル領域に関わる政策提言を行いました。いろいろな人を巻き込んでいきたいですね。

桂…こうして一通りお話を伺ってみて、みなさんが積極的に「越境」しながら活動されていることと、地域に入り込んで、「参加型」というか、「現場から」組み上げていく活動をされている、と改めて思いました。
栗栖さんは、スローレーベルの前から参加型のアートイベントをやられているんですよね。それとパラトリの話で一番興味を持ったのが「アクセスコーディネーター」と「アカンパニスト」。これこそ参加の仕組みのデザインだと思うのですが、時間軸も含めて非常に計画的に組み立てられてきたことに驚いています。

栗栖…病気になる前の大きな夢、と先ほどは言いましたが、16歳の時にリレハンメルオリンピックの開会式を見て、これがやりたいと思ったんです。それから、とにかくその夢に向かってできることにチャレンジしてきました。オリンピックの開会式のような何千人と出てくるショーは基本巻き込み型なので、その仕組みのデザインの実践をあの手この手で繰り返すことでノウハウを身につけていきました。病気になって一度はその夢も手放したのですが、ロンドンのパラリンピックを見た時に、もしかしたらオリンピックよりもパラリンピックの方がおもしろいかも、と思いました。再度チャレンジしてみようと、行政と取り組んだり、象の鼻テラスが市民参加の場でもあったため、自然と自分のスタイルとしても参加型になっていきました。ただ、パラトリエンナーレのプロジェクトを立ち上げてみたら日本ではそういう活動をしている人がほとんどいなくて、2014年の初回の時は障害者の方に全然参加してもらえなかった。物理的・心理的バリアのほかにも、情報のバリアなどもあります。例えば福祉の世界ではまだファックスや手紙を使っているんです。だからメールやウェブでは情報が届かない。そこを解消するのは人の力だと思って、生み出した仕組みがアクセスコーディネーター（参加するまでを個々にコーディネートする）やアカンパニスト（演出に伴走するプロのアーティスト）です。

桂…情報や参加のバリアを取り除いていく、ということだと思いますが、そもそも街としての物理的なバリアは、どう感じていますか。

栗栖…象の鼻テラス自体はフラットで誰でもトイレもあるしバリアフリーだけど、そこにたどり着けずに参加

できない、という問題を持っている人もたくさんいる。それにガラス張りの象の鼻テラスは開放感があって活動も見えていいのですが、障害を持っていて、見られるということに慣れていない人にはハードルを感じる人も多い。そういうところはやってみないとわたしも気づかなかった。

桂…個人差のあるバリアに対応してアクセスコーディネーターやアカンパニストの方が一人一人に「カスタマイズ」されている。そこに都市への応用のヒントも感じました。ガラス張りが実は逆にバリアになる、というのは、多様性について示唆する気付きですね。

栗栖…多様性を考えるとそれだけチャンネルが増えるから、そこはとても大変で、ただ、共生社会を謳うのであれば、ちゃんとコストをかけていく。それが日本人みんなの意識になるのはまだまだかかると思うんですが、そうなっていかないと。

桂…建築や都市は、ひとつしかつくれないからゼネラル・一般解になりがちで、個々の事情まで対応・カスタマイズするのは苦手な側面がある。ただ、何も考えないで一般解になっているのと、考えた末にそうなっているのとでは違いが出るとも思いますね。

栗栖…パラの開会式のステージを考えた時に、例えば床の素材にそれぞれが求めるコンディションがみんな違う。でも素材は一つしか選べない。話し合いながら妥協点を見つけることで、あの開会式は実現されています。もう一つ、スタジアム自体は設計段階でワークショップもやってバリアフリーにとても配慮がなされている施設です。ただ、障害者が来場することは想定されているんだけど、企

Epilogue

画側にいるという発想はない。スタジアムの運営もそうで、ケーブルの敷き方ひとつで遠周りせざるを得なかったりとか、そういうことはまだまだあった。次のステップを考えると、運営やプレイヤー側にも障害者がいるという意識をどこまでみんなが持てるかも重要です。

小林…ウェブの制作をやっていてもアクセシビリティの問題はありますね。最近だと、ある程度の水準までやろう、という雰囲気はある。ただ、必要と思っているのか、基準だからやっているのか。コストも全然足りない。アクセシビリティやバリアフリーの取組の重要性や効果を体感として感じることができれば、より、取組が進むと考えています。人は想像力が働く範囲でしか物事を考えられないところが本質的な課題でしたが、例えば、VRを使って他者の視点を借りて街を見てみるというような取組も生まれています。フィールドワークをしながら、子どもにとってまちに潜んでいるリスクを集めてみる、とか。大人と子どもの視線の違いとか、VRを使うことで自分とは違う立場で見た都市を想像することができるんです。

後藤…それやりたい！　いま話を聞いていて、まさに関内は生活の形を想像されていなかったことを思っていました。例えば観光地である象の鼻パークも私たちにとっては日常で、散歩ルートになったりしている。でも、子どもの日常の使い方にはあまり意識がない部分もあるように感じられます。我々が一番まちを使っているんだから、日常で使うユーザーの視点をもっと可視化してみたいですね。

小林…感性も多様です。ある路地裏を見て、僕はいいなと思っても、他の方は暗くて汚いと思う。ハードの落と

し所を探っていくというのはすごく難しいことです。

永田…僕は、公の空間が全て受け入れるということには少し限界を感じています。考え方として、一つの場所ですべてのニーズに対応することをそもそも諦めるというか、いろいろな選択出来る場所をつくっていくという方が可能性を感じています。自分は建築の人間ですが、実は公共空間をつくりたいと思ったことがなく、どちらかというと様々なパーソナルな空間が都市に展開して、多様な価値観を受け入れる面になっていくことに興味があります。

桂…その考え方は良いですね。「みんなのため」というところには限界が来ている気もします。

小林…多様な意見がある中で、優先順位をつける必要がありますよね。どうしても行政は全方位的にならざるをえない構造に囚われていますが、そんな中でも少しでもフェアに判断してもらうために、僕らはデータを使って、まちの状況をちゃんと提供したいと思っている。それに、リアルの空間は有限だけど、デジタルの空間はほぼ無限だから、つくったり壊したり、実験もできる。誰かが試してみて、そこに「いいね」が集まれば実際に進んでいったり、みんなが日々改善していくこともできる。オープンソースソフトウェアの開発では日常的な光景がまちづくりにも反映できたら良いなと思っている。

永田…同じ都市空間でも、情報によって見せ方、取り組み方を変えるのもあるかもしれないですね。例えば、僕は野毛山がおもしろいよねと言い続けているんですが、そこは一般的には坂もあってアクセスが悪いと感

じられている。けれど地元の人に聞くと地元の人しか知らないアクセスしやすいルートが出てきたりする。情報が蓄積されれば、同じ都市空間の読み解き方も変わってくるんじゃないかな。　可能性を感じますね。

栗栖…私の周囲の状況もICTでだいぶ変わってきました。障害のある方で移動が困難な人はリモートで助かっている側面も多い。逆にデジタルに疎い人はますます居場所がなくなってしまった。そういう意味では、障害の線の引き方がデジタルの前後で変わってきています。

桂…デジタルでコミュニケーションや都市の体験の仕方が変わっていく、編集されていくことの可能性はやはりありそうですね。残念ながらそろそろお時間となってしまいまして、最後にお一人ずつ、みなさんの思う未来の「兆し」の話を聞かせて頂きたいです。

小林…正直いうと、明るい未来をどうやったら描けるのか、と問い続けている。デジタルの話はどこでも出来るのに、「横浜である理由」をつくろうとしているところもある。でも横浜市はデジタル統括本部を創設もして、行政自らが危機感持って進めていかなければ、と本気で思っている。僕らにもそれは追い風で、いろいろな実験を行っていけば、使える仕組みやツールが出てくる、と期待しています。

後藤…関内で日々生活していますが、これからのことも考えて真摯にコミットしていこうという動きがあります。若者に「わからないから教えて！」「一緒にやろう」と言えるおじさん先輩方が増えてきました。新しい方々を含めて一緒にまちをつくる環境が整ってきていると思っています。今日参加されている方々とも一緒にワークしていき

たいな。ぜひお膝元である関内の動きにも着目して欲しいですね。

永田…地域で活動する人たちとつながる機会が増え、層の厚さを感じています。前向きでパッションを感じる人が多い。藤棚デパートメントで関内外OPENに参加しないかと声をかけた時もすぐに10組くらいの応募がありました。でも、「こんなすごいイベントいつからあったの?」って。関内のことが全然知られていないんです。それぞれの社会では横のつながりが

あるのに、お互いに活かしきれていないかも知れないと気づきました。そういうリーチできていない人たちがコミットできるようにしていきたいですね。

栗栖…私は実は、未来は明るいと思っています。オリンピックだけでなくパラリンピックも盛り上がったし、パラの演出には160人の障害のある方が出ているのですが、それにもポジティブな意見が多かった。「パラで未来を描く」という思いが、社会に受け入れられた実感があります。SDGsの

「誰一人取り残さない」という言葉だけが流行っている側面もあるかもしれません。しかし、5年前10年前はそういう意識の人は圧倒的に少なかったけれど、社会はどんどん変わっています。それに子どもたち、若者たちはかなり明るいですよ。今の若い人たちが活躍できる場所ができたら、社会が変わっていくと思います!

桂…だいぶ元気が出たような気がします。本日はありがとうございました!

対談後記

『未来は今、ここに』桂有生

日々の実践に「新しさ」や「これから」を感じる方々からお話を伺うことで、横浜や都市デザインの「未来のきざし」を見つけたいと開催した未来対談。冒頭、対談をリードした栗栖さんのバリアのお話からは、より幅広い意味での個々人の差異や多様性への視野と、アクセスコーディネーターのような対応、仕組みが都市空間ではどうすれば実現出来るのか、という問いを頂いたのだと感じました。一方で永田さんからの、ひとつの場所で全てをカバーするのではなく、街で補完し合うべきだというアイディアは、ユニバーサルであるべき、という行政が前提として疑わない根本的なレベルからの見直しを示唆していて、このおふたりからの「ゼネラルである行政／ハードに【カスタマイズ】という概念は実装可能なのか」と問うパートはこの対談のひとつのハイライトだったと思うので、今後もっと掘り下げていきたいです。

また、後藤さんからの変わりゆく関内、もっと言うと昭和の男性優位的な価値観からの脱却に合わせて街も変わって行くべき、という話は都市デザイン室での議論でも度々登場するトピックになっています。小林さんが推し進める都市空間の変化を加速させるシミュレーションのようなICTの駆使と、変わりゆく関内

との組合せにはPlateauのような現実的なツールの登場も相まって、大いに可能性を感じました。各地で行われている実空間での社会実験、俗に言うLQC(lighter,quicker,cheaper)での実装との相性も考えると、おふたりの取組は、まさに目的と手段として、うまく組み合わせることで新たな展開を生むことも期待できそうです。長年、都市デザイン室が主戦場のひとつとしてきた関内に大きなデザインの必要性と可能性を感じつつ、今の都市デザイン室が特定のエリアを持たず、肌感覚を失いつつあることの課題も垣間見えた気がします。

そして今回、一番大きな気付きは、お呼びしたみなさんがそれぞれ自分の持ち場、目の前にいる人たちやこと、そして今をとても大切にしているということでした。一歩先んじているように見える取組も、この今を、関わっているこの現場を、より良くしていきたいという積重ねの先にしかないということを肝に銘じたいと思います。参加頂いたみなさん、改めてありがとうございました。

熊谷玄[株式会社スタジオゲンクマガイ(STGK Inc.)代表／ランドスケープデザイナー]
治田友香[関内イノベーションイニシアティブ代表取締役／mass×mass関内フューチャーセンター]
船本由佳[Kosha33ライフデザインラボ所長／ローカルメディア編集者]
片岡公一[山手総合計画研究所代表取締役／都市計画コンサルティング]

2021年11月吉日、市庁舎29階会議室にて　左から：治田氏、船本氏、熊谷氏、片岡氏

片岡…これまでは都市デザインの対象は、ハード・ソフトいろいろ取り組んではいますが、そうはいっても建築などのハードがメインだったというのは確かだと思います。一方、住む人も働く人も都市の担い手の一部であり、スマートシティのような流れもあったりと、様々な主体が都市に主体的に関わり始めている中、都市デザイン活動としても様々な領域と手を組んでいかなければいけないと思います。

まずは、みなさんの活動内容や、その背景にある考え方、個人や活動を通して見た横浜の都市デザイン等について棚卸ししてもらい、そこから横浜の「明日の都市デザイン」について考えていければと思います。

熊谷…僕は、ランドスケープデザインの仕事をしているので、公共空間や屋外空間のデザイン、都市装置としてのいわゆるビルや商業施設などを中心にデザインしていて、都市デザインというより、都市をフィールドに仕事をしています。

横浜では、グランモール公園や東横線跡地、夜間景観のあり方検討、カップヌードルミュージアム、北仲通地区などに具体的に関わっていますが、「その場所は都市の一部として都市とどう繋がっているのか」ということを常に考えながら取り組んでいます。もう一方で、自分の生まれ育った隣町である左近山団地の再生にも5年くらい関わっています。たまたま広場の再生のコンペで選ばれたことがきっかけですが、自分がやるしかない、という思いで関わっています。都市デザインか、と言われるとよく分かりませんが、ある意味で「都市デザインが生んだ副産物」なのかもしれな

いと。昔は家を家族で引き継いでいたから、次の子どもが入ってきて、というサイクルを受け入れる受容体だったと思います。しかし、都市が発達していくにつれて機能分化が生まれ、みんなひとり一軒、家を持つ。誰かが住み終わったら売るしかなくなってしまう。人も50年くらいでしか入れ替わらない。左近山はできてから50年経って、人口が減り、最近では世帯数も減ってきて、ある意味で変化の時にきています。左近山の住宅ストックをどうしていけば未来を描けるのか、そこでは設計や計画はそもそも無力で、資金も何もない中でやらなければいけないが、都心部でやっている仕事とは全く違うので、両方に関わっていて、面白いと思っています。

船本…今、玄さんが団地のことを仰ったので、続けて。私は神奈川県住宅

供給公社の団地共生プロデューサーという肩書を持っていて、新しく建てるのではなく、いかに持っている資産を使って、住みやすい場所にしていくかということを考えています。団地は共有部がたくさんあって、異なる家族がコミュニケーションを沢山取りながら暮らすという形態だと思います。それが都市型のマンションになると、プライバシーが尊重されていくのですが、その中で人と繋がりながら生きたい、と感じながら暮らしている人も多いのではないでしょうか。私自身は二人の子どもがいて、子育てをしていて住みやすい街とは何かを日々考えています。横浜はお散歩するルートが良いデザインだったりとか、開港エリア以外でも街路樹があったりして人が主役の道、と感じられるところが多い。そういった都市の景観って、大人も子どもも誰もが無料で享受できる、みんな等しく価値を受け取れる宝物だと思うようになって。景観が良いってことは、豊かな証だと思うんです。子どものころからそういった環境で過ごすと、シチズンプライドを感じることがあると思います。それをわかって暮らすか、わからないかで価値が変わると思います。

片岡…都市デザインというのは、やはり都市の財産をつくってきた、ということの体感ですね。単なる形態だけでなく、その後ろにあるストーリーも改めて知ることで、感じ方も違うでしょう。

船本…私はメディアにも関わっていて、ローカルの情報を拾って発信する活動もしています。
「何かを伝える」という行為は、主体性を育みます。例えば、まちづくりについて誰かに話すこと自体が、主体性を持ってまちに関わっていく第一歩だと思うんです。そういう思いがあったので、2年前に開港5都市景観まちづくり会議の横浜大会では市民目線で横浜の景観の魅力を紹介するツアーを実施したんです。横浜では、ここがこういう理由でこのデザイン、などと自分自身で語ることによって都市が自分の中にインストールされていく、という経験を広めたいと思いました。
そういうことで、安心を生む「場をつくること」と「発信」して主体性を育むことをテーマに、私は活動をしています。

熊谷…都市は効率よく人を集める装置で、何かやろうとなった時にも広めやすい。それがコロナもあり、人が集まり密になることが忌避される時代にあって、新たな都市の機能は何なのかと考えています。

船本…様々な情報を一つのところに集めて、そこから価値を繋げて発信することで新たな価値や化学反応が生まれてくると思います。都市はその場になるし、うまく生かして編集できる人を増やしていけたらと思っています。一方で、新型コロナウイルスによって、情報との触れ方も変わったと思います。オンラインの時代だからこそ、場所と時間がそろわなくてもコミュニケーションが取れる。例えば、子育て世代が夜の会議に今まで出られなかったのに参画できるようになったり。接点が増えるという意味ではとても良かったと思います。一方で、オンラインは余白がないのが欠点だと思います。アフタートークとか、主の人が話している中で他の人がひそひそ話をしたりというのは、リアルならではの良さですよね。余白から楽しいこと、物事が生まれることはとても多くて、インターネットで全てが知れる気持ちになるけれど、リ

アルの体験についての価値も高まっていると思います。

片岡…リアルな空間としての都市の価値が改めて求められていますね。

船本…オープンウェディングという、通常は「私」の部分である結婚式をあえて公共空間で誰もが参加できる形で開催する取組もやっています。それは、「使えるようで誰が使えるか分からない」公共空間を使ってみる、という実験でもあるのですが、リアルな都市空間だからこそ、見知らぬ他人の「幸せ」な光景に偶然出会って、お祝いできるし、お祝いもしてもらえるという、そんな取組でもあるように思います。

片岡…左近山団地の広場でも、結婚式をやってましたよね。

熊谷…新婦は僕の事務所のスタッフで、広場の設計に関わっていたんだけれど、結婚式をやる頃には2人は団地で既に有名人になっていました。二人にとって思い入れのある場所ということもあるけれど、団地の住民にとっても、自分たちの普通に生活している家の前が、そうした「ハレの場」になるという可能性を感じてもらえたことが大事だと思います。そういう風に使えるという想像が及ばないから、自分たちの目の前の空間への期待値が低すぎる現状があると思うんです。その価値を知って、共有していくことが、大事なんじゃないかと思います。

片岡…弁天通の古い絵とか見ると、昔は道路でみんな思い思いのことをやっているけれど、今は車と通行人しかいない。今は単機能しか無くなってしまっているところを、いかに余白と捉えて使い直すのか、ということで

しょうか。

もう御一方、治田さんは、ソーシャルビジネスを支援する立場で、関内でもう10年活動されていますね。

治田…mass×massは、事業スタートの当日が東日本大震災の日で、忘れもしない出来事でしたが、元々は関内・関外地区活性化推進計画のモデル事業として始まっています。私は1996年にNYにNPO支援を勉強しに行ったんですけれど、タイムズスクエアの老舗ホテルを改修しリノベーションして、路上生活者とアーティストの成長支援の現場を見たとき、これを将来やりたいと思って。20年越しで実現したのがmass×massです。これまでの不動産の活用とは異なるコワーキングスペースという形態を採り入れ、ビジネスパーソンやクリエイターが混在し、グッドノイズを生み出す場と、起業支援プログラムの提供が合わさった施設です。起業支援として入ることで場の価値を上げたいと考えています。

都市は効率よく人を集めたからこそ、課題も増えたと感じていて、でもそれはまさにその地域にいる人がそれを解決していかなければいけない。ドロップアウトしてしまった人やシニア、ママさんなども含めて、いろいろな人の雇用創出や社会参加を促して都市に還元していきたい。そんな思いから、ソーシャルビジネスを支援しています。現在85社も入っている、というのは非常にありがたいです。起業のしかたは学校では教えないので、誰かがフォローしなければいけない。特に社会課題の解決を目指すビジネスについては。無料で行ってきたソーシャルビジネスなどの修了生は横浜全域に1,000人います。ソーシャルビジネスでは、mass×massで勉強した繋がりが、地域で同志を見つける役に立っているようで、やっ

てきて良かったと思っています。

船本…私もインクルーシブデザインというのも推進したいと考えていまして、社会からこぼれ落ちそうな人たちの居場所が都市の中にあってほしいと思っています。私自身が子どもが出来て初めて、まちに居場所がない、社会に参画することのハードルの高さを感じました。同じようにまちに出るのが難しい、と考えている人たちも多いのでは、と思います。韓国に行ったとき、すごい子連れに優しいなと思ったし、札幌は地下歩道があって居場所があると感じました。ハードだけでなく、人の前向きな気持ちがとても大切だなと思ったのは、やはりポートランド。言葉は通じなくても、子連れが一人の人間として認められる、という感覚があった。横浜でもそれができるのではないかと思っています。スローレーベルの栗栖さんとは、情報保障という分野にチャレンジしていて、障碍者も健常者も同じように情報を得て、両者にとって価値のある環境をつくっていきたいと思っています。自分だって、誰だって、メンタルヘルスや介護など、これから先、何があるか分からない。みんながちゃんと働けるという社会で無くなっていく中で、なにか制限のある人も、受け入れられる環境をつくれればと思います。

片岡…多様性の無い人たちが想像して多様性をつくろうとしても限界があって、いろいろな人がつくる側に回ることで見えることが沢山ありますね。治田さんがやろうとしてきた、係る人を増やす、というのはその実践なのかもしれませんね。都市をつくる人にも多様性がないといけない。

熊谷…実は左近山では、船本さんが言うような、子育て世代が受け入れ

られない、という問題が起きていないんですよ。子育て世代も高齢者もいて、全然分断されていない。

治田…それはたぶん最低限、生活のために共有せざるを得ない場所があるからじゃない。

熊谷…そう。世代間乖離というのは、機能分化した都市があるから生まれた課題なんじゃないかと。うちが左近山でやっているカフェは、何も買わなくても、いつまででもいていいという仕組みになっていて。おばあちゃんが病院帰りに来たり、本当にみんな帰らない。一日の売り上げが700円だったこともある(笑)。けれど、いろんな人の居場所になっていると思う。・・・マネタイズもしたいけれど(笑)。

片岡…少し話は飛びますが、マネタイズの話だと、例えばLABV（Local Asset Backed Vehicle）という仕組みがあります。横浜では、開発された時に提供された土地を行政が持っていたりします。LABVというのは、このような公共の資産を不動産として出資して、民間もお金を出して、一つの事業体をつくるというものです。それを貸し出して賃貸住宅として運営したりしても良い。このような仕組みを使うと、例えば、コミュニティバスみたいな、単体では絶対に元を取ることができない事業があったとしても、地域の不動産を活用して、地域の人と公共が連携してトータルでうまく回していけるのではと思っています。

治田…制度化しようとすると横浜は組織が大きすぎて、私たちのような小さな組織はそれほど影響力を発揮できない。民間でできることを小さく積み上げることで、地域の価値を必要な人に届ける必要がある。そんな

こともあって、クラウドファンディングの事務局を担ってきたけれど、やはり不動産業にも着手した方が良いと思い、宅建事業者登録しました。

片岡…私も金融や不動産がカギかなと思っています。最近は、不動産投資型クラウドファンディングや、ソーシャルインパクトボンドみたいな仕組みもありますが、まずは地域の人たちに「そんなことができるんだ」という気付きを与えられることが大事じゃないかと思います。そして、地域に密着したデータが蓄積され、簡単に入手できることも必要かと思います。例えば、このエリアにかかっている行政コストがどれくらいなのか？というところを知ること。横浜市もオープンデータの取組はいろいろやっていますが、こうしたデータを市民が気軽に入手できるような環境が整っていません。

熊谷…今左近山でもオープンデータプロジェクトをやっていて、左近山のことを知りたい人ならだれにでもはいっと情報を渡せるようにできないかなと考えています。例えば、自動運転にトライしたい、というような企業が入ってくる時に、データがすぐに手に入るだけで、パートナーになってくれる確率はだいぶ上がると思うんですよ。オープンデータは都市デザインにも絶対にフィットすると思います。

片岡…歴史的建造物とか、魅力的な空間とかも、なんとなく「残したい」とか「創りたい」というだけではなく、その価値を何らかの形で指標化していくとかできると、都市デザインのありかたも大きく変わるかもしれませんね。
起業家の数なども重要な指標になってくるかもしれませんね。例えば、食

とか農の分野では、治田さんのところの卒業生が集まってきていてとても面白い状況になっていると聞きます。作る人、食べさせる人、広げる人が集まり、一つのサイクルができている。

治田…そういった取組から小さなイノベーションを後押ししながら、地域経済を回すお手伝いをしていきたいと思っています。

片岡…それが横浜の農地の保全につながれば、それは、これからの都市デザインの一つのかたちかもしれませんね。

熊谷…担い手が誰なのか、という話だと思いますが、パブリックスペースのデザインでも、利用する人、そこでアクションを起こす人などの様々な要望をふまえて一つのかたちにしていきます。
あと、タクティカルアーバニズムみたいに、実験を繰り返すと、当初予想もしていなかった指標が出てくる。実証実験は失敗してなんぼで、そうした結果をオープンにしながら積み上げていけると、良いですね。都市デザイン室はそのために横串をさせる主な部署のひとつなんじゃないかなと思います。
都市デザインは岐路に立たされていて、何を解決していくのか、が今までとは全然違うと思う。これからまず手を付けるべきだと思っているのは、パンデミックレディ、災害や何かが有った時に耐えられる、受け流せるまち。その時に、都市のスケールそのもののことを考えなければいけない。横浜市って大きすぎない？みたいな議論は都市デザイン発意で語るべきかもしれない。そういう意味では、区はもっと力を持った方が良いかもしれないですね。鎌倉・葉山くらいがい

いサイズ感だと思います。行政やまち方に、顔の見える関係があるし、距離も近いと思います。

片岡…ありがとうございます。そろそろお時間となりました。都市デザインの前に、「都市」そのものが、様々な立場の人の居場所になることの大切さ、そうした環境をみんなでどうやってつくって維持していくのか、その中で都市デザインというフィールドにどう持ち込んでいくのか。難しいですが大事だと思いました。ありがとうございました。

『越境する都市デザイン』片岡公一

今回の対談後に最も印象に残ったのは、お三方とも横浜の都市デザインを身近に感じながらも、それぞれ異なる専門性をもち、さらにその専門性を「お互いに越境しあっている」、ということであった。（私がお三方の多彩な取組を枠にはめて論じてしまうのはとても失礼なことだと思うが、これからの都市デザインに係るキーワードを抽出するために、許していただければと思う。）

改めてお三方の肩書や専門性をとらえなおしてみたい。熊谷氏はランドスケープという「空間のデザイン」、船本氏はライフデザインという「個々の生活や人生のデザイン」、治田氏はソーシャルビジネス支援を核とした「社会のデザイン」がそれぞれの専門領域といえる。そして、もう一つ共通の話題に上ったのは「情報のデザイン」ともいえる内容である。

熊谷氏の左近山団地の取組は、「空間のデザイン」から地域社会のデザインや、そこに住む個々の生活と人生に大きくかかわろうとしている好事例だろう。左近山団地という地域のオープンデータというアイデアも話題に上った。船本氏が取り組んできている「インクルーシブデザイン」や、「個が主体性をもって場づくりや情報発信を行う」ということは、個と社会・空間・情報の関係性のデザインともいえる。

また、治田氏の「金融と不動産に踏み込まないといけない」というコメントも印象的であった。社会のデザインといった時に、行政を含めた公共的な主体は、当然大きな要素の一つであるが、一方で、行政が一番苦手としている金融や不動産が、社会を動かして

いることも事実である。

お三方とも、お互いに関係性を持ちつつ、領域を「越境」しあい、さらに、各領域の中でも、これまで取り組まれてこなかった分野に踏み込むという、深度方向への「越境」にも取り組まれている。この姿に、横浜の「明日の都市デザイン」のヒントがあるように感じた。

これまでの横浜の都市デザインも、「越境」の歴史といえる。例えば、横浜では都市デザイン活動から市民活動をベースとした地域まちづくりの潮流が生まれたのは、当時の越境の一つといえるだろう。

これからの横浜の都市デザインが、どの領域に「越境」していくのか。そして、その「越境」により、横浜でどのような「魅力ある都市」を創り出していくのか。

都市は多様であり、そのとらえ方は人によってさまざまである。多様性こそ都市の本質ともいえる。横浜の都市デザインとして「越境」していく領域を考えるときも、様々な議論が噴出するであろう。しかし、都市の多様性を内包し、魅力ある都市を実現していくためには、公共にも民間にも、その多様な領域を越境していく主体が必要なはずである。そして、その主体の枠を超えた議論そのものが、横浜の「明日の都市デザイン」にとって重要なプロセスとなるのではないだろうか。

今回の対談で出てきたキーワードが、今後の議論の骨格となることを願いたい。

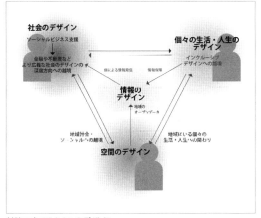

対談で出てきた4つのデザイン

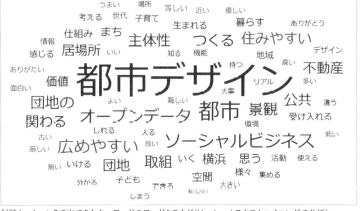

対談セッション2で出てきたキーワードのワードクラウド（UserLocal テキストマイニングで分析）

横浜の都市デザインがもたらしたもの

西村幸夫
［横浜市都市美対策審議会会長・國學院大學教授］

手元に横浜市都市デザイン室が作成に深くかかわった2冊の本がある。『港町 横浜の都市形成史』（横浜市企画調整局編集・発行、1981年）と『URBAN DESIGN REPORT : A City in Step with Humanity – World Urban Design 1992 人といっしょに呼吸する都市－世界の都市デザイン：1992』（ヨコハマ都市デザインフォーラム実行委員会企画・編集・発行、1992年）である。

前者は1977年度から3年間、都市計画学会に委託して実施された調査のまとめであるが、横浜国立大学スタッフと横浜市の企画調整局都市デザイン担当が主力を担っていた。後者は1992年3月開催の国際会議、ヨコハマ都市デザインフォーラムのための基礎資料として刊行されたものである。それぞれの活動の実際については本書にも紹介されているが、この2冊の本は単なる出版物を越えた意義と影響力を有していた。

横浜の都市形成史の出版へ向けた3年間の調査研究の時期は、横浜の都市デザインにとってはおおきな転換期でもあった。飛鳥田一雄市長の退任（1978年）と田村明企画調整局長の異動、さらには退職（1981年）によって、横浜の都市デザインは初期の熱いモメンタムを失う危機に直面していた。企画だけでなく、調整も重要だという田村の主張を容れて造られた企画調整局（当初は企画調整室）という局名も1981年に消えている。

こうした困難な時期に『港町 横浜の都市形成史』は出版された。引き潮の時代に歴史を振り返るということはよくあるパターンではあるが、それを超えて、この著作によって横浜の都市デザインはひとつの方向性を確立したといえる。──関係のデザインとしての都市デザインにその根拠となるような歴史的なパースペクティブを与えたのである。都市形成の歴史の中にみずからの都市デザインの営みの根拠を見出し、都市形成の歴史の末端にみずからもつらなるという高い志を示している。

こうした姿勢は当時、全国の自治体に広がりつつあった都市デザインへの関心を大いに刺激した。ほとんど同じ体裁とスコープの出版物が『広島被爆40年史 都市の復興』（広島市企画調整局文化担当発行、1985年）、『Urban Design HIROSHIMA 1979-1989 広島‐都市美づくりこの10年：風景の創造へ』（広島市企画調整局文化課発行、1989年）、『名古屋の都市デザイン』（名古屋市計画局都市計画部都市景観室発行、1989年）など相次いでいる。

出版だけでなく全国の自治体に都市デザイン室や都市景観課が設置されるのもこの頃からである。横浜市は1988年に横浜デザイン都市宣言を行っている。翌1989年には名古屋市が世界デザイン博覧会の機会に名古屋デザイン都市宣言を行った。

もう一冊の『URBAN DESIGN REPORT』は前著とはまったく逆に、視点を外に向け、日本全国そして世界の都市デザイン潮流の調査成果をもとにした都市デザインのカタログである。対象都市は英米独仏18都市、アジア8都市、国内12都市の計38都市に及んでいる。

海外へ向けた視点は、スペイン・バルセロナ市やマレーシア・ペナン市などとの間で結ばれた都市デザインに関する連携の成果であると同時に、その後のさらに多様な国際的ネットワークづくりの契機となった。

同書において国内で対象となっているのは、横浜市のほか、大阪市・掛川市・京都市・熊本県・神戸市・世田谷区・千葉県幕張・那覇市・福岡市・藤沢市・水戸市だった。当時の横浜の都市デザインの連携の広がりが見て取れる。このほか、政令市や開港5都市のつながり、近隣の相模原市や鎌倉市・横須賀市との人事交流などを通じて都市デザインの輪は広がっていった。

『URBAN DESIGN REPORT』を議論の手引きとして開催された1992年のヨコハマ都市デザインフォーラムは1年間をかけた各種イベントの集合体であった。なかでも中心的な行事であった都市デザインに関する国際会議は、同テーマで開催されるアジア初の国際会議であったことから高い関心を集め、参加者は海外19か国107名をはじめ登録参加者は900人近くに上り、国内外に大きな影響を与えた。

アジアの多くの都市にとって都市デザインとは遠い欧米先進国の話題に過ぎなかった時代に、バブルの勢いに乗った面もあるとはいえ、日本の都市ヨコハマが、アジア都市も含めて、都市デザインの世界的な見取り図を描いて見せたのである。こののち、アジアの諸都市は急速な経済成長のおかげもあって、都市デザインへの傾斜を急速に深めていく。こうした流れの生成と確立にヨコハマが果たした役割は大きかった。

1950年代にアメリカで生まれたアーバンデザインという言葉が、1960年代に日本に導入され、横浜で都市デザインという名前を得て（横浜市でも当初はアーバンデザインという呼称を用いていた）、日本に定着し、1992年のヨコハマ都市デザインフォーラムをひとつの契機としてアジア各地に広まっていったという構図が見て取れる。

ヨコハマ都市デザインフォーラムは1998年に第2回を開催しているが、その時はアジア太平洋地域を中心に海外22か国63人をはじめ登録参加者は1500人を超えている。

横浜の都市デザインのレガシーのひとつとして都市美対策審議会（通称都市美審）を挙げることを許していただきたい。現在も継続して開催されている審議会を（そしての現在の審議会会長である筆者自身が）レガシーとして取り上げることの適否はここでは留保するとして、その歴史を駆け足で振り返ってみたい。

都市美審は1965年7月30日公布の横浜市都市美対策審議会条例に基づく組織で、同条例第一条に「国際港都横浜にふさわしい都市の美観を高め（、及び魅力ある都市景観の創造を図―2006年の条例改正で追加）るため」の市長の諮問機関として置かれている。第1回の審議会は1965年12月6日に開催されている。初期の都市美審の議題は「本市都心部の軸線を構成する建築物に期待される「デザイン」について」（1966年）や「モデル地区の都市美のあり方について」（1967-69年）、「都市美指導上の基本方針について」（同）、「市街地の高速道路桁の色彩について」（1970-71年）などであった。

高度成長まっただ中の時代に「都市の美観を高める」ために「都市美」を冠した審議会を立ち上げるというのは当時の革新自治体、飛鳥田市政の面目躍如たるものがある。ひろい意味で都市景観にかかわる条例として、同条例は日本初のものであるといえる。次いで1968年4月に金沢市伝統環境保存条例が、同年9月に倉敷市伝統美観保存条例が成立している。その後、良好な都市景観の実現に向けた都市景観条例の制定は1980年代にピークを迎える。景観法が生まれたのは、ようやく2004年のことである。

都市デザインが建築群設計や土木デザインと異なる点は、関係者が官民多数にわたり、それらの調整のあり方や合意形成の方法そのものも仕組みの総合的なデザインとして都市デザインに含まれる点であるといえる。このことはすでに田村明が当初より指摘していたところである。

こうしたことが内部でも貫徹するために田村そして歴代の都市デザイン室のメンバーがこだわってきたことに大テーブル主義というものがある。大テーブルを囲んで、フラットに議論を尽くすという会議の方法そのものが都市デザインのあり方を体現していたということができる。

こうした方法が有効であるためには大テーブルの物理的空間が必要だという以外にも、議論に参加するメンバーが過大でないことや議論や意思決定の方法に関して共通の認識が存在していることなど、いくつかの無言の前提がある。

都市デザインに関連した制度が拡大・精緻化し、関係者も増大し、それぞれに経験を蓄積してきている現在、関係のデザインという際の＜関係＞とはどのようなものであるか、今後どのようなものであるべきか、に関してもう一度考え直す必要があるのではないだろうか。そうした作業を経て、これからの都市デザインのあり方に関して、新しい地平が見えてくるように思える。

50年にわたる市内全域にわたる都市デザインの蓄積と他都市さらには海外にひろがる都市デザインのネットワークという資産を今後に生かしていくためにも、都市デザイン室の役割はさらに広がっていくだろう。

冒頭、都市デザイン室が深く関与した2冊の本を挙げて、その歴史的意義に触れたが、願わくは都市デザイン50周年を記念する本書が、第三の歴史的文書となって後世に語り継がれていくことを祈念したい。

編集後記

　「横浜｜都市デザイン50周年」を機に、横浜市では、「横浜・都市デザインの50年を振り返る」・「都市・横浜の未来を描く」記念事業を進めています。本冊子は、「振り返る」パートのひとつとして2022年3月にBankART KAIKOにて開催される「展覧会」に合わせ、そこでは紹介しきれない部分も含めて、横浜の都市デザインの50年の取組についてまとめたものです。

　ここまでにご紹介してきたように、横浜における都市デザインの取組は、決して都市デザイン室というひとつの部署によるものではなく、様々な部署のその時代ごとの職員が、その時々に最善と思われる施策を模索し、実践したことの積み重ねと言えます。また、当初は横浜市が先導しつつも、様々な民間事業や市民の活動に、外部の専門家の知恵が合わさって実現されたものがほとんどです。取組の中には、本冊子では紹介しきれないような工夫やアイデアも多く、また、道半ばで実現に至らなかったものも多数あります。しかしそうした取組もまた積み重ねてきたからこそ、今の横浜の姿に繋がっています。

　「歩行者を優先する」「水・緑の環境を大切にする」などの価値観は、今では当たり前とも言えるかもしれません。けれど、今後も普遍的に必要な考え方であり、さらなる魅力ある都市の創造に向けては、都市デザインという活動が「何をなしたか」だけでなく、「どのような考えをもって、誰とどのようなことに挑戦したのか」を知ることは、きっと意義深いものになるでしょう。しかしながら、横浜の都市デザインを総体としてまとめた冊子としては、実に1992年にまとめられたSD別冊「都市デザイン｜横浜」が最新でした。以後約30年の取組も合わせ、都市デザインの歴史をまとめるならば、この50周年の機会しかない。私たち編集委員はそんな危機感を持ち、冊子としてまとめることとしました。

　本冊子の作成においては、巻末にて紹介させていただいた方々をはじめ、実に多くの方に助けていただきました。どなたも、都市デザインという取組に共感し、今なお応援し、期待を寄せてくださっています。文中においても、多くの方に50年を振り返っての思いを語って頂きましたが、そのほとんどの方が、今もさらに横浜を魅力的にしようと発言し、行動していらっしゃいます。これまでの多くの人の繋がりを50年の資産としながら、行政・市民・企業・NPO・専門家など、より様々な主体が、これからの魅力ある横浜の街の創造に向けて、ともに取り組み続けていくことを願います。

　末筆ながら、改めて、横浜を魅力ある都市にするために、ともに行動していただいた市民・企業・専門家・市役所の諸先輩等すべての方に感謝し、今回の出版にあたって執筆いただいた皆様、編集に携わっていただいた皆様、協賛・協力いただいた皆様、支えてくださった皆様に感謝いたします。

[編集委員：秋元康幸（編集長）、片岡公一、星直哉、山田渚]

本書は2022年3月に開催された展覧会「都市デザイン 横浜〜個性と魅力ある まちをつくる〜」に合わせ、都市デザインの50年の取組をまとめたカタログとし て制作されました。

都市デザイン 横浜〜個性と魅力あるまちをつくる〜

［主催］	横浜都市デザイン50周年事業実行委員会、横浜市都市整備局
［特別協力］	BankART1929

［協賛］ 三井不動産 MITSUI FUDOSAN　三菱地所

株式会社大林組　鹿島建設株式会社　株式会社三陽物産
清水建設株式会社　大成建設株式会社　株式会社竹中工務店
株式会社日建設計　株式会社三菱地所設計

株式会社キクシマ　京浜急行電鉄株式会社　相鉄ホールディングス株式会社
株式会社ディー・エヌ・エー　東急株式会社　なぎさの会　馬車道商店街協同組合
ヘリテイジタイムズ横浜・神奈川　三井不動産レジデンシャル株式会社
横浜市建築設計協同組合

［横浜都市デザイン50周年記念事業実行委員会］
　　　会長：国吉直行
　　　副会長：西村幸夫
　　　秋元康幸、小泉雅生、鈴木伸治、曽我部昌史、西脇敏夫、野原卓

［事務局］　　ルーデンス株式会社

展覧会
「都市デザイン 横浜」展〜個性と魅力あるまちをつくる〜

［会場・会期］	BankART KAIKO（2022年3月5日〜4月24日）［横浜市中区北仲通5-57-2］ みなとみらい線馬車道駅（2022年2月19日〜4月24日）
［企画協力］	株式会社キタムラ
［広報・会場協力］	横浜高速鉄道株式会社
［展示協力］	公益財団法人ギャラリー エー クワッド、一般社団法人横浜北仲エリアマネジメント、 公益社団法人横浜歴史資産調査会
［模型製作協力］	神奈川大学工学部建築学科（内田研究室、曽我部研究室、中井研究室、山家研究室、六角研究室） 関東学院大学建築・環境学部（柳澤研究室） 東京都立大学都市環境学部建築学科（小泉研究室） 武蔵野美術大学造形学部建築学科（高橋スタジオ、長谷川スタジオ）
［展示グラフィック］	NDCグラフィックス、スタジオゲンクマガイ、NOGAN、アスカコヤマックス、ヤング荘
［撮影］	菅原康太、中川達彦、森日出夫
［映像］	高橋栄祐
［会場設計］	abanba

カタログ
都市デザイン 横浜｜個性と魅力あるまちをつくる

2022年3月5日 初版第1刷発行
2022年4月11日 第2刷発行

［企画・編集］	横浜都市デザイン50周年事業実行委員会、横浜市都市整備局
［編集協力］	山手総合計画研究所

［執筆者・執筆協力者］（50音順）

秋元康幸	片岡公一	島田浩和	仲原正治	宮澤 好
足立原淳	桂 有生	嶋田昌子	中村明子	三輪律江
安藤準也	上村耕平	菅 孝能	中村政人	目黒大輔
飯島悦郎	亀井泰治	鈴木伸治	永田賢一郎	盛田真史
池田 修	河本一満	曾我部昌史	西田誠司	森本佳延
石津啓介	川手光太	滝沢恭平	西村幸夫	山路清貴
岩崎駿介	木下眞男	田口俊夫	西脇敏夫	山下恭子
内海 宏	国吉直行	田島 剛	野田恒雄	山田 渚
卯月盛夫	熊谷 玄	谷口 圭	野田日文	吉田鋼市
遠藤拓也	栗栖良依	近澤弘明	野原 卓	吉村伸一
大澤浩一	小泉雅生	綱河 功	治田友香	米山淳一
奥村 創	河野学峰	内藤惇之	久継太郎	若泉 悠
小沢 朗	小林巌生	中尾 明	船本由佳	渡辺荘子
小田嶋鉄朗	後藤清子	中尾光夫	星 直哉	
尾本篤志	後藤隆志	中西正彦	馬立歳久	北沢 猛（故人）
梶山祐実	篠原 修	中野 創	丸山晶子	田村 明（故人）

［グラビア写真］	菅原康太 中川達彦 森日出夫
［出典協力］	鹿島出版会
［表紙デザイン］	NDCグラフィックス
［本文フォーマット］	北風総貴（ヤング荘）
［本文デザイン］	スタジオゲンクマガイ（p34〜47） NOGAN（p102〜107） NDCグラフィックス（p326〜331、年表） ヤング荘
［印刷・製本］	株式会社シナノ
［発行］	BankART1929 横浜市中区みなとみらい5-1新高島駅B1F

ISBN 978-4-902736-50-2

BankART1929